SSI 교육이란 무엇인가

과학기술관련 사회쟁점에 대한
사회참여와 실천을 위한 교육

이현주

박영story

머리말

PREFACE

최근 뉴스를 보면, 거의 날마다 과학기술과 관련된 사회·윤리적 쟁점들이 보도되고 있다. 미세먼지로 인한 호흡기 질환, 가습기 살균제와 라돈 침대 사건, 햄버거 파동과 같은 먹거리 문제, 노후한 원자력 발전소로 인한 크고 작은 사건·사고들, 공장이나 실험실에서의 유해 화학물질 유출 등 정말 다양하다. 지나친 개발과 이윤창출 위주의 패러다임은 이와 같은 쟁점들을 지속적으로 생산해 내고 있으며, 이 사회에서 가장 근본적인 인간과 환경의 가치를 잊게 한다.

그렇다면, 과학기술 사회를 살아가는 우리 학생들에게 무엇을, 어떻게 가르쳐야 할 것인가? 우리는 학교과학을 잘 이수한 학생이 사회에 진출해서도 과학기술과 관련된 문제에 관심을 갖고, 합리적으로 의사결정하며, 문제해결을 위한 실천에 참여할 것이라는 막연한 기대를 한다. 그러나 실제 현실에서는 그렇지 않은 경우가 종종 있다. 진정한 시민은 과학기술관련 쟁점들에 대한 논쟁에 자발적으로 참여하고, 논쟁에 관한 다양한 입장을 고려하여 자신만이 아닌 세계의 안녕을 위한 해결방안을 모색하고 행동을 할 수 있는 실천적인 인재를 의미한다. 지금이 그러한 인재가 필요한 시점이다.

이 책에서는 첨단 과학기술의 발달로 인해 야기되는 사회·윤리적 쟁점들을 '과학기술관련 사회쟁점'(Socioscientific Issues, SSI)이라고 칭한다. 그리고, 이러한 쟁점을 교실 수업으로 끌어 들여 학생들이 합리적이고 책임감 있게 의사결정하고 실천할 수 있는 시민으로 성장하도록 돕는 교육을 'SSI 교육'이라 정의한다. SSI 교육은 시민들의 과학적 소양을 높이기 위해 진행되었던 과학 대중화나 과학문화 운동과 유사한 맥락이다. 학교교육에서는 STS 교육이라는 용어로 오랫동안 강조되어 왔다. 그러나 SSI 교육은 과학기술의 본성을 이해하는 것을 넘어, 과학기술관련 쟁점들에 대해 공감하고 함께 해결해나가고자 하는 시민으로서의 역량과 인성의 함양, 그리고 책임 있는 실천을 더욱 강조한다.

국내에 SSI 교육이 소개된 지 약 10여 년이 지났다. 그러나 그 용어가 아직까지 많은 교육자들에게 생소하다. 이 책은 인간과 환경의 본질적 가치가 존중되는 사회, 지속가능한 발전을 모색하는 사회를 만드는 데 참여하고자 하는 교육자들이 SSI 교육을 이해하고 실행하는 데 작은 도움이나마 줄 수 있기를 바라는 마음에서 집필되었다. 필자가 10여 년간 수집했던 자료들과 동료들과 함께 연구하면서 얻은 결과들을 사례로 제시하면서 내용을 구성하였다.

이 책은 크게 여섯 개의 PART로 구성되어 있다.

『PART 1. SSI 교육의 배경』에서는 SSI 교육이 대두된 사회적 배경과 SSI 교육을 통해 기르고자 하는 과학적 소양의 의미에 대해 논의한다. 그리고 현재 SSI 교육의 확산을 위해 유럽과 캐나다 등에서 진행되고 있는 SSI 교육 관련 프로젝트와 프로그램도 소개한다.

『PART 2. SSI 추론 및 담화의 특성』에서는 우리가 SSI 문제 상황에 직면했을 때 어떠한 방식으로 추론을 하며, 그 추론 과정에 어떠한 요인들이 영향을 주는지 하나하나 짚어본다. 또한 SSI에 대해 여러 명이 담화를 나눌 때, 그 담화는 어떠한 패턴으로 진행되며, 어떠한 특징을 나타내는지도 함께 살펴본다.

『PART 3. SSI 교육의 효과』에서는 SSI 교육으로 기대할 수 있는 다양한 교육적 효과를 실제 연구 결과들을 중심으로 살펴본다. 즉, SSI 교육이 과학지식을 학습하고, 과학기술의 본성을 이해하는 데 어떠한 도움을 주는지, 현대사회의 시민으로서 요구되는 역량(예: 의사소통, 협업, 비판적 문제해결력 등)과 인성을 함양하는 데 어떠한 방식으로 기여하는지 자세히 살펴본다.

『PART 4. SSI 교육의 확산을 위한 교사교육』에서는 SSI 교육을 이끌어갈 주체인 교사들이 SSI 교육에 대해 어떻게 인식하고 있으며, SSI 수업을 진행하는데 겪는 어려움은 무엇인지 살펴본다. 그리고 SSI 수업의 효과적 운영을 위해 교사들이 갖추어야 할 지식들을 이론적으로 규명하고, 이를 바탕으로 교사들이 SSI 수업에 대한 전문성을 함양할 수 있는 방법에 대해 모색한다.

『PART 5. SSI 교육을 위한 수업방법』에서는 SSI 수업을 위한 다양한 교수·학습 방법을 소개한다. SSI의 특성을 효과적으로 구현하면서도 교육적 효과를 높일 수 있는 교수전략과 실제 활용할 수 있는 수업모형을 제시한다. 뿐만 아니라 SSI 수업을 직접 해보고 싶은 교사들이 실행에 옮길 수 있도록 SSI 수업설계와 운영 방법을 순차적으로 설명해 놓았다.

마지막으로, 『PART 6. SSI 교육이 나아갈 방향』에서는 지금까지의 SSI 교육을 되돌아보고, 사회 참여적이고 실천적인 SSI 교육으로 전환해 나가기 위해서 해결해야 할 몇 가지 이슈들에 대해 논의한다.

부족한 점이 많은 책이지만, 이 책을 집필하는데 많은 분들의 도움이 있었다. SSI 교육에 처음 눈을 뜨게 해주신 최경희 교수님, SSI 교육에 대한 영감을 불어 넣어준 '가치를 꿈꾸는 과학' 교사모임 선생님들, 박사과정 동안 SSI 교육에 대해 진지하게 들여다 볼 수 있도록 이끌어주신 Klaus G. Witz 교수님, SSI 교육에 대한 통찰과 열정으로 나의 부족한 안목을 넓혀주신 Dana L. Zeidler 교수님, 그리고 누구보다도 지난 몇 년간 나와 함께 SSI 교육에 대해 고민하고 연구해 온 우리 연구실 박사들과 대학원생들에게 깊은 감사의 뜻을 전한다. 마지막으로 이 책이 발간되기까지 애써주신 박영스토리 이영조 팀장님과 배근하 대리님께도 감사의 마음을 전한다.

아무쪼록 이 책이 여러 사람들에게 SSI 교육에 대해 알리는 작은 계기가 되기를 바란다.

이화여대 교육관에서 2018년 7월

필자

차례

CONTENTS

PART 01 SSI 교육의 배경

Chapter 01 SSI 교육이란? 11
1.1 과학기술과 위험사회 14
1.2 학교과학과 일상생활 속 과학의 경계 넘기 18
1.3 학교과학, SSI 교육으로의 변화가 필요하다! 21
1.4 용어정의 29

Chapter 02 과학적 소양과 SSI 교육 30
2.1 과학적 소양이란 무엇인가? 32
2.2 사회 참여적 패러다임과 과학적 소양 35
2.3 학교교육과 과학적 소양 39

Chapter 03 SSI 교육 확산을 위한 움직임 44
3.1 PARRISE 프로젝트 45
3.2 IRRESISTIBLE 프로젝트 49
3.3 STEPWISE 프로그램 51
3.4 21세기 글로벌 과학소양 함양을 위한 교육 프로그램(SLEP21) 56

PART 02 SSI 추론 및 담화의 특성

Chapter 04 SSI 추론은 어떤 특징을 갖는가? 63
4.1 SSI 추론의 유형 64
4.2 SSI 추론에 영향을 미치는 요인들 70

Chapter 05 좋은 SSI 담화란? 103
5.1 SSI 담화의 흐름 104
5.2 SSI 담화를 구성하는 요소들 110

| PART 03 | SSI 교육의 효과 |

| Chapter 06 | SSI 수업의 교육적 효과 125
6.1 과학지식과 과학에 대한 이해 127
6.2 시민으로서의 역량 함양 133
6.3 과학학습에의 동기와 태도 140

| Chapter 07 | SSI 교육과 인성교육 143
7.1 과학교육과 인성교육의 결합 144
7.2 SSI 수업을 통해 함양할 수 있는 인성적 요소 150
7.3 SSI 수업은 실제로 인성교육에 효과가 있는가? 159

| PART 04 | SSI 교육의 확산을 위한 교사교육 |

| Chapter 08 | SSI 교육에 대한 교사의 인식 173
8.1 교사들은 왜 SSI 교수를 어려워하는가? 174
8.2 어떤 교사가 SSI를 가르치는가? 183
8.3 과학교사들은 SSI 수업을 통해 무엇을 지향하는가? 191

| Chapter 09 | SSI 수업을 위해 필요한 교사의 지식 197
9.1 SSI와 관련한 내용지식(SSI-CK) 200
9.2 SSI와 관련한 교과교육학지식(SSI-PCK) 204
9.3 과학교사들의 SSI-PCK 함양을 위한 노력 228

| PART 05 | SSI 교육을 위한 수업방법 |

| Chapter 10 | SSI 교수·학습 방법 237
10.1 SSI 교수·학습을 위한 기본 전략 239
10.2 SSI 교수·학습과 집단지성 241
10.3 SSI 수업을 위한 모형 248

| Chapter 11 | SSI 수업설계와 운영 263
11.1 SSI 문제 상황 구성 266
11.2 SSI 수업구성 269
11.3 SSI 수업환경 조성 288

PART 06 SSI 교육이 나아갈 방향

| Chapter 12 | SSI 교육의 활성화를 위한 방안 293
12.1 사회 참여적 SSI 교육으로의 전환을 위한 이슈들 295
12.2 SSI 교육이 나아갈 방향 308

찾아보기 313
참고문헌 316

PART

01

SSI 교육의 배경

Chapter 1 SSI 교육이란?

Chapter 2 과학적 소양과 SSI 교육

Chapter 3 SSI 교육 확산을 위한 움직임

Chapter 01 SSI 교육이란?

과학과 기술은 양면성을 지닌다. 스마트폰 덕분에 편안한 소파에 앉아 세계 곳곳에서 일어나는 온갖 사건들에 대해 알 수 있고, 멀리 떨어져 사는 친구들과 화상으로 채팅도 한다. 하지만, 우리는 한 시간이라도 인터넷과 연결되지 않으면 불안해할 만큼 손바닥만 한 작은 기기에 종속되어 살고 있다. 이 뿐만이 아니다. 우리가 필요한 방식대로 자연을 개발하고 변형시켜 에너지와 자원을 얻고 있지만, 자연은 그 대가로 원래의 아름다움과 풍성함을 점점 잃어버렸다. 게다가 자연의 원래 모습을 찾아준다는 명목으로 또 다른 새로운 과학기술을 개발하고 적용하고 있다. 그 과학기술이 자연에 그리고 우리 삶에 어떤 영향을 미칠지 그 누구도 예상할 수 없음에도 말이다.

우리는 이미 수십 년 전부터 이와 비슷한 고민을 해왔다. Rachel Carson은 1962년 『침묵의 봄(silent spring)』을 통해 무분별한 DDT[1]의 남용으로 파괴되는 생태계의 모습을 적나라하게 공개했다. 그는 책 앞부분에 인간이 생태계에 저지른 행동을 빗대어 하나의 우화를 소개하였다. 이 우화는 여러 종류의 나무가 어우러지고 탐스러운 열매가 열리며 야생동물들이 새끼를 낳고 평온하게 살아가는 한 마을의 풍경을 묘사하는 것으로 시작된다. 그리고 다음과 같이 이야기가 전개된다.

> …그런데 어느 날 낯선 병이 이 지역을 뒤덮어버리더니 모든 것이 변하기 시작했다. 어떤 사악한 마술의 주문이 마을을 덮친 듯했다. 닭들이 이상한 질병에 걸렸다. 소 떼와 양 떼가 병에 걸려 시름시름 앓다가 죽고 말았다. 마을 곳곳에 죽음의 그림자가 드리워진 듯했다. 농부들의 가족도 앓아 누었다. 병의 정체를 알 수 없는 마을 의사들은 당황하기 시작했다. 원인을 알 수 없는 갑작스러운 죽음이 곳곳에

1) DDT(Dichloro – Diphenyl – Trichloroethane)는 살충제 중 하나로 제2차 세계대전 때 여러 곤충으로 인한 질병을 줄이는 데 사용되었으나, 전쟁 후에는 농업분야에서 쓰이면서 농산물의 생산량을 높이는 데 기여하였음.

서 보고되었다. 이는 어른들에게만 국한된 일이 아니어서 잘 놀던 어린 아이들이 갑자기 고통을 호소하다가 몇 시간 만에 사망하는 일도 벌어졌다.

낯선 정적이 감돌았다. 새들은 도대체 어디로 가버린 것일까? 이런 상황에 놀란 마을 사람들은 자취를 감춘 새에 대해서 이야기했다. 새들이 모이를 쪼아 먹던 뒷마당은 버림받은 듯 쓸쓸했다. 주위에서 볼 수 있는 몇 마리의 새조차 다 죽어가는 듯 격하게 몸을 떨었고 날지도 못했다. 죽은 듯 고요한 봄이 온 것이다. 전에는 아침이면 울새, 검정지빠귀, 산비둘기, 어치, 굴뚝새 등 여러 새의 합창이 울려 퍼지곤 했는데 이제는 아무런 소리도 들리지 않았다. 들판과 숲과 습지에 오직 침묵만이 감돌았다.

암탉이 알을 품던 농장에서는 그 알을 깨고 튀어나오는 병아리를 찾을 수 없었다. 농부들은 더 이상 돼지를 키울 수 없게 되었다고 불평했다. 새로 태어난 새끼돼지들이 너무 작아서 며칠을 채 버티지 못하고 죽었기 때문이다. 사과나무에 꽃이 피었지만, 꽃 사이를 윙윙거리며 옮겨 다니는 꿀벌을 볼 수 없으니 가루받이가 이루어지지 않아 열매를 맺지 못했다.

예전에는 그렇게도 멋진 풍경을 자랑하던 길가가 마치 불길이 휩쓸고 지나간 듯, 시들어가는 갈색 이파리만 나무에 매달려 있었다. 생물이란 생물은 모두 떠나버린 듯 너무나도 고요했다. 시냇물마저 생명력을 잃은 지 오래였다. 물고기들이 다 사라져버렸기에 찾아오는 낚시꾼도 없었다.

처마 밑으로 흐르는 도랑과 지붕널 사이에는 군데군데 흰 알갱이가 남아 있었다. 몇 주 전 마치 눈처럼 지붕과 잔디밭, 밭과 시냇물에 뿌려진 가루였다. 이렇듯 세상은 비탄에 잠겼다. 그러나 이 땅에 새로운 생명 탄생을 가로막은 것은 사악한 마술도, 악독한 적의 공격도 아니었다. 사람들이 스스로 저지른 일이었다.(pp. 26 - 27)[2)]

Carson은 이 우화를 마무리 하면서 이 모든 변화와 침묵, 두려움이 모두 "사람들이 스스로 저지른 일"이라고 강조한다. 그러면서 슬그머니 찾아오는 이러한 재앙은 이제 세계 어디에서나 쉽게 찾아볼 수 있다고 이야기한다.

『침묵의 봄』이 출간된 지 50여 년이 훨씬 넘게 지났다. 지금은 그 당시와 비교할 수조차 없을 만큼 더 많은, 더 뛰어난 첨단 과학기술이 우리 삶에 깊숙이 파고들어 있다. DDT는 이제 거의 자취를 감추었지만, DDT보다 더 큰 파급효과를 가져올

---

2) 『침묵의 봄(silent spring)』(김은령 옮김)의 한국어 번역판(2011)에서 발췌되었음.

수 있는 신물질과 신기술들이 거의 날마다 미디어를 통해 소개되고 있다. 유전자 재조합 기술로 훨씬 탐스럽고 당도 높은 과일과 채소들이 재배되며, 제초제나 해충에 대한 저항성을 높인 콩이나 옥수수가 대량으로 생산되어 식량 문제해결 방안으로 제시되고 있다. 비단 식물뿐만이 아니다. 어둠 속에서도 빛을 내는 DNA를 주입해서 원하는 DNA가 필요한 부분에 정확히 결합되었는지를 확인할 수 있는 야광 고양이, 야광 돼지, 야광 토끼, 야광 원숭이 등도 있다. 치료용 단백질을 생산하는 유전자를 찾아 분리한 다음, 이것을 돼지와 같은 동물에 주입하여 인간에게 필요한 단백질을 생산하기도 한다. 유전자 변형 돼지나 원숭이의 장기로 사람의 장기를 대체할 수 있는 날도 이제 얼마 남지 않았다. 새로운 신물질들도 계속 개발되고 있다. 머리카락 굵기의 10만 분의 1의 크기 단위에서 물질을 합성하고 제어하는 나노기술은 그 중심에 있다. 정보를 저장하는 메모리 반도체를 만들거나 나노스케일의 운반체를 통해 항암제를 투입해서 치료하기도 한다. 또 DNA 수준까지 들어가 그 배열을 파악해서 유전자를 재조합하거나, 탄소나노튜브의 개발로 우주정거장도 꿈꿀 수 있는 것은 모두 나노기술 덕분이다.

그렇지만, 과학기술이 보여주는 청사진 뒤에는 우리가 예상할 수조차 없는 무서운 얼굴도 숨어 있다. Carson의 우화에서처럼, 우리는 병충해를 막아 농산물의 생산을 늘리기 위해 여러 가지 농약을 만들었다. 농약이 인간과 식물에게 해로울 수 있다는 점을 그 당시에도 인지했었다. 그래서 그나마 농작물과 인체에 피해를 적게 줄 수 있는 새로운 살충제를 개발하기 위해 노력했고, 그 결과물이 바로 DDT였다. 그 당시 인간은 새로운 과학기술이 안전하면서도 생산성을 높여 줄 것이라는 막연한 기대를 갖고 있었기 때문에, DDT를 살포하는 데 너무나도 관대하였다. 사실 DDT가 그 정도로 심각한 결과를 불러일으킬 줄은 아무도 몰랐다. 그 결과, Carson이 묘사한 대로 봄이 와도 새가 울지 않고, 푸르른 잎을 볼 수 없고, 찾아오는 사람들의 발걸음이 줄어들어 침묵만이 감도는 마을이 여기저기 생겨났다.

그렇다면, 지금은? 과학기술의 규모는 50여 년 전과 비교할 수도 없다. 미디어는 신기술의 편리함과 안정성에 초점을 맞추어 보도하지만, 심심치 않게 발생하는 사건, 사고들은 그 기술 이면의 모습에 대해 두려움을 느끼게 한다. 그 대표적인 사례가 바로 2011년 일본 후쿠시마에서 발생한 원자력 발전소 폭발 사고이다. 우리나라의 원자력 발전도 전기 생산에서 차지하는 비율이 약 30~35% 정도에 달한다. 발전 단가가 다른 에너지원에 비해 저렴하고 폐기물만 안전하게 처리된다면 큰 문제

없이 전기를 생산할 수 있다는 이점이 있다. 그러나 그 누구도 장담할 수 없는 잠재적 위험성은 과연 우리가 원자력 발전소 건설에 지속적으로 투자하는 것이 올바른 선택인가에 대한 질문을 던지게 한다. 일본에서 발생한 사고는 1986년 소비에트 연방 우크라이나 체르노빌에서 발생한 원자력 발전소 사고와 동일한 등급, 즉 국제 원자력 사고 등급의 최고 단계인 7단계에 해당했다. 최근까지도 방사성 물질을 포함한 오염수가 바다로 흘러들어가고 있으며, 수년간의 사고 처리 노력에도 불구하고 토양과 물, 대기에서는 방사성 물질들이 계속 검출되고 있다. 일부 매체들은 이 주변 지역의 아이들의 소변에서 세슘(Cs)이 검출되고, 갑상선암 진단을 받는 어린이의 수가 증가하고 있음을 보도하고 있다. 체르노빌 사고가 발생했을 때와 마찬가지로 지금도 우리는 원전사고가 가져온 엄청난 재앙을 거쳐 나가고 있는 것이다.

이 뿐만이 아니다. 2016년 우리를 두렵게 했던 가습기 살균제 사건, 환경보건시민센터에서 보고한 사망자 수만 해도 239명, 심각한 폐질환을 나타낸 환자가 1500여 명에 이르게 한 화학 물질의 대참사였다. 2011년 5월부터 항생제나 항바이러스제도 전혀 듣지 않고, 원인을 찾을 수도 없이 폐가 뻣뻣하게 굳어가는 폐섬유화 질환으로 임산부나 어린 아이가 사망하거나 평생 산소통을 들고 다녀야 하는 사례들이 속출했다. 어린 딸과 아들을 위해 가습기 살균제를 사용한 엄마들은 평생 씻을 수 없는 아픔을 지니게 되었다. 그 원인이 가습기 살균제에 포함된 PHMG와 PGH임이 밝혀지고 난 지금도, 책임공방을 둘러싼 법정논쟁이 계속되고 있다. 2017년에는 살충제 계란, 생리대 발암물질 사건으로 불안에 떨었다. 현재 우리가 직면한 상황은 Carson의 책 속에 소개된 우화의 상황과 크게 다를 바 없다. 새로운 과학기술이 개발되면 될수록 이러한 사례는 주변에서 언제든지 쉽게 만나게 될, 피하고 싶다고 피할 수 있는 상황이 아닌, 바로 우리 앞의 현실이 된다.

1.1 과학기술과 위험사회

원자력 발전소 폭발이나 가습기 살균제 사건 등을 보면, 독일의 사회학자 Ulrich Beck(1992)이 말한 대로 우리는 '위험사회(risk society)'에 살고 있음에 틀림없다. 현대 산업 사회는 끊임없이 위험을 재생산하고 있으며, 그 시스템의 중심에는 과학기술이 놓여 있다. 더군다나 과학기술로 인한 위험은 어느 특정 지역의 문제로만 제한되지 않는다. 일본의 원자력 발전소 폭발로 인한 오염이 그 지역뿐만 아니라 몇 년 안에 해류와 대기를 타고 미국에까지 이르는 것을 보면 쉽게 알 수 있다. 과학기술의 위험은 국경을 넘나들고 금세 전 세계를 불안하게 만든다.

그러나 대부분의 시민들은 과학기술이 가져다 준 혜택과 풍요로움으로 인해 과학기술이 야기할 수 있는 잠재적 위험 상황에 대해 그다지 심각하게 인지하지 못한다. 미디어에서 과학기술의 유해성에 대한 이슈가 제기되더라도 그 당시에 보고되는 유해성 자체에 대해서만 논할 뿐, 과학기술 자체(본성)에 대해서는 별다른 의문을 제기하지 않는다. 미디어를 뜨겁게 달군 가습기 살균제 사건 또한 과학기술의 발달로 인해 우리가 얼마나 심각한 위험 상황에 놓일 수 있는가를 매우 극명하게 보여주었다. 살균제의 주성분이었던 PHMG와 PGH의 유해성은 과학자들의 흡입 독성 연구를 통해서도, 기업이나 국가안전체계에 의해서도 전혀 걸러지지 않았다. Schumacher (1973)가 지적한대로, 지나친 개발과 이윤창출 위주의 패러다임은 이 사회에서 가장 근본적인 인간의 가치를 잊게 하고 소외시키고 있는 듯하다.

일반 시민들이 과학기술 사회에서 직면할 수 있는 위험 상황은 <표 1.1>과 같이 매우 다양하다. 일부 위험 상황들은 과학기술의 양면성으로 인해 야기될 수밖에 없는 문제들이며(예 GMO의 안전성 논란, 맞춤 아기, 배아복제, 식품첨가물 등), 일부는 과학기술 사회의 지나친 개발/성장 중심의 패러다임이 야기한 사회·구조적 문제(예 건물/다리 붕괴, 싱크홀, 환경문제 등)라고도 볼 수 있다. 그리고 일부는 예기치 못하게 발생하고 첨단 과학기술로도 통제하기 쉽지 않은 상황들이다(예 메르스, 조류독감, 지카바이러스 등). 즉, 과학기술은 점차 불확실성이 높아지고, 예측의 범위를 벗어나고 있으며, 그로 인한 사회적 위험을 증가시키고 있다.

과학기술 사회에서 우리가 당면하고 있는 위험 상황들에 대해 합리적으로 의사결정하고 건강한 삶을 살아가기 위해서는 과학기술의 본성에 대해 먼저 이해할 필요가 있다. 과학과 기술의 본성에 대한 논의는 과학기술학, 과학철학, 과학기술사회학, 과학교육학 등 여러 영역에서 수십 년간 이루어져 왔다.[3] 각 학문 영역, 집단, 학

---

3) 과학 및 기술의 본성에 대해 논한 대표적인 학자들은 Arthur(2009), Clough(2013), Hughes (2012), Pacey(1983), Kruse(2013), Lederman(1992), Lederman et al.(2002), Volti(2013), Waight & Abd-El-Khalick(2012) 등이 있음.

표 1.1 과학기술 사회에서 직면할 수 있는 위험 상황

질병/생명공학 영역	산업/건설 영역
• 메르스/조류독감/광우병/지카바이러스/슈퍼박테리아 • 비만과 다이어트 • 백신/치료제의 안전성 • 유전자조작식품(GMO) • 동물복제/맞춤 아기 • 배아복제연구 • 호르몬 치료(예 갱년기 여성 호르몬, 성장 호르몬 등)	• 원자력 발전 • 송전탑 건설 • 건물/다리 붕괴, 싱크홀 • 자원의 고갈(물부족) • 인간의 지나친 개발(예 새만금, 4대강) • 전산화로 인한 문제들(예 CCTV, 인터넷 윤리, 도청 등) • 전쟁 무기(예 사드 등)
환경 영역	**물질 영역**
• 대기오염/미세먼지 • 토양오염 • 수질오염 • 해양쓰레기/기름유출 • 핵폐기물과 오염 • 기후변화	• 유독물질 유출(예 불소. 페놀, 방사성 물질 등) • 위험한 화학물질의 사용(예 가습기 살균제, 살충제 계란 등) • 환경호르몬 • 나노물질 • 식품첨가물 • 약물의 남용

자마다 서로 다른 기준으로 정의하고 있긴 하지만, 그래도 일반적으로 논의되고 있는 현대 과학기술의 특징은 다음과 같이 나열할 수 있다.

- 과학은 타 학문에 비해 논리적 사고과정을 중시하나, 반드시 논리적인 것은 아니다.
- 과학은 대부분 증거에 기반을 두어 추론한다.
- 과학지식은 사회, 문화, 정치, 경제 등에 의해 영향을 받아 산출된다.
- 과학은 인간 활동의 산물이다.
- 과학은 모든 문제에 답할 수 없다.
- 기술은 현실의 문제를 해결하고자 개발되거나 사용되지만, 해결안으로 제공된 인공물이 오히려 원래의 문제를 변형시키거나 문제를 발생시킬 수도 있다.
- 특정 상황에 성공적으로 적용되던 공학기술 지식이 다른 상황에도 항상 성공적으로 적용되는 것은 아니다.

- 기술은 인간의 사고 및 행동에 영향을 미친다. 상황 및 관점에 따라 긍정적, 부정적 영향력을 발휘할 수 있다.
- 기술자는 다양한 제한조건을 고려하여 의사결정을 수행한다.
- 기술은 다양한 이해관계자들이 복잡하게 얽혀져 있다.
- 기술은 다양한 방향으로 발전할 수 있는데, 어떻게 발전할 것인지를 예측하는 것은 매우 어렵다.
- 기술이 사회에 안착되면 기술의 변화속도가 일정하게 유지되는 시스템 모멘텀의 특성을 지닌다.

가습기 살균제의 경우를 예로 들어보자. PHMG와 PGH는 살균력이 뛰어나고 물에 잘 녹아 바닥 청소제나 정화조 청소를 위해 사용되는 물질이다. 동물 대상 독성 연구 결과에 따르면 다른 살균제에 비해 피부·경구에 의한 독성은 5~10분의 1 정도로 적었으나, 호흡기로 흡입했을 때의 영향에 대해서는 명확하게 조사된 바가 없다. 조사된 바가 있다고 하더라도 독성을 테스트하는 실험실 환경은 우리 생활에서 직접 물질을 취급하는 방식과는 엄연히 차이가 있다. 또한 살균제를 개발하는 연구과정에는 다양한 이해관계자(예 기업, 정부, 시장 등)가 서로 다른 목적으로 얽혀 있기 때문에, 그 과정에 어떠한 영향력을 미쳤을지 알기가 어렵다. 살균제로 개발된 그 물질이 상당한 시간이 지난 후 예상치 못했던 결과를 낳았다. 이것은 비단 PHMG와 PGH에만 해당되는 경우가 아니다.

Beck이 주장한 바대로, 과학은 객관적이고 합리적인 실체라는 암묵적 신념이 우리 사회에 더 심각한 위험 상황을 부추긴 면도 적지 않다. 과학자들은 과학 연구의 수행과정에서 생길 수 있는 불확실성에 대해 거의 의문을 제기하지 않으며, 시민들도 과학을 무조건적으로 맹신하고 더 나은 과학이 우리가 직면한 문제를 해결해줄 것으로 기대하고 있다.

그러나 과학기술은 불확실성(uncertainty)을 지닌다. Beck도 과학기술의 불확실성 때문에 대중들이 그 위험에 대해 직관적으로 인식하기 어렵고, 그 위험성에 대해 더 불안함을 느낀다고 설명하였다. 과연 누가 가습기 살균제로 인해 수백 명의 산모와 아기들의 생명을 빼앗길 것이라고 짐작이나 했겠는가?

1.2 학교과학과 일상생활 속 과학의 경계 넘기

우리는 학교과학을 잘 이수한 학생이 사회에 진출해서도 과학기술과 관련된 문제에 관심을 갖고, 합리적으로 의사결정하며, 문제해결을 위한 실천에 참여할 것이라는 막연한 기대를 한다. 그러나 실제 그렇지 않은 경우를 많이 볼 수 있다. 그 이유는 학교과학과 일상생활에서 접하는 과학이 서로 다른 과학의 하위문화를 형성하기 때문이다.

학교과학은 변하지 않는 과거의 지식, 즉 '과학 학문 영역에서의 지식(Knowledge in science)'을 다룬다. 즉, 학교과학은 불확실성(uncertainty)에 대해 거의 다루지 않는다. 대부분이 물리, 화학, 생물, 지구과학이라는 과학 학문 영역에서의 핵심 지식을 전달하는 데 초점을 두고 있다. 교과서에 제시된 과학지식의 대부분은 적게는 지난 수십 년, 수백 년간 거의 변하지 않았다. 뉴튼의 만유인력과 운동 법칙, 케플러의 천체 운동에 대한 설명, 유전 법칙, 화학 반응식과 관련된 법칙들—모두 절대 불변의 진리처럼 여겨진다. 실증주의에 기초하여 과학은 매우 합리적이며 객관적인 지식처럼 제시된다. 논리적으로 사고과정을 따라간다면 당연히 정답은 하나이다. 이러한 과학의 학문적 특성 때문에 과학을 좋아하고, 과학 분야로의 진로를 고려하는 학생들도 적지 않다. 그러나 학교과학에서 다루어지는 지식들은 대부분 맥락과 분리된 채 제시되기 때문에 많은 학생들이 "과학을 왜 배워야 하나요?"라는 질문을 던

그림 1.1 학교과학과 일상생활 속의 과학 경계 넘기

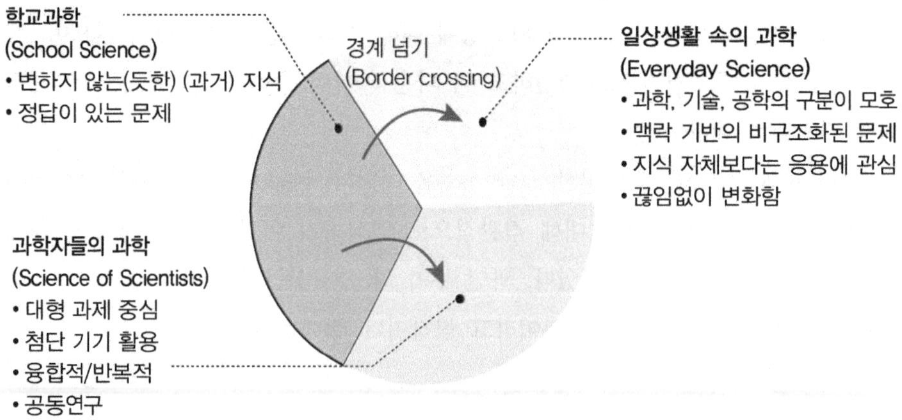

진다. 학생들은 학교에서 배우는 과학이 본인의 삶과 관련됨을 쉽게 인지하지 못한다.

그렇다고 해서, 학교과학이 현재 진행되고 있는 과학 분야 연구와 특성이 유사한 것도 아니다. 요즘 과학자들이 수행하는 대부분의 과제들은 융합적 성격을 띠며, 과학적 발견의 기술적 상용화에도 관심을 갖는다. 학생들이 학교에서 하는 과학실험처럼 '문제인식–가설설정–실험설계…'와 같은 획일화된 과학의 탐구과정을 따르지도 않는다. 학교과학은 마치 전형적인 과학 탐구의 과정을 보여주는 듯 제시하고 있지만, 사실 그렇지 않은 부분이 많다. 그래서 중·고등학교 시절 과학을 좋아해서 자연계로 진로를 선택한 학생들도 실제 과학 연구에 참여하면서 기대했던 바와 현실 사이의 괴리감을 느끼기도 한다.

일상생활에서 접하는 과학도 학교과학과는 매우 상이하다. 일반인들은 과학과 기술, 공학을 크게 구별하지 않고 사용한다. 순수한 과학지식보다는 그 과학지식이 삶 속에서 적용되어 구체화된 실체에 더 관심이 있다. 지나가는 행인에게 "과학이 무엇인가요?"라고 묻는다면, 대부분 손에 들고 있는 스마트폰을 가리키며 "이것이 과학이잖아요."라고 대답한다. 또한 TV나 인터넷을 통해 접하는 과학 이슈들은 대부분 정답이 여러 개다. 뉴튼의 운동방정식(F=ma)에서 물체에 작용하는 힘과 물체의 질량이 주어지면, 가속도를 정확하게 구할 수 있는 학교과학문제와는 그 성격이 전혀 다르다.

우리가 '과학'이라고 부르는 과학의 하위문화 사이에는 보이지 않는 경계가 존재한다. 많은 사람들이 학교에서 과학을 수년간 배웠음에도 불구하고, 일상생활에서 접하는 과학문제를 논리적으로 해결하지 못하는 이유가 바로 이 때문이다. 학교에서 배운 과학과 생활 속에서 접하는 과학은 큰 차이가 있기 때문에, 학교에서 배운 것이 일상생활로 쉽게 전이되지 못한다. 생명공학과 관련된 문제들(예 맞춤 아기, 배아줄기세포연구, GMO, 질병 등)을 예로 살펴보자. 일반인들은 보통 이러한 문제들을 미디어를 통해 접한다. 궁금한 것이 생기면 인터넷을 검색한다. GMO과 관련해서 인터넷에서 가장 흔히 접할 수 있는 단어들은 유전자, 변형, 안전성, 조작, 항생제, 제초제, 옥수수, 콩 등이다. 즉, 과학관련 주제에 대해 시민들이 접하는 지식은 과학지식 외에 사회적 지식(예 적용 사례, 안정성 등)이 큰 부분을 차지하고 있다. 맞춤 아기의 경우도 유사하다. 다만, GMO에 비해 배아, 이종배아, 낭포성, 유전형질 등 다소 어려운 용어들이 등장한다. 유전자, 배아 등을 제외한 대부분의 단어는 학교과학에서 다루어지지 않는다. 예를 들어, 'GM 콩으로 만든 두부를 살까, 말까?'라는 문제 상황을 마주하게 됐다면, 어떠한 지식이 필요하다고 느낄까? 이 질문에 답하기 위해서는 GMO가 무엇이며, 어떠한 유전적 변형에 의해 생산되는지 등에 대한 과학지식이 당연히 필요하다. 그렇지만, GMO가 인간에게 어떠한 이득을 가져다 줄 수 있는지, 혹시 GMO 개발로 인해 야기될 수 있는 예상치 못한 위험성은 없는지 등에 대해서도 함께 알아야 한다. 또한 위험성에 대한 판단을 내리려면, 검색한 자료에 있는 내용이 과학적으로 옳은지, 그 지식이 산출된 과정이 타당한지, 충분히 신뢰로운지 등에 대해 질문을 던져볼 필요가 있다. 필요하다면 주변 사람들과 GMO에 대한 생각을 나누어볼 수도 있다. 즉, 일상생활에서의 과학관련 문제를 해결하기 위해서는 과학지식과 별개로 '과학에 대한 지식(Knowledge about science)'이 필요하다. 과학이 삶 속에서 어떻게 적용되고 있으며, 과학기술과 사회와 어떠한 방식으로 연계되어 있는지, 과학기술이 우리 생활에 어떠한 긍정적, 부정적 영향을 미치는지 등 과학기술의 본성과 관련된 지식을 뜻한다. 그러나 이러한 지식은 지금까지의 학교과학에서 많이 강조되지 않았다.

일상생활에서 접하는 SSI에 대한 의사결정과정이나 유형을 연구한 문헌들을 살펴보면, 학생이나 일반인 모두 경계 넘기에 어려움을 느끼고 있다는 것을 유추해볼 수 있다. 학생과 일반인 모두 생명공학과 관련된 사회·윤리적 쟁점들을 접했을 때 생물학적 지식보다는 개인의 가치관이나 경험에 의존하여 의사결정을 하는 경우가 많다. 또한 상대방의 의견에 회의적 태도나 의문 없이 그 의견을 따라가거나, 의사결정의 결과가 자신의 삶에 미치는 영향을 모른 채 정보 자체에만 집중하여 의사결정을 하는 경향을 보이기도 한다. 그리고 쟁점들의 본성상 다양한 입장들을 고려해야 하는 심리적 부담감으로 인해 의사결정을 내리는 것을 회피하는 경향도 보인다.

학교과학교육이 시민으로서 기능할 수 있는 과학적 소양인을 양성하는 것이라면, 학생들은 당연히 학교과학과 일상생활의 경계를 넘나들 수 있어야 한다. 학교에서 배운 과학이 삶 속에서 직면하는 문제들을 합리적으로 해결하는 데 적용될 수 있어야 한다. 또한 사회에서 벌어지고 있는 과학관련 이슈들이 학교과학 안으로 들어와서 자연스럽게 이에 대한 담화를 나눌 수 있는 문화가 형성되어야 한다. 이러한 이유로 Christensen(2009)은 학교과학에서 '과학에 대한 지식', 즉 불확실성도 함께 다루어야 한다고 다음과 같이 말한다.

> 과학교육이 학생들에게 과학과 관련된 유용한 지식을 가르치는 것이라면, 학생들이 과학의 불확실한 측면에 대해서도 논의할 수 있도록 해야 한다. 과학지식의

불확실성에 대해 논의하는 것은 과학의 가치를 떨어뜨리는 일이 아니다. 또한 과학지식의 신뢰성이나 무수한 과학적 발견들이 우리가 직면한 많은 문제를 해결하는 데 있어 중요한 역할을 해왔다는 사실도 부정하는 것이 아니다. 하지만, 학교과학은 과학의 이러한 불확실한 측면을 거의 다루지 않는다. 그리고 지금 우리는 그 결과가 어떤 것인지를 보고 있다.(p. 208)

GMO나 메르스(MERS), 위험한 화학물질, 원자력 발전소 등 우리가 삶에서 접하는 과학기술관련 쟁점들은 과학내용 지식에만 초점을 두는 교육으로는 이해하기도, 해결하기도 어렵다. 과학에 대한 지식, 즉 과학기술의 본성에 대한 이해가 어느 때보다도 필요한 시점이다. 더 이상 의문을 제기할 수 없는 닫힌 상자 안에 과학을 가두어 두는 것이 아니라, 그 지식의 생산 과정에 대해 이해하고 그 과정에서 산출되는 문제들에 대해 사회적으로 논의할 수 있는 장이 형성되어야 한다.

1.3 학교과학, SSI 교육으로의 변화가 필요하다!

과학기술과 사회의 상호 연관성에 대해 관심을 갖고 이것을 교육에 반영해야 한다는 움직임은 1980년대 초반 '과학-기술-사회(Science - Technology - Society, STS) 교육'이라는 이름으로 시작되었다. 당시, 과학적 탐구과정과 지식의 구조를 강조했던 학문중심 교육과정에 대한 반발로 등장한 STS 교육은 과학교육이 과학기술 분야로의 진출을 고려하는 소수의 학생들만을 위한 과학교육이 되어서는 안 되고, '모든 이를 위한 과학'(Science for All) 교육이 되어야 함을 강조하였다. 여기서 '모든 이'는 이 시대를 살아가는 모든 시민을 뜻한다. 즉, 과학기술 사회에 살아가는 시민들이 갖추어야 하는 기본적인 수준의 소양을 함양하는 것이 교육의 목표였다.

당시 STS 교육은 Roy(1984)가 '과학교육의 메가급 변혁(megatrend in science education)'으로, Hart와 Robottom(1990)은 '패러다임의 변화(a paradigm shift)'라고 묘사할 정도로 혁신적이었다. 우리나라에서는 제6차 과학과 교육과정부터 STS 교육철학을 반영하기 시작하였으며, 제7차 과학과 교육과정에서부터 과학, 기술, 사회의 상호관계 인식에 대한 중요성을 과학교육의 목표 중 하나로 명시하고 있다.

그러나 요즘 일상생활 속에서 발생하는 여러 가지 사회적 쟁점들을 살펴보면 과학-기술-사회의 상호관련성을 이해하는 것만으로는 다소 부족해 보인다. 제3자의 입장에서 과학기술이 어떻게 사회에 영향을 미치는지에 대해 관망하는 것이 아니라, 이러한 문제해결의 주체가 되어 함께 고민하고, 자신의 생각을 이야기하고, 필요하다면 문제해결을 위해 실천에 참여할 수 있는 시민이 필요하다. 다시 말해서, 교육은 과학기술과 관련하여 끊임없이 제기되고 있는 사회적 쟁점들에 대해 책임감 있는 의사결정을 내리고 행동으로 옮길 수 있는 인성과 실천적 역량을 갖추도록 하는 데 더욱 초점을 두어야 한다. 이러한 배경에서 등장한 것이 'SSI 교육'이다.

사실 STS 교육이나 SSI 교육 모두 과학지식이 '인간 활동의 산물(science as human endeavor)'임을 기본 전제로 하고 있다. 즉, 과학지식이 절대적 '참'이나 '진리'를 발견하는 과정이 아니라, 인간의 사회적 합의 과정을 통해 산출된 결과물이라는 의미이다. 따라서 과학지식의 산출과정에는 사회적·윤리적 측면이 자연스럽게 내재될 수밖에 없다. 또한 그 지식이 우리 삶 속에서 적용될 때, 서로 다른 입장을 지닌 사람들은 다양한 입장에서 그것을 해석하게 된다. 따라서 이러한 쟁점들을 접하는 시민들은 자신을 포함한 다양한 사람들의 생각을 되짚어보면서 쟁점에 대한 합리적인 가치판단을 내려야 한다. SSI 교육은 이러한 측면을 더욱 강조하는 교육이다.

SSI 교육도 STS 교육과 마찬가지로 '과학적 소양의 함양'이라는 교육 목표 아래, 과학과 기술, 사회의 복잡한 상호작용 관계를 과학교육의 맥락 안으로 끌어들여, 학생들이 사회·윤리적 책임을 갖는 시민으로서 성장할 수 있도록 하는 데 목적이 있다. 그렇다면, 왜 굳이 SSI라는 새로운 용어를 도입해서 시민의 도덕적, 인성적, 정서적 발달을 강조하려고 할까?

이에 대해 여러 학자들의 의견이 있다. Zeidler 등(2005)은 지금까지 실행되어온 STS 교육이 학생들의 과학-기술-사회의 연관성, 과학의 실생활적 응용에 대한 이해를 높이는 데에는 상당히 기여하였으나, 개인의 심리적, 도덕적, 정서적 발달에는 관심이 적었음을 지적하였다. 이들은 STS 교육이 우리가 어떤 시민을 양성할 것인가에 대한 교육적 비전을 세우고 이를 달성하기 위한 이론적 기틀을 마련하기보다는 주로 교수학습 방법에 초점을 맞추었음을 비판하면서 SSI 교육을 위한 새로운 이론적 틀을 제시하였다. 이들은 SSI 교육을 [그림 1.2]와 같이 STS 교육에서 강조하는 요소들을 포함하는 넓은 의미의 교육으로 정의하였다. 즉, STS 교육에 비해 과학의 윤리적 측면과 쟁점에 대한 학생의 도덕·윤리적 추론, 정서적 발달 등을 더욱 강조했다고 볼 수 있다.

그림 1.2 STS 교육과 SSI 교육의 관계에 대한 Zeidler의 관점

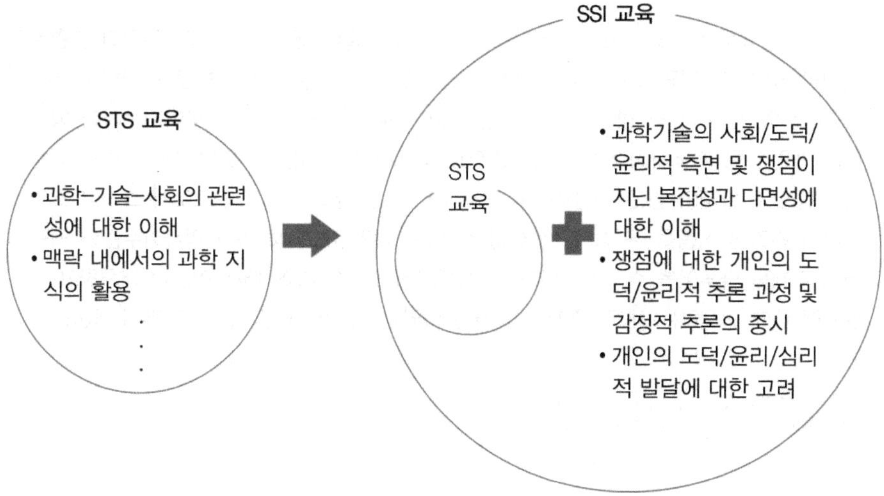

영국의 Jenkins(2002)도 STS 교육과정이 변화하는 과학기술과 이에 대한 사회적 영향에 대해 다룬 것은 사실이지만, 지금까지 개발되고 적용된 STS 교육과정이나 교육 자료를 살펴보면 대부분 전통적 과학수업을 보다 흥미롭고 풍성하게 하는 방향으로 진행되어 왔다는 점을 비판하였다. 뉴질랜드의 과학교육자 Hodson(2003)도 과학교육이 과학적 소양의 함양이라는 목표를 달성하기 위해 과학지식과 탐구기술의 습득에만 초점을 두고 있다는 점을 비판하였다. 그는 심지어 "대부분의 사람들은 (학교에서 배우는) 과학지식이 없더라도 충분히 잘 지낼 수 있다. 필요가 생기면 필요에 따라 배우면 된다."라고 까지 말하면서, 더욱 정치화된(politicized) 과학교육이 필요하다고 주장하였다. 그는 동시에 학생들이 과학기술이나 환경과 관련된 여러 문제들을 직면하면서 자신의 의견을 펼치고, 이러한 문제들에 대해 자신의 가치관과 입장을 명확하게 하는 기회를 제공함으로써 시민으로서 책임감 있는 행동을 실천할 수 있도록 해야 한다는 방향성을 제시했다. 인성교육 분야의 Berkowitz도 과학교육에서 개인의 인성 함양을 통해 도덕적 행동을 수행할 수 있는 주체(moral agent)가 될 수 있도록 교육하는 것이 중요하다고 하였다(Berkowitz & Simmons, 2003). 이러한 학자들은 과학적 소양을 갖춘 시민의 양성을 단순히 과학기술의 사회적 함의를 이해하도록 하는 데에만 초점을 맞추는 것이 아니라 시민으로서의 인성과 가치관, 책임 있는 실천의식 등을 함께 함양하는 것을 의미한다고 공통적으로 지적하고 있다.

사례 1.1 과학기술관련 사회쟁점(SSI)의 예시

일상생활에서 접하는 SSI의 영역은 [그림 1.3]과 같이 매우 다양하다. 건강과 관련된 쟁점만 하더라도 비만과 다이어트, 바이러스 감염, 화학물질에의 노출 등 다양한 주제를 다룰 수 있다. 또한 각 영역의 주제들은 어떠한 수준의 맥락에서 다루어지는가에 따라 다시 개인수준, 지역사회수준, 세계수준으로 나누어 생각해볼 수 있다. 내가 GMO 식품을 구입할지 말지와 같은 개인수준의 맥락에서, 또는 우리나라 시민으로서 그리고 소비자로서 건강한 식품을 구입하여 섭취할 수 있는 방안을 모색하는 지역사회수준의 맥락에서 주제를 다루어볼 수 있다. 나아가 전 세계적으로 GMO에 대해 어떻게 대처하고 있는지에 대해 탐색하는 세계수준까지 교사는 다양한 맥락에서 주제를 소개할 수 있다.

그림 1.3 SSI의 다양한 영역들

SSI 문제 상황은 여러 가지 특징을 지닌다.

첫째, SSI는 일반적으로 정답이 없는 비구조화된(ill-structured) 문제 상황이다. 즉, 다양한 입장에 따라 다양한 의사결정을 내릴 수 있으며, 무엇이 옳고 그름을 판단하기 보다는 최선의 결정이 무엇인지에 대해 논의할 수 있는 주제이다.

둘째, SSI는 다양한 가치관과 입장을 내포하고 있으며, 이러한 입장들이 서로 복잡하게 얽혀 있다. 배아복제와 관련해서도 치료가 필요한 불치병 환자들의 입장, 인간 생명의 존엄성에 대해 근본적으로 방어하는 종교계 입장, 순수 과학적 입장에서 탐구하고자 하는 과학자의 입장, 경제적 이익을 창출해야 하는 기업의 입장 등 다양한 입장들이 관련되어 있으며, 각각의 입장에서도 서로 다른 가치들이 얽혀져 있다. 그래서 그 본성상 쉽게 문제해결에 이르기가 어렵다.

셋째, 다양한 가치관과 입장을 내포하고 있다는 의미는 종종 논쟁적인 분위기를 조성한다는 의미도 된다. 예를 들어, '원자력 발전을 지속해야 하는가 아니면 지속가능한 신재생에너지로 전환해야 하는가?', '맞춤 아기 기술에 대해 지지할 것인가 아니면 반대할 것인가?' 등 대립적인 구조를 띠는 경우가 많다. 그렇다고 항상 대립적인 양상을 띠는 것은 아니다. 주제에 따라 함께 해결책을 모색하는 경우도 많다. '기후변화에 대한 대책, 무엇이 가능한가?'와 같은 주제가 대표적인 예이다. 기후변화는 이미 인간의 지나친 개발에 의해 진행되고 있기 때문에 우리는 함께 힘을 모아 책임감 있는 방안들을 찾아야 한다.

넷째, SSI에 대한 의사결정에서 도덕적 · 윤리적 갈등을 경험할 수 있다. 서로 다른 입장을 가진 사람들끼리 논쟁을 하다보면 상대방의 입장도 충분히 타당함을 이해할 수 있게 된다. 하지만, 동시에 자신의 주장도 신념이기 때문에 쉽게 바꾸지를 못한다. 따라서 서로 대립되는 상황을 조율해나가는 과정에서 내적 갈등을 경험하게 된다.

그렇다면, SSI 교육철학에 기반을 둔 수업은 전통적 과학수업과 어떻게 다른가? SSI 수업은 일반적으로 다음과 같은 특징을 지닌다.

첫째, SSI 교육은 과학기술 사회에서 도덕적·윤리적 행동을 실천할 수 있는 시민을 양성하는 데 주된 목표가 있다. 즉, 과학기술과 관련되어 발생하는 사회·윤리적 문제에 민감하게 반응하고, 이에 대해 도덕적 가치판단과 의사결정을 내릴 수 있으며, 문제해결을 위해 실천에 옮길 수 있는 역량을 강조한다. 따라서 시민으로서의 인성과 가치관(character and values)을 함양하는 것이 매우 중요하다. 인성과 가치관은 우리를 움직이게 하는 원동력이 되기 때문이다(Lee et al., 2012, 2013). 시민으로서 과학기술이 인간과 환경에 어떠한 영향을 미치며, 우리는 어떻게 지속가능한 발전을 진행해 나갈 것인지 생각할 수 있는 생태학적 세계관이 요구된다. 또한 과학기술로 인해 피해를 받은 사람들 또는 과학기술의 혜택을 받지 못해 상대적인 박탈감을 경험하는 사람들의 입장에서 그들의 어려움을 공감하고 그들의 입장을 수용하고 대변해 줄 수 있는 사회·도덕적 공감력도 필요하다. 그리고 과학기술로 인한 문제들에 대해 책임의식을 느끼고, 이를 해결하려는 실천의지를 갖는 사회적 책임감 또한 요구된다. 이에 반해, 전통적 과학수업에서는 인성과 가치관이 거의 강조되지 않아 왔다. 과학교육과정에서도 과학-기술-사회의 상호관련성에 대해 인식하는 것을 강조하였지만, 상호관련성에 대한 인식을 학생들이 알아야 할 일종의 '지식'으로 취급하였다. 그러나 아는 것이 늘 실천으로 옮겨지는 것은 아니다. SSI 교육은 인성과 가치관 함양에 보다 초점을 둠으로써 실천할 수 있는 시민을 양성하고자 한다는 것이 가장 큰 특징이라 하겠다.

둘째, SSI 교육은 지식 위주의 교육보다는 역량(competencies)이 강조된 교육이라고 할 수 있다. 물론 과학교육과정에 제시된 지식과 탐구기능을 습득하는 것은 중요한 부분이긴 하나, SSI 교육 맥락에서는 자연스럽게 지식보다는 역량에 비중을 두게 된다. 사실, 현대 사회에서 지식은 끊임없이 생산되고 없어지기를 반복하고 있다. '정보의 홍수'라는 말이 나온 지도 벌써 오래 되었다. 변화하는 사회 속에서 어쩌면 지식이나 정보의 습득보다는 그것을 어떻게 수집하고 활용하고 보다 합리적인 문제해결을 할 수 있는가가 더 중요할 수 있다. 이런 의미에서 자연스럽게 '역량'이란 단어는 우리나라뿐만 아니라 전 세계적으로도 더욱 주목을 받고 있다. SSI 상황을 접하면, 학생들은 합리적인 문제해결을 위해 필요한 정보를 수집하고, 수집한 자료를 바탕으로 논리적 근거를 형성하며, 이를 동료들과 소통하는 기회를 갖게 된다. 서로 다른 의견을 갖고 있는 사람들과의 대화를 통해서 서로 다른 입장에 대한 포용력과 개방성도 함양하게 된다. 나아가 끊임없이 변화되는 새로운 과학기술 환경에 적응하도록 스스로 지속적으로 학습해 나가는 능력을 갖출 것을 강조한다. 이처럼 SSI 교육은 사회의 변화에 따라 요구되는 새로운 역량들을 주된 학습의 내용으로 강조한다.

셋째, SSI 수업에서 다루어지는 주제들은 과학, 기술, 공학 그리고 인문학적 요소, 즉 사회적, 경제적, 문화적, 윤리적 요소들과 유기적으로 복잡하게 얽혀있는 간학문적 성격을 띤다. 생태계 보존, 정보통신과 신소재, 인류의 건강과 과학기술, 생명공학, 에너지와 환경, 기후변화 등과 관련된 쟁점 및 사례를 살펴보면 이를 확인할 수 있다. 따라서 학생들은 각 학문 영역의 특징적인 관점과 접근 방식을 학습할 수 있으며, 문제해결 과정에서 다양한 학문의 요소가 자연스럽게 연계되는 경험을 할 수 있다. 어쩌면, 과학기술 사회를 살아갈 민주시민의 양성이라는 과학교육의 목표는 과학지식이나 사고기술만의 교육으로는 달성하기 어려우며, SSI 본성에 맞는 여러 교과의 특성을 융합하는 것이 필수적이라고 할 수 있다. 이러한 맥락에서 STEAM[4] 융합 교육의 방안으로도 제안되고 있다.

넷째, SSI 교육은 과학지식은 인간 활동의 산물이기 때문에 사회·윤리적 측면을 내포할 수밖에 없으며, 그 지식이 사회 속에서 적용될 때 다양한 입장에서 해석될

---

4) STEAM 교육은 Science, Technology, Engineering, Art, Mathematics의 줄임말로, 국내에서 융합인재교육으로도 불림.

수 있다는 인식론에 기반을 두고 있다. 따라서 문제해결과정에 있어 어느 정도의 도덕적 가치판단 및 의사결정과정을 요구한다. 이 부분이 가치중립적인 교과내용을 다루어온 많은 과학교사들이 SSI를 다루는 데 어려움을 느끼게 만든다. 전통적 수업에서는 가치판단의 상황이 거의 존재하지 않으며, 교사는 항상 중립적으로 학생들에게 과학지식을 전달하는 역할을 한다. 하지만, SSI 수업은 주제를 둘러싼 여러 입장들이 있고, 그 입장마다 서로 다른 가치관에 기반을 두고 논의를 진행하기 때문에 교사 또한 이러한 다양한 의견을 조정하고 조율하는 데 어려움을 겪게 된다. 그러나 SSI 교육은 학생들이 자신의 가치관과 신념에 기반하여 의사결정하는 과정을 중요한 학습의 과정이라고 생각한다.

다섯째, 전통적 과학수업에서는 과학교육과정에 제시된 내용들, 즉 학문의 구조에 따라 학습 내용이 결정되는 반면, SSI 수업에서는 개인이 과학기술 사회의 시민으로서 알아야 할 주제들을 중심으로 수업이 진행되기 때문에 보다 학생들의 요구가 반영된다고 할 수 있다. SSI는 그 특성상 학습의 맥락도 자유롭게 조절할 수 있다. 즉, 교사가 수업의 목표에 따라 개인, 지역사회, 글로벌 맥락에서 주제를 다룰 수 있다. 예를 들어, 원자력 발전소 건설에 대한 개인의 입장을 묻는 수업도 가능하지만, 우리 지역에 원자력 발전소가 건설된다면 지역사회 주민으로서 어떠한 역할을 수행하겠는지의 맥락으로 확대하여 논의할 수 있다. 나아가 전 세계적으로 각 국가들은 원자력 발전소의 위험성에 대비하기 위해 어떤 노력을 하고 있는지 살펴봄으로써 우리나라에서의 원자력 발전의 방향을 논의해볼 수도 있다. 민주 사회의 시민은 개인의 삶뿐만 아니라 지역사회나 글로벌 문제들에 대해서도 관심을 가져야 함을 고려할 때, SSI 수업은 학생들의 학습 맥락을 확대할 수 있는 방안이 된다.

마지막으로, SSI 수업에서는 학생이 문제해결의 주체로서 학습에 자율성과 책임감이 주어진다. Zeidler는 전통적 수업에 비해 SSI 수업은 진보적인 패러다임에 기반한 교수학습 모형이라고 설명하였다(Wong, Zeidler, & Klosterman, 2011). 즉, 보다 학생 중심의 수업으로 학생이 직접 참여하고 행동하는 것을 통해 지식을 습득하게 되며, 학습 결과도 학생들의 자율성에 따라 생성되는 수업을 의미한다. SSI 수업 자체가 획일적인 과학지식을 전달하는 데 목적이 있는 것이 아니기 때문에, SSI 수업 맥락 속에서 학생들은 자유롭게 자신의 생각을 이야기하고 필요에 따라 정보를 수집하고 공유하며, 의사결정 과정에 함께 참여하는 경험을 하게 된다. 이러한 변화 또한 전통적 수업에 익숙한 과학교사들에게는 넘기 어려운 장애물이 될 수 있다.

표 1.2 SSI 수업과 전통적 과학수업의 비교

	SSI 수업	전통적 과학수업
수업목표	• 과학기술 사회의 시민으로서의 도덕적 인성과 가치관의 형성, 책임의식의 함양을 목표로 함.	• 과학지식과 탐구기능의 습득을 통한 과학적 소양의 함양을 목표로 함.
강조점	• 지식 위주의 교육보다는 역량(예 정보 수집 및 처리능력, 의사소통 및 협업능력, 회의적/비판적 사고능력, 증거기반 사고능력 등)을 함양하는 교육을 강조함.	• 교육과정에 제시된 내용 지식을 전달하는 교육을 강조함. • 탐구기능을 강조하긴 하나, 과학적 탐구 맥락에 제한되어 강조하는 경향을 지님(예 문제인식, 가설설정, 실험설계, 자료수집 및 분석, 결론도출 등).
학습내용의 특성	• 과학, 기술, 공학 및 인문학적 요소들이 복잡하게 얽혀 있는 간학문적 학습 내용 혹은 주제(문제 상황)를 다룸. • 과학지식 외에 과학에 대한 지식도 다룸.	• 특정 교과의 학문 구조를 중심으로 조직된 내용을 학습함. • 과학지식을 주로 다룸.
과학지식에 대한 관점	• 과학지식은 인간 활동의 산물이기 때문에 사회·윤리적 측면을 내포할 수 밖에 없으며, 그 지식이 사회 속에서 적용될 때 다양한 입장에서 해석될 수 있다는 인식론에 기반을 둠. • 불확실성에 대해 받아들임.	• 변하지 않을 것 같은 과거의 지식을 주로 다루며, 대부분 교과 내에 정답이 있는 문제들을 다룸. • 실증주의적 인식론에 기반을 둠.
가치내재성	• 도덕·윤리·사회적 가치 등이 내재된 학습 내용을 다루며, 어느 정도의 도덕적 가치판단 및 의사결정과정을 필요로 함.	• 가치중립적 학습내용을 주로 다룸.
학습내용의 선택 및 맥락	• 학생들의 필요나 요구에 따라 학습 내용이 결정되며, 개인에서 지역사회, 전 세계로 학습의 맥락이 확대될 수 있음.	• 학생의 요구보다는 학문의 구조에 따라 학습 내용이 결정되기 때문에 학습내용이 맥락에 의존하지 않음.
교사와 학생의 역할	• 학생이 문제해결의 주체로서 학습에의 자율성과 책임감이 주어짐.	• 교사는 학습내용을 전달하는 주체이며, 학습자는 능동적으로 수업내용을 학습함.

1.4 용어정의

이 책에서는 첨단 과학기술의 발달로 인해 야기되는 사회·윤리·도덕적 쟁점들을 '과학기술관련 사회쟁점', 영어로는 Socioscientific Issues(SSI)라고 칭하고자 한다. 그리고, 이러한 쟁점을 교실 수업으로 끌어 들여 학생들이 합리적이고 책임감 있게 의사결정하고 실천할 수 있는 시민으로 성장하도록 하는 교육을 'SSI 교육'이라 정의한다. SSI라는 용어는 2000대 중반 미국 사우스플로리다 대학의 Zeidler와 그의 동료들(2005)이 사용하기 시작하였으며, 과학교육 분야에서는 그 이후로 SSI로 통일하여 사용하고 있다. SSI라는 용어가 등장하기 이전에도 과학의 양면성과 사회적 함의를 다루는 주제들을 '과학관련 사회문제', '과학기술과 관련된 사회적·윤리적 문제', '과학의 사회적 측면' 등의 용어로 사용되었다. 그러나 아직까지 국내에서는 SSI를 대체할 용어에 대한 합의가 진행되지 못했다.

우선, SSI는 대부분 논쟁적 성격을 띠기 때문에 '주제'나 '문제'라기보다는 '쟁점'이라고 부르는 것이 더 적합하다. 예를 들어, 원자력 발전 쟁점에 대한 토론을 한다고 가정해보자. 원자력 발전소 건설은 더 많은 양의 전기를 저렴한 가격에 생산하도록 하는 반면, 후쿠시마 원전사고와 같이 자칫 엄청난 재해를 가져올 수 있는 잠재적 위험을 갖고 있다. 그렇다면 '원자력 발전소를 앞으로도 계속 짓고자 하는 계획은 과연 옳은 판단일까?'라는 질문이 생긴다. 이 질문에 대한 정답은 없다. 다만, 서로 다른 생각과 의견을 가진 사람들 간의 논쟁이 존재한다. 이것이 바로 SSI의 전형적인 형태라 할 수 있다.

'Socioscientific Issues'라는 용어 자체에 '기술'이나 '공학'의 의미가 명시적으로 포함되어 있지는 않다. 그러나 현대 사회에서의 과학은 기술이나 공학과 엄격하게 분리되기 어려운 특성을 지니고 있다. 실제로 생명공학(유전자조작 기술 등), 환경 공학(환경보존 및 정화 기술 등), 에너지 공학(원자력 발전 기술, 재생에너지 기술 등) 영역에서 제기되는 쟁점들을 살펴보면, 개념적으로는 과학을 포함하지만 기술·공학과 관련되어 있다. 즉, SSI를 순수 과학적 문제로 보기는 사실상 어렵다는 뜻이다. 그 이유로, 이 책에서는 SSI를 과학 외에 '기술', '공학'도 포함하는 의미로 '과학기술관련 사회쟁점'으로 통일하여 사용한다.

Chapter 02 과학적 소양과 SSI 교육

1958년 과학교육학자 Paul Hurd는 '현대 과학기술 사회를 살아가기 위해 시민들이 갖추어야 할 정도의 과학에 대한 이해'라는 의미로 '과학적 소양'이라는 용어를 사용했다. 그 이후로부터 과학적 소양의 의미는 시대 상황과 요구에 따라 조금씩 변해왔으며, 지난 수십 년간 과학교육의 목표로서 자리 잡아 왔다. 현재 통용되는 의미의 과학적 소양은 1980년대부터 본격적으로 논의되어 왔으며, 과학기술 사회에서 살아가는 시민들이 올바르고 합리적인 의사결정을 하는 데 필요한 기본적인 과학지식과 역량을 주로 의미한다.[5)]

과학적 소양은 매우 추상적이고 광범위한 개념이다. Laugksch(2000)나 Durant(1993)도 과학적 소양을 '일반인이 과학에 대해서 알아야 하는 것'을 지칭하는 것으로, 합의가 어려운 논쟁적인 개념이라고 하였다. DeBoer(2000)를 비롯한 학자들 또한 과학적 소양이 교육과정이나 여러 문헌에 자주 언급되는 개념임에도 불구하고, 그 해석에 있어서 합의된 바가 없다고 하였다. 과학적 소양을 시민으로서 '습득해야 할 것' 혹은 '알아야 할 것'과 같이 내용적 관점에서 정의한다면, 합의를 한다는 것 자체가 사실상 불가능하다. 시대에 따라, 사회적 환경과 요구에 따라 학생들이 갖추어야 하는 내용은 달라질 수 있기 때문이다. 물론 PISA처럼 과학적 소양 함양의 정도를 측정해야 한다면 무엇을 알아야 하고 어떤 역량을 갖추어야 하는지 등에 대한 어느 정도의 조작적 정의는 필요하지만 말이다.

우리는 과학적 소양이라는 개념이 갖고 있는 본성에 대해서는 다음과 같이 몇 가지로 생각해볼 필요가 있다. 첫째, 과학적 소양은 사회적으로 구성되는 개념이기 때문에 시대와 문화, 사회적 특성 및 환경여건 등에 따라 진화한다는 속성에 대해

5) 과학적 소양의 개념은 전 세계적으로 여러 기관과 과학교육학자들이 제시해왔음. 대표적 기관은 미국과학진흥협회(AAAS, 1989), 미국연구협회(NRC, 1996) 등을 들 수 있으며, 그 외에도 수많은 학자들(예 Arons(1983), Bybee(1997), Hurd(1990, 1998), Laugksch(2000), Miller(1998), Millar & Osborne(1998))이 과학적 소양의 개념에 대해 논의해왔음.

서는 많은 학자들이 동의하고 있다(Laugksch, 2000; Miller, 1998). 결핍모델에 근거하여 학생이나 시민들이 갖추어야 하는 과학지식에 맞추어 정의되었던 것에서 벗어나, 지금은 과학과 기술의 본성에 대한 이해, 합리적 문제해결이나 의사결정능력, 근거에 기반한 의사소통능력, 그리고 사회적 참여를 강조한다. 따라서 미래 사회에서 요구되는 과학적 소양은 무엇인지에 대한 지속적인 논의가 필요하며, 이에 대한 합의에 따라 과학 교과내용의 구성과 조직도 유연하게 변화하여야 한다.

둘째, 과학적 소양은 미래 지향적인 개념이다. 이것은 과학적 소양의 정의에 대해 학생들이 갖추어야 하는 요소를 찾아 나열하기보다는 과학교육을 통해 어떤 인재를 길러내고자 하는가에 대한 비전을 제시하는 데 초점을 맞추어야 한다는 것을 뜻한다. 사실, 다가올 미래 사회의 특징을 정확히 예측하고, 이를 대비하기 위해 갖추어야 할 지식과 역량을 지금 이 시점에서 하나하나 정의하기란 쉽지 않다. 그러나 적어도 우리는 과학기술이 인류의 행복과 안녕, 그리고 자연과의 공존을 위해 어떠한 방향으로 나아가야 하는지, 그리고 그 과정에서 어떤 역할을 수행할 수 있는 사람을 길러내야 하는지에 대해서는 논의해야 한다. 즉, 과학적 소양은 그 비전을 대변하는 것이어야 한다.

셋째, 과학적 소양은 개인의 안녕만을 위한 개념이 아니라 개인이 지역 사회, 나아가 전 세계의 안녕을 위한 시민의 역할을 할 수 있도록 하는 기반을 뜻한다. 우리가 과학적 소양을 과학기술 사회를 살아가는 민주시민의 양성과 연결 지어 논의한다면 더 그렇다. 21세기 과학적 소양을 갖춘 미래시민을 양성하기 위해서는 과학적 소양의 개념이 개인적, 사회적 차원을 넘어 전 세계적 차원으로 확장될 필요성이 있다. 이러한 관점은 여러 학자들에 의해 제시되어 왔다. 일찌감치 Layton 등(1986)은 '사회적 목적을 위한 과학(science for specific social purposes)'을 강조하였다. Laugksch(2000)도 과학적 소양의 개념을 개인적 맥락(micro view)과 사회적 맥락(macro view)에서 동시에 고려해 볼 필요가 있다고 제안하였다. 다시 말해서, 개인이 자신의 생활 속에서 접하는 과학관련 문제들에 대해 관심을 갖고 문제를 해결함으로써 안전하고 풍요로운 삶을 영위하도록 돕는 것도 중요하지만, 민주시민으로서 기능하도록 돕는 것, 즉 과학관련 사회문제에 관심을 갖고 국가의 발전을 위해 책임감 있는 행동을 수행할 수 있는 소양을 함양하도록 교육하는 것도 중요하다.

2.1 과학적 소양이란 무엇인가?

Linder와 그의 동료들은 2011년 『과학적 소양의 다양한 논의에 대한 탐색(Exploring the landscape of scientific literacy)』이라는 책을 출판했다. 이 책에는 과학적 소양에 대해 지금까지 논의된 내용부터 현재의 관점까지 여러 학자들의 글이 실려 있다. 그 중 캐나다 캘거리 대학의 Roberts[6]는 오랫동안 논쟁이 되어왔던 과학적 소양의 개념을 내용적 관점이 아닌 '비전(vision)'이라는 관점으로 제시하게 된 배경을 설명하고, 그동안 여러 기관이나 학자들이 제시한 과학적 소양의 정의를 비전의 개념으로 다시 설명하였다. 비전은 우리가 길러낼 학생들의 모습, 그리고 이러한 학생들을 길러내기 위해서 과학교육이 나아가야 할 방향을 의미하는 것이라는 점에서 기존의 접근과 차이가 있다.

Roberts는 과학적 소양에 대한 오랜 시간의 논의를 크게 Vision I과 Vision II로 구분하였다. Vision I은 '과학 그 자체(science itself)'에 대한 이해를 강조하며 학교과학교육의 목적을 잠재적 과학자를 양성하는 데 두고 있는 관점이다. 이에 반해 Vision II는 과학과 관련된 상황들에 대해 시민들이 이해하고 해결할 수 있도록 하는 역량을 길러주는 것을 학교과학교육의 목적으로 보는 관점이다. 대표적인 예로 STS 교육과 지속가능발전을 위한 교육(Education for Sustainable Development, ESD)을 들 수 있다.

Roberts는 Vision I과 Vision II에서 강조하고 있는 점을 다음과 같이 비교하여 설명하였다. Vision I에서는 과학자들이 과학교육을 통해 강조하고 싶은 요소들, 즉 **과학지식의 구조**(과학이 지식체계로서 어떻게 구조화되어 있는가?), **과학적 탐구 기능의 습득**(과학의 수행 과정에서 필요한 과학적 탐구 기능을 얼마나 습득하는가?), **정확한 설명**(과학자들의 지속적인 과학 활동을 통해 과학지식이 점점 정교화 되고 정확해짐을 이해하는가?), **견고한 지식 체계**(과학지식은 핵심적인 지식의 체계를 중심으로 단계적으로 복잡해져가는 구조임을 이해하는가?) **등이 중요시된다.** 반면, Vision II에서는 **일상생활과의 관련성**(과학적 설명이 개인의 삶과 관련된 여러 사건이나 현상들을 쉽게 이해할 수 있도록 도와주는가?), **과학적 설명의 구성에의 참여**(학생들은 문화적, 개념적 체계가 과학자들에게도 영향을 미칠 수 있음을 이해하고, 스스로도 과학적 현

6) Linder et al.(2011) 책의 Chapter 2 참조.

상에 대한 설명을 구성하기 위해 노력하는가?), 과학기술관련 문제에 대한 의사결정(과학과 기술, 사회가 서로 연관되어 있음을 이해하고, 이를 바탕으로 개인이나 지역사회에서 당면한 문제들을 해결할 수 있는가?) 등을 중요하게 여긴다고 설명하였다.

이러한 관점에서 미국과학진흥협회(AAAS, 1989)의 『모든 이를 위한 과학(Science for All Americans)』과 영국의 『21세기 과학(21st Century Science)』의 과학적 소양에 대한 정의를 살펴보자.

『모든 이를 위한 과학』
과학적 소양을 갖춘 사람은,
- 과학, 수학, 기술이 장단점을 서로 보완해주며 상호의존적임을 인식할 수 있다.
- 과학의 주요개념과 원리를 이해할 수 있다.
- 자연현상과 친숙하며, 자연현상의 다양성과 통일성을 인식할 수 있다.
- 개인과 사회의 목적을 위해 과학지식과 과학적 사고방식을 사용할 수 있다.

『21세기 과학』
과학적 소양을 갖춘 사람은,
- 과학과 기술이 일상생활에 미치는 영향을 느끼고 이해할 수 있다.
- 건강, 에너지의 활용 등 과학과 관련된 문제들에 대해 합리적으로 의사결정 할 수 있다.
- 미디어에서 과학과 관련되어 보도되는 내용들에 관심을 갖고 핵심을 이해할 수 있다.
- 과학과 관련된 문제들에 대해 다른 사람들과 자신감 있게 이야기할 수 있다.

Roberts에 따르면, 『모든 이를 위한 과학』에서의 정의는 Vision I에 가깝고, 『21세기 과학』의 정의는 Vision II에 더 가깝다. 그는 Vision I의 관점에서는 과학과 관련된 사회 쟁점들에 대해 과학만능주의 관점에서 해결책을 내놓을 수 있다고 보았다. Aikenhead와 그의 동료들[7]은 이와 같은 Roberts의 설명에 대해 동의하면서, 학교과학의 방향에 대해 Vision I과 Vision II의 중간, 그렇지만 Vision II에 보다 가까운 중간자적인 입장을 취한다고 설명했다. 이들은 현대 사회를 지식사회(Knowledge Society)로 규정하고, 지식사회에서는 "얼마나 많이 알고 있느냐?"가 아닌 "과학기술

7) Linder et al.(2011) 책의 Chapter 3 참조.

과 관련된 상황이 제기되면 그것을 해결하기 위해 얼마나 효과적으로 학습한 것을 활용할 수 있는가?" 즉, 역량의 개발(capacity building)이 과학적 소양의 중요한 요소라고 강조하였다. 이들은 학교과학에서 다루어야 하는 내용들을 일곱 가지 유형[8)]으로 분류하였는데, 그 중 유형1(기존 과학교육과정에서 강조하고 있는 과학교과내용)만 Vision I에 속하고, 나머지 유형들은 Vision II에 속한다고 설명하면서 Roberts의 정의에 비해 더 넓게 정의하였다. SSI 연구를 주도하고 있는 Zeidler와 Sadler는 SSI 교육을 통해 '기능적 과학소양(functional scientific literacy)'을 함양할 것을 강조한다. 이들은 이 기능적 과학소양이 민주시민으로서 과학기술관련 쟁점의 본성을 이해하고, 쟁점 해결에 책임감 있게 참여하는 역량을 강조하기 때문에 Vision II에 해당한다고 설명하였다.[9)]

최근에는 스웨덴의 Sjöström(Sjöström, 2013; Sjöström & Eilks, 2018)이 Bildung의 개념을 도입해서 Vision III의 필요성을 주장하였다. Bildung은 독일에서 유래된 단어로 전통적인 개념은 인간이 자신에 대한 성찰과 반성, 수련 등을 통해 자신만의 독특한 자아를 형성해가는 과정이다(von Humboldt, 1999). 그러나 Bildung의 개념은 그 원래 개념을 토대로 학문 영역에 따라 또는 문화에 따라, 시대에 따라 다소 차이를 보이기도 한다. Sjöström은 현재 사용되고 있는 Bildung의 개념을 크게 다섯 가지로 정리하면서, 그 중 '비판적-해석적 Bildung(critical - hermeneutic Bildung)'을 과학적 소양의 개념과 연결지었다. 그는 Bildung이 현대 사회의 교육에 있어 매우 중요한 요소이며, 교육을 통해 현재 사회와 관계를 형성하면서도 비판적 시각을 가질

---

8) Linder et al.(2011) 책의 33쪽 [표 3.1]에는 다음과 같이 유형을 제시하고 있음.
- 유형2. 기능적 지식(Functional science: 과학기술분야 종사자들이 직업을 수행하거나 일상생활에서 필요한 지식)
- 유형3. 원인 설명을 위한 과학(Have-cause-to-know science: 과학기술분야 종사자들이 일상생활에서 제기된 과학관련 쟁점들에 대해 대중들과 상호작용하기 위해 필요한 지식)
- 유형4. 알 필요가 있는 과학(Need-to-know science: 대중들이 과학관련 사회쟁점들을 해결하기 위해 알아야 하는 과학)
- 유형5. 관심을 끌 수 있는 과학(Enticed-to-know science: 미디어나 인터넷으로 과학관련 쟁점들을 보도할 때 대중들이 관심 있게 볼 수 있도록 하는 데 필요한 과학)
- 유형6. 개인적 호기심을 위한 과학(Personal-curiosity science: 세계 곳곳에서 벌어지고 있는 체계적인 과학 연구들에 관심을 갖는 사람들에게 필요한 과학)
- 유형7. 문화로서의 과학(Science-as-culture: 과학기술의 어떤 측면, 어떤 지식이 지역사회나 국제 사회의 문화를 형성해내는지에 관심이 있는 사람들의 과학)

9) Linder et al.(2011) 책의 Chapter 12 참조.

수 있어야 한다고 설명하였다.

Sjöström은 여기에서 한 발 더 나아가 Bildung의 개념이 '해방(emancipation)'의 개념과 연결되어야 한다고 설명하면서 '비판적-반성적 Bildung(critical - reflective)'의 형성이 중요함을 강조하였다. 즉, 단순히 사회에 대해 비판적 시각을 갖는 것을 넘어서 사회정의 구현을 위한 정치적 활동에 참여할 수 있는 '비판적 실천역량(critical praxis)'이라고 본다. 소극적 의미의 참여는 시민으로서 과학에 대한 기본적 이해와 역량 함양을 기반으로 개인 삶 속에서 과학과 관련된 문제들에 대해 해결해나가는 것을 의미한다. 보다 적극적인 참여는 과학관련 이슈들에 대한 논쟁에 참여하고, 논쟁에 관한 다양한 입장을 고려하여 자신만이 아닌 세계의 안녕을 위한 해결방안을 모색하고 행동을 실천하는 것을 의미한다. 즉, Vision III는 Vision II에 비해 사회변화를 위한 학습(transformative learning)을 통해 사회정의를 구현해 나갈 수 있는 역량을 강조하며, Sjöström은 이러한 관점에서 SSI 교육이 필요하다고 설명하였다.

2.2 사회 참여적 패러다임과 과학적 소양

최근에는 과학적 소양을 개인의 합리적인 문제해결이라는 측면에서만 논의하는 것에 대해 비판적 목소리가 제기되고 있다. 과학교육에서의 '진정한 시민(good citizen)'은 과학관련 이슈들에 대한 논쟁에 자발적으로 참여하고, 논쟁에 관한 다양한 입장을 고려하여 자신만이 아닌 세계의 안녕을 위한 해결방안을 모색하고 행동을 할 수 있는 실천적인 인재를 의미한다. 따라서 과학적 소양에 대한 논의는 시민교육의 맥락에서 논의될 필요가 있다. 이러한 주장을 하는 과학교육의 대표 주자는 캐나다의 Derek Hodson과 Wolff-Michael Roth이다.

Hodson은 사회적 변화와 새로운 과학기술 환경에 맞추어 STS 교육이나 현재 논의되는 과학적 소양의 개념을 넘어서 '정치화 된 형태의 과학교육'을 제안했다. 그는 과학교육의 목표가 학생들이 과학기술과 관련된 사회적, 경제적, 환경적 및 도덕적, 윤리적 문제들에 대해 적절하고 책임감 있으며, 효율적인 액션을 취할 수 있는 역량과 의지를 갖추도록 하는 데 있어야 한다고 주장하였다. 이와 같은 목표는 학생들에게 과학기술, 환경적 차원을 지닌 현실 세계 문제에 대처할 수 있는 기회를 제공함으로써 달성될 수 있다고 설명하였다. 즉, 과학에 대한 교과서적 견해를 갖도록 하는 데 관심을 갖기보다는 중요한 문제에 대한 자신의 의견을 형성하고 그들 자신의 가치관을 확립할 수 있도록 지원해야 한다는 뜻이다.

Hodson의 관점은 기본적으로 학생들의 적극적 참여와 실천을 강조하는 환경교육분야의 사회 비판적 접근(socially critical approach)(예 Fien, 1999, Green - Gough & Robottom, 1993)과 뜻을 같이 한다. 사회 비판적 접근은 학생들의 행동과 집단적 논의 과정, 지역 사회 연계 등을 통해 사회에 대한 실제적 지식과 비판적 관점을 형성하는 데 중점을 둔다. Hodson은 현재 우리가 직면하는 사회문제들이 주로 서구 산업화 사회의 패러다임에서 기인한다고 주장하면서, 현행 교육은 그 원인을 간과하고 있다고 비판하였다. 그는 과학교육과정의 핵심은 산업사회를 뒷받침하는 가치들의 근본적인 재조정에 초점을 두어야 한다고 하였다. 예를 들어, 우리는 과학기술의 결정론이나 인간 중심의 사고방식에서 벗어나 보다 인간과 자연을 존중하는 기술로 나아가야 한다고 권고하였다.

Roth[10)]도 같은 맥락에서 '참여'를 강조했다. Roth의 과학적 소양은 개인이 아닌 집단적 실천(collective praxis)의 의미를 내포하고 있으며 시민들이 집단적인 의사 결정의 과정에 참여하기 위해 필요한 역량들을 뜻한다. 그는 과학적 소양을 한줄한줄의 실가닥이 모여 만들어진 실타래에 비유했다. 서로 다른 개인들은 집단의 실천과정에 다양한 방식으로 기여할 수 있다는 의미이다. 그의 관점은 결핍모델이 아닌 시민의 사회 참여적 패러다임을 대변한다. 즉, 시민은 과학자 전문가 집단이 제시한 지식을 단순히 수용하는 주체가 아니라, 과학기술 지식을 생성하고 과학기술 정책을 만들며 관련 결정에 참여할 수 있어야 한다. 그런 맥락에서 Roth도 Klafki(2000)가 정의한 'Allgemeinbildung'의 개념과 과학적 소양을 연결 지어 설명하였다. 'Bildung'은 독일어로 '만들다(making)', '세우다(build)'의 뜻이고, 'Allgemein'은 '일반적(general)'이라는 뜻이다. 즉, 시민으로서의 일반적인 소양을 함양하는 교육을 뜻한다. Klafki는 Allgemeinbildung라는 용어를 재정의하면서, 사회적 문제에 대한 인식, 사회적 문제해결에 대한 책임감과 참여 의지 등을 내포하고 있는 뜻이라고 설명하였다. Roth는 Allgemeinbildung을 지닌 사람은 과학기술로 인한 문제, 환경문제, 불평등 문제 등에 관한 민주적인 의사결정 과정에 참여하고 행동적 실천을 할

10) Roth의 관련 연구로는 Elmos & Roth(2005), Roth(2003), Roth & Lee(2004) 등이 있음.

수 있는 역량을 지닌 것을 의미한다고 설명했다. 또한 그들은 시민으로서의 참여와 그에 대한 반성적 과정을 통해 과학기술의 생성과정 및 산물과 그것이 사회에 미치는 영향에 대해 이해할 수 있다고 본다.

Roth는 실천적 패러다임 하에서의 과학적 소양 함양을 위한 교육의 방법을 소개했다. 그는 학교 내에 갇힌 과학교육은 실천적 소양을 함양하기에 제한된다고 설명하면서, 지역사회문제를 중심으로 학생들에게 역량을 기를 수 있는 기회를 제공해야 한다고 주장하였다. Roth와 Lee(2004)가 수행한 연구에는 캐나다 Henderson Creek 연안의 작은 도시에서 진행한 물 프로젝트가 소개되어 있다. 이 지역은 새로운 산업의 발달로 해안침식과 농경지 주변의 오염이 심해졌다. 이로 인해 여름에는 강수면이 낮아지고 수온은 높아졌으며, 수질이 심각하게 나빠졌다. 지역주민들은 식수가 부족해 먼 곳에서 물을 끌어와야 했으며, 물을 사용하는 양도 제한을 받게 되는 불편함을 겪자, 물부족 문제를 해결하기 위한 방안을 함께 모색하였다. 이 프로젝트에는 다양한 배경을 가진 지역주민들과 공무원들이 참여하였다. 또한 중·고등학생과 대학생들도 지역주민들과 함께 문제해결 노력에 동참하였다. 7학년 학생들은 물문제 프로젝트에 참여하면서 지역주민들과 공유할 수 있는 과학지식을 산출하고자 노력하였고, 학부모나 지역의 전문가들은 학생들이 자료를 조사하고 연구를 수행하는 과정을 지원하였다. 2년 후, 학생들은 프로젝트 결과를 오픈하우스를 통해 발표했다. 그리고 그 결과를 지역사회 구성원들과 함께 공유하는 경험을 했다. Roth와 Lee는 이러한 경험이 학생들이 실천적인 시민으로 성장하는 데 초석이 될 것으로 믿었다.

이처럼 Hodson이나 Roth의 과학적 소양에 대한 관점은 시민으로서의 사회적 실천을 중심에 두고 있다. 이들의 또 하나의 공통점은 사회적 실천을 위한 근간으로 사회문제에 대한 인식과 가치관 확립, 사회에서 소외된 사람들에 대한 연민과 공감, 사회문제해결에의 책임감과 실천의지 등을 두었다는 점이다. Hodson은 학생들이 사회문제에 대한 자신의 의견을 형성하고, 확고한 가치관을 확립하는 것의 중요성을 재차 강조하였다. 또한 지나친 인간 중심의 사고, 개발을 중시하는 산업 사회의 패러다임에서 벗어나 인간과 자연의 관계에 초점을 맞추는 윤리적 태도의 중요성을 언급하였다. Roth가 도입한 Bildung 개념도 결국 전인 교육의 의미를 포함하고 있다. 즉, 나뿐만 아니라 우리 사회가 직면한 문제에 대해 비판적으로 바라보고, 그로 인한 불평등 문제, 사회적 위험성에 대처하기 위해 함께 참여해 나가는 연대감(solidarity)을 강조한다. 다시 말해서 Hodson과 Roth가 주장하는 사회 참여적 패러다임의 과학적 소양을 이끄는 것은 도덕적 인성임을 알 수 있다.

인성교육 분야의 학자인 Lickona(1996)는 인성은 인간의 도덕적 실행과 실천을 수행하기 위한 원동력이 된다고 하였다. 그리고 인성의 발달은 사회 구성원들이 인류의 가치 있는 삶을 위한 핵심 가치(예 존경, 책임감, 진실성, 공정성, 배려)를 이해하고, 그러한 가치를 깊게 받아들이며, 그 가치를 실현하기 위한 행동을 통해 이루어진다고 설명하였다. 따라서 과학적 문제에 참여하고 실천에 옮길 수 있는 과학적 소양을 갖춘 시민의 양성은 반드시 인성에 대한 교육과 함께 진행되어야 한다. Berkowitz도 과학교육이 도덕적, 윤리적 차원을 고려해야 하며, 이를 통해 과학기술과 관련된 문제해결에 참여할 수 있는 도덕적 실천인(moral agent)을 길러내야 된다고 주장하였다(Berkowitz & Simmons, 2003).

이러한 논의들을 살펴보면, 현재 우리가 갖고 있는 과학적 소양의 개념은 확장될 필요가 있다. 우리는 책임감 있는 시민을 길러내고자 한다. 그렇다면 '책임감' 있게 의사결정하고, '책임감' 있게 행동한다는 것의 의미는 무엇인가? 이것은 지속적인 반성적 사고를 통한 양심(또는 인성)의 형성과 관련된다. 책임감 있는 과학의 발전은 과학자와 그것을 지원하고 사용하는 일반인들의 양심에 따라 결정된다. 어떠한 목적으로 새로운 지식을 산출하고, 무엇을 위해서 우리는 그 지식을 사용하는가에 대한 답은 결국 양심의 문제이며, 우리가 얼마나 엄격한 잣대를 과학지식의 산출과정과 산출물, 그리고 그것이 적용되고 있는 기술 등에 들이대느냐에 해당하는 문제라 할 수 있다. 과학지식이란 여러 가치를 내재하고 있는 집단 활동의 산물이기 때문이다. 우리 학생들, 그리고 우리 개개인은 이러한 과학집단과 별개로 존재하는 것이 아니라, 과학이라는 문화의 한 구성원이다. 우리가 갖추어야 하는 과학적 소양도 양심(인성)과 함께 형성되어야 한다. 많은 과학지식과 기술을 갖고 있는 과학자가 양심에 따른 판단을 하지 않는다면 어떠한 결과를 초래하겠는가? 좋은 의도로 산출된 과학지식이라 할지라도 그것을 사용하는 사람이 충분한 양심을 갖고 있지 않다면 또 어떤 결과가 나타나겠는가? 반대로, 아무리 올바른 양심을 갖고 있다고 하더라도 과학적 소양이 부족하다면 과학기술과 관련된 문제들에 대해 충분히 책임감 있는 의사결정을 할 수 있겠는가? 즉, 책임감은 인성의 형성과 관련이 있다. 시민으로서의 인성이 내면화되면 사회가 직면한 문제들에 대해 관심을 갖고, 문제에 대한 담론에 참여하고, 보다 큰 목적을 추구하며 도덕적 판단을 내리게 된다. 또한 그 판단은 도덕적 실천으로 옮겨지게 된다. SSI 교육은 과학적 소양과 인성의 함양을 연결시키면서 책임감 있는 시민을 양성하는 것을 강조하고 있다.

2.3 학교교육과 과학적 소양

우리나라에서도 '과학적 소양의 함양'은 2007년에 개정된 과학과 교육과정부터 과학과의 주요 목표로 진술되어 있다. 이후 2009 개정 및 2015 개정 과학과 교육과정에서도 마찬가지로 유사하게 제시하고 있다.

> 자연 현상과 사물에 대하여 흥미와 호기심을 가지고 탐구하여 과학의 기본 개념을 이해하고, 과학적 사고력과 창의적 문제해결력을 길러 일상생활의 문제를 창의적이고 과학적으로 해결하는 데 필요한 과학적 소양을 기른다.(2007 개정 과학과 교육과정의 목표)

> 자연 현상과 사물에 대하여 호기심과 흥미를 가지고, 과학의 핵심 개념에 대한 이해와 탐구능력의 함양을 통하여, 개인과 사회의 문제를 과학적이고 창의적으로 해결하기 위한 과학적 소양을 기른다.(2015 개정 과학과 교육과정의 목표)

2007 개정 교육과정 이전에는 과학에서 습득한 지식과 사고력, 그리고 호기심을 바탕으로 일상생활 문제를 해결하는 능력보다는 자연현상을 과학적으로 이해하고 설명 및 해결하는 것에 초점이 있었다. 그러나 2007년 이후의 교육과정에서는 과학 개념의 이해와 과학적 사고력과 문제해결력이 일상생활의 문제를 해결할 수 있는 기본적 소양이 된다고 설명하고 있다. 즉, 과학교육의 목표를 일상생활에의 적용까지 확장하고 있음을 의미한다.

제5차(1987년), 제6차(1992년), 제7차(1997년) 과학과 교육과정에서도 하위목표로 "과학이 기술의 발달과 사회의 발전에 미치는 영향을 인식하게 한다"를 제시하였다. 그러나 이 하위목표는 2007 개정 교육과정에서 "과학, 기술, 사회의 상호 관계를 인식한다"로 변경되었다. 즉, 과학이 기술 및 사회의 '발달'과 '발전'에 미치는 긍정적 효과에 치중했던 것과 달리, 서로 상호 작용하는 관계임을 제시해주고 있다.

나아가 2015 개정 교육과정에서는 하위 목표로 "과학과 기술 및 사회의 상호 관계를 인식하고, 이를 바탕으로 민주시민으로서의 소양을 기른다"라고 제시함으로써 과학과 기술 및 사회의 상호관계에 대한 이해가 민주시민으로서의 소양임을 명확히 언급하고 있다. 이외에도 "과학학습의 즐거움과 과학의 유용성을 인식하여 평생 학습능력을 기른다"와 같이, 과학학습을 학교교육에만 제한시키지 않고 평생교육으로 확장해야 함을 강조하고 있다. 즉, 학생뿐만 아니라 성인이 되어서도 "사회에서 공동체의 일원으로 합리적이고 책임 있게 행동하기 위해 과학기술의 사회적 문제에 대한 관심을 가지고 의사 결정 과정에 참여하며 새로운 과학기술 환경에 적응하기 위해 스스로 지속적으로 학습해 나가는 능력"(교육부, 2015, p. 4)을 중요하게 여기고 있음을 뜻한다.

그렇다면, 현재 학교과학교육은 과학적 소양 함양이라는 목표를 향해 잘 나아가고 있는가? 초·중·고등학교 과학교과를 정상적으로 이수하였다면, 시민으로서 과학기술 사회에서 논의되는 쟁점들에 대해 합리적으로 의사결정을 할 수 있는가? 사실 많은 사람들이 이에 대해 의문을 제기한다. 어떤 학자들은 '과학적 소양'의 함양은 명목상의 목표일뿐 과학교육을 실행하는 데 큰 영향을 미치지 못하고 있음을 비판하기도 한다.

한 예로, 대학생들과 복제 기술이나 동물 실험과 관련된 사회·윤리적 쟁점들에 대해 이야기를 나누어보면 다음과 같은 응답이 많이 나타난다.[11]

저는 사실 동물 실험에 대해서 잘 모르겠어요. 그렇게 동의하는 것 같지는 않아요. 립스틱이나 신약을 테스트하려고 동물을 기른다는 것은 좀 이상하구요. 그런데, 또 사실 동물들은 많잖아요. 그래서 별로 문제가 될 것 같지 않기도 하고요… 잘 모르겠네요.

복제 기술은 좋은 점도 있고 나쁜 점도 있겠죠. 그런데 히틀러 같은 사람들이 많이 만들어지면 어쩌죠? 반대로 훌륭한 사람도 많이 만들어질 수 있겠죠. 사회에 기여할 수 있는. 인간 장기를 복제할 수도 있을 것 같고. 장단점이 있는 것 같아요.

응답에서와 같이 대학생들도 쟁점과 관련된 지식이 많이 부족해서 공상과학 영

---

11) 이 응답들은 Chang & Lee(2010)의 연구에서 30명의 미국 대학생들을 대상으로 두세 가지의 SSI에 대한 이야기를 나눈 면담에서 발췌된 것임.

화에서나 나올 법한 장면들을 상상하면서 문제에 접근하기도 하고, 별다른 관심 없이 그 당시 떠오르는 생각을 나열하기도 한다. 많은 학생들이 쟁점을 둘러싼 상충된 입장 사이에서 갈피를 잡지 못하고 헤매거나, 심각한 도덕적·윤리적 갈등을 느끼기도 한다. 그리고 주제가 파생하는 사회적 영향들에 대해 고려하는 것 자체를 회피하거나 포기하려는 모습을 보이기도 한다.

> 저는 정말 모르겠어요. 저는 동물을 참 좋아해요. 그런데 인간의 치료를 위해 동물을 사용한다는 거잖아요. 결정이 어려워요. 동물들도 살 권리가 있잖아요. 그렇지만 인간의 삶도 중요하잖아요. 무슨 말인지 아시겠어요? 정말 어떤 게 옳은 건지 모르겠어요.

> 저는 사실 동물 실험에 별 문제가 없다고 생각해요. 저는 동물 생명권을 옹호하는 사람도 아니고. 개도 좋고, 고양이도 좋지만… 사실 전 동물을 별로 안 좋아해요. 저랑 별 상관없죠. 제 삶에 정말 많은 일들이 벌어지고 있잖아요. 솔직히 이런 문제에 대해 관심을 갖고 생각할 시간이 없죠. 우리를 행복하게 만들어준다면 좋은 거구요. 저와는 별로 상관이 없는 문제인거 같아요.

중·고등학교 학교교육을 이수하고 대학에 진학한 학생들조차 사회·윤리적 문제에 대해 진지하게 추론하는 과정을 어렵게 느끼거나 회피한다면, 우리는 과학적 소양을 갖춘 책임감 있는 시민 양성을 위한 교육을 성공적으로 잘 진행하고 있다고 말할 수 있을까?

가습기 살균제로 인한 사망과 질병에 대한 보도가 미디어를 통해 전 국민에게 전해졌을 때를 생각해보자. 이러한 문제 상황을 접했을 때, 일반인들은 어떠한 반응을 보일까? 가장 먼저 "어머! 산모와 어린 아기가 가습기 살균제 때문에 죽었단 말이야? 불쌍해서 어떡해!"와 같은 안타까움과 연민, 가습기 살균제 회사에 대한 원망을 느낀다. 그리고 대부분의 사람들은 관련된 뉴스 보도에 귀를 기울이고, 다음과 같은 궁금증을 가지고 인터넷에서 관련 기사를 검색한다.

> "도대체 이 물질(PHMG와 PGH)이 뭐야? 어디에 사용되는 거야?"
> "어떤 제품에 이 살균제 성분이 들어 있지?"
> "내가 구입한 가습기 살균제와 치약에도 이 물질이 들어 있나?"

"어느 정도 흡입하면 위험한 걸까? 정말 생명에 지장을 줄 만큼 위험할까?"
"어떤 증상들이 나타나지?"
"내가 그동안 가끔씩 답답함을 느낀 이유가 이 살균제 때문은 아니었을까?"
"정부는 이런 위험한 물질에 어떻게 사용허가를 내줬지? 테스트는 제대로 한 거야?"

이와 같은 질문들은 너무나 자연스럽다. 이러한 질문들에 대해 답을 찾아가는 과정에서 학교에서 배운 과학은 어떠한 역할을 할까? 학교에서 배운 과학은 이들이 합리적으로 상황에 대해 판단하고 대처해 나가는데 충분한 도움을 주는가? 사실, 우리가 궁금해 하는 질문들은 학교과학수업 시간에 배울법한 지식들을 아는 것만으로는 해결되지 않는다. 그렇다고 해서 학교에서 가르치는 과학지식의 가치를 폄하하는 것은 아니다.

만약, 주변에 가습기 살균제로 피해를 입은 사람이 있다면, 혹은 본인이 가습기 살균제를 사용한 적이 있고 약간의 증상들을 느끼고 있다면, 우리의 질문들은 여기서 멈추지 않을 것이다. 일부는 가습기 살균제 실험 과정과 결과가 담긴 연구결과 보고서를 보고자 할 것이고, 다른 일부는 가습기 살균제와 폐섬유화 증상과의 관련성을 알기 위해 의학 전문 학술지를 검색해볼 수도 있다. 또 일부는 폐섬유화 증상이 무엇을 의미하는지 의학적 정보를 찾거나 전문가의 자문을 구할 것이다. 우리는 그 문제가 자신과 매우 밀접하게 연관되어 있다고 인식하면, 그에 대해서는 적극적으로 정보를 수집하고 평가한다. 또 촛불시위에 나가 가습기 살균제로 인해 피해를 입은 사람들의 입장을 지지하기도 한다.

우리가 일상생활에서 접하는 과학기술관련 쟁점들은 너무나도 다양하다. 쟁점들이 너무나 다양하고 많기 때문에 결핍모델(deficit model)로 접근하는 것은 한계가 있다. GMO 분야의 전문가라 할지라도 원자력 발전의 위험성에 대해 논의할 때에는 일반 시민들과 크게 다르지 않다. Feinstein(2011)이 말한 대로 과학자가 아닌 일반 시민은 과학에 있어서 '아웃사이더'일 수밖에 없다. 그 대신, Feinstein는 '역량 있는 아웃사이더(competent outsider)'가 되어야 한다고 주장한다.

과학교육자들은 학생들이 이와 같은 쟁점에 관심을 갖고 진지하게 담화에 참여하지 않는 이유를 과학지식이나 탐구기술의 부족으로 돌리기도 한다. 그래서 학생들이 답을 잘 하지 못하면 더 많은 과학지식을 제공해주어야 한다고 생각한다. 이는 시민들의 과학적 소양을 높이기 위해 진행되었던 '과학 대중화'나 '과학문화 운동'에서 마찬가지였다. 이러한 운동의 이론적 토대는 결핍모델로, 일반 시민들의 과학에 대한 이해나 지식수준이 과학 및 과학기술정책에 대한 태도에 영향을 준다고 보는 관점이다. 즉, 우리가 원자력 발전의 위험성이나 유전자조작식품의 안전성에 대한 의사결정을 어려워하고 두려움을 느끼는 이유는 원자력 발전이나 유전자조작식품에 대한 충분한 과학지식을 갖추지 못했기 때문이라는 것이다.

최근에 지속적으로 보고되고 있는 쟁점들을 보면, 꼭 그렇지만은 않다. 과학교육에서 강조하는 과학적 소양을 갖춘 책임감 있는 시민의 양성은 단순 지식과 기술에만 초점을 두어서는 안 된다. Trachtman(1981)은 일찌감치 "과학정보 속에 빠져 있는 사람은 잘 알지 못하는 사람과 의사결정을 하는 데 있어 거의 차이가 없다"(p. 12)고 비판적으로 말했다. 우리는 실제 사회에서 벌어지고 있는 문제들에 대해 공감하고, 시민으로서 함께 생각하고 해결해나갈 수 있는 시민으로서의 인성과 실천이 필요하다. 이러한 이유로 과학적 소양의 의미도 전인교육 차원에서 비전을 갖고 논의되어야 한다.

Chapter 03 SSI 교육 확산을 위한 움직임

SSI 교육의 필요성에 대해서는 세계 여러 나라에서 받아들여지고 있다. 최근에는 개인의 합리적 의사결정을 넘어 사회적 책임감과 실천, 참여를 강조하는 방향으로 SSI 교육이 확산되고 있다. 2017년 아일랜드 더블린에서 열린 유럽과학교육학회[12]에서는 유럽연합에 속한 대학들이 SSI 교육을 기반으로 학생들의 사회적 책임감을 함양하기 위해 수년간 진행해온 PARRISE 프로젝트의 결과를 워크숍과 포스터 발표 등을 통해 소개하였다. 유럽연합에서는 PARRISE 이외에도 IRRESISTABLE 프로젝트를 비롯한 다양한 사업들이 연이어 진행되었다. 캐나다에서도 토론토 대학의 Bencze를 중심으로 참여와 실천을 강조하는 STEPWISE 프로그램이 10여 년간 진행되어 왔다. 국내에서도 2009년부터 5년간 SLEP21[13]이 개발되었으며, 글로벌 시민이 알아야 할 SSI를 중심으로 한 교재도 출판되었다. 최근 들어 한국과학창의재단에서는 SSI 교육을 STEAM 교육의 한 줄기로 포함하여 교사 연구회 등을 지원하고 있다. 이 장에서는 이와 같이 SSI 교육의 확산을 위해 국내·외에서 수행되었던 프로젝트들을 몇 가지 소개하고자 한다.

---

12) European Science Education Research Association(ESERA)는 격년으로 학술대회를 개최하고 있음.

13) SLEP21은 'Scientific Literacy Education Program for 21 Century Global Citizens'의 줄임말로, '21세기 글로벌 과학소양 함양을 위한 교육 프로그램'으로 번역됨. 이 프로젝트는 세계수준연구중심대학(WCU) 사업의 일환으로 이화여대 교수진과 외국 학자(Joseph Krajcik, Dana Zeidler)가 협업하여 참여하였음. 이 사업을 통해 다양한 주제의 SSI 교육 프로그램이 개발되었으며, 그 교육적 효과도 논문을 통해 발표되었음.

3.1 PARRISE 프로젝트

PARRISE는 『Promoting Attainment of Responsible Research & Innovation in Science Education』의 약어로, 스웨덴, 헝가리, 독일 등 유럽 연합에 속한 국가들을 중심으로 2014년부터 2017년까지 4년간 진행된 프로젝트이다. PARRISE 프로젝트는 초·중등 교육에 '책임감 있는 연구 및 혁신(Responsible Research and Innovation, RRI)'의 개념을 도입하였다. 즉, 연구와 혁신의 과정과 결과가 유럽 공동체의 가치, 필요 및 기대에 잘 부응할 수 있도록 사회의 다양한 주체들이 함께 참여해나가는 과정을 강조하고 있다. 학생들은 과학기술과 관련된 연구와 혁신을 진행하는 과정에서 발생하는 쟁점들에 대해 시민으로서 탐구 과정에 참여하고 토론할 수 있는 기회를 갖게 되며, 이를 통해 진정한 과학적 소양을 갖춘 민주시민으로 성장할 수 있도록 지원한다.[14)]

PARRISE 프로젝트의 중심에는 [그림 3.1]의 ①과 같이 SSI 교육과 탐구기반 과학교육(Inquiry - Based Science Education)을 결합시킨 'SSIBL(Socio - Scientific Inquiry - Based Learning) 접근'이 있다. 첫 번째 주요 요소인 SSI는 과학기술과 관련되어 사회에서 제기되는 쟁점들이다. 정답이 없기 때문에 문제에 대한 서로 다른 의견과 가치관을 갖고 함께 대화에 참여하고, 서로 다른 입장을 수용하고 조율해나가는 과정을 거치게 된다. 이 과정에서 학생들은 자신의 입장을 논리적으로 표현하고 정당화해나가는 것을 학습한다. 두 번째 주요 요소인 탐구기반 과학교육(IBSE)은 질문이 학습의 중심이 되는 개방적인 수업 방식을 강조한다. 경쟁중심의 학습환경이 아니라 학생들이 중심이 되어 협력하고 참여하는 환경을 마련하고, 학교와 학교 밖 기관을 연결하여 삶과 학습을 연결시키며, 학생들이 탐구활동을 통해 수집한 자료를 분석하고 그것을 바탕으로 행동에 옮기는 교육을 실천하고자 한다. 이러한 관점에서 PARRISE 프로젝트는 SSIBL 접근이 다음과 같은 교육적 효과를 가져올 수 있다고 설명한다.

---

14) PARRISE 홈페이지 https://www.parrise.eu/ 참조.

• 과학적 개념이나 원리가 사회적·윤리적 맥락에서 어떻게 적용되는지에 대한 이해
• 과학의 불확실성에 대한 이해
• 문제해결을 위한 대화의 기술과 과정
• 합리적인 토의와 토론을 통해 책임감 있는 결정을 해나가는 과정
• SSI에 대한 의사결정이 행해지는 사회적·정치적 맥락에 대한 이해
• SSI의 본성, 즉 내재된 복잡성과 명확한 정답이 있을 수 없는 비구조적 특성에 대한 이해
• SSI에 대해 의사결정을 해 나가는 과정에 있어, 우리가 갖고 있는 근거의 한계, 우리가 내리는 의사결정이 개인이나 사회에 미칠 수 있는 영향, 얼마나 많은 사회 주체들이 SSI 문제해결에 관여되어 있는가 등에 따라 영향을 받을 수 있다는 사실에 대한 인식

SSIBL의 교육적 효과를 높이기 위해 PARRISE 프로젝트는 [그림 3.1]의 ②와 같이 교사교육을 매우 강조한다. PARRISE 참여 국가들은 교사들을 위한 교육프로그램을 운영함으로써 교사들이 SSIBL을 적용할 수 있도록 지원하고 있다. 또한 교육프로그램 확산을 위해 PARRISE 웹페이지에는 교사들이 활용할 수 있도록 모범 사

그림 3.1 PARRISE의 SSIBL(Socio-Scientific Inquiry-Based Learning) 접근 방식

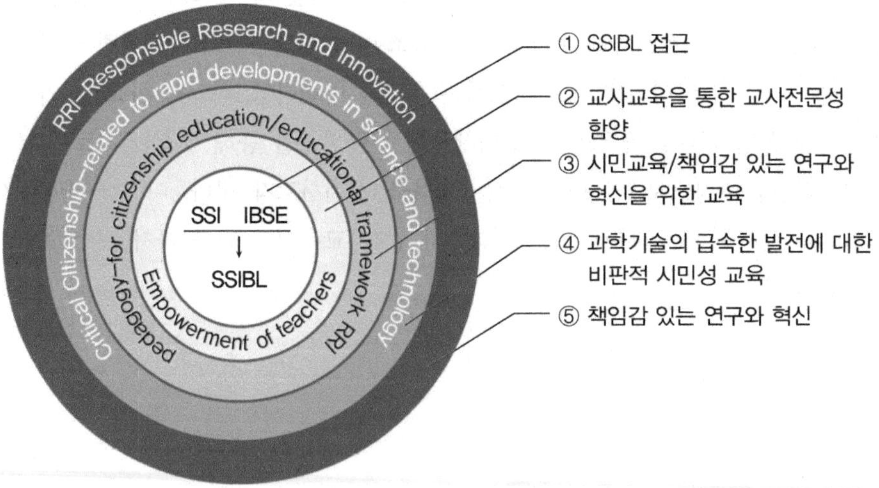

례도 공개해 놓았다. 2017년 유럽과학교육학회에서도 이러한 노력의 일환으로 참여국 교사들이 개발한 자료들을 전시하는 포스터 세션과 워크숍이 열렸다. [그림 3.2]는 포스터 세션에서 게시된 프로그램 예시로, '백신을 맞아야 하는가?', '나노기술에 더 투자를 해야 하는가?', '플라스틱으로 포장하는 것의 위험', '광산개발로 인한 사회문제들', '유전자조작식품의 위험' 등 다양한 주제의 수업이 포함되어 있다. [그림 3.3]은 SSIBL 기반의 SSI 수업을 어떻게 운영하는지 실연하는 워크숍 장면이다. 이 워크숍에서는 과학교사들의 SSI 교수 전문성 향상을 위한 다양한 교수법을 소개하였다. 예를 들어, 좋은 SSI 문제를 생성하기 위해 다양한 교구를 활용하는 방법을 보여주기도 하고, 슈퍼마켓에 가서 GMO 식품들을 찾아서 그 성분들을 비교해보는 활동과 같이 지역사회와 연계된 수업을 제안하기도 하였다. 그리고 SSI를 둘러싼 다양한 관점들을 효과적으로 제시할 수 있는 다양한 방법들도 소개하였다.

PARRISE 프로젝트는 [그림 3.1]의 ③, ④와 같이 SSIBL 접근법과 교사교육을 통해 사회적 책임을 다하는 시민 양성을 위한 교육을 추구하고 있다. 즉, 과학교육과 시민교육(citizenship education)을 연결 지음으로써 과학기술의 급속한 발달에 대한 비판적인 시민의식을 갖는 것을 강조한다. 이것이 책임감 있는 연구와 혁신(⑤)의 기반이 된다고 믿는다.

[그림 3.4]는 PARRISE가 추구하는 교육의 방향을 좀 더 자세히 설명해준다. PARRISE는 [그림 3.4]의 (A)와 같이 과학기술의 급속한 발달로 인해 실생활에서 직면하는 문제들 중에 학생들이 관심 있어 하는 주제(authentic questions)로부터 시작한

그림 3.2 2017년 유럽과학교육학회에서 전시된 PARRISE 포스터

그림 3.3 2017년 유럽과학교육학회에서 개최된 PARRISE 워크숍[15]

다. 교사들은 학생들이 문제를 해결하기 위해 어떤 정보가 필요한지 생각해보고 탐구를 진행할 수 있도록 돕는 질문이나 정보를 제공할 수 있다. (B)와 같이 학생들은 탐구과정을 통해 관련 자료를 모으고 분석하며, 모델을 만들거나 해결방안을 제시해본다. 그 과정에서 학생들은 문제 자체가 지닌 불확실성에 대해 인지하게 되고, 다양한 질문들을 생성하게 된다. (A)와 (B)의 중심에는 시민교육(C)이 놓여 있다. 학생들은 해결할 문제를 단순히 개인적 차원에서만 바라보는 것이 아니라 개인과 사회, 세계가 서로 연결되어 있음을 인지하도록 한다. 그 과정에서 개인과 사회의 다양한 입장들을 이해하고, 여러 근거들을 비판적으로 탐색하고 사고하며, 토의와 토론을 통해 합의 또는 정책 결정을 해보는 과정에 참여한다. PARRISE 프로젝트는 이러한 노력이 책임감 있는 연구와 혁신을 위한 실천적 행동(D)으로 이어져야 한다고 본다. 즉, 학생들이 과학기술의 발달로 인한 사회문제에 대해 단순히 인지하고 논의하는 데 그치는 것이 아니라 사회적 실천으로 옮길 수 있도록 비판적 시민교육(critical citizenship education)을 강조한다. 이러한 실천은 또 다른 문제에 대해 눈을 뜨게 하며, 다시 순환의 고리를 수행하게 된다.

15) 사진은 PARRISE Conference Report에서 발췌되었음.

그림 3.4 PARRISE가 추구하는 교육의 방향

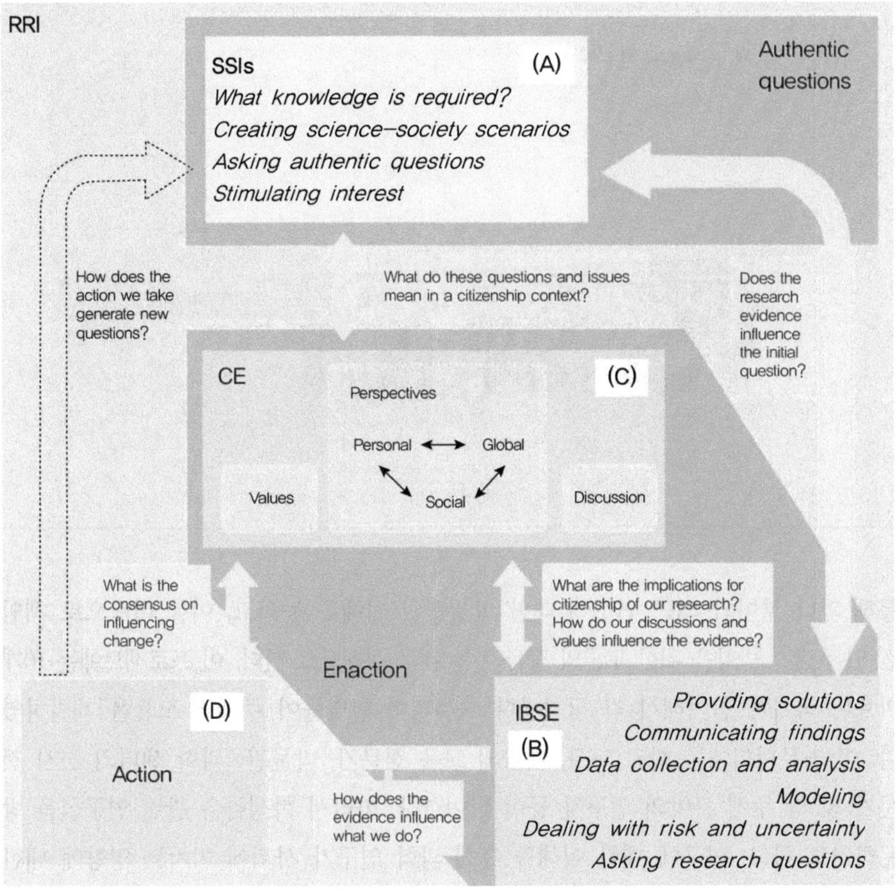

3.2 IRRESISTIBLE 프로젝트

IRRESISTIBLE 프로젝트도 유럽연합 국가들이 RRI의 목표를 달성하기 위해 2014년부터 시행되었다. IRRESISTIBLE은 '저항할 수 없는' 또는 '피할 수 없는'이라는 뜻으로 우리 학생들이 시민으로서 생활 속에서 직면할 수밖에 없는 문제들을 해결해나가기 위해 꼭 학습해야 할 내용들을 중심으로 모듈형식의 프로그램을 개발하였다. 이 프로그램들은 학교와 비형식 기관(과학센터, 박물관, 과학축전 등)과의 연계를

그림 3.5 유럽연합의 IRRESISTIBLE 프로젝트

통해 과학 분야와 최근 연구에 대한 학생들의 이해를 높이고, 이를 바탕으로 책임감 있는 발전 방향을 위한 토론의 장을 여는 것을 목적으로 한다. 이 프로젝트에는 10개 파트너 국가가 참여해서 각 국가마다 커뮤니티를 만들어 주제별 모듈을 개발하였다. 이 커뮤니티에는 학교 교사, 대학의 교육 전문가, 박물관/과학 센터의 전시 전문가 및 각 주제 분야의 연구자 등이 참여한다. 따라서 학생들은 관련 연구실을 방문하기도 하고, 연구에 대한 이해를 통해 과학 연구가 사회에 미치는 영향에 대한 이해를 높일 수 있다.

IRRESISTIBLE 프로젝트에서 개발된 모듈은 모두 SCIENTIX(www.scientix.eu)(일종의 과학교육 커뮤니티)에서 살펴볼 수 있다. SCIENTIX에는 다음과 같은 모듈들이 제시되어 있다.

- 건강과 노화: 생물학, 화학 및 물리학 교사들이 탄수화물 역량 센터(Carbohydrate Competence Center)의 연구원들과 협력하여 개발한 교재로, 과학자와 산업연구원들이 시민들의 건강한 생활을 위해 음식물들을 개발하는 과정에서 어떻게 협력해서 연구를 진행하는지에 대한 이해를 높이는 것을 목적으로 한다.
- 유전체학과 해양학: 포르투갈 관할권을 아조레스 군도를 넘어서 확장하고, 해안으로부터 350마일 떨어진 천연 해양 자원을 이용할 수 있는 권리를 갖는 것

에 대한 논쟁을 다룬다. 대륙붕은 천연 자원이나 생물 자원 면에서 엄청난 잠재력을 갖고 있기 때문에 여러 면에서 이득을 얻을 수 있지만, 여러 가지 중요한 사회적 이슈들을 낳을 수 있다는 내용이다.

- 기후변화: 기후변화는 전 세계적으로 상당한 환경적, 사회적, 경제적, 윤리적 함의를 갖고 있는 주제이다. 대기 과학에 대한 학습을 통해 지구온난화에 영향을 미치는 현상과 요인을 이해하고 이를 해결하기 위한 적극적인 공개 토론을 진행한다.
- 신재생에너지와 지속가능성: 에너지와 환경문제는 전 세계적으로 접근해야 하는 이슈이다. 최근 개발을 시작하는 개발도상국, 인구 증가와 산업팽창으로 인한 선진국의 에너지 수요 증가라는 두 차원에서 이 문제를 바라본다. 어떻게 하면 지속 가능하고 청정한 기술을 이용하여 에너지를 생성하고, 필요한 에너지 수요를 충당할 수 있을 것인가? 에너지의 수요의 급속한 증가와 효율적 분배 문제 등 에너지와 관련된 우려를 줄이기 위해서 전 세계적으로 보다 효율적인 기술의 개발과 채택 방안에 대해 논의한다.
- 나노과학: 나노과학의 근본적인 개념을 이해하고, 건강 과학 분야에서 나노기술이 응용되어 사용되고 있는 것 등 최근 나노기술의 발전에 대해 책임 있는 연구와 혁신의 관점에서 살펴본다. 또한 나노물질의 광범위한 사용과 관련된 건강 및 환경 위험뿐만 아니라 사회적 필요에 대한 나노기술의 잠재력도 다룬다.

3.3 STEPWISE 프로그램

STEPWISE는 『Science and Technology Education Promoting Wellbeing for Individuals, Societies, and Environments』의 약자로, University of Toronto 대학의 Bencze를 주축으로 캐나다 온타리오주의 과학 교과와 연계하여 개발된 프로그램이다.[16] STEPWISE를 번역하면 '개인과 사회, 환경의 안녕을 추구하는 과학 기술

16) Bencze 교수가 10여 년간 수행한 STEPWISE 프로그램의 성과는 『Science and technology education promoting wellbeing for individuals, societies and environments: STEPWISE』로 엮어져 출판되었음(출판사: Springer).

교육'이다. Bencze는 Derek Hodson의 제자로, 그와 마찬가지로 실천적 패러다임의 과학적 소양(Sjöström이 정의한 Vision III)을 주장한다. 즉, Bencze는 기존의 STSE 교육이 학생들에게 과학과 기술, 사회, 환경의 상호관련성을 강조하기는 하였으나, 쟁점에 대해 개인의 의사결정에만 주로 초점을 두고 문제해결을 위한 사회적 실천은 크게 강조하지 않았다는 점을 비판했다. 또한 시민역량을 기르는 교육이 대부분 학생들이 주도하는 것이 아니라 교사가 이끌어가는 방식으로 진행된 점에 대해서도 지적하였다. 이러한 이유로 STEPWISE 프로그램의 이론적 틀에는 [그림 3.6]과 같이 그 중심에 STSE적 실천(activism)이 놓여 있다.

STEPWISE는 기본적으로 'WISE(Wellbeing of Individuals, Societies and Environments)' 문제를 중심으로 구성된다. WISE 문제는 개인과 사회, 그리고 자연환경의 안녕을 위한 문제란 뜻이다. 즉, 우리가 직면하고 있는 SSI를 중심으로 그 본성을 이해하고, 이를 위한 문제해결에 참여할 수 있는 시민을 양성하고자 한다. Bencze는 성장 위주의 경제 패러다임이 이윤창출에 지나치게 초점을 두고 있어 과학기술 연구의 방

그림 3.6 STEPWISE의 이론적 틀[17]

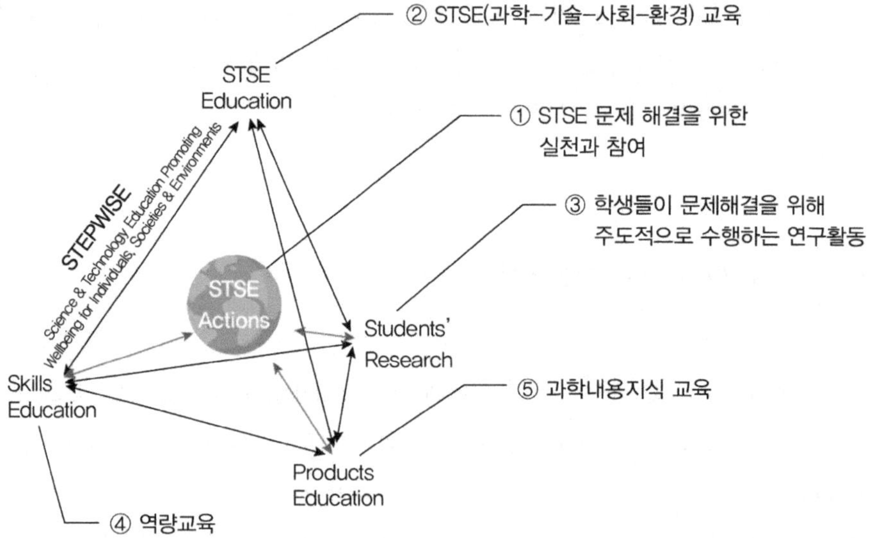

17) STEPWISE 홈페이지를 방문하면 STEPWISE의 이론적 틀에 대한 자세한 설명을 볼 수 있음. https://webspace.oise.utoronto.ca/~benczela/STEPWISE.html

향성을 잘못 이끌어가고 있음을 비판하고 있다. 예를 들어, 제약 회사는 희귀질병을 갖고 있는 사람들이나 빈곤한 지역의 사람들에게서 자주 발생하는 질병에 대한 의약품 개발에는 많이 투자하지 않는다. 희귀질병을 위한 의약품을 개발하는 데 너무 많은 비용과 노력, 시간이 드는 것에 반해, 판매할 수 있는 환자는 소수여서 이익 창출이 적기 때문이다. 기업은 상대적으로 더 많은 이익을 창출할 수 있는 분야에 대한 투자 비중을 높이게 된다. 다른 예를 들어보자. 사람이 직접 하던 일들을 첨단 기계를 사용하게 되면 일의 효율은 높일 수 있지만, 그만큼의 일자리가 사라지게 된다. 미디어의 발전과 확산은 우리가 다른 사람들과 직접 접촉하거나 함께 만나 활동하기보다는 미디어를 시청하고 활용하는 데 더 많은 시간을 보내게 한다. 컴퓨터나 텔레비전, 영화 스크린, 비디오 게임 등에 의존하는 시간이 증가하면 할수록, 그만큼 비만 위험 및 관련 건강 문제는 증가할 수 있다. 환경과 관련해서도 마찬가지이다. 산업개발로 인해 에너지 소비가 증가하고, 지나친 개발로 인해 대기 및 토양, 수질이 더 오염되고 있다. 이로 인해 위기에 처한 동식물은 해마다 증가하고 있다. 그리고 이러한 오염은 결국 우리의 먹거리와도 밀접하게 연결되어 있다.

Bencze는 이러한 상황에도 불구하고 학교과학이 아직도 추상적인 과학개념만을 다루며, 일상생활의 삶과 연결되어 있지 않음을 경고하였다. 시민들은 졸업 후 학교에서 배운 것의 대부분을 잊어버리거나, 개인이나 지역사회, 환경의 안녕을 위해 지식을 활용할 기회를 거의 갖지 못한다. 과학기술의 본질에 대해서도 생각해볼 기회가 없다. 과학기술에 대한 시민들의 낮은 관심과 소양은 결국 과학기술과 관련된 정책을 수립하는 데 있어 점점 더 과학기술 전문가와 기업에 의존하게 만든다. 이것은 다시 성장과 이득을 추구하는 방향으로 과학기술을 촉진하는 기반이 된다.

따라서 STEPWISE 프로그램에서는 진정한 경쟁력을 갖춘 시민으로 성장하기 위해서 학생들이 과학기술이 야기한 문제점들을 비판적으로 인식하고 이를 함께 해결해 나갈 수 있는 실천역량을 길러야 함을 강조한다. 이를 위해 STEPWISE는 지역사회와 연계된 봉사를 교육의 중심에 두고 있다. 그것은 공동체적 가치에 기초한 교육을 의미한다. Bencze는 Albert Einstein이 1936년 10월 15일 뉴욕에서 한 연설 중 "교육의 목표는 공동체에 봉사하면서 가장 높은 삶의 성취를 느낄 수 있도록 독립적으로 행동하고 사고하는 개인의 훈련이어야 한다"고 했던 말을 인용하면서, STEPWISE도 같은 목표를 추구함을 명확히 하였다.

STEPWISE 프로그램의 핵심은 'WISE Activism'이다. 시민은 개인과 지역사회,

그리고 환경의 복지 증진을 목표로 하는 사회·정치적 활동을 할 수 있어야 한다. 즉, 학생들이 자신이 갖고 있는 문화자본, 즉 과학교육을 통해 얻은 소양과 역량(예 의사소통 및 논증 기술)을 활용하여 긍정적인 사회 및 환경을 조성할 수 있는 사회·정치적 활동에 참여하도록 과학교육이 변화되어야 한다는 것이다.

STEPWISE는 캐나다 온타리오주의 과학교육과정에 맞추어 다양한 주제를 다루고 있다.

- 식음료: 제조된 식품 및 음료는 개인의 건강, 나아가 사회의 건강을 위협하는 원인이 된다(예 혈관계 질병 및 암 등). 제품의 대부분은 인공 향료, 색소, 감미료, 방부제, 카페인, 설탕, 염분, 지방 함량이 높다. 최근에는 많은 사람들이 GMO 식품의 잠재적 부작용에 대해서도 우려하고 있다.
- 교통: 다양한 형태의 교통수단은 운송과 수송면에서 엄청난 편리함을 가져다주었지만, 그로 인한 사회적 문제들도 발생하고 있다. 가장 우려되는 것은 화석연료의 사용으로 인한 스모그나 온실가스를 비롯한 여러 유해 부산물로, 이러한 물질들은 건강에 매우 위협적이다.
- 대중 문화 및 엔터테인먼트: 엔터테인먼트를 위한 대중 문화의 다양한 형태(예 TV, 영화, 잡지 등)는 잠재적으로 사회·테크노 결정론적 특성을 나타낸다. 이들 중 상당수는 미디어를 통해 제시되는 상업적인 문화나 기술 중심의 문화를 더 많이 소비하도록 만든다. 예를 들어 소비자 구매 습관을 파악하기 위해 사용되고 있는 빅데이터 분석기술은 실제로 추가 소비를 부추기고 있다.
- 건강 및 미용 보조 장치: 많은 사람들이 건강 또는 외모를 개선하기 위해 건강 제품을 복용하거나 서비스를 받는다. 비타민 A와 같은 특정 비타민 보충제는 햇볕을 적게 쬐는 사람들에게 도움이 될 수 있다. 그러나 종합 비타민제를 사용하는 것에 대해 논란이 있다. 일부 연구에서는 종합 비타민제가 건강 개선을 가져온다고 주장하고 있지만, 일부 연구자들은 그 효과의 신빙성을 의심하기도 한다. 화장품의 사용도 유사하다.
- 전자 제품: 전 세계의 사람들은 휴대폰, 비디오 게임, TV, 영화 및 인터넷을 비롯한 정보기술을 통해 사회적 관계를 형성해 나간다. 이러한 기술은 우리가 인지하지 못하는 사이 우리의 삶을 통제할 수 있다.
- 자원 추출: 자원 추출은 인간의 생존과 삶의 질 유지를 위해 중요하다. 그러나

자원 추출(예 채광, 임업, 어업 등)은 서식지 파괴와 그로 인한 종의 손실을 가져온다. 사람들은 지나치게 많은 제품을 소비하고, 새롭고 더 나은 제품을 구매하기 위해 쉽게 물건을 버린다. 폐기물은 막대한 사회문제로 이어지고 있으며, 그 중 많은 부분이 유독한 물질이다.

온타리오주의 과학교육과정은 STSE 교육과 지식교육(products education), 역량교육(Skills education)의 세 가지 영역을 포함하고 있다.[18] 이 세 영역은 벤다이어그램처럼 서로 겹칠 수 있다. 따라서 STEPWISE 프로그램은 단순히 STSE의 관계를 이해하는 데에만 초점을 두지 않는다. STEPWISE 프로그램에서는 학생들에게 주제를 정하고 연구를 할 수 있는 기회를 제공함으로써 관련된 과학지식과 역량을 함께 함양할 수 있도록 한다.

STEPWISE 프로그램의 가장 큰 특징 중 하나는 RiNA(Research - informed & negotiated action projects) 프로젝트이다. Bencze는 학생들이 과학기술에 내재해 있는 문제의 본성(예 불균형, 불평등, 자본주의적 관점 등)을 이해하고, 그 문제 인식을 바탕으로 연구를 수행해보는 과정을 거쳐야 진정한 실천과 참여가 가능하다고 보았다. 예를 들어, [그림 3.7]에서와 같이 청소년 흡연과 같은 문제에 대해 학생들이 인터넷 자료 등을 검색하는 것(secondary research)부터 시작한다. 그리고 그 자료를 바탕으로 남녀 청소년들이 어느 정도 흡연을 하고 있는지에 대해 직접 연구를 설계하여 수행해본다(Primary research). 연구는 사회과학적 연구, 자연과학적 연구 모두 가능하다. 연구 결과를 바탕으로 흡연을 막기 위한 포스터를 제작해서 동료들에게 홍보하는 캠페인을 벌일 수 있다. Bencze는 이와 같은 방식으로 SSI에 대해 탐색하고 문제를 해결하여 행동으로 옮기는 형태의 교수를 RiNA 프로젝트라고 명명하였다.

---

18) 온타리오주에서는 과학내용지식 교육을 'Products education'으로, 역량 교육을 'Skills education'이라고 표현함.

그림 3.7 STEPWISE의 RiNA 프로젝트[19]

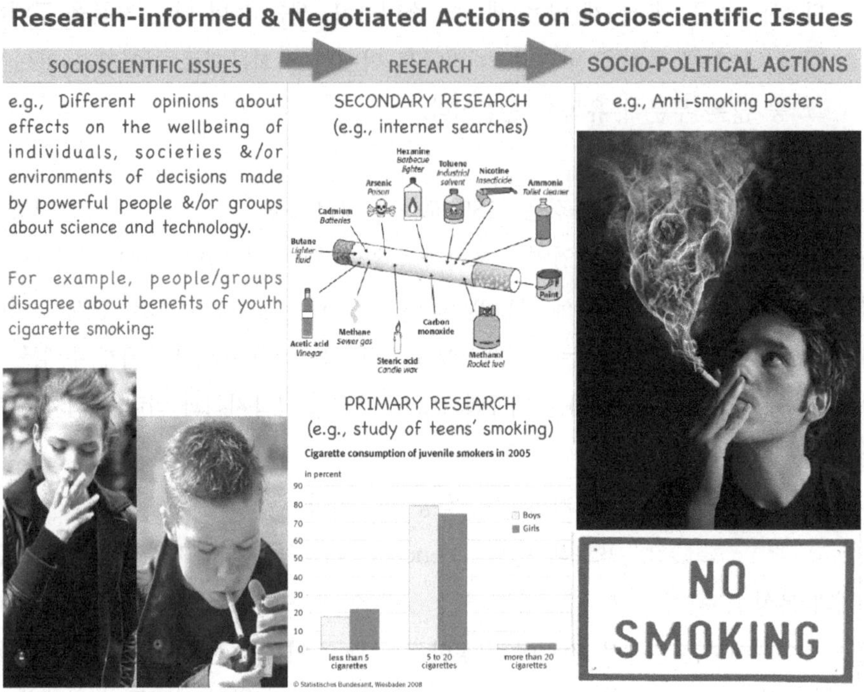

3.4 21세기 글로벌 과학소양 함양을 위한 교육 프로그램(SLEP21)

국내에서 SSI 교육에 대해 관심을 갖게 된 것은 2000년대 후반부터였다. 일부 연구자들에 의해 SSI 교육이 소개되기 시작했고, 개인 차원 혹은 교사 모임[20]에서 SSI 교육 프로그램을 개발하여 적용해보는 경우가 많았다. 국내에서 개발된 SSI 교육 프로그램의 한 예로 SLEP21을 들 수 있다. SLEP21은 국내 연구자와 Michigan State University의 Joseph Krajcik, University of South Florida 대학의 Dana

19) RiNA 프로젝트: https://webspace.oise.utoronto.ca/~benczela/STEPWISE-RiNA.html 참조.

20) 1997년에 창립된 '가치를 꿈꾸는 과학교사 모임'은 SSI 교육을 위한 수업 자료 개발을 지속적으로 해오고 있다. 초기에는 자료집 형태로 발간하였으며, 그 이후로 과학기술의 본성을 드러내는 SSI를 다룬 단행본도 발간하였음.

그림 3.8 글로벌 과학소양의 5개 축

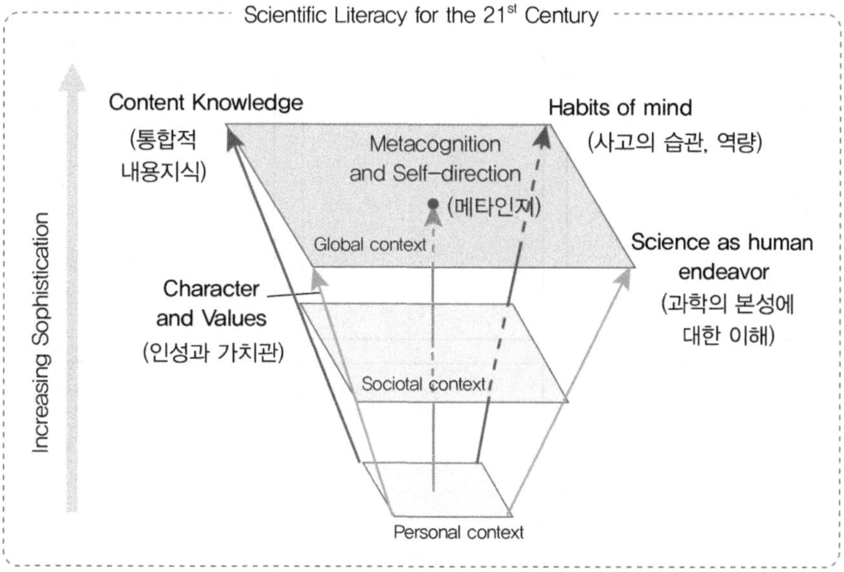

출처: Choi et al., 2011, p. 682.

Zeidler와 함께 개발한 프로그램이다. 이들은 글로벌 시민이 갖추어야 할 과학적 소양을 [그림 3.8]과 같이 이론적으로 재정의하였다(Choi et al., 2011).

이들은 과학적 소양을 다섯 가지 주요 축으로 정의하였는데, 그 중 가장 특징적인 요소는 시민으로서 갖추어야 할 인성과 가치관(Character and values)이었다. 시민으로서의 인성의 함양이 과학적 소양의 매우 중요한 요소임을 명시적으로 강조한 것이다. 그리고 이 정의에 토대를 두고 3년에 걸쳐 시민으로서 알아야 할 10개의 핵심 SSI에 대한 교육프로그램(SLEP21)을 개발하였다. SLEP21은 중·고등학생의 정규 교육과정, 대학생/일반인 교양 교육, 과학교사교육 등에 활용될 수 있는 프로그램으로, 그 내용을 중·고등학생, 그리고 교사들이 읽기 쉽게 『글로벌 리더가 알아야 할 과학이야기』라는 책으로 출판하였으며, e-book을 개발하여 무료로 배포하였다. SLEP21의 활용도를 높이기 위해 전국 규모의 과학교사 워크숍을 실시하여 프로그램의 내용을 소개하고, 적용 가능한 교수·학습 모형을 개발하여 교사들과 함께 적용해 보기도 하였다. 워크숍과 동시에 프로그램 적용에 관심 있는 교사들을 위해 실행연구를 통해 개별 컨설팅을 제공하기도 하였다. 책에 포함된 내용은 다음과 같다.

그림 3.9 『글로벌 리더가 알아야 할 과학이야기』의 내용구성

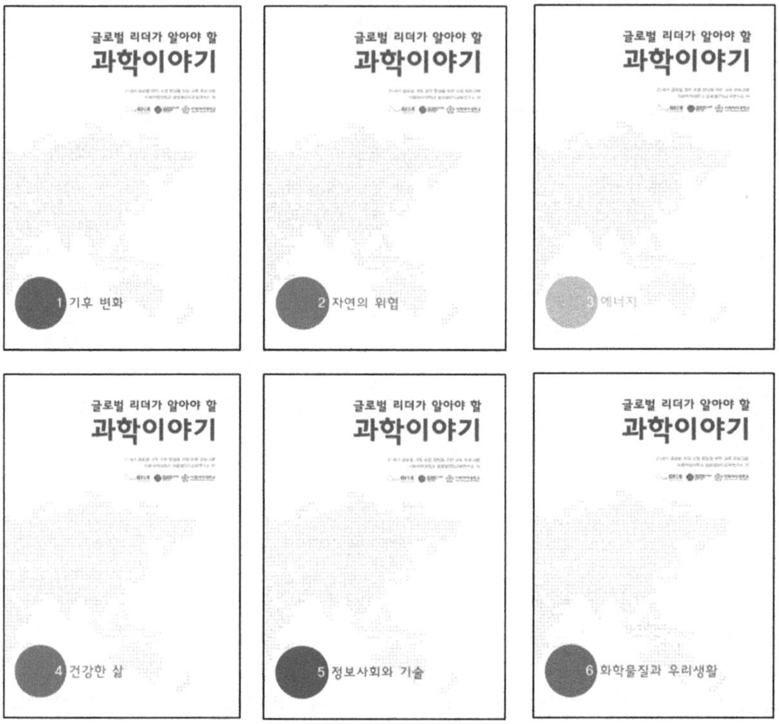

- 기후변화: 기후변화의 현황과 원인을 이해한 후, 기후변화에 대응하기 위한 방안을 생각해 보는 내용을 포함하였다. 기후변화로 인한 해수면의 상승, 기후 난민, 기후변화로 손실된 세계의 문화유산과 생태계 파괴 등의 주제를 실험이나 자료 조사를 통해 탐색한다. 학생들은 포스터나 신문 만들기, 바자회 개최와 같은 활동을 통해 기후변화의 현황을 알리는 활동들에 참여하게 된다. 기후변화와 관련된 온실효과, 온실가스, 탄소순환과 같은 과학개념들을 소개하고, 온실효과와 탄소순환 과정을 스스로 모델링하는 활동도 포함되어 있다. 나아가 기후변화에 대응하기 위한 국제 협약과 탄소 포집 및 저장 기술이나 그린 테크놀로지와 같은 대응 방안들을 소개하면서 학생들 스스로 기후변화를 막기 위해 할 수 있는 노력에는 어떤 것들이 있을지 창안해 보는 활동도 수행한다.
- 자연의 위협: 지진, 물 부족, 해양오염을 중심으로 각각의 현황과 원인, 그리

고 대처 방안을 찾도록 하는 내용을 포함하고 있다. 최근 큰 피해를 발생시킨 지진 사례들을 중심으로 지진의 발생 원인을 과학적으로 이해하고, 지진에 대비하기 위한 창의적인 아이디어를 내며, 지진에 대처할 수 있는 방안에 대한 토의 내용을 다루고 있다. 또한 생활 속의 물 사용량, 가상수와 물발자국, 세계의 물 부족 현황을 알아보면서 물 부족에 대한 관심을 끌어내고, 이를 해결하기 위해 생활 속에서 실천할 수 있는 방법들을 모색해 본다. 쓰레기 섬, 원자핵 폐기물과 관련된 이슈를 통해 환경문제의 심각성을 인식하고, 쓰레기 문제를 해결하는 방안을 마련한다.

- 에너지: 고갈되고 있는 에너지 자원과 대체 에너지가 될 수 있는 원자력, 신재생 에너지를 살펴보면서 에너지 자원의 미래에 대해 생각해 볼 수 있는 내용을 다룬다. 자원 개발의 현황을 살펴보고, 찬반 토론을 통해 자원 개발과 보존에 대해 논의하며, 자원 부족으로 고통 받고 있는 사람들을 도울 수 있는 방안을 생각해 볼 수 있는 활동을 포함하고 있다. 또한 일본 후쿠시마 원전사고를 통해 원자력 에너지의 장점과 단점에 대해 생각해 볼 수 있도록 하였고, 원자력 발전에 대한 찬반 의견을 시민 합의회의를 통해 도출해보도록 하였다. 마지막으로 세계의 자연 에너지 마을 사례들을 조사하면서 신재생 에너지에 대해 이해하고, 제로에너지 타운을 설계하는 프로젝트를 진행한다.
- 건강한 삶: 건강을 위협할 수 있는 바이러스, 박테리아를 이해하고, 현대 사회에서 문제가 되고 있는 비만을 살펴보면서 건강한 삶을 영위하기 위해 개인적, 사회적, 세계적으로 어떤 노력이 필요할지 생각해 보고 실천 방안들을 찾아보는 내용을 다룬다. 바이러스에 대해 과학적으로 이해하고, 질병 예방을 위한 실천 대책을 마련해 보도록 한다. 슈퍼박테리아에 대한 과학적 이해를 높이고, 항생제와 내성에 대한 관계를 구체적인 자료 분석을 통해 알 수 있도록 하였다. 또한 슈퍼박테리아가 야기하는 사회적인 위험성에 대해 생각해 보고, 생활 속에서 실천할 수 있는 방법을 찾아보도록 하였다. 비만의 정의와 원인, 비만이 유발하는 사회적·경제적인 문제들을 살펴보도록 하여 비만의 심각성을 깨닫게 하고, 건강한 식습관을 통해 비만을 예방할 수 있는 방법을 실천해 보도록 구성하였다.
- 정보사회와 기술: 정보화 사회와 과학, 유전자 재조합 기술과 우주 개발과 관련된 내용을 포함하고 있다. 정보기술의 발달로 인해 변화하는 과학지식 생성

과정을 이해하고, 이러한 기술의 발달로 인해 변화하는 사회가 필요로 하는 윤리적 가치에 대해 생각해보도록 하였다. 또한 정보기술, 과학과 사회의 관계를 다양한 관점에서 바라볼 수 있도록 하는 내용을 포함하였다. 유전자 재조합 기술이 우리 사회 및 인간의 삶에 미치는 영향에 대해 토의하고, GMO와 관련된 문제 상황들을 해결하기 위한 방법을 모색해 보는 활동도 한다. 우주개발의 의의와 필요성을 인식하고, 우주 개발로 인해 발생하는 이점, 문제점을 비판적으로 논의해 보는 활동도 포함되어 있다.

- 화학물질과 우리 생활: 역사 속에서의 신물질의 변천, 생활 속의 화학물질과 화학물질관련 사고들을 다루고 있다. 플라스틱, CFC, DDT를 통해 이러한 물질들이 인간의 삶에 미친 영향을 이해해보고, 유사한 맥락에서 나노물질에 대한 우리의 자세에 대해 생각해 보도록 하였다. 이를 바탕으로 신소재 개발에 대한 자신의 입장을 논리적으로 제시할 수 있는 활동도 수행한다. 식품, 화장품, 주택과 관련된 화학물질들을 중심으로 우리 주변의 화학물질의 필요성과 부작용에 대해 생각해 보도록 하고, 합리적으로 판단하고 선택하여, 안전한 생활을 할 수 있도록 하는 태도를 기를 수 있도록 하였다. 화학물질관련 사고들을 살펴보면서 사회적, 국가적 안전을 위해 어떤 자세가 필요한지 생각해보고, 시민합의문을 만들어 보는 활동을 한다.

PART

02

SSI 추론 및 담화의 특성

Chapter 4 SSI 추론은 어떤 특성을 갖는가?

Chapter 5 SSI 담화란?

Chapter 04 SSI 추론은 어떤 특징을 갖는가?

SSI는 학교과학수업에서 일반적으로 다루는 문제와 성질이 다르다. 예를 들어, "정지하고 있는 질량이 2Kg인 물체에 10N의 힘이 주어지면 물체의 가속도는 얼마인가?"와 같은 문제는 F=ma에 대입하면 정답이 나오는 단순한 계산문제인 반면, SSI는 정답이 없는 복잡한 문제이다. 문제 상황에 대해 다양한 관점의 해석이 가능하기 때문에 해결책 또한 다양하다. 다음과 같은 문제 상황을 가정해 보자.

> 나는 오늘 두부를 사러 마트에 갔다. 유전자조작 콩으로 만든 두부는 500g에 2000원인 반면, 유기농 두부는 200g에 5000원이었다. 나는 오늘 어떤 두부를 선택할 것인가?

어떤 사람은 경제적인 측면을 강조해서 싸고 큰 두부를 선택할 것이다. 반면, GMO의 안전성에 대해 아직 명확히 밝혀진 것은 없지만, 어린 아이 반찬을 위해 두부를 사는 주부는 아이의 건강에 더 큰 비중을 두고 조금 비싸더라도 위험성이 적은 유기농 두부를 선택할 수 있다. 그렇다면 누구의 선택이 더 옳다고 할 수 있는가?

미국 University of Missouri의 Sadler는 Zeidler와 함께 SSI 교육에 대해 많은 연구를 해왔다. Sadler는 SSI 문제해결을 위해 진행되는 사고과정을 SSI 추론(socioscientific reasoning, SSR)이라고 정의했다. 그는 SSI 추론 과정이 SSI가 지니고 있는 복잡성(complexity)에 대해 인지하고, 주제를 둘러싼 다양한 입장들에 대해 탐색하며, 문제해결을 위한 지속적인 질문과 탐색, 그리고 회의적 사고(skepticism)를 요구하는 특성을 지닌다고 설명하였다. 여기에 맞추어 생각해보면, 어떤 두부를 살 것인가의 문제는 경제적 논리나 안전성 등 서로 다른 가치관이 복잡하게 얽혀 있기 때문에 쉽게 결정하기 어려운 문제 상황이며, 자신의 신념이나 경험, 상황 등에 따라 다른 입장을 취할 수 있다. 또한 문제를 해결하는 과정에서 "GM 콩으로 만든 두부는 정말 건강에 안 좋은 영향을 미칠까?", "그렇다고 유기농 두부는 정말 오염되지 않은 순수한 콩으로 만들어졌다고 확신할 수 있을까?"와 같은 질문들을 자연스럽게 하게 되며, "GMO에 대한 기사가 과연 맞을까? 어느 기관에서 조사한 것이지?"와 같이 주어진 정보에 대해 회의적인 사고를 하기도 한다. 이것이 바로 SSI 추론 과정에서 드러나는 특징들이다. 이 장에서는 SSI 추론의 유형 및 특성, 그리고 SSI 추론에 영향을 미치는 요인들을 소개하고자 한다.

4.1 SSI 추론의 유형

SSI와 같이 복잡한 문제에서 문제를 해결하거나 문제에 대해 협상하기 위해 진행되는 추론의 과정을 비형식적 추론(informal reasoning)이라 한다(Zohar & Nemet, 2002). 비형식 추론의 반대는 형식적 추론(formal reasoning)이다. 형식적 추론은 앞에서 예로 든 가속도의 문제와 같이 뉴튼의 운동법칙(F = ma)이라는 변하지 않는 전제 위에 제시되는 문제이다. 하지만, GMO와 같은 문제 상황은 다양한 입장에 따라 다른 전제 위에서 문제에 접근한다. 이렇게 문제 상황이 복잡하여 논쟁의 여지가 있는 경우, 특히 자신의 입장에 대한 근거를 마련할 필요가 있을 때 수행하는 추론 방식이 비형식적 추론이다(Mean & Voss, 1996; Perkins et al., 1991). 보통 비형식 추론의 경우, 인지적 사고과정(예 장단점, 손익 등을 비교하는 과정 등)과 정의적 사고과정(예 감정적 공감, 연민 등)이 함께 결부되어 나타나는 경우가 많다. 다음은 '동물 실험에 대한 논쟁' 상황을 제시했을 때 나타나는 일반적인 응답들이다.

[문제 상황]
의학적 치료 기술의 발달을 위해 우리는 다양한 동물 실험을 진행하고 있다. 그 중 한 예가 무균돼지를 활용한 인간 장기의 생산이다. 현재 첨단 장비를 갖춘 무균실에서 사람에게 이식할 수 있는 장기를 생산하기 위한 무균돼지들을 사육하고 있다. 동물의 생명권을 주장하는 일부 단체들은 인간의 필요에 의한 동물 실험을 자제해 줄 것을 주장하고 있다. 여러분은 동물 실험에 대해 어떠한 입장을 갖고 있는가?

학생A : 나는 동물 복제 기술에 대해 찬성해. 며칠 전에 뉴스에서 무균돼지에 대한 다큐멘터리를 봤는데, 무균돼지는 세균에 감염되지 않도록 첨단 장비를 갖춘 무균실에서 키운 깨끗한 상태의 돼지를 말한대. 몸집도 100kg 정도고, 심장이나 췌장과 같은 장기 크기나 구조가 사람과 비슷하대. 그래서 이 무균돼지한테서 세포를 떼어 내서 인간면역유전자를 집어넣은 뒤 복제돼지를 만들면 사람에게 장기를 이식할 수 있는 장기이식용 돼지가 된다고 하더군. 정말 엄청난 의학적 발견이라고 생각해. 난치병이나 불치병으로 고생하는 많은 사람들을 고칠 수 있잖아. 물론 돼지 입장에서는 좀 불쌍한 것은 사실이지만, 그래도 난 인간의 치료가 더 우선되어야 한다고 생각해.

학생B: 난 무균돼지에 대한 다큐멘터리 보면서 돼지 입장에서 생각해봤어. 정말 불쌍하지 않아? 우리를 위해 희생되는 거잖아. 엄마돼지한테 면역 세포를 받지 않도록 임신된 엄마의 배를 째서 돼지를 꺼내더라고. 무슨 죄야? 동물도 우리랑 똑같이 감정을 느끼고, 엄마랑 같이 있고 싶을 거 아냐! 인간을 치료하기 위해 동물의 생명을 함부로 다루는 것 같아 마음이 아팠어.

학생C: 난 상상만 해도 너무 끔찍해. 난 그냥 반대야.

학생A, B, C가 동물실험에 대해 추론하는 과정을 살펴보면 다소 차이가 있다. 학생A는 무균돼지의 생명도 고려하긴 하지만, 무균돼지의 생산을 통한 의학적 성과에 더 비중을 두고 관련된 과학지식(예 무균돼지를 만드는 원리, 기관의 구조 등)을 활용하여 문제에 논리적으로 접근하고 있다. 반면, 학생B는 학생A에 비해 인간을 위해 희생되는 무균돼지의 입장에서 공감하려고 하는 감정적인 접근을 하고 있다. 학생C는 직관적 판단에 따라 의사결정을 하고, 더 이상의 사고를 진행하지 않고 있다.

이러한 추론의 세 가지 유형은 Sadler와 Zeidler(2005a)의 연구에서 소개되었다. 이들은 30명의 대학생을 대상으로 생명공학과 관련된 SSI를 제시했을 때 나타나는 추론을 이성적(rationalistic) 추론과 감정적(emotive) 추론, 직관적(intuitive) 추론의 세 가지 유형으로 나누어 제시하였다. 이성적 추론은 주어진 문제 상황과 연관된 다양한 요인들(예 돼지의 생명권, 의학적 치료 가능성, 부작용, 사회적 비용 등)을 분석하고 장단점을 비교하면서 논리적으로 의사결정을 하는 경우를 의미한다. 동물의 생명권과 의학적 치료의 가능성을 비교하면서 의사결정을 내린 학생A가 이에 속한다. 감정적 추론은 다른 사람 혹은 생명체에 대한 공감과 배려, 연민에 기초하여 의사결정을 내리는 경우를 말한다. 학생B의 경우, 동물의 입장에서 그들의 느낌을 함께 공유하려고 노력하고, 동물의 생명이 함부로 다루어지는 것에 대한 연민을 바탕으로 의사결정을 하였기 때문에 이 유형에 해당된다. 그리고 직관적 추론이란 SSI가 주어졌을 때 즉각적인 반응에 기초한 형태의 추론이다. 학생C가 여기에 해당한다. 이 응답에서 학생C는 주어진 문제 상황에 대한 즉각적 반응 후에 의사결정을 하기 위해 사고를 진행하지는 않았지만, 직관적 추론 후 이성적 추론이나 감정적 추론으로 이어지는 경우도 흔히 볼 수 있다. Sadler와 Zeidler는 세 가지 유형의 추론형식 중에서 이성적 추론이 SSI 맥락에 상관없이 가장 자주 보이는 경향을 띤다고 하였다. 어떻게 생각해보면 학생들이 주어진 SSI를 둘러싼 여러 가지 입장을 서로 비교하면서 가중치를 부여하고 의사결정에 이르는 것이 일반적으로 우리가 생각해 볼 수 있는 추론 방식일 수 있다. 그러나, 주제와 관련된 개인적 경험, 예를 들어 주변에 치료법이 개발되기를 바라는 환자를 가족으로 두고 있다든지, 동물을 좋아해서 집에서 애완동물을 키우고 있다면 아마도 여러 입장을 비교하기보다는 '돌봄'의 가치를 가장 중심에 두고 의사결정을 내릴 수 있다. 물론 감정적 추론이 이성적 추론에 비해 비논리적이라는 뜻은 아니다. '돌봄'이라는 가치에 비중을 둔 추론도 충분히 논리적으로 설득력이 있을 수 있다. 이성적 추론이냐, 감정적 추론이냐는 단순히 어떤 추론이 더 논리적이냐, 덜 논리적이냐의 차이가 아니라, 어떠한 요소들이 개인의 의사결정 과정에 더 주요하게 작용하느냐의 차이로 이해할 수 있다. 전통적 과학수업에서는 논리적 사고과정에 대해 많이 강조를 해왔고, 그 논리적 과정은 보통 과학적 근거에 기반을 둔 사고만을 지칭하는 경우가 많아 감정적 요소(공감, 연민, 돌봄 등)의 개입에 대해 너그럽지 않은 경향이 있다. 그러나 SSI 문제 상황에서 감정적 요소는 개인이 주어진 문제를 어떻게 바라보고 해석하느냐, 그리고 어떻게 반응하느냐에 중요한 영향을 미치는 요인이 된다. 또한 SSI 추론 과정에서 중요하게 여기는 다양한 입장에 대해 포용력을 형성하는 데 기초가 되는 요소라고도 볼 수 있다. 또한 감정적 요소는 청지기 의식이나 사회 정의의 실현과 같은 행동적 실천의 강한 원동력이 되기도 한다(Sadler & Zeidler, 2005a).

SSI에 대한 문제해결 과정은 일종의 도덕적 추론(moral reasoning)의 과정이다. 즉, SSI에 대한 의사결정을 할 때, 각 개인은 자신의 내적 신념과 가치관을 기반으로 주어진 문제가 내포하고 있는 도덕적, 윤리적, 사회적 가치를 고려한다는 의미이다. 개인은 내재된 신념과 가치관[1]에 따라 주어진 SSI 문제 상황을 도덕적, 윤리

1) Zeidler(1997)는 개인의 내재된 신념을 'core belief'라고 칭함.

적, 사회적 문제로 재정의하는 과정을 거친다. 그리고 그 신념과 가치관에 근거하여 문제 속에서 상충되는 면들에 대해 찾아나가고, 서로 상충되는 입장들을 조정해 나가려고 한다. Dass(1997)는 이러한 내적 가치체계가 인지적 요소들보다 의사결정에 더 많은 영향을 주기도 한다고 설명하였으며, 이는 여러 연구들을 통해 뒷받침되고 있다.

그러나 모든 개인들이 이렇게 충실히 도덕적 의사결정에 참여하는 것은 아니다. 개인에 따라 같은 도덕적, 윤리적 상황이라 할지라도 갈등 상황을 다르게 지각할 수 있다. Kohlberg 이후 도덕성 발달 분야에서 큰 업적을 남긴 미국 University of Minnesota의 James Rest는 '도덕성(morality)'이라는 용어를 개인이 보다 큰 목적(예 인간의 복지, 행복 등)을 추구하고 실현하기 위해 이해관계로부터 발생하는 충돌을 어떻게 조정하고 협력해나가는지를 나타내는 심리적 요인이라고 설명하였다(Rest et al., 1999). 그는 도덕적 행동이 일어나기 위해 필요한 네 가지 중요한 심리 과정을 '4-구성요소 모형'으로 설명하였으며, 여기에는 도덕적 민감성(moral sensitivity), 도덕적 판단력(moral judgment), 도덕적 동기화(moral motivation), 도덕적 인격화(moral character)가 포함된다.

첫째, 도덕적 민감성이란 문제 상황이 도덕적 요소를 포함하고 있는지를 인지하고, 어떤 행위가 가능하며, 각각의 행동이 관련된 사람들에게 어떠한 영향을 미칠 수 있는지에 대해 예상해보는 과정을 의미한다. 예를 들어, 맞춤 아기나 산전태아감별, 배아줄기세포연구가 도덕적·윤리적 고려를 요구하는 문제로 인식하는지이다. 어떤 학생들은 이러한 생명공학과 관련된 주제들이 인간 생명권의 존엄성을 위협하기 때문에 근본적 도덕 규범이나 원리를 위배한다고 여겨 도덕적 문제로 인식하기도 하지만, 일부 학생들은 철저히 과학기술의 발전과 그로 인한 혜택과 관련된 문제로 해석하기도 한다.

둘째, 도덕적 판단력은 무엇이 도덕적 관점에서 옳고 공정한지, 정의로운지, 선한지를 판단하는 과정이다. 대부분의 사람들은 직관적으로 도덕적 판단을 할 수 있다. 그리고 자신이 내린 도덕적 판단에 대해 어느 정도의 확신도 갖는다. 그러나 어떤 것이 도덕적으로 옳고 공정한지에 대해 판단하는 것은 사람들마다 다른 기준을 적용할 수 있다. 예를 들어, 어떤 사람은 '배아복제연구에 대해 적극 지원함으로써 불치병 환자를 치료하는 것이 옳다'라고 판단하고, 그에 대한 확신도 갖고 있다. 그러나 다른 사람은 '인간의 생명을 조작하려는 시도는 윤리적으로 옳지 않다'라고 확신에 찬 판단을 할 수도 있다.

셋째, 도덕적 동기화는 개인적이고 상황적인 여러 가치들 중에서 도덕적으로 옳은 가치를 우선 순위에 두도록 하는 과정이다. 사람들은 도덕적 가치 이외에도 다양한 것(예 경제적 이득, 개인의 업적, 내 가족의 행복 등)에 가치를 둘 수 있다. 이것은 종종 도덕적 가치와 충돌하거나 도덕적 가치보다 더 매력적으로 느껴질 수도 있어 도덕적으로 행동하는 데 장애물로 작용할 수 있다. 아무리 배아복제연구가 인간 생명의 존엄성에 대한 도전이라 하더라도 당장 내 아이의 치료법이 될 수 있다면 도덕적 가치보다는 개인의 행복과 안전을 택하게 된다는 것이다. 물론 내 아이의 행복을 추구한다는 것이 비도덕적 행동이라는 의미는 아니다. 다만, 주어진 상황에서 보다 도덕적인 행위를 하게 하는 가장 큰 동기적 요소는 무엇인가에 대한 논의이다.

마지막으로 도덕적 인격화는 도덕적으로 행동하고 예상치 못한 어려움이나 피로, 좌절, 유혹 등을 극복하고 궁극적 목표를 향하게 하는 과정으로 수행력을 의미한다. 예를 들어, 배아복제연구에 찬성하는 여성들이 자신의 난자를 기증하겠다고 하는 행위이다. 난자의 기증은 그리 쉬운 일이 아니다. 통증, 불임과 같은 부작용도 보고되고 있으며, 사회적 비판을 받을 수도 있다. 그럼에도 불구하고, 이들은 배아복제연구가 많은 환자들에게 희망을 줄 수 있다는 믿음으로 자신의 난자를 기꺼이 기증한다.

Rest가 제시한 네 가지 구성 요소는 순서적으로 진행되는 단계적 과정이 아니라 서로 상호작용하며 각각 구별되는 기능을 한다. 도덕적 민감성을 갖고 있다고 하더라도 행동으로 옮겨지지 못하는 사람이 있는 반면, 행동으로 옮기는 데는 민첩하나 도덕적 판단을 단순하게 수행할 수도 있다. 개인이 SSI에 대한 추론을 진행할 때, 각각의 맥락에서 이러한 요소들이 어떻게 드러나고, 어떻게 상호작용하는지, 또 어떤 상황에서 이러한 요소들이 활성화되는지, 그리고 어떻게 행위로 구현되는지 등을 찾아내는 분석적 틀이 될 수 있다.

이러한 관점에서 개인의 SSI 추론과정을 다시 한 번 되짚어 살펴볼 필요가 있다. 개인이 어떻게 가치관을 적용하며 의사결정을 하는지에 관한 연구들을 살펴보면, 적지 않은 수의 학생들이 내면화된 가치관을 적용하여 SSI를 해결하는 것을 어려워함을 알 수 있다. 예를 들어, Ratcliffe(1997)는 학생들이 상대방 의견에 대한 회의적 태도나 의문 없이 그 의견을 따라가거나, SSI에 대한 의사결정의 결과가 자신들의 삶에 미치는 영향을 모른 채 정보 자체에만 집중하여 의사결정을 하는 경향이 있음을 지적하였다. 중학생 9명을 대상으로 기후변화에 대한 학생들의 개인적 수준에서의 도덕적 추론에 대해 분석한 Sternang과 Lundholm(2011)의 연구를 보면, 학생들이 자신이 놓인 입장에 따라 SSI에 대해 일관적이지 않은 태도를 보이는 것을 확인할 수 있다. 면담 결과 학생들은 해당 문제 상황이 '나'의 문제인 경우 자신의 개인적 욕구를 강조하고 환경적 측면을 덜 고려하는 자기중심적인 결정을 내리는 것으로 나타났다. 반면 '다른 누군가'의 문제일 경우에는 환경에 더욱 관심을 갖는 모습을 보였다. 예를 들어, 환경 오염을 일으키는 공장 소유자가 '나'라면, '나'의 경제적 이득을 강조하고 환경 보호 설비에 대한 정부의 지원을 강조하는 반면, 공장 소유자가 '다른 누군가'인 경우에는 환경적 측면을 강조하면서 환경에 해를 입힌 공장 소유자들은 정부와 다른 기관에 의해 처벌되어야 한다고 주장한다는 것이다. 즉, 다른 사람은 환경 친화적인 행동을 해야 하지만 나의 경우에는 아닐 수 있는 이중적 잣대를 들이대는 것이다.

Connell 등(1999)은 학생들의 또 다른 추론의 양상을 설명했다. 이들은 호주 두 개 도시의 16세~17세 학생들의 환경에 대한 태도를 조사한 결과 학생들이 '실천의 마비(action paralysis)' 같은 태도를 보인다고 보고했다. 가정이나 학교에서 환경을 위한 공공적인 실천을 경험해 본 적이 없기 때문에 학생들은 자신들의 행동의 효과에 대해 회의적이었다. 환경을 위해 자신들이 할 수 있는 것은 분리수거 정도의 작은 일 뿐이라고 생각했다. 그리고 어른이 되면 지금보다 조금 더 많은 일을 할 수 있을 것이라고 막연히 생각하는 모습을 보였다. Dreyfus와 Roth(1991)도 이스라엘의 12학년 학생들에게 '자연에 대한 인간의 개입'에 대한 생각을 조사한 결과, 학생들이 단순히 동의하거나 무관심한 경우, 애매모호한 입장(ambivalence)을 취하는 경우가 많다는 것을 발견하였다. 국내에서도 김희백과 이선경(1996)이 Dreyfus와 Roth(1991)의 연구를 기반으로 항생제 이용, 가족계획, 장기이식, 유전공학, 미생물의 이용 등 여러 과학관련 사회쟁점에 대한 중·고등학생들의 태도를 조사하였는데, 주제에 따라 다소 차이는 있으나 학생들이 애매모호한 가치를 표명하는 경우가 적지 않았다.

4.2 SSI 추론에 영향을 미치는 요인들

과학기술과 관련된 문제 상황에 노출되었을 때의 시민들의 인식과 반응에 대한 연구는 다양한 학문 분야에서 수행되어 왔다. 심리학 분야에서는 위험지각에 영향을 미치는 사회·제도적 요인, 개인적 요인(예 감정, 지식, 친숙성 등) 및 반응패턴(예 의사결정, 회피 등)에 대한 연구들이 많다. 한 예로, Finucane 등(2000)은 위험에 대한 긍정적 혹은 부정적 감정이 위험에 대한 지각과 의사결정에 영향을 준다고 하였으며, Loewenstein 등(2001)도 불안, 공포, 두려움 등의 정서가 위험 상황에서의 반응을 결정한다고 설명하였다. 과학기술학이나 과학기술사회학 분야에서는 시민들의 위험 상황에 대한 인식에 초점을 두고, 왜 그러한 인식 패턴을 보이는지에 대해 다양한 이론을 제시하는 연구들이 소개되고 있다(조성겸, 조은희, 2009). 도덕(윤리)교육 분야에서는 인간의 도덕성 발달에 초점을 맞추어 과학기술관련 사회쟁점에 대한 개인의 가치판단 과정을 분석하였다. 캐나다 Simon Fraser University의 명예교수인 Dennis Krebs은 일상생활에서 접하는 도덕적 추론에 영향을 미치는 11개의 요인을 제시하였는데, 여기에는 주제의 유형, 의사결정으로 인해 예상되는 결과, 정서적 상태, 의사결정이 진행되는 환경 등이 포함된다(Krebs, Denton, & Wark, 1997).

SSI에 대한 추론도 일종의 도덕적 추론이기 때문에 Krebs의 연구처럼 여러 가지 요인에 의해 영향을 받는다. 특히 개인에 따라 삶 속에서 형성해온 가치관이나 신념은 의사결정에 있어서 과학지식이나 과학의 본성에 대한 이해보다 오히려 더 큰 영향을 주기도 한다. 예를 들어, Grace와 Ratcliffe(2002)은 15~16세 학생들을 대상으로 생물다양성의 감소를 막기 위한 생물학적 보존을 주제로 학생들이 어떤 개념과 가치를 사용하여 의사결정을 하는지 조사한 결과, 학생들이 생물학적 개념보다 가치에 더 근거하여 논쟁을 하는 것을 확인하였다. 개인의 과학지식이나 과학기술의 본성에 대한 이해가 의사결정에 어느 정도의 영향을 미치느냐에 대해서는 다소 의견이 엇갈린다. 일부 연구들은 과학지식과 과학기술의 본성에 대한 이해가 높을수록 보다 논리적이고 합리적인 의사결정을 할 것이라고 보는 반면, 또 다른 연구들은 큰 차이를 보이지 않는다는 것이다. 그 외에도 [그림 4.1]과 같이 환경적 요인으로 동료나 교사에 의한 영향, 그리고 문화, 그리고 SSI 맥락에 따라 다양한 추론의 형태를 보이기도 한다.

그림 4.1 SSI 추론에 영향을 주는 요인들

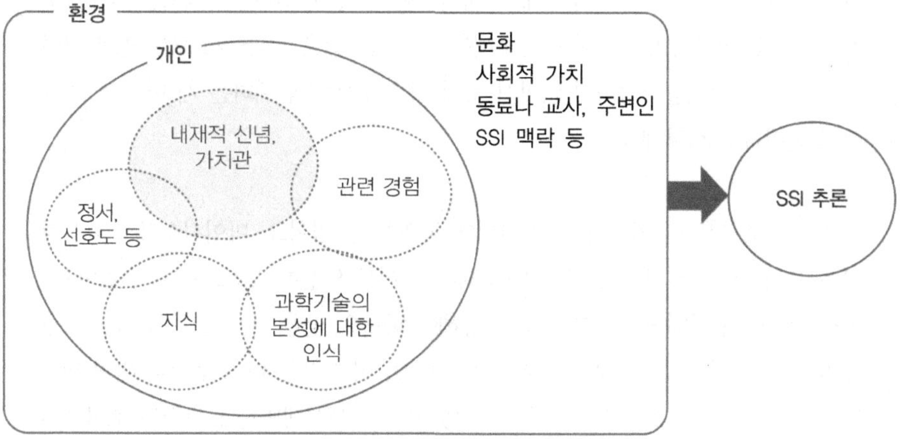

4.2.1 개인의 가치관과 신념

오랜 시간에 걸쳐 형성된 개인의 가치관이나 신념은 SSI에 대한 의사결정에 큰 영향을 미친다. 개인의 가치관과 신념은 문제 상황이 주어졌을 때, 그 문제를 해석하고 정의하는 방식에도 영향을 미칠 뿐만 아니라 문제해결까지 이어지기도 한다. 실제로 SSI 추론 과정을 탐색한 연구들을 보면 쉽게 알 수 있다. 종교적 신념이 강한 사람은 인간에게 주어진 생명을 인간이 인위적으로 조작하는 기술에 대해 거부감을 느끼는 경우가 많다. 과학기술에 대해 매우 신뢰하는 사람들은 발전된 과학기술이 현재 우리가 직면하고 있는 기후변화나 에너지 문제를 해결해줄 것이라고 강하게 믿는 경향을 보인다.

Sadler(2004)도 대학생과 SSI 문제 상황에 대해 면담을 진행한 결과, 가장 흔하게 나타나는 도덕적 추론의 유형이 종교적 신념에 기반을 둔 추론이라고 하였다. 종교적 신념 이외에도 '생명은 존중되어야 한다', '인간의 안전과 행복을 추구하는 것이 가장 우선되어야 한다', '인간의 생명은 도구로 취급되어서는 안된다,' '환경을 보호해야 한다'와 같은 도덕적 원리들은 종종 SSI 추론의 근간이 된다. 다음은 그 예이다.

> 우리가 인간을 치료하기 위한 목적으로 복제 기술을 개발하고 사용한다고 하더라도, 복제 기술을 계속 진행한다면 결국 위험한 결과를 낳을 것 같아요. 인간은 인간이든, 어떤 생물이든 창조하려고 하겠죠. 마치 신이 된 듯이 행동하겠죠. 이

문제에 대해서는 제 종교적 신념을 따를 수밖에 없을 것 같아요. 저는 생명은 하나님이 주관하시는 거라고 생각해요. 하나님이 우리 하나하나에 계획을 세우시고 창조하셨죠. 하나님이 부르시면 순종해야죠. 기독교인은 천국에서 모두 만날 거라는, 제가 제 가족을 사랑하지 않아서 복제 기술에 대해 반대하는 게 아니라, 저는 그게 순리라고 생각해요.

저는 맞춤 아기를 만든다는 것 자체에 동의할 수 없어요. 마이시스터스키퍼 영화에서처럼 부모가 자녀의 병 때문에 다른 아이를 임신하고, 그 아이는 태어나서부터 언니에게 신체의 일부를 계속 제공해야 하구요. 물론 언니를 위해 희생할 수도 있겠지만, 자발적이지 않은 부분이 있잖아요. 이 아이는 마치 언니를 위해 태어난 일종의 도구잖아요. 저는 어떤 일이 있어도 인간의 생명을 도구처럼 취급해서는 안 된다고 생각해요.

저는 4대강 사업에 대해 반대합니다. 4대강 사업을 통해 친환경 보(洑)를 설치해서 홍수도 조절하고, 생태계도 복원하고, 주변에 공원도 조성하고, 여러 가지 혜택을 이야기하지만, 저는 자연 환경은 인간이 건드리면 건드릴수록 훼손될 수밖에 없다고 생각해요. 자연은 스스로 살아나갈 능력이 있어요. 그런데 인간은 자연의 원리를 거슬러 기술을 들이대죠.

이와 같이 도덕적 원리를 중요하게 적용하는 사람은 유사한 문제 상황에 접하더라도 일관된 의사결정을 하는 경향이 짙다. 판단이 초래하는 결과에 큰 상관없이 신념과 가치관을 기본 원리로 적용하기 때문이다. 이렇게 개인에게 깊게 뿌리 내린 가치관과 신념이 아니더라도, 어떤 사람은 경제적 가치를 최우선에 두고 의사결정을 하기도 하고, 어떤 사람은 효율성에 초점을 두기도 한다. 원자력 발전에 대한 찬반 논쟁이나 간척사업 등과 같은 주제에 대해서 경제성이나 효율성이 가장 중요한 판단의 잣대로 적용되는 사례도 적지 않게 나타난다.

사례 4.1 **생명공학과 관련된 SSI에 대한 의사결정에서 드러나는 가치관과 신념**[2)]

생명공학은 자주 등장하는 SSI 영역 중 하나이다. 그만큼 생명공학 영역에서는 쟁점이 될 만한 문제들이 많이 발생하고 있다. 우리는 "생명공학 영역에서 서로 관련된 세 가지 주제(맞춤 아기, 산전태아감별, 배아줄기세포연구)에 대한 의사결정에서, 학생들이 어떤 가치를 가장 중시할까?"라는 질문을 가지고 이 연구를 시작했다. 참여 학생들에게 세 가지 SSI에 대해 각각 의사결정을 하도록 하고, 그 근거 및 이유를 형식에 상관없이 자유롭게 서술하도록 요청했다. 근거 속에서 학생들이 어떠한 가치를 가장 중요하게 여기는지를 보기 위해서였다. 학생들이 각 주제별로 근거에 제시한 내용들은 <표 4.1>과 같다.

표 4.1 생명공학과 관련된 SSI 주제별 의사결정의 근거

주제	입장	근거	예시
맞춤 아기	찬성	질병 치료 및 예방의 중요성	"좋은 유전자를 가진 아이를 만들면 아이가 병에 걸리지 않고 건강하게 자랄 수 있고, 더 편안하게 살 수 있기 때문이다."
		부모의 자녀 선택권리	"부모는 배아들 중 자신이 원하는 배아를 자신이 원하는 사람으로 만들 수 있다."
	반대	생명의 존엄성 보장	"생명 그 자체가 목적이 아니라 다른 생명을 위해서 생산되다니, 이것은 노예제도보다 더 나쁘다!"
		부당한 차별	"내가 태어나긴 했는데, 유치원, 학교, 직장 그리고 보험회사에서 당신은 앞으로 병에 걸릴 처지이기 때문에 안 된다"라고 나를 부당하게 대우했다고 생각해보자. 그게 진짜일 것이라고 어떻게 확신하는가? 이런 부당한 차별 역시 문제가 될 것이다.
		삶의 다양성 추구	"아이의 유전자를 선택하면 사람들이 거의 같은 유전자만 고르게 될 테니 미래에는 모두 같은 사람만 나타날 것이다. 그런 획일화된 삶을 살면 무엇이 재미있을까?"
산전 태아 감별	찬성	부모의 자녀를 선택할 권리 보장	"부모에게도 유전병을 가진 아이를 낳지 않게 낙태를 결정할 권리가 있다."
		장애인의 고통완화	"태아가 태어난 후 장애를 가지고 평생을 살아가기는 힘들 것이기 때문에 만약 장애를 갖고 나올 태아를 생각하면 낙태하는 것이 더 낫다는 생각이 든다."

2) 주인애와 이현주(2013) 논문의 일부가 요약 및 발췌되었음.

	반대	생명(태아의 생존권)의 존중	"낙태는 아직 태어나지도 못한 한 생명을 죽이는 행동이다. 생명을 죽인다는 자체에서 낙태는 허용될 수 없다."
		장애인의 생존권 보장	"아무리 장애인이라도 한 명의 사람이다. 이런 낙태가 허용되면 사람들 사이에서 장애인은 낙태를 당해도 되는 존재라는 인식이 생길 수 있다."
배아 줄기 세포 연구	찬성	질병 치료 및 예방의 중요성	"배아줄기세포 연구가 난자채취나 생명윤리에 관한 문제가 있긴 하지만 불치병을 치료할 수 있는 현재로서는 가장 확실한 방법이므로 나는 배아줄기세포연구에 찬성한다."
		환자의 치료받을 권리 보장	"나는 배아줄기세포 연구를 찬성한다. 왜냐하면 난치병의 걸린 사람들도 배아 못지않게 중요하기 때문이다."
	반대	생명의 존엄성 보장	"배아는 생명이다. 동영상에서 생명이 탄생되기 전에 중간 단계라고 했는데 그래도 그것을 마음대로 우리가 복제하고, 죽이고 살리고 하는 것은 옳지 않다."
		부작용 가능성 방지	"현재 완벽히 안전하다는 보장도 없고 관리도 보관도 안 되어 있기 때문에 무용지물이다."

생명공학과 관련된 세 가지 SSI에 대한 의사결정의 근거에서 드러난 가장 대립되는 가치는 의학기술의 발달로 인해 얻을 수 있는 치료적 가치와 생명 존엄의 가치였다. 생명공학 주제는 생명윤리와 관계된 논쟁의 중심에 있다. 수업에 참여한 학생들도 의사결정에서 윤리적 가치를 많이 언급했다. 불치병 및 난치병의 치료 및 예방의 중요성을 인정하기는 하나 생명은 그 자체로 목적이어야 하며 연구 등 다른 목적을 위한 수단으로 쓰여서는 안 된다는 것이다. 일부 학생들은 논쟁 과정에서 동물의 생존권리, 장애인 가정의 경제적 부담 완화와 국가적 차원의 경제 성장 등을 고려한 경제적 가치, 생명과학의 발전, 건강하고 편안한 삶, 삶의 다양성 등의 가치에 근거하여 의사결정을 하였다.

주제별로 학생들이 주로 언급한 근거들에서 드러난 가치들을 살펴보면, 맞춤 아기에 찬성하는 학생들은 질병 치료 및 예방의 중요성에 비중을 두는 반면, 반대하는 경우에는 생명은 목적이 되어야 하며 수단으로 이용되어서는 안 된다는 생명 존엄의 가치를 언급하였다. 특히 맞춤 아기가 허용이 될 경우 유전자를 선택하여, 태어나지 않은 사람에 대한 부당한 차별이 이루어질 것을 우려하는 경우가 많았다. 산전태아감별 주제의 경우, 부모에게 낙태 여부를 선택할 권리가 있다는 점과 고통 받는 장애인의 입장을 고려하여 찬성하는 경우가 많은 반면, 생명은 함부로 죽여서는 안 된다는 생명의 소중함과 태아의 생존할 권리, 장애인의 생존할 권리에 비중을 두고 반대하는 경우가 많았다. 배아줄기세포연구는 맞춤 아기와 유사한 형태를 보였다. 찬성의 경우 환자의 치료받을 권리를 중요시 하였고, 반대의 경우 배아를 생명이라고 생각하며 생명을 대상으로 연구를 진행해서는 안된다는 생명 존엄의 가치를 중요시하는 경우가 많았다. 난자 기증자의 부작용으로부터의 안전할 권리를 중요하게 생각하는 학생들도 많이 있었다.

4.2.2 의사결정으로 인해 예상되는 결과

많은 학생들이 SSI 추론을 할 때, 의사결정으로 인해 예상되는 결과를 미리 생각해보고 이득과 손해를 대략 가름한 후 판단하는 경우가 많다. 즉, 실용주의나 공리주의적 관점을 띠는 경우이다. 주어진 문제 상황에 대한 결정으로 인해 얻는 이득은 무엇이고, 어떠한 폐해를 겪을 수 있는가, 또 그 선택이 다른 선택에 비해 얼마나 더 많은 사람들에게 혜택을 줄 수 있는가 등의 질문을 끊임없이 던지면서 의사결정을 하게 된다.

동물의 생명도 소중하죠. 하지만, 우리가 동물 실험 없이 화장품이나 의약품을 사용한다면 더 많은 사람들이 위험에 처할 수 있잖아요. 동물 실험을 해서 많은 사람들이 혜택을 받을 수 있다면, 그렇게 하는 것이 더 올바른 선택이라고 생각해요. 가능한 한 동물의 생명권은 보장해주려고 노력해야 하지만요.

저는 원자력 발전에 투자를 계속해야 한다고 생각해요. 원자력 발전 폐기물이나 폭발 사고로 인한 우려는 있지만, 그래도 현재 우리나라 상황을 고려해보면 에너지를 많이 생산해야 돼요. 그게 결국 우리나라의 경쟁력이잖아요. 위험 때문에 원자력 발전을 멈추게 한다면 우리 모두 정말 고통 받게 돼요. 우리 삶 속속 다 에너지를 사용하지 않는 게 없잖아요.

결과에 대한 판단은 보통 위험(risk)의 정도에 대한 예상과 함께 진행되기도 한다. Jho(2012)는 2008년에 있었던 수입 쇠고기와 관련된 인터넷 글을 선정하여 사람들이 위험을 어떻게 인식하고 판단하는지를 살펴보았다. 그 결과, 모든 형태의 위험을 피하려고 하는 위험 회피형, 어쩔 수 없는 위험 상황에 대해 인지하고 이를 최소화 하려는 위험 최소화형, 위험 크기와 상관없이 가장 효율적인 안을 선택하는 효율성 추구형, 그리고 위험 요소가 더 많다고 하더라도 확실하게 밝혀졌거나 잘 알려진 것을 선택하려는 확실성 추구형의 네 가지 유형으로 나뉘었다.

사실, 결과나 위험에 대한 판단과 예측은 반드시 이성적인 과정이라고는 할 수 없다. 그 결과가 확실히 일어날지, 그 위험성을 확실히 갖고 있는지는 여전히 불확실성을 띠고 있는 문제이며, 또한 일반인이 그 결과와 위험성을 정확하게 예측할 수 있는가 하는 의문이 남기 때문이다. 특히 일반인은 전문가에 비해 위험 가능성에 대한 통계적 수치보다는 자신의 삶 속에서 일어났을 경우나 일반적이지 않은 특별한 상황을 상상하면서 감정적인 몰입을 하거나 주관적인 해석을 내리기도 한다.

4.2.3 개인의 경험과 선호도

SSI와 관련된 개인의 경험도 의사결정에 영향을 미치는 주요 요인 중 하나라고 할 수 있다. 관련된 경험이 있을 때, 각 개인은 자신의 경험을 자연스럽게 의사결정과 연결시킨다. 이 때, 정서적인 반응을 동반하는 경우도 많다. 예를 들어, Sadler와 Zeidler(2004)는 유전공학과 관련된 SSI에 대한 의사결정을 할 때 영향을 미치는 여러 요소들을 연구하는 과정에서 학생들이 자신들의 시력 문제나 지인이나 친척의 생식능력 문제를 이야기하는 것을 관찰했다. 또한 일부 학생들은 가족을 유전공학 문제와 관련시켜 유전자 치료에 입장을 정하기도 하였다. 다음과 같은 응답을 예로 들 수 있다.

제 친한 친구가 신장이 좋지 않아요. 매주 투석을 해야 하죠. 장기이식 밖에 방법이 없다고 해서 예전부터 장기이식센터에 신청해 두었는데, 아직도 연락을 받지 못 받았대요. 딱 맞는 신장을 찾는다는 게 쉽지 않잖아요. 요즘 무균돼지 신장을 인간에게 이식할 수 있는 기술이 개발 중이라는데 정말 빨리 개발되었으면 좋겠어요. 마냥 기다릴 수도 없잖아요.

얼마 전에 일본에서 원자력 발전소 폭발이 있었잖아요. 제가 아는 언니가 그 부근에서 살거든요. 애기랑 온 가족이 학교 같은 건물에 모여서 정말 고생했대요. 애기가 어린데, 기저귀나 분유 구하는 것도 어렵고. 물도 아무거나 마시기 무섭고. 정말 끔찍했대요.

관련된 경험은 경우에 따라 개인의 내재적 신념이나 가치관 발달에 영향을 주기도 한다. 예를 들어, 어렸을 때 자연 속에서 보냈던 경험들이 씨앗이 되어 환경에 대한 관심, 나아가 환경을 보호하고자 하는 행동으로까지 이어지는 경우도 있다. 또는 사회의 부조리에 대한 경험이 사회정의 실현이라는 가치를 추구하는 방향으로 발전될 수도 있다. Lee(2008)의 연구에서 제시된 Thomas와 Jenna의 사례가 이것을 잘 보여준다. 그러나 앞서 제시된 응답과 같이 특정 주제에 관련된 직·간접 경험을 언급하면서 자신의 결정을 뒷받침하는 경우도 있다.

개인의 선호도도 의사결정에 영향을 미치는 요인으로 작용할 수 있다. 예를 들어, Yang과 Anderson(2003)은 학생들에게 핵에너지와 관련된 SSI 문제를 제시하고 학생들이 더 선호하는 정보의 특징이 무엇인지, 선호하는 정보와 관련해 언어적 추론이 달라지는지를 연구하였다. 그 결과 과학적 정보를 선호하는 학생들도 있고, 사회적 정보를 선호하는 학생들도 보였는데, 자신의 선호에 따라 그 지식을 활용하여 추론을 하는 모습을 보였다고 한다.

4.2.4 과학지식

SSI에 대한 의사결정을 할 때, 과학지식이 많은 학생들이 좀 더 합리적인 의사결정을 내릴까? 일반적으로 그럴 것이라고 생각해볼 수 있지만, 연구 결과를 살펴보면 의견이 엇갈린다.

우선, 과학지식이 의사결정의 내용 및 질에 중요한 역할을 한다는 연구들은 다음과 같은 결과를 내놓았다. Lewis와 Leach(2006)는 14~16세의 학생들에게 유전자 기술과 관련된 문제 상황을 주고, 그들의 과학지식이 의사결정에 어떠한 영향을 주는지를 살펴보았다. 이들은 학생들이 유전자 기술에 대해 제한된 지식을 갖고 있음을 확인할 수 있었고, 이 때문에 친구와의 대화에 참여하는 데 어려움을 느끼고, 아예 응답을 못하거나 응답은 하더라도 근거를 대지 못한다고 결론지었다. 조금이라도 학생들에게 익숙한 상황을 주면 학생들은 나름대로 합리적인 응답을 하려고 노력하는 모습이 보였지만, 관련된 개념을 명확히 이해하지 못하는 경우(예 살충제와 해충에 대한 저항성의 개념을 구분 못함)에는 주어진 문제 상황에서 무엇이 논쟁의 초점인지를 명확히 파악하지 못했다. 그래서 이들은 소그룹 토의를 하면서 학생들의 이해를 돕기 위해 추가 자료를 제공해보았는데, 어려움을 겪던 학생들도 스스로 주요 쟁점들을 파악하려고 하는 모습을 확인할 수 있었다. 일부 학자들은 과학 전공자와 비전공자가 SSI에 대한 추론을 할 때 차이를 보이는지를 통해 과학지식의 역할을 설명하고자 하였다. 그 예로, Chang와 Chiu(2008)는 과학 전공 대학생 40명과 과학 비전공자 30명을 대상으로 4개의 SSI에 대한 자신들의 의견을 글로 쓰게 하였다. 분석 결과, 과학 전공자 학생들의 근거가 비전공자 학생들의 근거보다 더 질이 높음을 확인하였다. Sadler와 Zeidler(2005b)도 유사하게 269명의 대학생을 대상으로 과학지식이 유전공학과 관련된 SSI에 대한 비형식적 추론의 질과 어떤 관계가 있는지, 과학지식과 학생들이 표현하는 비형식적 추론의 유형 사이에 어떤 관계가 있는지를 연구하였다. 그 결과 자연과학 전공자와 비전공자 모두 비형식적 추론의 유형은 비슷하나, 유전학에 대해 좀 더 이해를 잘하고 있는 전공자들이 추론 과정에서 논리의 결함이 적다고 설명하였다.

반면, SSI에 대한 추론의 질에 과학지식의 양이 큰 영향을 미치지 않는다는 연구도 있다. 이들은 학생들이 의사결정 과정에 지식을 효과적으로 적용하지 못한다는 점을 지적했다. 예를 들어, Means와 Voss(1996)는 학생들을 지적 능력이 뛰어난 학생, 평균인 학생, 평균보다 낮은 학생으로 나누어 세 개의 과제를 수행한 후, 이들의 지적 능력 및 지식과 추론과의 관계를 알아보았다. 이들은 학생들이 갖고 있는 지식이 그들이 제시하는 근거의 수와는 관련이 되나, 이러한 양적 차이가 반드시 높은 질의 추론을 의미하는 것은 아니라고 설명하였다. Sadler와 Donnelly(2006)는 고등학생을 대상으로 유전학 지식과 도덕성이 학생들의 추론의 질과 어떤 관계가 있는지에 대해 연구하였다. 이들은 연구에서 유전학 지식을 TBGC(Test of Basic Genetics Knowledge)로 측정했으며, 그 중 몇 명과 면담을 하여 그들이 제시한 논증의 질을 평가하였다. 그 결과, 학생들은 유전학에 대한 지식이 부족했을 뿐만 아니라 문제 상황에서 관련된 지식을 사용하려고 하지 않는 모습을 확인할 수 있었다.

과학지식과 SSI 비형식 추론의 상관관계에 대한 논쟁에 대해 Sadler와 Fowler(2006)는 '지식 전이를 위한 역치 모델'(Threshold Model of Content Knowledge Transfer)을 제시하여 해결점을 찾고자 하였다.

0은 관련된 지식이 거의 없는 경우, 1은 약간의 정보, 2는 고급 지식, 3은 전문가 수준의 지식을 갖고 있는 경우이다. 즉, 어느 정도의 지식이 형성되기 전까지 학생들의 논증의 질은 큰 변화를 보이지 않는다. 이를 증명하기 위해 Sadler와 Fowler(2006)는 고등학생과 대학생, 그리고 대학생의 경우는 과학전공자와 비전공자

그림 4.2 지식 전이를 위한 역치 모델

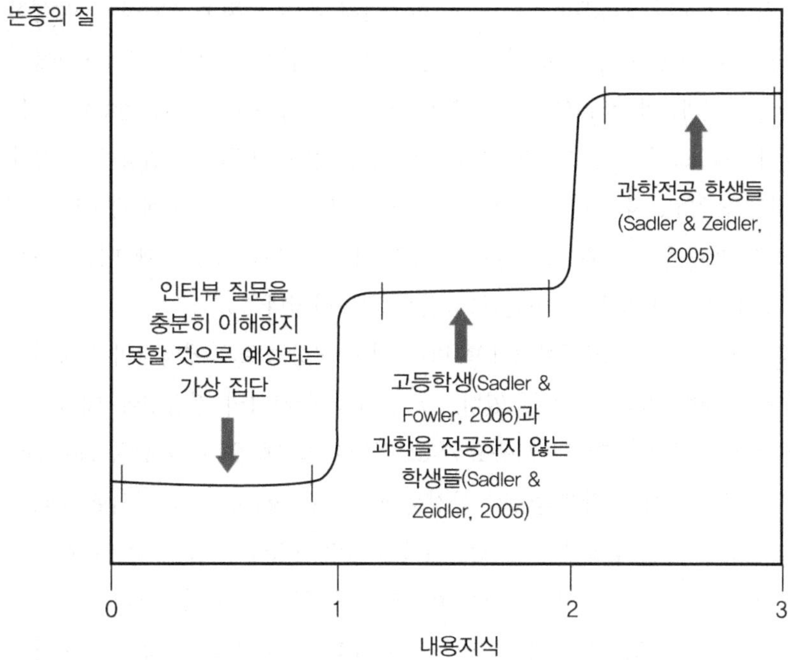

출처: Sadler & Fowler, 2006.

로 나누어 SSI 논증이 어떻게 다른지를 살펴보았다. 그 결과 과학전공자가 비전공자와 고등학생보다 근거의 질과 빈도 면에서 더 좋음을 확인했다. 즉, 논증의 질은 특정 수준의 과학지식까지는 별 영향을 주지 않으나, 그 수준 이상이 되면 차이를 나타낼 수 있다.

4.2.5 과학의 본성(NOS)에 대한 이해

과학의 본성(NOS)에 대한 이해는 SSI에 대한 추론과 서로 연관이 있을 것이라 추론해볼 수 있다. 과학지식 및 그 형성과정에 관한 인식론은 SSI에 대한 논의를 진행하면서 과학적 증거를 찾고 적용하는 데에 영향을 줄 수 있기 때문이다. 따라서, 과학의 본성은 SSI 교육의 주요한 요소로 언급되어 왔고, SSI 의사결정 및 비형식 추론능력을 함양하는 데 긍정적인 역할을 할 수 있다고 여겨져 왔다. 그러나 SSI과 NOS의 관계에 대한 실증적인 연구의 결과는 다소 엇갈린다.

우선, NOS에 대한 인식과 SSI 비형식 추론 사이에 상당한 연관성을 보여주는 연구부터 살펴보자. Zeidler 등(2002)은 학생들로 하여금 NOS 설문지를 작성하게 한 후, 동물 권리에 대하여 서로 다른 의견을 가진 사람들이 짝을 지어 대화를 하도록 하였다. 그 결과, 과학의 사회적 측면에 대한 이해가 SSI 추론과 관련이 있음을 관찰하였다. Sadler 등(2004)도 지구온난화와 관련하여 대립되는 입장을 견지하는 두 개의 지문을 읽고, 지구온난화 맥락에 NOS를 적용한 후속 질문에 답하도록 하였다. 이들도 Zeidler 등(2002)과 유사하게 과학의 사회적·문화적 요소에 대한 이해가 SSI 의사결정에 상당한 영향을 미친다는 것을 확인하였다.

Wu와 Tsai(2011)는 고등학교 10학년 학생을 대상으로 핵에너지의 사용과 관련된 SSI 문제에 대한 인식을 살펴보았다. 그 결과 과학지식의 정당성에 대한 학생들의 믿음이 비형식적 추론의 질에 중요한 요인으로 작용함을 관찰했다. Liu, Lin, Tsai(2011)도 대학교 1학년 학생들에게 환경문제와 같은 SSI 문제를 제시했는데, 과학지식의 잠정성과 주관적 요소(창의성)가 지식의 창출과정에 포함될 수 있다는 것에 대한 이해가 SSI에 대한 의사결정 과정에 영향을 주는 것을 확인했다.

Albe(2008)는 직업교육을 받고 있는 22세부터 43세 사이의 숙련된 전기 기술자 10명에게 모바일 전화기가 건강에 미치는 영향을 주제로 한 SSI를 제시하고 조별 토론 수업을 진행하였다. 수업 전과 후에 SSI에 대한 학생들의 의견을 조사한 결과 학생들은 모바일 전화기가 인간 건강에 미치는 영향에 대한 상반된 연구 결과의 원인으로 사회적 영향, 과학자의 능력 부족, 연구의 미완성, 경험적 자료 수집에 따른 차이를 꼽는 것으로 나타났다. 그럼에도 불구하고, 참여한 대부분의 학생들은 과학적 연구 결과가 주제에 대해 명확한 답을 줄 것이라는 믿음을 보였다. 또한 흥미롭게도 대부분의 학생들이 의사결정을 과학자들의 몫으로 여기는 것으로 나타났다.

이와 상반되게, NOS에 대한 이해와 SSI의 추론이 큰 상관이 없다는 연구 결과들도 있다. Bell과 Lederman(2003)은 대학교수를 대상으로 하여 NOS 관점이 상이한 두 집단으로 나누고, 두 집단 사이에 SSI 의사결정, 의사결정에 영향을 주는 요소 그리고 의사결정과정에서 보여주는 추론의 패턴에서 차이가 있는지를 탐구하였다. 결론적으로 상이한 NOS 관점을 가진 두 집단은 SSI 의사결정과 관련하여 특별한 차이점을 보여주지 않았다. Walker와 Zeidler(2007)에서도 NOS와 SSI 추론의 관계가 크게 나타나지 않았다. 해당 연구에서 참여자들은 유전자 재조합식품과 관련된 SSI를 활용하여 NOS 수업을 받았고, 수업 후에 NOS에 대한 이해가 유의미하게 증가하였다. 그러나 SSI 토론에서는 NOS가 잘 드러나지 않았다. 오히려 학생들은 대부분 개인적인 의견을 강하게 피력하거나 증거의 사실적 측면을 활용하였다.

Khishfe(2012)는 선행연구들에서 SSI 의사결정에 NOS 이해가 잘 드러나지 않은 이유를 교수방법 때문이라고 설명했다. NOS와 SSI에 대한 추론이 잘 연결되려면, SSI 맥락에서 NOS를 직접적으로 적용하고 활용해보는 기회를 충분히 제공하는 명시적인 방법을 사용해야 한다는 것이다. 실제로 Khishfe는 유전자 재조합식품에 대해 명시적 교수방법으로 수업을 들은 학생들은 SSI 의사결정에서 NOS를 더 많이 언급한다는 것을 발견하였다. 특히, NOS 측면 중 과학의 증거기반(empirical), 잠정성(tentative), 주관성(subjective) 본성에 대한 내용이 자주 언급되었다. 이에 비해, 비교집단의 학생들은 SSI 의사결정에서 여전히 개인적 신념, 윤리, 경제적 요인들을 주로 언급하였다. Matkins와 Bell(2007)도 유사한 연구결과를 보였다. 이들은 기후변화에 대해 명시적인 교수법을 활용하여 수업을 하기 전 후의 의사결정 내용을 비교하였다. 사전 조사에서는 지구온난화 혹은 기후변화에 대한 지식과 NOS에 대한 언급이 의사결정과정에 전혀 등장하지 않았지만, 수업 이후에는 많은 예비교사들이 해당 쟁점에 대한 과학지식과 과학의 본성을 활용함을 관찰하였다. 특히, 주어진 쟁점에 대해 유일한 해결책이 없을 때 NOS에 해당하는 과학지식의 주관성과 잠정성에 대한 이해가 참여자들이 근거를 활용하거나 다양한 출처의 정보를 찾아보도록 하는 데 도움이 되었다고 해석하였다. Bell, Matkins와 Gansneder(2011)는 앞의 연구와 유사한 맥락에서 명시적인 NOS 교수법과 명시적인 SSI 교수법을 독립 변수로 하여 처치집단과 비교집단을 2×2로 나누어 연구를 진행하고 결과를 분석하였다. 명시적인 NOS 교수법은 SSI의 활용 여부와는 상관없이 참여자들의 NOS에 대한 이해를 향상시키는 데 유의미한 변화를 제공하였다. 그러나 정부의 에너지 정책에 대한 의사결정에서 나타나는 NOS는 명시적 NOS 교수법과 SSI 교수법을 모두 활용한 집단에서만 유의미한 변화가 있었다.

4.2.6 기술의 본성(NOT)에 대한 이해

기술의 본성(NOT)은 과학의 본성(NOS)에 비해 더욱 명시적으로 학생들의 의사결정 과정에 드러난다. 이현옥과 이현주(2015)는 NOS가 SSI 맥락에서 잘 드러나지 않는 이유를 현재 과학교육 분야에서 강조하고 있는 NOS의 요소가 SSI 맥락에 적용되기에는 제한적이기 때문이라고 설명하였다. 과학지식의 생성과정에 초점을 두는 NOS가 현재 야기되는 과학기술과 관련된 복잡한 사회문제를 다루기에는 한계가 있다는 것이다. 게다가 SSI는 주로 환경문제를 다루는 환경공학, 맞춤 아기 및 유전자 재조합식품 등의 생명공학, 재생에너지 및 원자력 발전 기술을 다루는 에너지공학 등 순수 과학보다는 기술과 공학과 관련되는 면이 적지 않다. 따라서 생활과의 연관성이 더욱 긴밀하고 직접적인 기술과 공학의 본성에 대한 이해가 SSI 의사결정에 더 잘 드러날 수 있다.

NOT에 대한 이해는 과학적 소양의 한 요소로 오랫동안 언급되어 왔지만, NOS에 비해서는 구체적인 논의가 이루어지지 못했다. 심지어 기술교육, 공학교육 분야에서도 교육맥락에서 적용할 수 있는 NOT 요소에 대한 논의는 매우 적다. 이에, 이현옥(2015)은 박사학위 논문으로 과학교육, 기술사·기술철학, 기술사회학 분야의 문헌 연구와 해당 분야의 전문가와의 토의를 통해 과학교육 맥락에서 적용할 수 있는 NOT의 요소들을 도출해내었다. 이 개념틀은 학생들의 '기술'에 대한 다양한 측면의 이해를 도모해 보다 폭넓은 영역에서의 교육적 함의를 도출하기 위해, '기술'을 광의적으로 정의한 Mitcham(1994)의 정의를 따랐다. 또한 Mitcham이 제시한 기술의 네 가지 범주를 수정해서 <표 4.2>와 같이 정리하였다.

표 4.2 기술의 본성과 하위 요소

NOT 차원	NOT 요소	설명
I. 인공물 (Artifacts)	I-1. 의도를 내재한 인공물 (Intentional artifacts)	• 인공물은 기능적으로 물리적으로 인간의 의도를 반영하는 물체이다. • 인간이 특정 목적 혹은 의도를 가지고 물건을 설계하고 생산하려고 해도 해당 인공물에 필요한 재료 및 활용 기법이 접근가능하지 않거나 제품에 포함된 재료의 물리적 성질로 인하여 의도한대로 완성되지 않는 경우도 있다.
	I-2. 현실세계 문제의 해결안 (Solution for real-world problems)	• 인공물은 종종 현실세계의 특정 문제들을 해결하고자 개발되거나 사용된다. • 인공물 도입으로 현실세계의 문제를 항상 완전하게 해결할 수는 없다. 해결안으로 제안된 인공물이 원래의 문제를 변형시키거나 다른 문제를 발생시킬 수도 있기 때문이다.

	I－3. 인공물의 양면성 (Positive and negative impacts of artifacts)	• 인공물은 인간의 사고 및 행동에 영향을 미칠 뿐만 아니라 사회적, 문화적, 경제적 그리고 정치적인 영역의 변화를 초래하기도 한다. • 인공물은 입장 및 관점에 따라 긍정적이거나 부정적인 효과 및 영향력을 발휘할 수 있다.
Ⅱ. 지식 (Knowledge)	II－1. 절차적 지식 (Procedural knowledge)	• 공학기술지식은 제품의 설계 및 생산 그리고 활용 기법의 개발 등의 목적을 달성하고자 할 때 이를 실현하는 절차에 관련된 지식을 포함한다. • 엔지니어들은 효율성 및 유용성을 중요한 가치로 고려하면서 주어진 목표를 달성하기 위하여 노력하는데, 이 과정에서 최적 조건이나 최대 효율과 같은 개념이 구체화되어 관련 실행 및 의사결정에서 주요한 기준으로 활용되기도 한다.
	II－2. 실천적 지식 (Practical knowledge)	• 엔지니어가 기술적 활동을 하면서 얻는 지식으로서 축적된 실행(accumulated practice)에 대한 지식이다. • 실천적 지식에는 말이나 글로 표현되기 힘든 암묵적(tacit) 특징이 나타나는데, 이 때문에 지식을 전수할 때에는 시범이나 그림 및 도해 등의 시각적인 도구를 활용하는 것이 효과적일 수 있다.
	II－3. 맥락 의존적 지식 (Context－dependent knowledge)	• 특정 상황에 성공적으로 적용되던 공학기술 지식이 다른 상황에도 항상 성공적으로 적용되는 것은 아니다. • 엔지니어들은 특정 공학기술 지식을 적용할 때 상황적 요건에 해당하는 다양한 조건과 변수를 고려하는데, 어떤 변수를 고려해야 하는지 미리 정해져 있지 않는 경우가 많다(uncertainty).
Ⅲ. 실행 (practice)	III－1. 제한조건과 가치적재적 의사결정 (Constraints & value－laden decisions)	• 엔지니어들의 설계 활동은 필요한 것을 만들어 내기 위하여 다양한 제한조건(constraints)을 고려한 의사결정과정이다. • 제한조건에는 물리 법칙이나 물질의 성질 혹은 자원의 매장량처럼 절대적이고 변경할 수 없는 조건들이 있고, 마케팅(소비자 요구 및 위험 인식 등), 정치, 법률, 윤리 및 문화적 요소를 포함하여 시간 및 상황에 따라 유동적이거나 변경 및 변형이 가능한 제한조건이 있다.

		• 엔지니어들의 의사결정은 다양한 제한조건 중 주요하다고 생각하는 요소를 가려내어 선택하고, 제한조건의 우선순위나 비중을 고려하여 설계에 반영할 수 있다는 점에서 가치 적재적(value-laden)이다.
	III-2. 최적화와 창조적 활동 (Optimization & creative activities)	• 현실 세계에서 제한조건들을 고려할 때 서로 배타적인 경우가 많아, 엔지니어들은 현실 상황을 고려하여 가장 기능적이고 효과적인 지점을 찾거나 조정하는 최적화(optimization) 과정을 거친다. • 엔지니어들은 최적화 및 여러 가지 가능한 대안을 고안하는 과정에서 창의성을 발휘하여 발명(invention)과 혁신(innovation)을 이룬다.
	III-3. 피드백과 다학제적 접근 (Feedback & multidisciplinary approach)	• 엔지니어들은 설계 단계에서 기술제품의 고장 및 부작용에 대비하려는 노력을 함으로써 결과물이 실제 사용될 때 제대로 작동할 수 있도록 한다. • 고객 혹은 소비자의 욕구를 만족시키고 기술이 장기적으로 어떤 변화를 겪을 것인지 그리고 어떤 기술이 살아남을 것인지를 판단하기 위하여 엔지니어들은 다양한 학문과 영역의 전문가들과 함께 협업한다.
IV. 시스템 (System)	IV-1. 다양한 이해관계자와 기관 (Multiple stakeholders & organizations)	• 기술시스템은 물리적 성질을 지닌 인공물뿐 아니라 엔지니어와 소비자들을 비롯한 인적 요소와 다양한 사회, 문화적 요소 등을 포괄한다. • 기술의 역사를 살펴보면 특정 기술제품의 특징 및 형태가 표준이 되는 기술적 종결(technological closure)이 발생하는데, 다양한 이익 단체와 시대적 상황 등이 주요한 역할을 한다.
	IV-2. 상호연계적 집합체 (Systemic structure)	• 기술시스템을 구성하는 요소들은 각기 어느 정도의 자유도를 가지면서도 서로 연결되어 있어 하나가 변하면 이와 연관된 부분들은 서로 영향을 주고받는다.
	IV-3. 기술발전과 시스템 모멘텀 (Technology development & system momentum)	• 기술은 다양한 방향으로 발전할 수 있는데 어떻게 발전할 것인지를 예측하는 것은 매우 어려운 일이다. • 특정 기술이 성공적으로 발전하여 사회에 안착되면 해당 기술과 관련된 새로운 이해관계자가

		형성되고 증가하면서 그들 사이에 이해관계가 고착화 되는데, 이 때 해당 기술시스템의 목적과 방향성 및 변화 속도가 되도록 일정하게 유지되는 시스템 모멘텀(system momentum)의 특성을 보인다.

출처: 이현옥과 이현주(2016a, p. 306)

첫째, '인공물' 차원은 많은 사람들이 '기술'이라고 할 때 떠올리는 컴퓨터, 비행기 같은 첨단기술에 속하는 제품뿐 아니라 연필, 가위, 그릇과 같이 현대인의 눈에 단순해 보이는 물체를 포함한다. 즉, 인류의 역사를 통해 인간이 만들어 온 도구 및 기기를 포괄한다. 기술이 인공물이라는 것에 대해서는 쉽게 이해할 수 있다. 그 하위로 제시된 세 가지 요소, 즉 새로운 과학기술이나 기술제품이 개발자의 의도를 내재한 인공물이며, 현실세계 문제의 해결안으로 제시된 것, 그리고 이와 같은 과학기술은 양면성을 지니고 있음도 대부분 잘 받아들일 수 있다. 따라서 SSI 맥락에서 진행되는 이야기들을 들어보면 인공물에 대한 이해는 잘 드러난다. "무기를 만든 이유는 사람을 죽이는 것과 같이 인명 피해를 입히기 위한 것", "범죄율이 높아서 치안에 위협을 받고 있는 상황을 해결하기 위하여 도입한 CCTV" 등이 그 예이다. 양면성에 대해서도 "환경호르몬이나 혹은 GM식품은 아직 논란이 있기는 한데, 그것의 부작용들이 없지는 않잖아요"와 같은 전형적인 응답을 보인다.

둘째, '지식' 차원은 통상적으로 말하는 기술지식 및 공학지식을 의미한다. 즉, 엔지니어가 사용하고 생산하는 지식이다. 사실, 기술의 지식 차원에 대한 이해는 그다지 높지 않다. 대학생들을 대상으로 NOT에 대한 이해를 탐색한 이현옥과 이현주(2016b) 연구를 보면, 과학지식은 근본 원리에 해당하고 기술은 단순히 과학을 변형한 것이라고 해석하는 경향을 볼 수 있다. 즉, 공학과 기술의 지식 차원을 인지하지 못하는 것이다.

기술의 모든 근원에는 과학이 있기 때문에 과학지식과 따로 떨어진 별개의 기술지식은 생성될 수 없다. 심지어 자연물을 이용한 기술제품을 만들 때조차도 과학이 기반이 된다. 우유를 제품으로 출시할 때도 우유를 잘 짜기 위한 과학적 방법을 사용하며 발효와 같은 과학적 원리를 이용한다.

기술지식이라는 것도 결국은 과학지식으로부터 파생된 것이라고 생각한다. 과학지식 없이는 공학, 유전자 기술과 같은 기술도 따로 생성되기는 힘들었을 것 같다. 과학지식에서 약간의 변형이 가해진 것이 기술이라고 생각할 뿐, 기술지식이 과학지식과 완전히 구별되는 또 다른 전문적인 학문분야라고는 생각되지 않는다.

다른 참여자들도 "기술은 과학에서 나오며 절대로 과학의 범주에서 벗어날 수 없다"와 같이 기술이 과학의 부분 집합에 해당하는 것으로 묘사하였다. 하지만, 기술은 절차적이고, 실천적인, 그리고 맥락의존적인 기술지식만의 특성을 지니며, 이는 과학지식과 구분된다. SSI 맥락에서의 대화를 살펴봐도 인공물 차원만큼 명시적으로 드러나지는 않는다. 그러나 동물실험과 같은 주제에 대해서는 일부 드러난다. 예를 들어, 동물실험에 대한 논의에서 찬성입장을 띤 사람들은 신약 개발과정에서 동물실험을 통하여 해당 의약품의 안전성에 대한 지식을 획득할 수 있다는 근거를 자주 제시한다. 즉, "의약품의 경우 안정성 확보를 위해 동물실험이 필요하다"라는 언급을 흔히 발견할 수 있다. 목표 달성을 위하여 절차적으로 필요한 지식이 동물실험이라는 것이다. 이와 같은 절차적 지식에 대한 기본적인 인식뿐 아니라 해당 지식이 신약개발을 위하여 효율적이고 유용한 역할을 할 수 있는지에 대한 논의가 일부 진행되기도 한다. 예를 들어, "유전학적 분야에서는 높은 번식률과 빠른 일대기를 관찰할 수 있는 모델을 통해 통계 자료를 얻어야 한다"거나, "동물이 가지는 질병이 있고 인간이 가지는 질병이 있으면 공유하는 것이 1.16% 밖에 안된다. 아마도 (동물실험을 하는 목적의) 대부분은 공유하지 않는 질병에 관련된 항목일 가능성이 많다"와 같이, 최적 조건이나 최대 효율과 같은 개념을 의사결정에서 주요한 기준으로 활용하기도 한다. 실천적 지식에 대한 이해는 SSI 맥락에서 잘 드러나지 않는다. 기술지식 엔지니어가 기술적 활동을 하면서 얻는 축적된 암묵적 지식이라는 실천적 측면은 기술지식의 중요한 특성이기는 하나, SSI 맥락에서는 쉽게 적용되지 않는 듯하다. 기술지식의 맥락적 특성은 SSI 맥락에서 종종 드러난다. 어떤 기술이 특정 맥락에서는 긍정적으로 발현되더라도 다른 맥락에서는 다른 결과가 나올 수도 있는 것이다. 다음과 같은 예를 들 수 있다.

동물실험에서 동물에게 해를 입힌다고 판명이 되었던 물질이 오히려 사람에겐 약이 되는 경우도 있었고, 동물과 사람에게는 서로 다른 증상으로 나타나는 경우도 있었습니다. 그리고 동물에게는 아무런 해가 없었지만 사람에게는 심각한 해를 주는 경우도 있었습니다. 이것은 동물실험이 동물에게서는 실험과 예측을 통해서 정확한 산출된 결과를 얻는다고 할지라도 사람에게는 다른 결과가 나타날 수 있다는 것을 보여줌으로써 동물실험에 대하여 의문을 가지게 합니다.

셋째, '실행' 차원은 기술제품 및 기법을 개발하기 위한 설계와 생산 그리고 제품을 사용, 보수, 유지 그리고 평가하는 것과 같은 일련의 활동을 포함한다. 엔지니어들이 설계 활동을 통해 필요한 것을 만들어 내기 위해서는 다양한 제한조건을 고려하게 되고, 다양한 제한조건 중 가장 중요한 요소들의 비중과 순위를 결정하여 의사결정을 하게 된다. 이러한 점에서 가치 적재적(value - laden) 특성을 지닌다고 할 수 있다. 이러한 특성은 SSI 대화에서 잘 드러난다. 다만, SSI 대화에서는 과학 및 기술적 원리, 자원의 매장량과 같은 물리적·절대적인 제한조건보다는 사회, 윤리, 문화적 요인 등이 제한조건으로 더 자주 등장하는 경향을 보인다. 사용기간을 넘긴 원자력 발전소의 연장 가동에 대하여 의견을 묻는 과정에서 "경제적인 이유만으로 결정되지는 않는다. 안전상의 문제나 지역사회에 미치는 영향 등 여러 가지 요소들을 종합적으로 검토한 후 판단을 내려야 한다"고 주장하는 것이 그 예이다. 또다른 하위 요소인 최적화와 창조적 활동에 대한 이해도 잘 드러난다. 현실 세계에서 제한조건들을 고려할 때 서로 배타적인 경우가 많아, 엔지니어들은 현실 상황을 고려하여 가장 기능적이고 효과적인 지점을 찾거나 조정하는 최적화 과정(optimization)을 거친다는 것과, 그 과정에서 창의성을 발휘하여 발명과 혁신을 이룬다는 의미이다. SSI 맥락에서의 대화를 살펴보면 엔지니어가 기술제품을 설계하거나 개발하는 과정의 특징에 대한 인식은 구체적으로 드러나지 않지만, "구글글래스 기술 자체는 굉장히 혁신적이다"와 같이 첨단 기술 제품이 혁신적이거나 창조적 활동의 산물이라는 인식은 자주 드러난다. 엔지니어는 일련의 기술제품을 개발하거나 설계하면서 기존 제품에 대한 반응과 문제점을 재고하는 피드백 과정을 거친다. 그런데 타깃 소비자의 다양한 욕구와 해당 제품으로 발생할 수 있는 예상치 못한 문제점과 의도치 못한 사용에 대응하기 위하여 다양한 분야의 전문가들과 협의한다. 이것이 피드백과 다학제적 접근을 의미한다. 예를 들어, "DDT 개발에 관련된 역사와 사회적 상호작용에 대한 이해를 바탕으로 말라리아 문제를 해결하기 위하여 시도되는 새로운 공학기술적 노력이 협소한 분야에 한정되지 말아야 한다"는 제안을 한다든지, "DDT

의 역사에서 배운 것들을 피드백으로 적용해야 한다"는 의견 등이 여기에 해당된다. 다음도 그 유사한 예이다.

> 말라리아(발병 억제)와 같은 과학기술의 (문제)해결을 위해서 단순히 말라리아를 DDT라는 화학물질로 해결하려고 했는데, 과학기술의 한 분야만의 방법이 아니라 여러 가지 분야와 함께 회의를 하면서 여러 가지 방안을 모색해야 되는 것을 알 수 있다. … 한 분야에서만 해결책을 찾으려는 것이 아니라 여러 분야를 고려해서 해결책을 찾는 것이 가장 효과적인 것이라고 말하고 싶다.

마지막은 '시스템' 차원이다. 기술시스템은 과학과 기법적 요소뿐 아니라 이와 연계된 사회, 정치, 문화적 요소들까지도 포함하는 의미이다. AAAS(1989)는 기술을 복잡한 사회적 체제(complex social enterprise)로 상정하고 여기에 포함되는 것으로 연구, 설계, 기예, 금융, 제조업, 관리, 노동, 마케팅 그리고 유지·보수를 나열하기도 하였다. 시스템을 기술의 한 차원으로 포함시키는 것은 기술의 다양한 요소들이 상호 연계되어 공존하면서 변하는 과정을 전체적인 시각에서 설명할 수 있다는 점에서 함의하는 바가 크다고 할 수 있다. 우선 기술시스템이 물리적 성질을 지닌 인공물뿐 아니라 엔지니어와 소비자들을 비롯한 인적 요소와 다양한 사회, 문화적 요소 등을 포괄한다는 특성은 SSI의 본성과도 밀접하게 연관되기 때문에 SSI 논의에서 자주 등장한다. 주로 기술이나 제품 개발자 및 엔지니어 등의 전문가와 소비자 혹은 일반 시민 같은 이해관계자가 흔히 등장하며, 대화에 참여하는 사람들도 자연스럽게 다양한 입장을 탐색하게 된다. 예를 들어, 에이즈 치료제 개발에 대한 주제에 대한 논의에서 다국적 제약사는 "기업이라는 단체의 가장 큰 속성은 이윤추구"와 같은 주장을 할 수 있고, 에이즈 환자 및 단체에서는 "우리나라에서 에이즈 치료제 가격이 너무 비싼 것에 대한 대책 마련이 부족하다"고 언급하며 치료를 받지 못하는 환자들의 상황과 이로써 발생할 수 있는 에이즈 확산이라는 사회적인 문제를 제시할 수 있다. 상호연계적 집합체란 기술시스템을 구성하는 요소들은 각기 어느 정도의 자유도를 갖지만 서로 연결되어 있기 때문에 하나가 변하면 이와 연관된 부분들은 서로 영향을 주고받는다는 특성을 의미한다. SSI 대화에서도 이러한 특성에 대한 이해가 드러날 수 있다. 예를 들어, 동일한 에이즈 치료제 개발과 관련하여 다국적 제약회사와 국가, 에이즈 환자의 이익이 대립하는 것처럼 보이지만, 결국 제약회사는 환자들에게 약을 팔아 이윤을 획득하고, 국가는 자국민의 건강과 복지를 증진 시켜야 하는 역할을 하면서도 일정한 경제적 제약을 가지고 에이즈 환자 이외의 다른 국민들도 함께 고려해야 한다. 특히, 다국적 회사는 한 국가에 귀속되지 않기 때문에 더 복잡한 이해관계를 가진다. SSI 논의를 진행하는 과정에서 기업으로서 이윤 추구라는 본질적 특성이 기업의 이윤획득과 필연적으로 대치되는 것은 아니라는 것을 생각해볼 수도 있다. 마지막으로 기술발전과 시스템 모멘텀은 특정 기술이 성공적으로 발전하여 사회에 안착되면 해당 기술과 관련된 새로운 이해관계자가 형성되고 증가하면서 그들 사이에 이해관계가 고착화 되는데, 이 때 해당 기술시스템의 목적과 방향성 및 변화 속도가 되도록 일정하게 유지되는 특성을 의미한다. 구글글래스에 대한 토론에서 한 학생은 “다른 사람들이 다 사용하고 있다면 내가 다른 사람의 감시를 받고 있는데 다른 사람을 감시하지 않으면 안 되겠다는 불안감 같은 것이 생겨서 구글글래스를 어쩔 수 없이 사용할 수도 있을 것 같다”는 응답을 했다. 즉, 구글글래스와 관련하여 어떤 이해관계가 형성되고 세부적으로 어떤 제약이 발생할 수 있는지에 대한 논의는 부족하지만, 구글글래스가 보편화되었을 때 개인적으로 원치 않아도 사용해야 하는 압박을 느낀다는 것이다. 전쟁무기 기술의 발전에 대한 논의에서도 “군사기술 발전을 억제 시켜야 하지만 억제 시킬 수 없다는 생각이 든다”와 같이 어떤 변화도 쉽게 가져올 수 없다는 생각을 하게 된다.

이와 같이 NOT에 대한 이해는 SSI에 대한 의사결정에 영향을 미칠 수 있다. 즉, NOT에 대한 충분한 이해를 한 학생들은 현대 사회가 당면한 과학기술 관련 쟁점에 대하여 의미 있는 의사결정을 할 수 있을 것이라고 기대해 볼 수도 있다. 현대사회에서 과학과 기술은 긴밀하게 연관되어 발전하고, 관련 프로젝트와 산업이 거대해지면서 두 분야의 전문가들이 직접적으로 혹은 간접적으로 협업을 하는 것이 일반적인 환경이 되었다. 따라서 현대 사회에서 우리가 일상적으로 접하는 쟁점을 주요하게 제시하는 SSI에서는 순수한 과학적 쟁점을 찾기는 어렵다. 결국, NOS 보다는 NOT 관점에서 SSI 의사결정을 해석하였을 때 참여자들의 주요 의사결정 요소와 내용들을 풍부하게 해석할 수 있다.

사례 4.2 기술의 본성(NOT)에 대한 이해는 SSI 추론과 관련이 있을까?[3]

많은 선행 연구들이 SSI 추론의 질을 과학의 본성에 대한 이해와 연관 지어 설명하려고 노력해왔다. 물론, NOS에 대한 이해가 SSI 추론에 영향을 줄 수 있다는 가정은 충분히 타당하다. 둘 다 현대 과학철학적 관점에서 과학을 바라보고 있으며, 과학과 기술, 사회와의 관계가 명시적으로 드러나기 때문이다. 그런데, 왜 학생들의 SSI 추론에는 NOS에 대한 이해가 잘 드러나지 않을까? 이 질문이 이 연구의 시발점이었다.

우리가 생각했던 첫 번째 가정은 NOS에 대한 인식이 의사결정에 암묵적으로 영향을 미치기 때문이라는 것이다. 과학의 본성을 이해하고 있다고 하더라도 그것이 반드시 문제해결에 명시적으로 드러날 필요는 없다. 과학지식의 사회적 영향이나 과학자의 윤리적 태도 등은 SSI와 직접적으로 관련되어 있어 응답에 자주 언급될 수 있지만, 과학지식 형성과정에 창의성이 포함된다든가, 관찰의 근거의존성, 잠정성, 이론과 법칙을 구별한다든가 하는 내용들은 포함될 수도, 안될 수도 있다. 두 번째 가정은 '과연 SSI를 순수한 과학문제로 볼 수 있는가?'라는 질문이다. 우리가 다루는 SSI는 주로 과학기술이나 공학과 관련된 문제들이다. 따라서 그 응답은 NOS보다는 인간이 필요로 하는 도구를 만들거나 사회에서 벌어지는 다양한 문제를 해결하고자 개발되는 NOT와 더욱 밀접하게 연관되어 있을 수 있다.

우리는 우선 학생들의 NOT에 대한 이해가 SSI 추론에서 어떻게 드러나는지를 살펴보고 싶었다. 연구를 위해 45명의 대학생들에게 GMO(황금쌀)에 대한 시나리오[4]를 제공하였다. 그리고 주제에 대한 의사결정 내용을 글로 작성하도록 하였다. 학생들이 작성한 글을 살펴보니 황금쌀에 대해 의사결정을 할 때 제기되는 논쟁점은 다음과 같이 네 가지였다.

첫째, 황금쌀과 같은 과학기술의 산물이 사회문제를 해결할 수 있을까?
둘째, 해당 사회문제(식량난, 비타민A결핍증)를 해결하기 위한 다른 대안은 없을까?
셋째, 과학기술 개발과정 및 관련 제품(황금쌀)이 유통되고 사용되는 과정에서 발생할 수 있는 부작용 혹은 문제점은 없을까?
넷째, 과학기술(황금쌀)의 불확실성이 존재하는 상황에서 어떤 대응을 해야 할까?

---

3) 이현옥과 이현주(2015), 이현옥과 이현주(2016a) 논문의 일부가 요약 및 발췌되었음.

4) 황금쌀 시나리오는 Khishfe(2012) 연구에서 소개한 SSI 시나리오로서 이현옥과의 연구(2015, 2016a)에서 사용되었으며, 그 내용은 다음과 같음.
"유럽의 과학기술자들은 비타민A의 결핍을 겨냥하여 '황금쌀'이라는 유전자 재조합작물을 개발하였다. 이 황금쌀은 일반쌀에 비해 2개의 유전자를 더 가진다. 어떤 과학기술자들은 황금쌀이 비타민 A의 전구체인 베타카로틴을 함유하고 있어 이것을 섭취하면 야맹증이나 퇴행성 시력감퇴를 예방할 수 있다고 주장한다. 결과적으로 전 세계적으로 매년 500,000명의 어린이들에게 영향을 주고 있는 어린이 비타민A결핍증을 해결하는 데 긍정적 역할을 할 수 있고, 특히 이 질병이 흔한 아시아의 개발도상국에는 더 큰 이익이 있을 것이라 말한다. 이 과학기술자들은 현재까지 어떤 GMF도 위험하다는 연구결과가 없다고 주장한다. 또 다른 과학기술자들은 GMF를 섭취함으

첫 번째 SSI 주요 논점에 해당하는 학생들의 글에서는 문제의 해결안으로서의 기술이라는 특징에 해당하는 부분이 다수 드러났다. 한 학생은 식량 문제가 유전자조작 기술을 통해 식량의 양을 증가시킨다고 해결될 수 있는 것이 아니라고 주장하며 기술의 한계를 언급하였고, 다른 학생은 식량문제의 본질은 사회 · 경제적 구조라고 지적하면서, 황금쌀이 비타민A결핍증으로 고통 받는 사람들을 돕기 위해 발전되었지만 상황에 따라 목표를 달성하지 못할 수 있음을 지적하였다.

두 번째 논점에 대한 학생들의 응답을 살펴보면 동일한 과학기술이라도 지역적 · 문화적 · 사회적 맥락에 따라 다른 가치를 생산해 낼 수 있다는 기술의 문화적 맥락과 가치의 역할에 대한 이해가 자연스럽게 드러났다. 학생들은 황금쌀이 아닌 다른 대안이 실질적이지 못하거나 효과적으로 문제를 해결할 수 없다고 주장하기도 하고, 아시아 지역에서 쌀을 주식으로 삼고 있다는 상황을 고려할 때 황금쌀이 문제를 해결하는데 더 용이할 수 있다는 판단을 내리기도 하였다.

세 번째 논점에 대해서는 황금쌀이 가져올 수 있는 혜택과 부작용으로 인한 피해에 대한 경중을 비교하여 결론을 내리는 경향을 보였고, 일부는 부작용 및 문제점을 구체화시킨 후 이를 해결하거나 완화시킬 방안을 추론해 보기도 하였다. 신기술에 대해 장단점을 파악하고 의사결정을 내리는 응답은 SSI 맥락에서 자주 등장하는 논의 형태라 할 수 있다. 이는 과학기술이 가져올 부작용에 대한 불확실성(uncertainty)에서 기인한다고도 볼 수 있다. 우리는 누구도 과학기술이 어떠한 결과를 낳을지에 대해서 확신할 수 없다. 이에 학생들은 기존의 과학기술(예 다른 GMO나 유전자조작 사례 등)의 사례를 활용하여 새로운 기술로 인한 미래 상황을 예측해보는 모습을 보였다. 즉, 기술로 인해 얻는 이득이 있는가 하면 또한 잃는 것이 있다는 기술의 본래적 특징을 이해한다고 간주할 수 있다.

마지막 네 번째 논점에 대해서 학생들은 황금쌀의 생산과 유통과정에서 야기될 수 있는 위험에 대한 불확실성을 언급하며 다양한 반응과 판단 방식을 보여주었다. 일부 학생들은 불확실성을 인식한 후, 어떤 기준으로 판단을 해야 하는지 혼란을 겪기도 하였다. 또는 즉각 의사결정을 하지 않고 유보하기도 하였다. 황금쌀이 초래하는 위험의 불확실성이 관련 연구의 부족에서 기인한다고 판단을 하는 학생들도 있었고, 인체 위해성에 대한 연구가 지속적으로 이루어지고 있음에도 불구하고 실험 결과를 확신할 수 없는 것은 관계자들 사이의 이해관계 때문이라고 평가하는 학생들도 있었다. 과학기술이 지속적으로 개발 및 발전된다는 특성은 대부분의 학생들이 GMO에

로써 발생할 수 있는 인체의 영향은 아직 모른다고 주장한다. 황금쌀에 추가적으로 두 가지 유전자를 포함시키는 것이 전체 식물체를 어떻게 변화시키는지에 대한 분석은 아직 이루어지지 않았고, 이 작물이 다른 일반쌀과 같은 지역에 경작됨으로써 다른 쌀을 오염(crossing over)시킬 수 있다는 우려가 있다고 언급한다. 그래서 이 과학기술자들은 비타민A의 결핍을 해결하기 위해서 황금쌀보다는 건강에 좋은 다른 작물을 활용하는 것이 더 좋다고 제안한다. 질문: 당신은 황금쌀을 생산하고 상품화해야 한다고 생각하는가?”

대한 불확실성을 언급할 때 전제한다고 간주할 수 있다. 그러나 기술의 발전과 인류의 진보를 맹목적으로 일치시키는 잘못된 태도를 보이기도 하였다.

우리는 기술에 대한 본성의 이해가 다른 SSI 맥락에서도 드러나는지 궁금했다. 학생들이 일반적인 기술의 특징을 단순히 상기하는지의 여부를 살펴보는 것이 아니라, 구체적인 SSI 맥락에서 학생들이 어떻게 NOT를 개념화시키는지 분석해보고자 하였다. 그래서 다른 대학생들을 4~5명별로 한 모둠이 되게 7모둠을 구성하여 자유롭게 SSI 토론 주제를 선정하도록 하였다. 모둠별로 SSI 토론을 진행하도록 하는 과정 동안 학생들의 대화내용을 살펴보았다. 그 결과 <표 4.3>처럼 주제에 따라 다양한 NOT 요소들이 드러났다.

표 4.3 SSI 맥락에 따라 드러나는 NOT의 요소들

차원	세부요소	SSI 1	SSI 2	SSI 3	SSI 4	SSI 5	SSI 6	SSI 7
Ⅰ. 인공물	Ⅰ-1. 의도를 내재한 인공물	○	○		○			
	Ⅰ-2. 현실세계 문제의 해결안		○	○	○	○	○	○
	Ⅰ-3. 인공물의 양면성	○	○	○	○	○	○	
Ⅱ. 지식	Ⅱ-1. 절차적 지식							○
	Ⅱ-2. 실천적 지식							
	Ⅱ-3. 맥락 의존적 지식					○		○
Ⅲ. 실행	Ⅲ-1. 제한조건과 가치 적재적 의사결정				○			
	Ⅲ-2. 최적화와 창조적 활동	○						
	Ⅲ-3. 피드백과 다학제적 접근					○		
Ⅳ. 시스템	Ⅳ-1. 다양한 이해관계자와 기관	○	○	○	○	○	○	
	Ⅳ-2. 상호연계적 집합체		○	○	○	○	○	
	Ⅳ-3. 기술발전과 시스템 모멘텀	○			○	○		

SSI 1: 첨단정보통신기술제품 구글글래스 / SSI 2: CCTV 활용 / SSI 3: 원자력 발전 / SSI 4: 전쟁 무기 개발 / SSI 5: 말라리아 방지를 위한 살충제 DDT와 환경오염 물질 DDT / SSI 6: 에이즈 치료제 개발 및 보급 / SSI 7: 동물실험

학생들이 선정한 SSI 주제 및 시나리오 맥락 또한 사회 속에서 존재하는 기술의 본질적인 특성과 맞닿아 있는 경우가 많았다. 이는 학생들의 자발적인 SSI 추론 및 의사결정 내용에서 NOS에 대한 언급을 찾아보기 힘들다는 선행 연구 결과들과는 사뭇 달랐다. 물론, NOT에 대한 학생들의 다양한 개념을 분석하는 과정에서 NOT 이해의 깊

이와 수준이 다르다는 것을 발견하였다. 예를 들어, '기술발전과 시스템 모멘텀'에 해당하는 NOT 요소를 충분히 이해하지 못한 학생들은 공고화된 기술시스템에서 자신을 무기력한 개인소비자로 인지하며 기술발전과 방향을 변경시키는 것에 회의적이었다. 즉, 해당 NOT요소에 대한 이해가 부족하면 관련 SSI 논의에 참여하고자 하는 충분한 동기를 발견하지 못하는 듯하다. 만일, 구체적 사례에 적용된 시스템 모멘텀에 대하여 이와 관련된 특정 이해관계자들을 인지하여 그들의 특징을 분별하고 그들 사이에 형성되어 고착된 관계와 사회·경제적 흐름을 이해한다면, 기술시스템의 변화를 위해 집단적인 노력이 필요하다는 인식뿐 아니라 구체화된 해결 방식을 제안할 수 있는 발상의 기회를 가질 수 있을 것이다. 다시 말해, NOT에 대한 이해가 현대 사회가 당면한 과학기술관련 쟁점에 대하여 의미 있는 의사결정을 할 수 있는 토대가 될 수 있다.

4.2.7 SSI 맥락(Context)

SSI 추론에 관련된 연구들을 살펴보면 SSI 맥락에 따라 다양한 가치들을 적용하는 것을 알 수 있다. 연구들에서 많이 다루는 생명공학, 환경 및 생태계, 지구온난화 및 기후변화, 핵에너지와 원자력 발전과 관련된 SSI 추론과정에서 드러나는 가치들을 살펴보자.

생명공학과 관련된 SSI에는 유전자조작식품(GMO), 유전자 치료, 동물 및 장기복제, 배아줄기세포연구, 맞춤 아기 등이 있다. 생명공학과 관련된 SSI 상황은 인간(또는 동물)의 생명 존엄성에 대한 위협과 생명공학기술로 인한 혜택(예 치료, 안전성, 생산성의 증가 등) 사이에 대립되는 갈등 양상을 보이는 경향이 있기 때문에, 대부분의 학생들이 도덕적 문제로 인식하는 경우가 많았다. 몇 가지 연구들을 예로 들어보자. Gardner와 Jones(2011)는 예비 과학교사, 현직 과학교사, 생물학을 전공한 보조교사, 생물학 교수를 대상으로 생명공학의 위험성에 대해 어떻게 인지하고 있는지를 연구하였다. 이들은 생명공학 기술이 인간의 건강에 부정적인 영향을 미칠 가능성이 있고, 일시적으로 사람들을 도와줄지도 모르지만 우리에게 가져다 줄 불확실한 미래 때문에 반대한다는 응답을 보였다. 또한 사회적 가치를 중시한 사람들도 있었다. 생명공학 기술이 식량이 부족한 국가나 사람들에게 정말로 이익을 주는 것인지 주의 깊게 살펴볼 필요가 있음을 언급했다. 또한 환경적 가치를 중시하는 사람들은 생명체를 변화시키는 것에 대한 위험성을 강조하기도 하였다. Dori 등(2003)은 과학 비전공자를 대상으로 생명공학, 환경과 관련된 문제에 대해 학생들의 의견을 물었는

데, 질병이나 장애를 고치거나 또는 삶의 질을 향상시키는 등 의학적인 면에서 건강과 관련된 가치를 중시하였음을 알 수 있었다. 또한 인간을 상품화하는 것, 인간의 존엄성에 대한 가치를 언급하는 학생들도 상당수 있었다. Topuca 등(2010)은 예비 과학교사들에게 "유전자 치료를 통해 자녀들의 지능을 높일 수 있다면 유전자 치료를 하겠는가?"라는 질문을 던졌다. 대부분의 교사들이 지능이 높고 낮음은 삶을 살아가는데 큰 영향을 주지 않을 수 있고, 치료로 인해 부작용이 생길 경우 오히려 건강 문제가 유발될 수 있기 때문에 대부분 사용하지 않겠다고 응답하였다.

환경이나 생태계와 관련된 SSI 문제에 대해서는 크게 환경보호도 중요하지만 인간 삶의 질을 높이기 위해서 환경을 이용해야 한다는 인간 중심적 관점과 환경에 우선 순위를 두고 판단해야 한다는 관점으로 나누어진다. 예를 들어, Thompson과 Barton(1994)은 학생들의 환경 중심적(ecocentric) 관점과 인간 중심적(anthropocentric) 관점을 연구하였는데, 그 결과 인간 중심적인 가치를 나타내는 문항보다 환경 중심적인 가치를 나타내는 문항의 평균이 더 높았으며, 인간 중심적 태도를 가진 사람은 환경에 대해 무관심한 태도를 보이는 경향이 있음을 알 수 있었다. Menzel과 Bö-geholz(2009)는 칠레와 독일 학생을 대상으로 생물 다양성의 감소에 대한 인식을 연구하였는데, 학생들은 그 원인을 생태학적 관점, 경제적 관점, 사회적 관점에서 생각하는 것으로 나타났다.

지구온난화나 기후변화와 관련된 SSI에 대해서는 빙하 지역이 녹고, 동물들의 서식지가 파괴되며, 기후변화로 인한 질병이나 문화재 손실과 같은 여러 가지 문제들에 대해 공감하고 인지하는 경향을 보인다. 따라서 기후변화와 관련해서는 경제적, 사회적 비용에 대한 부분이 언급되긴 하나 첨예한 논쟁상황이 벌어진다기보다는 환경적 가치에 보다 비중을 두고 지속가능한 발전을 추구해야 한다는 방향으로 의사결정을 내리는 경우가 많다.

핵에너지, 원자력 발전과 관련해서 연구 참가자들은 환경적인 가치, 안전성, 실용적인 가치를 주장하는 경향을 보인다. 환경적인 측면에서 원자력 발전을 통해 방출되는 폐기물이나 원자로를 식히기 위해 사용하는 물 등은 생태계를 파괴시킨다는 우려, 그리고 자칫 발생할 수 있는 폭발 사고나 폐기물 처리 문제로 인한 위협이 있는 반면, 비교적 저렴한 에너지원이라는 실용적인 관점에서 의사결정을 하였다. 예를 들어, Yang과 Anderson(2003)은 고등학생을 대상으로 핵에너지의 사용과 관련된 환경문제를 제시했다. 환경적인 가치를 중시하는 학생들은 물고기들의 죽음의 원인을 방사성 폐수와 방사성 물질의 축적으로 생각하였으며, 원자력 발전소에서 나오는 폐수로 인해 바다 오염과 생태계 변화도 심각하다고 응답하였다고 밝혔다. 또한 원자력 발전소 주변에 사는 사람들은 암에 걸릴 확률이 더 높고 장애를 가진 아기를 낳을 확률이 더 높다는 근거를 드는 학생들도 있었다.

사례 4.3 맥락별로 SSI 추론의 특징들이 어떻게 다른가?[5)]

SSI 맥락에 따라 사람들은 다른 추론을 할까? 생명공학과 관련된 쟁점들에는 인간의 존엄성을 매우 강조하는 반면, 원자력 발전과 같은 주제에 대해서는 안전보다는 효율성을 강조하는 경우를 많이 볼 수 있기 때문이다. 그래서 나는 예비교사들을 대상으로 SSI 주제가 지닌 성격에 따른 의사결정 유형이 어떻게 다른지 탐색해보았다. 예비과학교사들에게 아래 <표 4.4>와 같이 맞춤 아기, 대리모, 존엄사, 유전자조작식품, 원자력 발전, 배아복제, 과학기술로 인한 삶의 변화, 인터넷 사용의 여덟 가지 SSI에 대해 각각 수업을 진행한 후, 각 수업 후 주제에 대한 자신의 생각을 저널로 적도록 하였다.

표 4.4 SSI 주제와 교수방식

	SSI	관련내용 및 교수방식
1	맞춤 아기 (Designer baby)	인간게놈 프로젝트의 완성과 유전자조작 기술의 발달이 가져올 미래 사회의 모습을 간단한 게임을 통해 예상해봄.
2	과학기술로 인한 삶의 변화	과학기술의 발달은 생활방식에 많은 차이를 가져옴을 선진국, 우리나라, 미개발국의 청소년들의 생활을 비교해봄으로써 생각해봄.
3	존엄사	존엄사에 대한 찬반 논쟁에 대한 자신의 생각을 글과 그림으로 (말을 하지 않고) 조용히 표현해보면서 스스로의 생각을 정리한 후 동료들과 의견을 교환함.
4	유전자조작식품 (GMO)	유전자조작식품의 선택과 관련하여 종류, 위험 가능성, 비용 등 여러 고려할 점을 제시하고 소비자로서 의사결정을 하게 함.
5	원자력 발전의 안전성	원자력 발전의 위험성을 알기 위해 체르노빌 피해일지를 직접 지도 위에 표시해 봄으로써 이해하고, 원자력 발전의 이점과 함께 비교하여 토의함.

5) 이현주(2008) 논문의 일부가 요약 및 발췌되었음.

6	대리모	1986년 미국에서 일어난 Baby M 대리모 사건을 사례로 대리모에 대한 의견을 여성의 관점에서 토의함.
7	인터넷 사용	현대 사회에서 생활의 일부분이 된 인터넷 사용이 청소년들에게 가져올 수 있는 문제점들에 대해 토의함.
8	배아복제	배아복제에 관한 합의회의를 진행해봄으로써 과학기술과 관련하여 시민의 역할을 이해함.

그 결과 예비 과학교사들은 맥락에 따라 다소 다른 추론의 형태를 보였다.

첫째, 예비교사들은 맞춤 아기와 대리모 주제에 대해 이성적 추론 및 감정적 추론 형태를 모두 보였다. 그러나 특징적인 것은 다른 여섯 개 주제들에 비해 참여자들이 이 두 주제들에 대해서 상대적으로 더 감정에 기반한 의사결정을 했다는 점이다. 다시 말해서, 주제와 관련된 정보가 제공되었음에도 불구하고 참여자들은 인간의 인위적인 행동이 자연스러움을 깨뜨리는 것에 대한 두려움, 과학기술로 인해 피해를 입을 수 있는 대상에 대한 돌봄(caring)의 감정 등을 기반으로 자신의 입장을 결정하는 경우가 많았다. 이는 이 두 주제가 아직 이들에게 현실적으로 받아들여지지 않는 가상의 주제로 여겨지기 때문일 가능성도 있다. 몇몇 학생들은 수업이 끝난 후 자발적으로 맞춤 아기와 대리모에 대해 인터넷으로 검색한 후 이러한 일들이 실제로 벌어지고 있다는 점에 놀라워했던 경험을 서술하기도 하였다.

둘째, 존엄사와 GMO 주제에 대해서는 보다 객관적인 근거에 기반을 두고 찬반의 입장을 명확히 하려는 경향을 보였다. 다시 말해서, 앞의 맞춤 아기나 대리모 주제의 경우에도 참여자들이 논리적으로 근거를 마련하여 자신의 입장을 표현하기는 하지만 자연스러움을 거스르는 과학기술발달에 대한 반감이 자신의 의사를 결정하는 데 주요한 요인으로 작용한 반면, 존엄사와 GMO 주제에 대해서는 자신의 의견과 상반되는 의견도 함께 고려하면서 논리적 · 현실적으로 자신의 의사를 결정하려는 경향을 보였다. 이는 존엄사와 GMO 주제의 경우 참여자들이 맞춤 아기나 대리모의 경우보다 좀 더 현실적으로 당면한 문제로 여기기 때문일 가능성이 있다(실제로 수업 후 몇몇 학생들은 마트에서 두부를 구입하면서 유전자조작 콩을 사용했는지 자세히 살펴보았다고 했다). 따라서 참여자들은 이러한 주제를 이 사회의 시민으로서 해결해야 할 문제로 받아들이고, 단순히 감정만으로 의사를 결정하기보다는 현실적 측면(경제성, 위험성에 관한 결과물 등)을 고려하여 근거를 마련하고 이에 따라 자신의 입장을 설명하려는 노력을 보였다.

셋째, 원자력 발전과 배아복제에 관해서는 찬반결정을 내리기보다는 그 필요성을 인식하여 보완할 수 있는 차선책을 제시하는 방법으로 자신의 의견을 표현하는 경향을 보였다. 이 주제들은 이미 미디어를 통해 일반인에게도 그 장단점이 많이 알려져 있는 시사적인 성향을 띤다. 특히, 배아복제는 황우석 교수 사건으로 인해 참여자들이 이와 관련한 윤리적 문제들에 대해 생각해본 경험을 가지고 있을 가능성이 크다. 뿐만 아니라, 참여자들은 과학을 전공하고 있기 때문에 원자력 발전 및 배아복제의 과정 및 장단점 등에 대한 기본적인 지식을 소유하고 있을 가능성도 있었다. 이러한 이유로 참여자들은 주제와 관련된 지식적 기반을 바탕으로 찬반 입장을 모두 고려한 타협적인 입장을 제시하는 경우가 많았다. 예를 들어, 원자력 발전과 배아복제가 가져올 수 있는 위험성에 대해서 충분히 인식하고 있으나, 그럼에도 불구하고 현 상황을 고려할 때 원자력 발전과 배아복제는 많은 장점을 가지고 있어 어쩔 수 없이 필요하다는 입장을 취했다.

마지막으로, 대부분의 예비교사들은 과학기술로 인한 삶의 변화와 인터넷 사용에 대해서 원자력 발전과 배아복제의 경우와 마찬가지로 이분법적 의사결정을 하지 않았다. 그러나, 원자력 발전과 배아복제에 대한 응답에 비해 자신의 입장을 표명하는 데 있어 대립된 가치관 및 감정 사이에 내적 갈등을 경험하는 경향을 보였다. 이는 역시 주제 자체가 지닌 특성과 연관된다고 할 수 있다. 과학기술이 현대 사회의 삶에 가져온 편리함과 같은 긍정적 효과는 참여자뿐만 아니라 일반인에게도 대부분 받아들여지고 있다. 의학 분야의 발전은 인류에게 건강한 삶을 유지하게 해주고, 공학의 발전은 교통 · 통신 · 전자제품 등의 개발로 편리한 삶을 영위하게 하였다. 많은 사람들이 엄청난 속도로 발전하고 있는 과학기술에 대해 어느 정도 우려하는 측면도 있지만, 과학기술의 발전으로 인해 변화되는 삶의 질에 대한 기대감을 먼저 갖게 되는 것이 사실이다. 또한 과학기술 사회에서 살아가면서 과학기술의 혜택은 따로 분리하여 생각할 수 없을 정도로 우리들의 삶에 이미 자연스럽게 녹아들어 있다. 과학기술의 발달로 인해 막대한 양의 에너지가 사용되고, 이로 인해 환경오염 및 쓰레기 문제 등의 여러 부작용이 나타나고 있으며, 인터넷 사용으로 인해 정보의 습득 및 의사소통의 방법이 매우 편리해지면서 이로 인해 인터넷 중독 현상이나 무분별한 정보의 이용 등의 문제들이 대두되고 있으나, 이러한 문제들은 과학기술이 가져오는 편리함에 비하면 사소할 수 있다는 생각이 참여자로 하여금 내적 갈등을 경험하게 하였다.

4.2.8 변칙사례

변칙사례(anomalous cases)는 자신의 의견에 반하는 예상치 못한 사례 또는 극단적 입장을 보이는 사례 등을 의미한다. SSI에 대해 의사결정을 할 때, 어떤 사람들은 변칙사례에 의해 많은 영향을 받기도 한다. SSI는 그 본성상 논쟁적 성격을 띠기 때문에 상반된 입장에 자주 직면한다. 이 때, 학생들이 상반된 정보를 어떻게 활용하는지를 살펴보는 것은 비형식 추론의 방식을 이해하는데 매우 중요하다.

대표적인 연구는 Chinn과 Brewer(1998)이다. 이들은 변칙 자료를 제시했을 때 사람들이 어떤 반응을 보이는지 살펴본 후, 그 반응 유형을 무시(Ignoring), 거절

(Rejection), 배제(Exclusion), 유보(Abeyance), 해석(Reinterpretation), 부분적인 의견 변화(Peripheral Theory Change), 의견 변화(Theory Change)의 일곱 가지로 제시하였다. 추후 연구에서 이들은 불확실성(Uncertainty)을 추가하여 여덟 가지 반응 유형으로 분류하였다. 불확실성은 주어진 자료의 타당성을 결정할 수 없는 상태를 의미하며, Lin(2007)은 불확실성을 '해석에 대한 불확실(Uncertainty of interpretation)'과 '타당성에 대한 의심(Uncertainty of validity)'의 두 가지 유형으로 나누어 설명하였다.

이를 바탕으로 Zeidler 등(2002)은 고등학생과 대학생을 대상으로 학생들의 과학의 본성에 대한 이해 및 SSI에 대한 생각과 반대되는 증거를 제시했을 때, 어떤 반응을 보이는지 탐색하였다. 학생들은 자신의 입장을 지지하기 위해서 증거를 선택적으로 찾았으며, Chinn과 Brewer(1993)의 분류에서와 같이 상반된 자료를 무시하거나 거절하는 반응을 많이 보였다. 또한 적지 않은 수의 학생들이 주어진 자료를 받아들이기는 하지만 사용하지는 못하고 유보하는 경향을 보였다. Zeidler 등은 상반되는 자료를 제시하였을 때 무시하거나 거절하는 이유가 개인의 신념(core belief)을 바꾸지 않고 확고히 하려는 성향 때문이라고 보았다. 즉, 개인의 신념에 따라 그 자료들을 이해하려고 노력하기보다는 단순히 무시하거나 거절할 수 있으며, 오히려 자료를 편향되게 해석할 수 있다는 것이다. Limòn과 Carretero(1997)의 연구에서는 학생들이 변칙 자료에 의해 영향을 받는 모습이 나타났다. 이들은 9학년, 11학년, 12학년을 대상으로 변칙 자료로만 구성되어 있는 A조건과 변칙 자료와 보충 자료(원래 의견을 지지하는 자료)로 구성되어 있는 A+B조건으로 연구를 시행하였다. 연구 결과 12학년 학생들은 A조건과 A+B 조건에서 모두 변칙 자료에 영향을 받아 개인의 개념이나 의견을 변화시키는 모습이 나타났다. 이러한 결과들은 교사가 SSI 수업에서 학생들에게 자료를 제공할 때 변칙 자료를 어떻게 활용할 것인가에 대한 시사점을 제공한다.

사례 4.4 변칙사례가 주어지면 의사결정이 변할까?[6)]

SSI에 대해 의사결정 할 때 객관적이고 충분한 자료를 찾으려고 노력하려 해도 특정 정보를 선호하게 되는 경우가 있다. 예를 들어, 내가 종교적 신념 때문에 인간 배아복제 연구에 대해 반대한다면, 같은 정보를 주더라도 나의 주장을 공고히 하는

---

6) 이수정과 이현주(2013) 논문의 일부가 요약 및 발췌되었음.

방향으로 자료를 선택하고 해석하게 된다. 이 연구는 이러한 궁금증으로부터 시작되었다. 만약, SSI 주제에 대해 의사결정을 한 사람에게 이와 상반된 입장을 주장하는 글을 보여준다면, 그리고 그 글이 매우 설득력 있는 글이라면, 사람들은 자신의 입장을 쉽게 바꿀 수 있을까? 입장을 바꾸지 않는다면, 왜 그럴까? 그리고 상반된 자료는 어떻게 취급할까?

우리는 이러한 궁금증을 해결하기 위해 대학생 30명을 선발했다. 혹시 과학지식을 어느 정도 갖고 있느냐에 따라 상반된 정보에 대한 반응이 혹시 차이가 있는지 살펴보기 위해 30명 중 15명은 이공계 재학생(과학 전공자), 나머지 15명은 인문 · 사회 · 예술 분야 재학생(과학 비전공자)으로 선발하였다. 우리는 이들과 개별 면담을 했다. 2011년에 일어난 일본 후쿠시마 원자로 폭발 사고에 대한 이야기로 시작하여 원자력 발전에 대한 지속적인 투자에 대해 의견을 물어보았다. 의견을 들은 다음, 연구자가 미리 준비한 상반된 자료를 제시하고 읽도록 한 후, 원자력 발전에 대한 의견을 다시 물었다.

연구 결과는 <표 4.5>와 같았다. 참여한 학생들 30명 중 24명이 상반된 자료를 제시한 후에도 입장이 변하지 않았다. 그리고 상반된 자료의 타당성에 대해 적극적으로 고려하거나 설명하지 않는 무시, 거절, 배제의 사례가 적지 않게 발견되었다. 이는 SSI에 대한 의사결정 과정에서 학생들이 자신의 신념을 잘 변화시키지 않는다는 Zeidler 등(2002)의 결과와 유사하다. 전공자와 비전공자가 큰 차이를 보이지는 않았다. 그러나 전공자의 경우 상반된 자료를 재해석하거나 그 자료에 의해 부분적인 의견 변화를 보이는 경우가 약간 적었다. 이는 과학지식 수준이 높은 학생들의 경우, 과학에 대한 믿음이 다소 강하기 때문일 수도 있다.

표 4.5 상반된 입장의 자료를 접했을 때의 반응 유형

반응 유형	전공자(명)	비전공자(명)
무시	1	1
거절	6	5
배제	2	1
재해석	4	8
부분적인 의견변화	2	4
의견변화	4	2

4.2.9 문화, 동료, 교사 등

SSI 추론에는 개인적 요소 외에 환경적 요인도 영향을 미친다. 가장 대표적인 것이 문화이다. 예를 들어, 우리나라에서 강조하는 사회적 가치는 서양 국가의 것들과 차별화될 수 있으며, 이러한 사회적 가치는 학생들에게 잠재적으로 내재되어 영향을 미칠 수 있다. 또한 국가마다 처해 있는 경제적, 사회적 여건이 다르기 때문에 학생들은 이러한 상황을 고려하여 의사결정을 할 수 있다. 예를 들어, 학생들이 원자력 발전소 건설에 대한 찬반 논쟁을 한다고 하자. 후쿠시마 원전사고를 체험한 일본의 학생들, 원자력 발전에 크게 의존하고 있으며 우수한 원전기술을 갖고 있는 우리나라, 원전기술이 절실히 요구되고 있는 터키와 같은 개발도상국 학생들은 다른 추론의 형태를 취할 수 있다.

이러한 가정을 확인하기 위해 Zeidler 등(2013)은 자메이카, 남아프리카, 스웨덴, 대만, 미국의 학생들을 대상으로 문화에 따라 SSI에 대해 어떤 추론의 유형을 보이며, 과학적 증거를 어떻게 평가하고 처리하는지 등을 살펴보았다. 그 결과, 스웨덴을 제외한 국가의 학생들은 공정성에 대한 가치를 중시하여 '가장 아픈 사람들'을 먼저 생각하여 추론하는 반면, 스웨덴 학생들은 유용성에 대한 가치를 중시하여 '실제로 장기 이식을 받아야 하는 사람'에 비중을 둔 의사결정을 한다고 보고하였다. Lee와 Grace(2012)는 SSI에 대한 의사결정에 문화적 요소가 미치는 영향을 살펴보기 위해 홍콩과 광저우에 있는 학생들을 대상으로 조류독감에 대한 토의를 진행했다. 그 결과 문화에 따라 유사점도 있지만, 학생들의 추론과정, 근거마련을 위한 자료수집, 의사결정의 기준 등이 차이를 보였다. 예를 들어, 홍콩 학생들은 합리적 의사결정을 위한 근거를 모으는데 전문가들의 의견에 비중을 두는 반면, 광저우 학생들은 주어진 자료들부터 이끌어내는 논리적, 과학적으로 접근하려는 경향을 보였다.

교실 문화도 학생들의 SSI 추론에 영향을 줄 수 있다. 일반적으로 과학수업에서는 정답을 요구하는 구조화된 질문에 대한 답을 찾는다. 그러나 SSI 수업에서와 같이 정답이 아닌 가장 합리적인 방안을 찾아나가는 수업에서 학생들은 다소 혼란을 겪기 때문에 빨리 결론을 도출하거나 근거가 가장 많이 제시될 수 있는 입장을 선택하기도 한다. 「사례 4.5」를 보면 알 수 있다.

동료와 교사도 주요 요인으로 작용한다. 예를 들어, Yoon(2008)은 다양한 인지단계와 사회적 능력, 종교·문화적 배경이 다양한 고등학생을 대상으로 유전공학과 관련된 SSI에 대한 의사결정 과정을 살펴보았다. 그 과정에서 학생들이 자신들보다 똑똑한 친구들의 의사결정을 따라하거나 친한 친구의 의견을 모방하는 현상들이 나타났다고 보고하였다. Hanegan 등(2008)은 학생들이 유전학과 관련된 SSI에 대해 과학적 추론 과정을 수행하는 것을 관찰한 결과, 학생의 성공에 대한 교사의 기대가 SSI와 관련된 학생의 성취와 자신감 형성에 영향을 미친다고 보고하였다.

사례 4.5 교실 문화는 학생들의 SSI 추론에 어떠한 영향을 미칠까?[7)]

나라별 문화뿐만 아니라 교실 문화도 학생들의 SSI 추론에 영향을 줄 수 있다. 일반적으로 과학수업에서는 정답을 요구하는 구조화된 질문에 대한 답을 찾는다. 그래서 정답이 없는 SSI 수업에서 학생들은 불확실성에 대해 다소 힘들어하는 경향을 띤다. 또 과학이 모든 문제를 해결해줄 것이라고 믿는 과학만능주의(scientism)도 학생들이 많이 갖고 있는 생각 중 하나이다. 우리는 이러한 현상을 활동 이론(activity theory)의 관점에서 설명해보고자 하였다. 즉, 교과서 과학이 강조되는 일반적인 과학수업에서 SSI가 하나의 교수적 도구(tool)로서 도입되었을 때 전통적 과학수업에서 중시되던 학생의 역할, 암묵적인 교실 내의 규칙 등 주요 요소 사이에 갈등(tension)이 생길 수 있다는 것이다. 이러한 갈등은 학생들과의 면담과 담화에서도 드러났다.

[예시 1]

연구자: 다른 모둠의 주장은 별로 설득력이 없었나요?

S1: 그 모둠의 주장도 논리적이었어요. 그렇다고 해도 설득당하고 싶지 않았어요.

S2: 우리가 질지도 모른다는 생각도 들었어요.

S1: 서로 토론하는 거니까, 어떤 역할을 맡든지 우리 모둠이 이겨야 된다는 생각이 들었어요.

S2: 내가 이길 거야! 감히 우리 조에게 덤벼? 이런 생각이 들었어요. 그런데, 속으로는 이미 설득 당했죠. 저희가 졌어요. 좌절감도 좀 느꼈어요.

[예시 2]

S3: GM콩을 지지하는 과학자 역할을 맡는 거 싫어.

S4: 걔네들(GM 반대)이 훨씬 말할 게 많아. 우리는 몇 개 없잖아.

S5: 이기고 지는 게 뭐 중요한가?

S3: 당연히 중요하지! 안 그래?

7) 현재 이현옥과 Zeidler와 함께 논문 작성 중인 연구로, NARST에서 발표되었음.

[예시 3]

S6: 단 한 건도 GM 콩이 해롭다는 증거가 없잖아.

S7: 과학자가 뭔가 잘못하고 있는 거야?

S6: 과학자들은 절대 잘못된 일을 하지 않지.

S7: 비타민A를 함유하도록 개발하면 GM 쌀이 더 좋은 거잖아. 왜 그것이 좋지 않다고 말하는 거야? (선생님을 보며) 선생님, 비타민A가 들어있는데, 건강에 좋지 않다고 말하는 이유는 뭐예요?

교사: 비타민A 자체는 좋은 성분이지만, 유전자조작으로 인해 생길 수 있는 문제 때문이지.

S6: 그래도 과학자들은 정말 무엇이든 개발할 수 있잖아. 유전자 때문에 문제가 생길 거 같으면, 그게 안 생길 수 있는 것을 또 개발할 거야.

[예시 1]과 [예시 2]는 경쟁적인 과학수업에 익숙한 학생들이 SSI가 도입되었을 때, 그 주제와 관련된 입장에 대해 탐색하는 것보다, 논쟁에서 이기고 지는 것을 중시하고 있다는 것을 보여준다. 일부 학생들은 이미 상대방의 입장에 설득이 되었다 하더라도, 논쟁에서 졌다는 사실에 좌절감을 느끼기도 한다. 아직까지 우리나라의 교실에서는 의견을 자유롭게 이야기하고 논쟁을 진행하는 문화가 자연스럽지 않음을 보여주는 단면이다. 이러한 교실 문화에서는 논쟁을 더 좋은 대안을 마련해가는 하나의 과정으로 인식하기보다는 또 다른 경쟁으로 인식하는 경우가 많다. 내 생각이 무엇인지, 내가 무엇을 가장 중요하게 생각하는지 등을 다른 사람들의 여러 생각을 들으면서 만들어가는 데 초점을 두기보다는, 다른 사람의 의견에 반론을 제기해서 자신의 의견이 맞음을 관철시키고자 하는 분위기가 형성되기도 한다.

[예시 3]은 학생들이 갖고 있는 과학기술과 과학자에 대한 생각을 보여준다. 학생들은 과학기술로 인한 문제들을 더 나은 과학기술이 해결해줄 것이라는 막연한 기대를 한다. 이것을 과학만능주의라 한다. 과학에 대한 절대적 믿음이다. 이는 우리나라 교실 문화와도 관련이 된다. 교실에서는 과학을 불변의 진리처럼 다룬다. 과학은 모든 상황에서 적용되는 법칙으로 여겨진다. 반면, 과학에 대한 지식, 즉 과학이 사회에 미치는 영향이나 과학지식이 사회 속에서 어떻게 형성되는지에 대한 논의는 거의 없다. 따라서 학생들은 과학자들이 생산해낸 과학에 대해 절대적인 믿음을 자연스럽게 갖게 된다. 이러한 믿음은 불확실성을 갖는 SSI 상황을 접했을 때에도 그대로 드러난다.

Chapter 05 좋은 SSI 담화란?

5명의 학생들이 존엄사에 대한 찬반 논쟁을 벌이고 있다. 이들의 담화[8]를 살펴보자.

학생A : 예를 들어서 A라는 사람이 있는데 A라는 사람이 죽음을 원하고 있습니다. 실제로 정신적 고통을 많이 받아서. 그래서 B라는 사람이 자살을 도와줬어요. 실제로 죄가 됩니다. 존엄사도 마찬가지입니다. 본인이 아무리 힘들다고 해서 그 주변사람들이 도와준다고 해도 그건 분명하게 법적으로 잘못된 것입니다. 예외는 없습니다. 무조건 살인행위입니다.

학생B : 존엄사를 시켜달라고 하는 것도 자신의 권리인데 그것을 침해하는 것이 아닌가요?

학생A : 그게 자신의 권리라고 할지라도 그것이 분명하게 주변 사람들에게 피해를 줄 수 있는 점이라 한다면, 그 권리는 권리라고 보는 것이 맞지 않다고 생각합니다.

학생C : 환자가 매우 고통스러운데, 그러면 그 상황에서 의사는 어떻게 해야 할까요?

학생A : 더더욱 환자가 고통을 받지 않을 방법을 찾아야죠.

학생D : 예를 들어, 환자가 가난한데 계속 진통제를 주면, 그 진통제의 가격이 나오는데 그럼 계속 빚만 지게 되고, 그러면 병원과 그 환자에 대한 의견 충돌이 일어나니까 어쩔 수 없는 상황이 일어나게 됩니다.

학생E : 만약에 당신 아이가 뇌사상태에 빠졌습니다. 만약에 당신이 경제적 부담돼요. 그 아이한테 병원비를 대주기 힘들고, 그로 인해 아이가 살아날

8) 앞 장에서는 개인의 SSI 추론에 초점을 두어 살펴보았으나, 이 장에서는 2명 이상의 개인이 모여 한 주제에 대해 대화를 하는 맥락에 초점을 두고 있으며, 이를 '담화'라 칭하였음. 상황에 따라 대화와 담화를 유사한 의미로 사용하였음.

가능성은 더더욱 없어요. 그런데 당신이 아빠라면 돈을 빌려서라도 그 아이를 살리시겠습니까, 아니면 죽이시겠습니까?

학생D : 그런데 병원에서 의사와 상담한 결과로 전혀 아이를 살릴 수 없다는 결과가 나왔다면 어쩔 수 없는 운명이니까. 그게 아이에게 최선의 방법이니까 어쩔 수 없이.

존엄사에 대해 학생A와 학생E는 반대 입장, 학생B, 학생C, 학생D는 찬성 입장을 취하고 있다. 반대 입장의 학생A는 존엄사를 살인과 동일하게 취급하면서 환자의 생명을 최우선으로 두었다. 학생E는 '당신의 아이가 뇌사상태라면'이라는 가상의 상황을 예로 들면서 존엄사를 찬성하는 사람들을 설득하고자 하였다. 이에 반해 학생B와 학생C는 환자의 죽을 권리에 대해 주장하며 존엄사에 대한 찬성 입장을 제시하였다. 학생D는 환자로 인해 경제적, 심적 고통을 받는 가족의 입장을 제시하였다. 이처럼 '존엄사'에 대한 담화에는 다양한 관점이 드러나며, 여러 이해관계자 간에 논쟁이 벌어질 수 있다. 같은 찬성이나 반대 입장이라고 하더라도 서로 다른 근거로 자신의 주장을 펼쳐 나갈 수 있다.

SSI 논증활동, 즉 담화는 여러 사람들 간의 상호작용을 전제로 하기 때문에 주어진 문제에 대한 생각을 혼자 글이나 말로 정리해 나가는 개인적 추론과는 차이가 있다. 서로 다른 가치관, 생각을 가진 사람들과 의견을 교환하고 공감대를 형성하며 조율해 나가는 과정이 매우 큰 비중을 차지한다. 그렇다면, SSI 담화의 특징은 무엇일까?

5.1 SSI 담화의 흐름

모둠별로 진행되는 SSI 담화를 살펴보면, 여러 가지 목적의 대화가 끊임없이 전환되며 진행되는 것을 볼 수 있다. 서로의 의견을 표현하고 탐색하는 대화가 진행되기도 하고, 서로 다른 입장이 첨예하게 대립되며 반박하는 대화가 이어지기도 한다. 또한 서로 다른 입장들을 조율해나가며 합의점을 찾기도 한다. 원자력 발전소 건설에 대한 예를 들어보자. 원자력 발전소 건설에 대한 개인의 의견을 자유롭게 제시하고 다른 사람의 의견을 경청하는 담화가 있는가 하면, 찬성과 반대 입장을 지닌 학생들이 자신의 입장을 관철시키기 위해 상대방의 주장과 근거를 반박하기도 한다. 논쟁 후에는 바람직한 원자력 발전의 개발 방향이 무엇인지에 대해 함께 모색해 보기도 한다. 원자력 발전소 개발과 관련한 최선의 합의책을 모색하는 과정에서 이러한 다양한 목적의 담화는 반드시 필요하며, 이것이 민주적인 의사결정의 과정이다.

학생들의 SSI에 대한 토의나 토론 녹음 내용을 분석해보면, SSI 논증활동에서 자주 드러나는 담화 클러스터가 있다. 클러스터(cluster)는 '집단' 또는 '무리'라는 의미로, 담화 클러스터[9]는 유사한 대화 목적을 가진 일련의 발화묶음을 의미한다. 즉, 학생들은 합리적인 의사결정을 내리기까지 본인들의 생각을 교환하고, 필요한 자료를 수집하며, 서로 다른 의견을 가진 학생 간에 논쟁을 벌이기도 한다. 서로 다른 의견들을 절충해보려는 노력을 하기도 하고, 때로는 대안을 마련하거나 가장 좋은 해결책을 선택하기도 한다. 이때, 대화의 목적이 전환되는 곳을 기준으로 담화 클러

표 5.1 SSI 담화에서 등장하는 담화 클러스터의 종류[10]

종류	담화목적	특징
탐색	① 문제의 논점 확인	주어진 문제가 가지고 있는 논점을 파악하고 논증활동의 방향을 설정함.
	② 개별 입장의 교환	자신의 의견을 표명하고 서로의 의견을 파악함.
	③ 다양한 관점 및 자료의 탐색	주제와 관련된 자료를 탐색하고, 필요한 정보를 수집하여 이를 조원에게 설명함. 수집한 자료 및 개인적 경험이나 직관 등을 바탕으로 다양한 관점에서부터 주제를 탐색하여 각 입장에 대해 논의함.
논박	④ 상반된 관점 간 논쟁	상대 의견에 대한 반박이 지속적으로 이루어짐.
조정 및 합의	⑤ 설득력 있는 안에 대한 선택	집단 내 상충되는 의견을 조정하고 합의하려는 노력이 이루어짐.
아이디어 생성	⑥ 절충안 또는 대안 마련	조원과 함께 여러 종류의 아이디어를 생성하는 데 목적을 둠.

9) 학자들에 따라 담화 클러스터를 구분하는 기준에는 다소 차이가 있음. 예를 들어, Erduran et al.(2004)은 논증에 등장하는 구조적 요소의 연결을 클러스터라 칭하고, 논증구조가 연결되는 수와 방법에 따라 클러스터를 구분하였음(예 CDW, CDR, CDWE 등). 이들은 CD(claim과 data)가 가장 덜 정교화된 형태이며, 클러스터를 구성하는 구조적 요소가 계속적으로 늘어날수록 논증이 점점 더 복잡해지고 정교화된 것이라 여김.

10) 고연주, 최윤희, 이현주(2015) 논문의 일부가 요약 및 발췌되었음.

스터를 구분할 수 있다. 보통 많이 등장하는 담화 클러스터는 <표 5.1>과 같이 여섯 가지 정도로 분류해볼 수 있다.

먼저, 탐색 클러스터는 SSI 논증활동에서 가장 기초적인 단계로서, 학생들이 주어진 SSI의 논점을 확인하고, 본격적 반박이나 의견 조정에 앞서 자신의 입장을 서로 이야기해보거나 관련된 자료들을 찾아보는 담화의 맥락이라고 할 수 있다. 탐색 클러스터는 세 가지로 구분될 수 있다. 첫째, SSI 문제에 대한 자신의 입장이나 해결방안을 제시하기 위해 집단 구성원들이 주어진 문제의 논점을 확인하는 클러스터이다. 학생들로 하여금 왜 주어진 문제에 대해 관심을 갖고 토론에 참여해야 하는지, 이 문제를 해결하기 위해서는 어떠한 방안으로 나아가야 하는지 등에 대해 모둠 구성원들과 함께 이야기하면서 논증활동의 방향을 설정하는 단계이다. 두 번째 탐색 클러스터는 개별 입장을 교환하는 클러스터로, 자신의 의견을 표명하고 서로의 의견을 파악하는 데 중점을 두는 담화이다. 각자의 의견을 표현하고 교환하는 데 목적이 있으므로 주로 논증활동 초기에 등장한다. 세 번째 탐색 클러스터는 다양한 관점과 자료를 탐색하는 클러스터이다. 주제와 관련된 개인적 경험이나 관련 자료를 탐색하고 서로 교환하는 과정에서 주제를 둘러싼 여러 입장들에 대한 이해를 높이고 근거를 마련해가는 과정이다. 개별 입장을 교환하는 두 번째 탐색 클러스터와는 달리, 이 클러스터에서는 주제와 관련된 입장이나 의견을 뒷받침하는 근거를 탐색하는 데 초점을 둔다.

논박 클러스터는 상반된 의견에 대한 논쟁이 지속적으로 이루어지는 대화를 일컫는다. 담화 클러스터는 유사한 대화 목적을 가진 발화의 묶음을 의미하기 때문에, 대화 중 상대방에 대한 반박이 한두 차례 일어난다고 해서 논박 클러스터로 구분하지는 않는다. 반박과 반박이 톱니바퀴처럼 서로 맞물려 본격적으로 진행될 때 논박 클러스터로 지정한다. SSI의 본성상 토의·토론과 같은 담화에서 자주 나타나는 담화 클러스터라 할 수 있다.

조정 및 합의 클러스터는 집단 내 상충되는 의견을 조정하고 합의하려는 목적으로 이루어지는 대화를 의미한다. 서로에 대해 논박이 진행되면, 일반적으로 그것을 바탕으로 구성원이 함께 의견을 조율하여 최선의 방안을 마련해나가게 된다. 이때 실제로 의견이 합의가 되었느냐의 여부보다는 합의를 이루려는 구성원의 노력이 드러날 때 조정 및 합의 클러스터로 구분한다. 즉, 담화 클러스터의 종류는 대화의 기능적인 면이 아니라 대화의 목적에 초점을 두고 결정되어야 한다.

마지막으로 아이디어 생성 클러스터는 조원과 함께 여러 종류의 아이디어를 생성하는 데 목적을 두는 담화이다. 예를 들어, 기후변화와 같이 조율이나 합의보다는 기후변화를 막기 위해 우리가 할 수 있는 방안들을 생각해 낸다든가, 의견 조율이 되지 않을 때 대안을 찾기 위해 혹은 절충안을 찾기 위해 다양한 아이디어들을 산출해내는 경우이다. 아이디어 생성 클러스터는 다른 클러스터에 비해 SSI 맥락에 따라 등장하기도 하고 그렇지 않은 경우도 많이 있다.

이와 같이 여섯 종류의 담화 클러스터는 학생들이 구성원으로서 SSI와 관련된 문제를 공동으로 해결하는 데 주체적으로 참여하는 과정에서 명확하게 발견된다. 담화 클러스터를 이용하여 SSI 맥락에서 이루어지는 담화의 흐름을 분석하는 것은 학생들이 다른 학생들과 어떻게 상호작용하면서 대화를 진행해 나가는지에 대한 정보를 제공한다. 특히 시간에 따른 담화 클러스터의 변화 양상을 분석함으로써 전체적인 논증활동 과정을 설명할 수 있다. [그림 5.1]을 예로 들어보자. 동일한 모둠의 학생들이 원자력에너지와 존엄사에 대해 토론한 내용을 담화 클러스터의 흐름으로 나타낸 것이다. 그림의 가로축은 학생들이 말한 발화의 개수이다.

원자력 에너지를 주제로 진행된 대화에서는 담화 클러스터가 ①-③-⑤-⑥의 흐름으로 진행된 것을 볼 수 있다. 이에 반해 존엄사에 대한 대화에서는 ②가 나온 뒤에 ③-④가 반복적으로 진행되다가 ⑤로 마무리 된다. 원자력 발전에 대한 토론에서는 존엄사와 달리 클러스터①과 클러스터⑤가 길게 나타나며, ⑥으로 마무리된다. 즉, 원자력 발전에 대한 토론은 논박이 본격적으로 진행되기보다는 다양한 관점이나 자료를 탐색한 후 바로 합의로 들어가는 모습을 보인다. 그러나 존엄사에 대해서는 찬반이 뚜렷하게 갈리어 서로의 입장이 첨예하게 대립되는 ④가 주를 이루며, 필요에 따라 자료를 탐색하는 ③을 보인다. 즉, 원자력 발전에 비해 학생들은 존엄사를 더 논쟁적인 주제로 여기거나 혹은 자신의 의견을 쉽게 드러내어 논쟁할 만한 주제로 여긴다고도 볼 수 있다. 내용을 살펴보면, 환자를 반드시 살려야 한다는 책임론과 환자와 가족의 입장을 고려하여 존엄사를 선택할 수 있어야 한다는 의견으로 극명하게 나뉜다.

담화 클러스터를 살펴보는 것은 주제에 따라 어떤 목적의 담화가 주로 일어나는지를 알 수 있을 뿐만 아니라 교사가 담화를 이끌어가는 데 대한 시사점을 준다. 예를 들어, 원자력 발전에 대한 담화에서는 학생들이 자신의 개인 의견을 표현하는 시간 없이 바로 자료 탐색으로 들어갔다. 문제를 해결하기 위해서 자료의 탐색이 필요할 수는 있지만, 주어진 주제에 대해 자신의 생각을 한 번 들여다보고 서로 나

그림 5.1 원자력 발전과 존엄사 토론에 대한 담화 클러스터[11)]

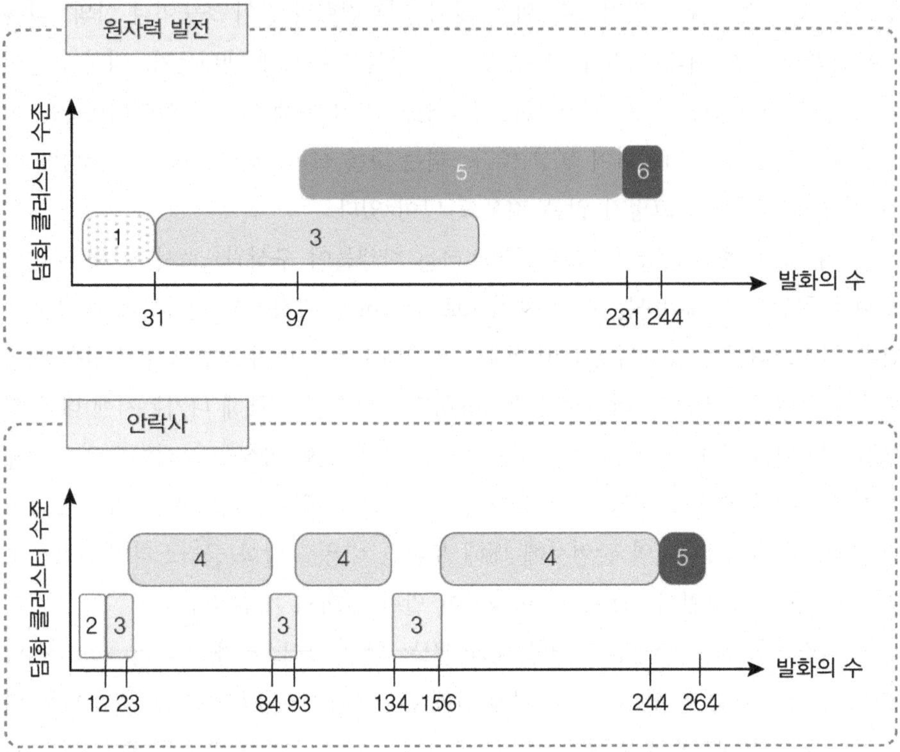

① 탐색: 문제의 논점 확인
② 탐색: 개별 입장의 교환
③ 탐색: 다양한 관점 및 자료의 탐색
④ 논박: 상반된 관점 간 논쟁
⑤ 조정 및 합의: 설득력 있는 안에 대한 선택
⑥ 아이디어 생성: 절충안 또는 대안 마련

누는 기회는 매우 소중하다. 학생들이 자신의 입장이 무엇인지, 이 문제에 대해 어떻게 느끼는지에 대해 표현할 기회가 충분하지 못했기 때문에 서로의 의견에 대해 반박해보는 대화가 본격적으로 진행되지 못했을 수 있다. 이들은 자신의 의견보다는 가장 설득력 있는 안을 탐색해 보는 단계로 바로 넘어가는 패턴을 보인다. 담화의 흐름을 이해함으로써 교사는 주제에 따라 학생들에게 다양한 목적의 담화가 진행될 수 있도록 도울 수 있다.

11) 고연주, 최윤희, 이현주(2015) 논문의 결과임.

사례 5.1 SSI 담화에서 담화 클러스터는 어떻게 진행되는가?[12)]

[그림 5.1]과 같이 한 모둠의 학생들이 서로 다른 주제에 대해 토의할 때 다른 담화 클러스터의 흐름을 보여준다면, 서로 다른 모둠의 학생들은 같은 주제에 대해서 어떠한 담화 클러스터의 흐름을 보여줄까? 이러한 질문을 갖고 원자력 발전에 대한 두 모둠의 토의 내용을 [그림 5.2]와 같이 담화 클러스터 분석을 해보았다.

그림 5.2 원자력 발전에 대한 두 모둠의 담화 클러스터 분석

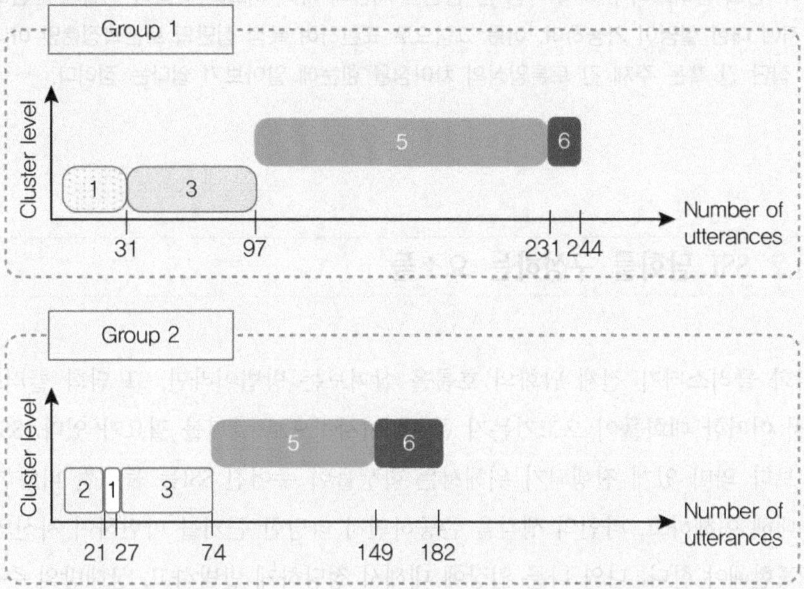

① 탐색: 문제의 논점 확인
② 탐색: 개별 입장의 교환
③ 탐색: 다양한 관점 및 자료의 탐색
④ 논박: 상반된 관점 간 논쟁
⑤ 조정 및 합의: 설득력 있는 안에 대한 선택
⑥ 아이디어 생성: 절충안 또는 대안 마련

[그림 5.2]와 같이 두 모둠은 공통점과 차이점을 나타냈다. 두 모둠 모두 ①-③-⑤-⑥의 흐름으로 진행된 것을 볼 수 있다. 이것은 원자력 발전이라는 주제가 갖는 특성으로도 생각해볼 수 있다. 존엄사에 비해 원자력 발전이 학생들 스스로 자신의 입장을 제시하기에 좀 더 어려울 수 있기 때문이다. 그리고 원자력 발전이 위험성을 띠고 있다고 해서 더 이상 건설하지 않는다면 에너지 소비를 충당하는 데 큰 문제가 생길 수 있다. 따라서 학생들은 서로 다른 입장을 조율하면서 자연스럽게 대안이 무엇이 있을지에 대해 아이디어를 짜내는 활동을 하게 된다.

그러나 두 모둠이 차이점을 나타내기도 한다. 모둠 2의 경우에는 본인들이 생각해 보고 다루어야 할 문제가 무엇인지 확인하기 전, 원자력 발전에 대한 의견을 표명함으로써 토론을 시작하는 모습을 보였다. 문제의 논점을 확인하는 것은 다소 늦게 이루어졌으나, 토론을 진행하는 전체적인 흐름에 있어 무난한 모습을 보였다. 특히 각자 자신이 생각하는 의견을 제시한 뒤 그를 뒷받침할 수 있는 자료를 조사하는 형태로 토론이 진행되었으며, 의견을 조율하여 문제를 해결할 수 있는 아이디어를 생성해내는 것까지 다양한 클러스터를 보였다.

이와 같이 담화 클러스터를 분석하면, 토론의 흐름에 대한 전체적인 정보를 얻을 수 있다. 담화 클러스터 분석의 가장 큰 장점은 시간에 따라 대화의 목적이 어떻게 전환되는지에 대한 설명이 가능하며, 이를 그림으로 표현하여 특정 집단의 토론과정뿐만 아니라 집단 간 혹은 주제 간 토론양상의 차이점을 한눈에 알아보기 쉽다는 점이다.

5.2 SSI 담화를 구성하는 요소들

담화 클러스터가 전체 담화의 흐름을 살펴보는 방법이라면, 그 담화 클러스터 내에서 어떠한 대화들이 오고가는지 좀 더 미시적으로 살펴볼 필요가 있다. SSI 담화가 보다 의미 있게 진행되기 위해서는 학생들이 주어진 SSI를 둘러싼 다양한 관점에 대해 이해하고, 타인의 생각을 존중하면서 타당한 근거를 마련하여 자신의 생각을 표현해야 한다. 나와 다른 입장에 대해서 정당하게 반박하고, 상대방의 주장이나 근거의 타당성에 의문을 제기해보는 것도 필요하다. 그리고 주제 자체가 도덕·윤리적 함의를 띠고 있기 때문에 지나치게 과학지식이나 근거에만 의존하기보다는 주제가 지닌 도덕·윤리적 측면을 민감하게 여기고 고려해 보는 태도도 필요하다. 이러한 요소들이 SSI 담화 속에 자연스럽게 드러나면 대화가 바람직한 방향으로 흘러갈 수 있다.

담화의 질을 평가하기 위한 노력들은 수십 년간 여러 학자들에 의해 진행되어 왔다. 그 중 Toulmin(1958)이 제시한 논증구조(Toulmin's Argument Pattern, TAP)를 이용해서 논증활동의 구조적 측면을 분석하는 데 중점을 둔 연구들이 상당수를 차지한

12) 고연주, 최윤희, 이현주(2015) 논문의 일부가 요약 및 발췌되었음.

다. 즉, 논증의 구성 요소인 주장, 근거, 보장, 보강, 반박, 한정 등의 요소들이 얼마나 그리고 어떻게 출현하느냐를 통해 논증의 구조와 질을 평가하는 것이다. 예를 들어, Erduran 등(2004)은 TAP을 활용하여 반박(rebuttal)의 유무와 그 수준을 중점으로 논증활동을 평가하였다. 좋은 논증활동에서 반박이 자주 등장하기는 하지만, 그렇다고 해서 반박의 개수로만 논증활동의 질을 평가하는 것은 한계가 있다. Sadler와 동료들은 논증활동의 핵심을 정당화(justification)로 보고 정당화의 개수와 그 수준에 따라 분석하기도 하였고(Sadler & Fowler, 2006), 이후에는 주장, 정당화, 반대주장 등의 논증구조 요소에 따라 평가하기도 하였다(Topcu, Sadler, & Yilmaz-Tuzun, 2010). 이러한 연구들은 논증활동의 구조적 측면에 초점을 두고 있기 때문에, 학생들이 제시하는 주장과 근거의 연결성이나 논증활동의 전반적인 흐름 등은 살펴보기 어렵다는 한계가 있다.

특히, 여러 명의 상호작용으로 진행되는 SSI 담화는 Toulmin 논증구조로 설명하기 어려운 경우가 많다. SSI에 대한 글쓰기는 상대적으로 주장과 근거가 명확하게 제시되는 반면, 담화는 여러 사람이 동시에 참여하는 진행형이고 서로 공유하는 암묵적인 측면을 내포하고 있기 때문에 담화를 그대로 글로 옮긴다고 하더라도 충분히 드러나지 않는 부분이 많다. 또한 담화는 개인이 혼자 주장과 근거를 제시하는 경우와 달리, 여러 사람들이 함께 주장과 근거를 구성해가는 경우가 많다.

이러한 이유로 몇몇 학자들은 대화형식의 논증활동을 분석하는 방법을 제안하였다. 예를 들어, Clark과 Sampson(2008)은 온라인에서 이루어지는 과학적 탐구맥락의 소집단 논증활동을 분석하기 위한 틀로 참여자의 발화를 주장, 반대주장, 주장에 대한 반박, 근거에 대한 반박, 사담 등 열한 가지의 담화의 이동(discourse moves)을 제안하였다. Choi 등(2014)은 담화를 제시자와 응답자로 구분한 후, 제시자의 발화는 단순 응답 제시, 추가 증거 제시, 정당화, 이의제기, 명료화 요구 등으로, 응답자의 발화는 주장에의 동의 및 반대, 자세한 주장 요구, 실험에 대한 이의제기 등으로 부호화해서 분석하기도 하였다. 이러한 분석방법은 학생들이 주장을 제시하는지 또는 주장에 대한 동의·반대가 일어나는지, 증거를 제시하는 발화인지 등을 구분해줌으로써 담화의 역동성을 나타낼 수 있다. Kim 등(2014)이나 Nussbaum과 Edwards(2011)는 Walton(1996, 2006)의 연구방법을 이용하여 SSI 맥락에서 소집단 논증활동을 분석하기도 하였다. Walton의 방법은 담화요소(scheme)와 핵심질문(critical questions)을 이용하여 학생들이 대화로 진행하는 논증활동을 분석하는 것이다. 이때 담화요소의 종류가 매우 다양하여 단순히 입장을 표명하는 것인지, 증거의 출처가 개인의 경험인지 또는 전문가의 의견인지, 증거가 어떻게 사용되는지 등에 대한 설명이 가능하다.

이와 같이 담화를 구성하는 요소와 담화의 구조를 살펴보고자 하는 연구들은 매우 다양하고, 각각의 연구들은 모두 장점과 한계점을 갖고 있다. 그러나 모든 언어 활동은 상황과 맥락에 기반을 두기 때문에, SSI 담화는 SSI 추론의 독특한 특성이 고려될 필요가 있다. 이러한 관점에서 SSI 담화의 요소들을 다양한 관점의 고려, 가치와 정보에 기반한 추론, 지속적인 탐구와 회의적 사고, 도덕·윤리적 민감성의 네 가지 범주로 정리하였다. 각 범주에서 제시하는 담화요소들은 SSI 담화에서 자주 나타나기를 바라는, 즉 좋은 SSI 담화를 구성하는 요소들이라고도 볼 수 있다.

표 5.2 좋은 SSI 담화를 구성하는 요소들[13)]

범주	담화요소		
	종류		특징
다양한 관점의 고려	A1	관점의 나열적 제시	주제와 관련된 새로운 정보, 자료, 증거를 나열하여 제시함.
	A2	관점의 공감적 제시	특정 입장에 대해 공감하고 본인의 입장으로 내면화하여 관점을 제시함.
	A3	다른 주장의 단순 인정	상대의 의견이 타당할 수 있음을 인정함.
	A4	다른 주장의 가치 고려 및 적극적 수용	상대의 의견을 존중하고 수용함.
	A5	반론에 대한 고려	상대방이 제시하는 반론을 미리 고려하여 이야기함.
가치와 정보에 기반한 추론	B1	근거(가치 및 정보)에 기반한 주장 제시	합리적인 근거를 제시하여 주장을 정당화함.
	B2	주장과 근거에 대한 반박	주장이나 근거에 대하여 반박함.
	B3	근거의 관련성 탐색 및 관련 근거의 종합	근거 사이의 상호 연관성을 탐색하여 근거를 종합함.
	B4	근거 지지/추가를 통한 주장의 정교화	근거를 지지/추가함으로써 주장을 구체화하고 정교화함.

13) 고연주, 최윤희, 이현주(2015)의 논문에 제시된 요소들에, 고연주(2017) 박사학위 논문에 제시된 내용을 반영하여 수정한 표임.

지속적인 탐구와 회의적 사고	C1	주장과 근거의 타당성에 대한 의문 제기	주장 및 근거의 타당성(정보의 정확성, 진실성, 주장과의 연결)에 대해 의문을 제기함.
	C2	명료화 요구	주장에 대한 추가설명을 통해 명료화할 것을 요구함.
	C3	정교화 요구	주장을 뒷받침할 추가적인 정보 및 증거를 요구함.
	C4	관점 확장 요구	하나의 관점에 대해 생각을 확장할 것을 요구함.
	C5	방향성 조정 노력	방향성을 변화시키고자 하는 발언이 등장함.
도덕·윤리적 민감성	D1	윤리적 측면을 고려한 주장 제시	쟁점의 윤리적 측면을 고려하여 주장을 제시함.
	D2	윤리적 측면에 대한 의문 제기	윤리적 측면에 대해 의문을 제기함.
	D3	도덕적 원리의 적용	도덕적 원리를 적용함.
	D4	감정이입 및 공감	해당 입장에 놓인 사람들의 감정을 헤아리고 공감함.
	D5	책임감과 실천의지	쟁점이 야기하는 문제에 책임감을 느끼고, 문제해결에의 의지를 보임.

5.2.1 다양한 관점의 고려

SSI는 다양한 가치와 해결방안을 포함하고 있는 주제로, 과학, 사회, 환경, 경제 등의 다양한 영역과 연관되어 있다. Sadler 등(2007)도 SSI 추론의 특징 중 하나로 다양한 관점에 대한 탐색을 꼽았다. 즉, 주제를 둘러싼 여러 관점에서 주제를 탐색하는 것이 합리적인 해결책을 마련하고 현명한 의사결정을 내리는 데 필수적이라는 뜻이다. Evagorou(2011)와 Simon과 Amos(2011)는 학생들이 자신의 주장을 정당화하기 위해 제시한 근거를 과학, 환경, 경제, 사회적 측면으로 나누고, 각각에 해당하는 논증의 수준과 증거의 개수를 파악함으로써 증거의 관점의 다양성을 알아보고자 하였다. 다양한 관점에서 쟁점을 조사한다는 것은 해당 주제를 둘러싼 다양한 입장이 있음을 넘어, 해당 입장에 깊이 공감하여 관점을 제시하는 것을 의미한다. 뿐만 아니라 본인의 입장에 대한 반박이나 이의제기를 수용하는 것과 다양한 의견을 조율하는 것 역시 포함된다.

SSI 담화에서 다양한 관점을 고려하는 것은 <표 5.2>에서와 같이 다양한 발화 형태로 드러난다. 우선, 새로운 관점을 나열적으로 제시하는 것(A1)이다. 새로운 관점을 제시하는 데 있어 그 수준의 차이가 있을 수 있다. 예를 들어 어떤 학생은 표면적으로 정보나 자료를 탐색하여 단순히 새로운 입장을 소개한다. 이에 반해, 어떤 학생들은 단순히 제시하는 것을 넘어 특정 입장에 대해 공감하고 본인의 입장으로 내면화하여 관점을 제시하기도 한다. 이것은 관점의 공감적 제시(A2)에 해당한다. 본인의 의견뿐만 아니라 상대방의 의견을 존중하고 인정하는 것도 다양한 관점을 고려하는 것으로 볼 수 있다. 이것도 새로운 관점을 제시할 때와 마찬가지로 수준의 차이가 있을 수 있다. 다른 주장을 단순히 인정하는 경우(A3)도 있으며, 다른 사람이 나와 다른 의견을 제시할 때 그 주장도 충분히 타당할 수 있음을 수용하는 경우(A4)도 있다. 그리고 상대방이 제안할 가능성이 있는 반론을 미리 생각해보는 것(A5)도 다양한 관점을 고려하는 한 방법이다.

5.2.2 가치와 정보에 기반한 추론

가치와 정보에 기반한 추론을 펼치는 것은 SSI 담화에서 매우 중요한 부분이다. 논증과 논증활동이 갖는 기본적인 의미는 근거를 기반으로 자신의 주장을 논리적으로 제시하는 것이기 때문이다. 감정이나 경험에만 치우친 추론이 아니라 자신이 중요하게 생각하는 가치나 사회적 가치, 그리고 관련된 정보에 기반을 두고 자신의 논리를 만들어 나갈 수 있어야 한다. 이에 대한 중요성은 여러 학자들도 강조하고 있다. 앞서 Sadler와 동료들이 중요시하게 여긴 정당화의 과정도 이와 관련된다. 정당화는 타당한 근거를 들어 본인의 주장이 올바름을 입증하는 것이다. Takao와 Kelly(2003)도 주장에 대한 증거를 설득적으로 사용하는 것을 강조하였으며, Sandoval과 Millwood(2005)도 주장을 위해 인용된 근거의 충분성, 주장과 증거의 조화 등을 중요시하였다. Driver 등(2000)도 주장이 얼마나 명료한지, 자료와 근거가 어떠한 관련이 있는지, 반대주장이 제시되었는지 등을 고려하여 논증활동의 수준을 판단하였다.

SSI 담화에서 가치와 정보에 기반한 추론과 관련해서 드러날 수 있는, 또한 드러나기를 바라는 담화요소는 앞서 <표 5.2>와 같이 네 가지 정도로 나눠볼 수 있다. 가장 기본적인 것이 합리적인 근거(가치 및 정보)에 기반하여 주장을 제시하는 것(B1)이다. 나아가 일부 학생들은 상대방 의견의 논리적인 허점이나 취약점을 지적하거나, 본인의 주장을 약화시키는 상대방의 주장을 반박하거나 이의를 제기함으로써 자신의 주장이 올바르다는 것을 증명하기도 한다(B2). 여러 가지 주장과 근거들이 제시되면, 근거들 사이의 상호 연관성을 탐색하여 근거들을 종합하는 것(B3)도 필요하다. 예를 들어, 원자력 에너지가 경제적이고 효율적인 에너지이므로 원자력 발전이 지속적으로 이루어져야 한다는 점과, 원자력 발전을 중단하고 신재생에너지를 개발하는 데 힘쓰려면 막대한 시간과 자금을 투자해야 한다는 점이 대치를 이루고 있을 때, 경제적 측면에서의 양쪽의 근거를 비교하여 주장을 제시하는 경우가 여기에 해당한다. 그리고 근거를 지지하거나 추가함으로써 주장을 구체화하고 정교화해나가는 과정도 중요하다(B4).

5.2.3 지속적인 탐구와 회의적 사고

SSI에 대한 토의에 참여하다 보면 "만약 ○○한 상황이라면 어떻게 될까?", "정말 ○○이 그렇게 위험한 것일까?", "만약 ○○를 안한다면, 대안이 있나?", "과연 이 정보가 맞는 것일까?", "○○에 대한 부작용은 없을까?", "○○에 대한 추가적인 정보는 없을까?" 등 끊임없이 질문이 생긴다. SSI는 그 본성상 분명한 답이 존재하지 않는다는 불확실성을 내포하고 있기 때문에, 문제를 해결해나가는 과정에서 관련 정보나 타인의 의견 등에 대한 크고 작은 질문들이 지속적으로 제기될 수밖에 없다. 따라서 학생들이 대화를 진행해 나갈 때, 해당 쟁점에 대한 추가적인 정보가 필요함을 인식하고 의문을 제기한다면 긍정적인 신호이다. 만약 학생들이 편향된 정보에 대해 회의적인 태도를 보인다면 그 역시 바람직하다.

지속적인 탐구와 회의적 사고는 다음과 같은 담화요소를 통해 나타난다. 먼저, 상대방의 주장과 근거가 타당한지 의문을 제기하는 것(C1)이다. 타당성은 다양한 각도에서 의문이 제기될 수 있다. 근거가 정확한 정보에 기반한 것인지, 주장하고 있는 내용이 의미가 있는 것인지, 근거가 주장을 잘 뒷받침하고 있는지 등에 의문을 제기할 수 있다. 또한 주장이나 근거가 명확하게 제시되지 않았을 경우, 그것을 명료하게 제시하도록 요청할 수 있다(C2). 또는 주장이나 근거에 모호한 부분이 있을 때 혹은 허점이 있을 때, 이를 뒷받침할 추가적인 정보 및 증거를 요구함으로써 주장이나 근거를 좀 더 정교화하도록 요구하는 발화(C3)도 바람직한 요소라 할 수 있다. 또한 하나의 관점에 대해 이야기하더라도 그 관점에 대해서도 보다 폭넓게 생각해볼 것을 요구(C4)하는 경우도 있다. 만약 원자력 발전과 관련된 경제적 측면을 살펴본다면, 우라늄 가격이 높지 않다는 점뿐만 아니라 원전의 폐기 비용이 만만치 않다는 점도 함께 고려하도록 요청할 수 있다. 마지막으로 문제의 논점을 다른 각도에서 볼 필요성에 대해 제기하는 노력(C5)도 나타날 수 있다. 예를 들어, 원자력 발전에 대해 경제적 측면만 계속해서 논의되고 있는 상황에서 "우리가 이 문제를 경제적 측면에 초점을 두어 이야기하는 것이 옳은 방향일까?"와 같은 의문을 제기할 수 있다는 것이다. 이것은 문제를 다각적으로 볼 수 있도록 하는 시발점이 될 수 있다.

5.2.4 도덕·윤리적 민감성

다양한 관점의 고려, 논리적인 주장 및 근거의 제시, 회의적인 사고의 활용도 중요하지만, SSI가 지닌 본질적 속성이 담화에 얼마나 잘 드러나는가에 대한 것도 좋은 SSI 담화를 구성하는 중요한 요소라 할 수 있다. 도덕·윤리적 민감성은 앞의 세 요소와는 다소 성질이 다를 수 있다. 앞의 세 가지 요소가 담화의 내용과 구조 중에서 구조에 좀 더 초점이 있다고 한다면, 도덕·윤리적 민감성은 내용에 좀 더 비중이 있다.

사람들은 SSI에 대한 의사결정이나 가치판단을 내릴 때 자연스럽게 도덕·윤리적 가치를 고려하게 된다. 주장을 제시할 때에도 문제가 지닌 윤리적 측면을 고려하였는지(D1)는 매우 중요하다. 만약 GMO가 야기할 수 있는 윤리적 문제에 대한 고려 없이 생산성만을 고려하여 GMO 개발을 지지한다면, 책임감 있는 의사 결정이라고 보기 어려울 수 있다. 따라서 SSI에 대한 토의에서는 문제가 지닐 수 있는 윤리적 측면에 대해 민감하게 생각해보고 의문을 제기해볼 필요가 있다(D2). 상황에 따라 도덕적 원리(예 생명 존중, 어려운 사람에 대한 배려 등)를 적용시켜보거나, 과학지식이나 정보보다 도덕적 원리가 우선시 될 수도 있음도 이해할 수 있어야 한다(D3). 그리고 내가 제시하는 해결책이 다른 입장에 있는 이에게 어떠한 영향을 주는지에 대해 고려해보는 것, 나아가 나의 결정이 다른 사람의 감정이나 반응에 민감하게 반응하는 것 역시 중요하다(D4). 다른 사람의 입장을 헤아릴 수 있는 공감적 능력이나 감정을 이입하는 것, 상대방의 입장이 되어보는 역지사지의 자세나 다른 사람을 배려할 줄 아는 마음가짐 등을 뜻한다. 마지막으로 쟁점이 야기할 수 있는 문제들에 대해 책임감을 느끼고, 문제해결에의 의지(D5)를 보이는 것도 좋은 SSI 담화를 만드는 요소가 될 수 있다.

사례 5.2 SSI 담화에는 어떤 요소들이 포함되어 있는가?[14)]

우리는 중학교 3학년 학생들이 '원자력 발전의 개발을 지속해야 하는가?'에 대한 대화를 할 때, 이 담화에는 어떠한 담화 요소들이 포함되어 있는지 살펴보았다. 다음은 그 대화 중 일부이다.

No	발화자(학생)	발화
		[상략]
50	A	너네 멜트 다운 봤어? 그거 보면은 일본에서 제일 핵 연구 잘하는 아저씨가 '절대로 터지지 않습니다' 하고 총리한테 보고하는데, 그거 끝나고 TV 켰더니 터져 있잖아. 그러니까 전문가도 잘 모르는데 우리가 어떻게 판단하겠어.
51	B	원자력 안정성에 대한 논란이잖아.
52	C	대책이 없어, 대책이.
53	A	경제적이란 건 인정을 하자. 조금 해도 경제적일 수 있어. 그런데 여기서 문제는 폐쇄 그거도 따지잖아. 폐기물이 어떠한 영향을 끼칠지 그게 안 나와있어.
54	B	폐기물은…
55	A	그 있었는데.. 나이아가라 폭포 주위에서 만들다가 그거 다하고 어떤 회사가 인근 조그마한 호수 사가지고 다 붓고 그 흙을 덮은 다음에 1달러에 팔아버렸대. 그런데 그게 학교랑 주거시설로 썼는데 거기서 기형아 엄청 발생하고 병이 엄청 나와 가지고 폐기물에 다 있어가지고 발암물질이 11개에다가.
56	C	그래서 콘크리트 사용하잖아. 폐기물 차단할 때.
57	A	아무튼 다들 신재생에너지로 갈아타는 게 맞아.
58	B	근데 그만큼 효율이 높아?

14) 고연주, 최윤희, 이현주(2015) 논문의 일부가 요약 및 발췌되었음.

59	A	태양광은 찾아봤어. 풍력은 못 찾아봤어. 풍력은 워낙 비판되는 게 많아서. 태양광은 찾아봤더니.
60	B	태양광보다 난 솔직히 풍력이 낫다고 생각하는데.
61	C	태양광 너무 비싸잖아.
62	A	태양광 산업협회는 2030년 발전량의 10%를 태양광 발전으로 가능하대.
63	B	근데 태양광은 효율이 떨어지고 있고 현재. 게다가 비용도 비싸고 한번 고장나면.
64	A	오히려 효율이 높아졌는데? 2005년의 모든 효율이 10%였는데 2012년에는 16%래.
65	B	근데 풍력도 솔직히…
66	A	비용도 2001년에는 3.2달러 와트당. 여기는 0.75 지금은 2012년은. 10년 사이에 이렇게 되었다는데. 그런데 이거는.
67	C	이 사람들이 얘기하는 건 가장 중요한 거는 경제적인 에너지 절약이 필요하다는 거지. 이렇게 하더라도 그러니까 효율이 원자력 효율이 100%가 나올 수가 없지.
		[중략]
82	B	그리고 또 경제적인 논란도 있지 않아?
83	A	그런데 애매하다. 여기는 경제적이지 않다. 여기는 경제적이다.
85	C	그게 다 합해서 전력량부터 시작해서 설치 비용, 폐기 비용, 발전소 처리 비용.
86	D	경제적인 비용을 폐쇄 비용 그런 거 다 합치면.
87	C	여기서는 그거까지 다 해도 효율적이다.
88	B	어떤 거? 뭐가 기준인데?
89	C	유연탄 석유 LNG 등. 대체 에너지는 없어. 태양광 같은 건 비교가 안 된다 이건가?
		[중략]
121	B	일사량이 햇빛이 들어오는 건가?
122	B	독일 같은 경우는 우리나라보다 일사량 조건이 훨씬 불리한데도 2014년 현재 5%. 원자력은 20%인가, 30%?
123	A	풍력이 5%까지 가능하다고 했지?
124	A	B야! 풍력이 5%까지 가능하다고 했지? 태양열은 10%까지 가능하대. 원자력이 30이니까 15 남았어. 야, 그냥 이런 거 어때? 원자력을 한 5%로 줄이고 태양열을 10% 사용하고 풍력을 5%를 사용해서 나머지 10%는 우리나라 국민들이 교육이나 다양한 것을 통해서 줄여나가는 방법.

125	C	정답.
126	D	그런데, 30% 어떻게 대체할건데? 30% 이렇게 한다고 해도
127	A	한국 태양열 산업공사에 의하면 지금 10%까지 2014년까지 가능하다고. 풍력은 발전을 하면은 5%까지 가능은 해. 우리가 원자력을 5%까지 줄이면 20%가 된단 말이야. 나머지 10%는 우리나라 국민들이 지금 에너지 과소비가 있으면 그거를 줄여나가는 교육방법을 통해서 얻는 게 어떨까가 내 의견이야.
128	D	5%가 얼마인지 알아?
129	A	어?
130	D	기업이 많이 쓰는 건데 국민이 한다고 5%를 줄일 수 있을 것 같아?
131	A	국민이 쓰는데 국민이 왜 못 줄여?
132	D	공장이 쓰는 걸 줄여야지.
133	A	그러면 공장에서 줄이는 방향으로 가면 되잖아.
134	D	그러면 경제에 차질이 오겠지? 그러면 데모하겠지? 그러면 망하겠지?
135	A	그게 왜 차질인지 논리적으로 설명해볼래?
136	D	공장이 전기가 안 흐르지.
137	A	공장이 전기가 안 흐르는 게 아니라 필요 없는 전기를 줄이겠다는 거잖아.
		[중략]
167	A	그러니까 오래된 원전은 다 폐기해야 하고 그 다음에 현재 기술로 원전을 지금 사용할거면.
168	B	유지비용이 많이 든다는 거 아냐. 폐기해야 한다는 건.
169	C	어떻게 해야 해?
170	B	만약에 원전 수를 줄이려면 줄이게 된다면 에너지 사용해야 할 거.
171	D	말이 안 된다니까.
172	B	왜? 솔직히 말하면.
173	D	대체에너지 세우려면 폐기비용이 많이 들겠냐. 그니까 건설비용하고 폐기비용 합친 게 많이 들겠어, 아니면 태양광 발전 짓는 것?
174	B	미래에 대한 투자 아닌가?
175	D	독일이 지금 얼마나 지었는지 알아? 우리가 그만큼 따라잡아서 지으려면 적어도 몇십 년 걸리지.
176	A	미래에 대한 투자하는 거지.
177	C	그 시간을 투자해서라도.

178	D	원전 수를 그렇게 한 번에 급격히 줄이면.
179	B	조금씩 줄여야지.
180	A	그래도 다한 건 줄여야 해. 폐기 다 한건.
181	B	고리 1호까지 수명 다한 건 줄이고. 현재 상태에서 그건 유지를 하면서.
182	C	20년이 넘은 건 줄여야 해.
183	B	원전을 줄이고 뭐라고 해야 하지? 일단은. 원전을 계속 만드는 이유가 결과적으로 에너지 때문이잖아. 그거를 국민들에게 태양광 에너지나 대체에너지를 잘하도록 장려를 해. 홍보활동 이런 것을 해야겠지.
184	C	홍보해도 국민들이 관심을 안 가지면?
185	A	어떻게든 가지도록.
186	D	법으로?
187	A	교육이나.
188	B	그래서 그걸 통해서.
189	D	홍보는 국가차원에서.
190	B	교육이랑 홍보를 통해서 국민들에게 풍력, 태양열 같은 대체에너지를 사용하도록 권장을 하고 그 다음에 그걸 해서 설치를 하고. 지금보다 훨씬 더 많이 하면.
191	C	내 생각엔 국가가 더 잘 해줘야 할 것 같아.
192	A	국가가 도움을 좀 줘야지. 이번에도 태양열 20만원, 30만원 주는 거.
		[하략]

학생들의 담화를 살펴보면, 원자력 및 신재생에너지와 관련하여 다양한 관점 및 자료를 탐색하는 것을 알 수 있다. 학생들은 먼저 원자력 에너지의 안전성과 방사능이 가져올 수 있는 위험에 대해 개인적인 경험과 수집한 자료를 바탕으로 이야기하였으며, 태양광과 풍력을 비롯한 신재생에너지의 효율 및 경제적 측면에 관하여 토론을 진행하였다. 또한 원자력 발전과 신재생에너지와 관련된 자료를 탐색하고 조원들과 함께 주제와 관련된 여러 가지 측면을 살펴본 후, 이에 대한 설득력 있는 대안을 마련하기 위해 그룹 내 상충되는 의견을 조정하고 합의하는 노력을 이어나갔다. 그 예로, 태양광 발전의 생산량을 늘리고 에너지 절약을 통해 에너지 소비량을 줄인다면 원자력 발전에 의존하지 않을 수 있다는 학생A의 의견에 대해, 학생D가 총 에너지 발전량에 대해 의문을 제기한 것을 들 수 있다. 이 학생들은 원자력 에너지의 효율적인 사용에 대한 답을 내리는 데 있어 한 사람의 의견을 단순히 반영하는 것이 아니라 서로의 의견을 조율하여 보다 합리적인 의사결정을 내리는 모습을 보여주었다.

좀 더 자세히 살펴보면, 50~52번 발화에서는 원자력 에너지의 안정성 문제에 대해 이야기하고 있으며, 53~56번 발화에서는 A가 과거 화학물질 처리과정에서 생겨난 문제를 언급하면서 원자력 발전으로 인해 생성되는 폐기물 처리가 가져올 수 있는 영향에 대해 생각해보아야 한다는 관점을 제시하고 있다. 이는 폐기물 처리와 관련된 관점 제시인 동시에, 쟁점의 윤리적인 측면에 대하여 살펴보는 부분이라 볼 수 있다. 발암물질로 인한 심각한 질병과 기형아가 발생한 과거 사건을 통하여 원자력 발전의 폐기물 역시 인류에게 해가 갈 수 있음을 간접적으로 표현한 것이기 때문이다.

이후에는 원자력 에너지에서 신재생에너지로의 주제 전환이 일어나면서 태양광에너지와 풍력 에너지의 장단점에 대해 알아보고 있다. 57~67번 발화는 태양광과 풍력에너지의 에너지 효율의 측면에서 자료를 제시하고 있으며, 수집한 자료를 근거로 삼아 태양광 에너지가 에너지 효율이 높고 미래에 발전량이 점점 증가할 것이라는 논리를 펼치고 있다. 또한 A는 65~67번 발화에서 B와 C의 높은 비용일 것이라는 추측을 실제 자료를 제시하면서 반박하였으며, 수치자료에 근거하여 본인의 주장을 뒷받침하였다. 이때 조원 모두가 태양광과 풍력 에너지에 대한 의견이 일치되었다기보다는, 신재생에너지의 효율이 높은지, 비용이 비싸지는 않은지 근거에 대한 의문을 끊임없이 제기하고 그에 대한 답변을 이어나가면서 자료에 대한 탐색을 이루어나갔다고 볼 수 있다.

또한 조원들은 82~89번 발화에서 원자력 에너지의 비용문제에 대해서도 논의하였다. 원자력 에너지를 계속적으로 이용하는 것이 경제적인지 알아보기 위해서는 원자력 에너지 자체가 적은 원료로 다량의 에너지를 생산할 수 있다는 점에서 경제적이라는 것뿐만 아니라, 원자력 발전소의 폐기 비용과 발전소 처리 비용 등을 고려해야 한다는 점을 이야기하고 있다. 이는 지속적인 원자력 발전의 경제성과 관련한 다양한 근거를 종합하여 이루어진 대화라 볼 수 있다.

121~137번의 발화를 살펴보면, 독일에서 이용되고 있는 태양광 발전의 실제 사용량과 한국의 태양열 산업현황에 대한 자료를 제시함으로써 신재생에너지를 적극 개발하는 동시에, 원자력을 통한 에너지 생산량과 우리나라의 에너지 소비량을 줄이는 것에 대하여 토론이 진행되고 있다. 학생A는 한국의 실정을 고려하고 나름대로의 원칙을 정해 원자력 에너지를 대체하기 위한 방안을 마련하였으나, 학생D가 이에 대해 반복적으로 의문을 제기하면서 의견을 조율해나갔다. 학생D는 우리나라 에너지 생산량의 5%에 해당하는 에너지가 어느 정도인지에 대한 정보가 필요하며, 단순히 국민에게 에너지 소비를 줄일 것을 요구하는 것이 아니라 기업에게도 요구하는 것이 필요하다는 아이디어를 제시하였다. 중략된 부분에서 이들은 풍력과 태양열 에너지를 효과적으로 생산하기 위해서는 많은 이들의 참여가 필요하기 때문에 국가에서 지원해주는 프로그램이 보다 홍보가 되는 것이 필요하다는 것으로 조별 의견을 구체화하였다. 이후에도 168~177번 발화에서의 반박, 173~178번 발화에서의 주장 및 근거에 대한 의문제기 등이 보인다.

최종적으로 조원들은 178~182번 발화에서 원전의 수는 시간을 두고 줄이며 신재생에너지를 활용하는 방안으로 합의를 이루었다. 183~192번 발화에서는 보다 구체적으로, 신재생에너지에 대한 홍보활동과 교육을 통하여 우리나라 시민들에게 신재생에너지 사용을 권장하고, 태양열 에너지판 등을 개개인이 설치할 수 있도록 국가가 적극적으로 홍보 및 지원해야 한다는 아이디어가 제안되었다. 이러한 대화의 진행을 살펴보면, 학생들이 주장을 제시함에 있어 근거를 함께 제시하고, 서로의 의견을 경청하면서 주장과 자료에 대한 의문을 제기하였음을 보여준다.

PART

03

SSI 교육의 효과

Chapter 6 SSI 수업의 교육적 효과
Chapter 7 SSI 교육과 인성교육

Chapter 06 SSI 수업의 교육적 효과

SSI 수업의 교육적 효과는 다양하다. 과학 쟁점들에 대해 토의하면서 과학내용 지식을 배우고, 과학수업 시간에 엎드려 있던 학생들이 깨어나서 자신의 생각을 이야기하고, 과학을 왜 배우는지에 대해 차츰 이해하게 된다. 침묵으로 과학 시간을 보내던 학생들이 과학관련 쟁점들에 관심을 갖고, 역할극이나 영상으로 생각을 표현하기도 한다. 과학 교과서 내용을 받아 적기만 했던 학생들이 인터넷을 활용해서 스스로 필요한 정보를 찾고 친구들과 공유하기도 한다. 수식을 세워 문제를 푸는 것만 익숙하던 학생들이 배운 지식을 생활 속 문제를 해결하기 위해 적용해 보기도 한다. 이처럼 SSI 수업은 기존의 과학수업을 변화시킬 만한 충분한 잠재력이 있다. SSI 수업에 참여해본 학생들은 다음과 같이 이야기하곤 한다.

학생A : 토론수업이 훨씬 과학을 공부하는데 더 좋다고 생각해요. 지구온난화에 대해서도 단순히 탄소배출이 어떻게 되어서, 무엇이 파괴가 되고 어떤 일이 일어난다고 일방적으로 배우는 것보다, 그런 문제가 발생이 되면 카트라츠와 같은 나라에는 실제적으로 어떤 피해가 몇 년 이내로 일어날 것인지, 미국 같은 경우에는 이만큼의 배출권을 받게 되었을 때 오히려 부작용은 생기지 않을지 등등. 이런 것들을 생각하다 보면, 그게 오히려 제가 더 학구적으로 되는 것 같아요.

학생B : 원자력 에너지 그런 것도 어떤 사람들은 원자력 에너지로부터 얻은 이익이 우리 국가의 경제적 성장에 보탬이 될 수 있다고 생각하는 사람들도 있는 반면에, 그게 우선이 아니고 무조건 환경이 우선이 되어야 한다는 환경론자들도 있구요. 다른 조원들의 생각을 들어보니까 '내가 미처 생각하지 못한 부분들을 다른 사람들이 생각하고 있구나'라는 것을 느꼈어요.

학생C : 수업이 재미있었어요. 사실 저는 과학수업 시간에 거의 자거든요. 선생님이 말씀하시는 게 무슨 말인지도 잘 모르겠고, 왜 이런 걸 배워야 되는지도 모르겠구요. 그날도 그냥 엎드려 있었는데, 애들이 유전자조작식품에 대해 이야기하는 게 들리더라구요. 가만히 들어보니까 저도 할 말이 생기는 거예요. 그래서 벌떡 일어나서 저도 한 마디 했죠. 그건 아니라구.

학생D : 어제 집에서 엄마한테 앞으로는 사발면 안 먹겠다고 했어요. 환경호르몬 수업 듣고 나니 좀 무섭더라구요. 어제도 편의점에서 친구들이 사발면을 고르기에, 웬만하면 먹지 말라고 했어요. 몸에 안좋다고.

SSI 수업에 참여해본 학생들의 반응은 이처럼 매우 다양하다. 학생A와 같이 토론식 수업이 과학을 공부하는데 훨씬 효과적이고, 새로운 것을 알게 되는데 도움이 된다고 생각하는 경우도 있다. 학생B와 같이 교과서적으로 정답이 있는 과학을 배우는 것이 아니라 주제에 대한 다양한 입장을 듣고 그 타당성을 생각해보는 것이 도움이 되었다고 말하는 학생들도 있다. 학생C와 같이 지루했던 강의식 수업에서 벗어나는 느낌을 좋아하고, 수업에서 자신의 목소리를 낼 수 있다는 것을 좋아하는 학생도 있다. 학생D와 같이 수업 후에 자신의 생활 속에서 작은 행동변화들이 나타나는 것에 만족해하는 학생들도 있다. 이처럼 SSI 수업은 다양한 측면에서 교육적 효과가 있을 수 있다. 그 이유는 바로 SSI가 지닌 여러 가지 특성 때문이다.

SSI는 과학기술을 중심으로 하지만, 사회, 경제, 정치, 윤리, 도덕 등 다양한 학문 영역에 걸쳐 있는 간학문적인 주제이다. 즉, 과학적 소재를 다루면서도 동시에 다른 학문적 영역에 속하는 내용들을 자연스럽게 학습할 수 있다. 이러한 특성은 학생들이 단순히 과학지식을 암기하는 것이 아니라 다양한 맥락에 적용해보도록 하며, 맥락 내에서 학습하기 때문에 학습의 전이를 돕는다.

사실, SSI 수업이 강의식 수업에 비해 과학지식을 습득하게 하는 데 더 효과적임을 보여주는 연구는 많지 않다. 그러나 SSI 수업에서 '과학지식을 얼마나 더 잘, 더 많이 학습하였는가?'만을 주요 성과 지표로 삼는 것은 바람직하지 못하다. 과학지식의 습득을 넘어 첨단 과학기술에 대해 관심을 갖고, 과학기술이 갖는 사회적 함의에 대해 이해하며, 나아가 과학과 기술의 본성에 대해 깨닫게 되는 것이 훨씬 더 의미 있는 교육적 효과일 수 있다.

SSI 교육은 역량을 함양하는 데에도 효과적이다. SSI가 비구조화된 문제 상황이기 때문에 자유로운 논쟁과 토의가 가능하다. 그 과정에서 학생들은 상대방을 설득하기 위해 타당한 주장과 근거를 만들기 위해 노력한다. 또한 타당한 해결책을 마련하기 위해 필요한 자료를 수집하고, 자료의 질을 평가해보는 경험도 하며, 의사소통을 통해 효과적으로 협업하는 방법도 배울 수 있다. 필요하다면, 미세먼지 문제를 해결하기 위해 지역별 미세먼지 농도를 직접 측정하거나, 관련된 실제 데이터를 분석하여 패턴을 찾아낼 수도 있다. 이는 최근 과학교육에서 강조되고 있는 컴퓨팅 사고력(computational thinking)과도 연관된다.

최근에는 SSI 교육이 인성이나 정의적 측면에도 효과가 있다는 결과들도 보고되고 있다. 수업시간에 교사가 아닌 학생이 주체가 되어 친구들과 토의하고, 과학지식만 배우는 것이 아니라 과학이 사회와 어떻게 영향을 주고받는지에 대해 생각해보고, 자신의 삶과 밀접하게 연결되어 있는 과학문제를 해결해본다는 것만으로도 학생들은 과학을 배우는 이유에 대해 충분히 이해할 수 있다. 단순한 흥미와 관심을 넘어 시민으로서 갖추어야 할 인성적 측면도 기를 수 있다(SSI 교육을 통한 인성의 함양은 제7장에서 심도 있게 다루고자 한다). SSI 수업을 통해 학생들은 인간과 자연의 관계에 대해 탐색하고, 과학기술의 부작용으로 인해 피해를 입은 사람들의 어려움을 공감해 보기도 한다. 그리고 과학기술로 인해 발생한 문제에 대해 책임감을 느끼고, 문제해결에 참여해 보고자 하는 의지도 갖게 된다. 이 장에서는 이와 같은 SSI 교육의 다양한 효과에 대해 자세히 살펴보고자 한다.

6.1 과학지식과 과학에 대한 이해

6.1.1 과학내용 지식

SSI 수업은 과학지식을 배우는 좋은 방법이 될 수 있다. 원자력 발전의 위험성에 대해 토의하면서 원자력 발전의 원리에 대해 학습할 수 있고, 원자력 발전이 왜 위험한지도 그 원리와 함께 이해할 수 있다. 상황학습(situated learning)에서 강조하는 바와 같이, 실생활 맥락 내에서 과학내용을 학습하는 것은 학습 내용의 전이에도 효과적이다. 예를 들어, Zohar와 Nemet(2002)은 이스라엘의 한 지방에 소재한 학교와 대도시에 소재한 학교에 다니는 학생들을 대상으로 생명공학과 관련된 논쟁에 대해 수업을 하였다. 수업에 참여한 학생들이 수업에 참여하지 않은 학생들에 비해 논증을 구성할 때 구체적이고 정확한 유전관련 지식을 활용하며, 유전학 내용을 묻는 지필 시험에서도 높은 성취를 보였음을 확인했다. Dori 등(2003)은 과학을 전공하지 않는 고등학생들을 대상으로 생명공학, 유전자 치료와 관련된 쟁점 수업을 한 결과, 수업에 참여한 학생들의 과학지식과 과학에 대한 이해가 눈에 띄게 향상됨을 관찰하였다. 특히, SSI 교육이 학업 성취가 낮은 학생들에게 도움이 되었다. Klosterman과 Sadler(2010)는 고등학생들을 대상으로 지구온난화에 관련된 SSI 수업을 진행하면서 수업 전후에 과학교육과정에 포함된 내용 지식의 이해 정도를 측정한 결과, 수업 이후에 내용 이해도가 훨씬 높아졌음을 밝혔다. Jho 등(2014)도 원자력 발전소의 수명 연장에 대한 주제로 SSI 수업을 진행한 후, 과학지식을 내용 지식과 맥락적 지식으로 구분하여 수업 전후 지식의 향상 정도를 살펴보았는데, 역시 긍정적인 결과를 얻었다. Aufschnaiter 등(2008)은 이러한 이유에 대해 학생들이 추상적인 과학지식을 SSI와 같은 구체적 상황에 적용해보는 과정에서 내용에 대한 이해가 더 정확해지고 정교해지기 때문이라고 설명하였다.

사실 SSI 수업 후에 과학내용에 대한 이해가 증가했다는 것은 크게 놀랄 일은 아니다. 일정 시간 과학과 관련된 주제를 다루었기 때문에 당연히 학습의 효과는 나타날 수밖에 없다. 과학교육자나 교사들이 의문을 갖는 것은 SSI 수업이 전통적인 과학수업에 비해 교육과정 내의 과학지식을 학습하는데 더 효과적인가, 혹은 더 효율적인가 하는 문제이다. SSI 수업은 교육과정과 정확하게 일치시켜 진행하기 어려울 뿐만 아니라 여러 차시에 걸쳐 진행되기 때문에 효과성과 효율성을 고려하지 않을 수 없다. 또한 교사들은 SSI 수업을 통해 교과서 내의 지식이 충분히 다루어질 수 있는지에 대해서도 의문을 제기할 수 있다.

이러한 의문에 답해준 연구들도 있다. Sadler 등(2016)은 중·고등학생을 대상으로 SSI 수업을 적용한 후, 두 가지 방법으로 평가를 하였다. 하나는 수업에서 다룬 유전학과 분자생물학에 대한 지식을 묻는 평가였고, 다른 하나는 해당 교육과정 내용에 대한 국가 수준의 평가였다. 그 결과, 수업 평가에서는 내용 지식이 확실하게 향상된 반면, 국가 수준의 평가에서는 비교반과 큰 차이를 보이지 않았다. 이 결과에 대해 연구자들은 SSI 수업이 학생들이 교과 내용 지식을 습득하는 데 있어 많은 교사들이 우려할 만큼 비효율적인 학습 방법은 아니라고 설명하였다. Yager 등(2006)도 쓰레기 매립지 결정에 대한 SSI 수업을 진행한 후 학기말 시험을 진행하였는데, 실험반과 비교반 모두에서 통계적으로 유의미한 시험 점수의 향상을 보였다. 이들도 SSI 수업을 통해서도 전통적 수업 방식을 적용했을 때와 큰 차이 없이 학생들이 과학지식을 습득할 수 있다는 것을 보여주고자 한 것이었다.

일부 교사들은 SSI 수업으로 인한 과학학습 손실을 염려하여 교육과정과 보다 밀접하게 연결되도록 SSI 수업을 계획하기도 하였다. Bulte 등(2006)은 수질 오염관련 쟁점에 대해 교육과정에 맞추어 수업을 구성하였다. 이 경우 70%의 학생들이 의도된 교육과정의 내용을 충분히 학습했음을 확인할 수 있었다. 국내에서도 김재덕(2016)이 초등학생을 대상으로 교육과정과 밀접하게 연관되도록 SSI 수업을 진행한 결과, 전통적 방식으로 배운 학생들과 주요 과학 개념 습득에는 별 다른 차이를 보이지 않았다고 설명했다. SSI 수업이 과학지식의 습득만을 위해 실시하는 것이 아닌 만큼 이러한 결과들은 SSI 수업의 효과를 논의함에 있어 상당히 의미 있는 결과라고도 볼 수 있다.

6.1.2 과학과 기술의 본성에 대한 이해

SSI 수업이 과학의 본성(NOS)과 기술의 본성(NOT)을 이해하는 데 도움이 될 것이라는 생각은 쉽게 해볼 수 있다. SSI가 과학 기술로 인해 발생하는 사회·윤리·도덕적 쟁점들이고, 과학과 기술이 인간 활동의 산물이라는 현대 과학철학적 관점을 기반으로 하기 때문이다. 그리고 과학과 기술 지식이 산출되고 소비되는 과정에서 인간 사회의 가치나 윤리, 다양한 입장의 해석 등이 포함될 수밖에 없음을 인정한다. 과학과 기술을 이러한 관점에서 바라보는 것은 쟁점들을 이해하고 해결해나가는 시발점이 될 수 있다.

우선, SSI 수업이 과학의 본성에 대한 이해를 높이는 데 긍정적 효과가 있다는 연구들을 살펴보자. Khishfe와 Lederman(2006)은 9학년 학생을 대상으로 지구온난화 맥락에서 과학의 본성을 명시적으로 가르친 결과, 과학의 본성에 대한 이해가 증가하였다고 밝혔다. Walker와 Zeidler(2007)는 9학년에서 12학년 학생을 대상으로 유전자조작식품에 관련된 SSI를 이용하여 토론을 진행하였는데, 토론에 앞서 GMF 맥락에서 생각해볼 수 있는 과학의 본성들을 유인물로 학습하게 하였다. 그 결과 학생들이 더욱 적극적으로 토론에 참여하여 의사결정을 했으며, 과학의 본성에 대한 이해도 향상되었음을 확인하였다. Eastwood 등(2012)의 연구에서도 11~12학년 학생을 대상으로 NOS가 명시적으로 보이게 구성한 SSI 프로그램을 진행하였으며 학생들의 NOS에 대한 이해가 증가하였음을 알 수 있었다. Schalk(2012)는 대학생들을 대상으로 연구하여 유사한 결과를 얻었다. SSI 수업 후에 학생들의 과학에 대한 인식론적 관점이 변화하였으며, 이 변화는 추론 기술과 NOS에 대한 이해에도 도움이 됨을 확인하였다. 뿐만 아니라 학생들의 삶에 영향을 미치는 사회적 문제에 대한 관심과 이해를 향상시킨다고 설명하였다. Nuangchalerm(2010)의 연구는 SSI 수업이 초등학교 5학년 학생에게도 과학의 본성을 이해하는 데 도움을 준다는 것을 보여주었다.

국내 연구에서도 유사한 결과들이 발표되고 있다. 김희백과 박지영(2008)은 교양 생물학 강좌에서 예비교사들을 대상으로 생명 윤리 쟁점에 관한 소집단 논의 활동을 진행하였다. 이들은 VOSTS 문항의 일부를 사용하여 SSI 수업이 과학·기술·사회의 관계에 대한 인식을 변화시키는 데 영향을 주었음을 알아내었다. 이용섭과 김순식(2014)은 초등 예비교사들을 대상으로 SSI수업을 투입한 후 학생들의 자연재해에 대한 과학, 사회, 윤리적인 측면의 인식을 알아보았다. 예비교사들이 SSI 수업에 참여하면서 SSI의 본성에 대해 구체적으로 인식하게 될 뿐만 아니라, 여러 가지 자연재해에 대해 사회적이고 윤리적으로 접근하여 해결하려는 태도를 나타냄을 확인하였다. 정윤숙과 김성원(2015)은 고등학생을 대상으로 기후변화, 핵에너지, 유전자 변형 기술 주제로 SSI 수업을 진행하였는데, 역시 유사한 결과를 얻었다.

SSI 수업은 기술의 본성에 대한 이해도 높일 수 있다. 기술이 무엇인지를 이해하는 것은 과학기술을 사용하고 관련된 쟁점들에 대해 토론하며 의사결정할 수 있는 역량을 기르는 데 중요한 바탕이 된다. 그러나 선행연구에 따르면, 아직까지도 일반인들은 기술을 시간의 흐름에 따라 변화하는 과정이 아니라, 결과적으로 얻어지는 최종 제품에 한정시켜 이해한다. 따라서, 기술을 정의하라고 하면 구체적인 기술제품을 나열한다. 그러나 기술은 인공물을 넘어 다양한 요소를 포함하는 광범위한 기술시스템과 연관시켜 이해해야 한다. 여러 학자들(de Vries, 2005; DiGironimo, 2011; Mitcham, 1994)이 기술의 본성에 대해 논의한 연구들을 살펴보면, 기술은 인공물 외에 '지식', '실행', '시스템'적 특성을 지닌다. '지식'으로서의 기술은 통상적으로 엔지니어가 사용하고 생산하는 지식으로서 기술 및 공학지식을 지칭하고, '실행'으로서의 기술은 엔지니어들이 기술제품 및 기법을 설계(design)하고 생산 그리고 평가하는 활동을 의미한다. 그리고 '시스템'으로서의 기술은 다양한 요소들이 상호 연계되어 공존하면서 변하는 과정을 전체적인 시각에서 설명하는 데 유용하다. 기술은

이와 같이 다면적 속성을 지닌다.[1)]

현대 사회에서 과학과 기술의 상호관련성을 고려할 때, 일반인들은 기술의 본성에 심도 있게 생각해볼 필요가 있다. 기술의 본성은 과학 소양뿐만 아니라 기술 소양의 주요 요소로 제시되어 왔다(AAAS, 1989; ITEA, 2007). 대표적인 기술교육 단체 중 하나인 국제기술교육연합은 『기술 소양을 위한 기준』에서 기술 소양 함양을 위해 학생들이 성취해야 하는 목표를 크게 다섯 가지 영역으로 나누어 제시하였다. 그 중 첫 번째가 바로 기술의 본성에 대한 이해이다.

최근 발생한 가습기 살균제 사건을 예로 들어보자. 가습기 살균제를 단순히 새로운 신물질(인공물) 중 하나로만 간주한다면, 이로 인해 발생하는 사회적 파장을 이해하고 문제에 대한 근본적인 방안을 찾는 데 한계가 있을 수밖에 없다. 가습기 살균제뿐만 아니라 앞으로 개발될 신물질도 우리 삶에 유사한 형태로 영향을 미칠 수 있다. 그렇다면 왜 신기술은 이와 같이 예기치 못한 사회적 파장을 야기하는지, 우리는 이러한 새로운 기술을 어떻게 받아들이고 사용해야 하는지 등에 대해 생각해보아야 한다. 이것은 기술의 본성에 대한 이해와 밀접하게 연결되어 있다. 그러나 아직까지 과학 및 기술 교육에서 기술의 본성이 무엇인지를 정의하고, 어떻게 교육 현장에서 구현할 것인가에 대한 논의가 활발하지 못하다.

사례 6.1 SSI 수업은 기술의 본성에 대한 이해를 높일 수 있을까?[2)]

이 연구는 한 사립대학 교양 과목으로 개설된 과학기술학 수업을 듣는 수강생을 대상으로 했다. 이 교과목은 과학기술학자와 관련 전문가들이 국내외 유사 교과목을 분석하여 개발한 것으로, 교과 내용에 기술철학 · 기술사 · 기술사회학 분야에 대한 이론적 논의뿐 아니라 구체적인 사례들에 대한 분석이 포함되어 있다. 교양 과목인만큼 수강생들은 공학 전공생과 인문사회 전공생이 골고루 섞여 있었다. 우리는 이 교과목의 목적에 맞게 다양한 과학기술관련 사회쟁점을 포함시켜 강의 내용을 구성하였다. 맞춤 아기, 정자은행, 유전자 재조합식품(GMF), 맨해튼 프로젝트, 미래의 전쟁무기, 소셜네트워크나 CCTV 등의 SSI가 포함되었다. 7주에 걸친 수업에서 수강생들은 매주 교재에서 해당 부분을 읽고, 관련된 SSI에 대해 모둠별 토의 기회를 가졌다. 예를 들어, 유전자 재조합식품관련 쟁점에 대해서는 모둠별로 필요한 자료를 수집하고 모

---

1) 본 책의 제4장 〈표 4.2〉에 기술의 본성과 하위 요소에 대한 설명이 제시되어 있음.
2) 이현옥과 이현주(2016a) 논문의 일부가 요약 및 발췌되었음.

둠의 주장을 뒷받침하는 논거를 준비한 후, 모둠 간 대항 토론을 실시하였다.

우리는 SSI 수업이 수강생들의 기술의 본성에 대한 이해에 도움이 되었는지를 살펴보기 위해 QNOT(Questionnaire for Nature of Technology)를 사용하였다. 이 검사지는 기술의 본성(4개 차원의 12개 요소) 개념틀(이현옥, 2015)을 기반으로 개발되었으며, 총 7개의 개방형 문항으로 되어 있다. 학생들의 NOT에 대한 인식을 심층적으로 조사하기 위해서는 선다형이나 리커트 형식 문항보다 개방형 문항이 더 적합하다고 판단하였기 때문이었다.

수업 전후의 NOT에 대한 인식변화를 비교해본 결과는 다음과 같았다. 우선, 인공물 차원에서는 수업 전에도 이미 기술이 의도를 가지고 만들어졌고 현실세계의 문제를 해결하기 위해 고안된 인공물이며 양면성이 있을 수 있다는 것을 잘 이해하고 있었기 때문에 수업 후에도 큰 변화가 나타나지 않았다. 지식 차원에 대한 NOT 인식은 수업 전후에 모두 명확히 드러나지 않았다. 다수의 참여자들이 과학지식과 기술지식이 구분되지 않는다고 응답하였다. 많은 학생들이 과학지식과 차별화 될 수 있는 기술 및 공학 지식 차원의 존재 자체를 인정하지 못하는 것처럼 보였다.

실행 차원에서는 '제한조건과 가치 적재적 의사결정' 및 '피드백과 다학제적 접근'에서, 시스템 차원에서는 '다양한 이해관계자와 기관' 및 '상호연계적 집합체'에서 변화가 나타났다. 특히, 학생들은 인공물 차원의 NOT 하위요소(의도를 내재한 인공물, 현실세계 문제의 해결안, 인공물의 양면성)와 실행 및 시스템 차원의 NOT 요소들을 연결 지어 응답하는 모습을 보였다. 예를 들어, 수업 후 학생들은 인공물 차원의 '의도를 내재한 인공물' 요소와 실행 차원의 '피드백과 다학제적 접근' 요소를 같이 고려하여 엔지니어의 책임에 대한 의견을 다각적으로 제시하는 모습을 보였다. 또한 다수의 참여자들이 수업 후에 '현실세계 문제의 해결안'이라는 인공물 차원의 요소를 '상호연계적 집합체'라는 요소와 연관지었다. 다음은 그 예이다.

> (특수한) 정치적 전제로 국가 지도자들이 국민을 굶주리게 하는 상황이고, 부자들이 횡포를 부리는 사회라면 불가능하지만, 가뭄내성 작물, 척박한 토양에서 자랄 수 있는 작물을 개발한다면 나머지 식량난이 해결가능하다. 해당 국가 내에서 식량 생산이 증가하고 정상적인 시장 상황에서 더 싸게, 많은 양을 분배할 수 있기 때문이다. 기술개발국의 횡포가 있을 수 있으나, 기술이전을 하는 것이 시장창출의 중요한 수단이므로 식량난(을 겪는) 국가가 의지를 가지면 그 기술을 구매할 수 있을 것으로 보인다. (사후응답)

이 학생의 경우 사전 응답에서는 '현실세계 문제의 해결안'이라는 인공물 차원의 NOT 요소에 대한 인식만 보였다. 그러나 사후 응답에서는 정치, 경제, 문화, 과학 · 기술적 요인 및 관계자와 단체를 인지하고 이들 사이의 상호연계적 관계를 고려하여 문제를 해결할 수 있는 방안에 대하여 세부적인 상황을 묘사하고 있다. 이 학생은 전반적으로 유전자 재조합기술에 대해 긍정적인 태도를 견지하며, 이것이 식량부족 문제를 해결해줄 것이라고 주장하였다. 특히, "가뭄내성 작물, 척박한 토양에서 자랄 수 있는 작물"을 제안하면서 주어진 사회문제를 실질적으로 해결하기 위한 과학기술적인 발전 방향을 구체화 하였다.

즉, SSI 수업 후에 학생들이 서로 다른 차원의 NOT 요소를 동시에 고려하거나 인식하는 사례가 증가하였다. 이는 NOT 요소 간의 상호연관성(interconnectedness)에 대한 이해가 증가한 것으로도 해석할 수 있다. SSI 토론과정에서도 학생들이 기술의 다양한 차원과 복잡한 관계를 언급하는 경우가 다수 발견되었다.

6.2 시민으로서의 역량 함양

SSI 수업은 불확실성을 다룬다. 예를 들어, 'GM 식품이 안전한가?'에 대한 문제에 대해서도 그 누구도 GM 식품의 안정성에 대해 확실하게 말할 수 없다. 지금까지 그 위험성에 대해 밝혀진 것이 없다고 해서 안전하다고 결론을 내리는 것은 매우 성급한 일이다. 마치 동물실험을 통해 임산부에게 안전하다고 단언했던 입덧을 줄이는 약 탈리도마이드가 수십 년이 지나 부작용이 만천하에 알려지고 나서야 그 위험성을 인정한 것과 마찬가지다. 따라서 우리가 SSI에 대한 토의를 진행할 때에는 불확실성에 대해 잘 다룰 수 있는 능력이 필요하다.

불확실성을 다룰 때 우리는 가능한 한 여러 증거들을 모으는 과정을 거친다. 100% 확신할 수는 없어도 지금까지 밝혀진 것들을 충분히 조사함으로써 내가 주장하고자 하는 바에 대해 설득할 수 있기 때문이다. GM 식품의 안전성을 나타내는 신문기사를 읽을 경우에도 과연 그들이 어떠한 과정을 통해 그 결론을 냈는지, 그 데이터 수치가 보여주는 것에 대한 해석이 적절한지, 동물실험에 적용했던 결과를 성급하게 인간에게 적용한 것은 아닌지, 실험 시 변인들의 통제는 제대로 이루어졌는지, 유사한 연구결과들이 다른 연구소에서도 밝혀졌는지 등 의문을 갖고 접근해야 하는 점들이 많이 있다. Sadler가 지속적인 질문의 생성과 회의적 사고를 SSI 추론의 특성으로 제시한 것에서도 알 수 있듯이, 학생들은 필요한 자료를 수집하고, 그 자료의 타당성을 검증하고 평가해보는 과정을 학습하게 된다.

그리고 주어진 쟁점에 대해 자신의 입장을 명료하게 정리해가는 과정을 학습하게 된다. 내 입장은 무엇인지, 내 입장을 뒷받침할 수 있는 근거들은 무엇이 있는지, 상대방에게 좀 더 설득력 있는 근거와 주장을 만들기 위해서는 어떻게 해야 하는지 등에 대해 끊임없이 생각해야 한다. 상대방과 토론을 해나가는 과정에서도 서로 다른 의견을 들어가면서 근거와 주장은 점점 다듬어지게 된다. 처음에는 주장과 간단한 근거만 있던 나의 입장이 점점 더 체계적으로 정돈되어 나가는 경험을 하게 된다.

또한 SSI는 합의와 조율의 과정을 요구한다. 서로 다른 입장을 가진 사람들끼리 불확실성을 지닌 증거들을 기반으로 합리적인 최선의 방안을 찾기 위해 조율해가는 과정을 학습하게 된다. 상대방 입장이 나와 다르더라도 나름대로의 타당성이 있을 수 있다. 여러 가지 다른 입장에 대해 우선 순위를 결정해야 하는 상황에도 놓이게 된다. 이러한 합의와 조율의 과정은 SSI와 같이 비구조화된 문제 상황의 경우에는 매우 중요한 요소라 할 수 있다. 이처럼 SSI 교육은 다양한 역량을 함양하는 데 도움을 줄 수 있을 것으로 예상된다. 사례 6.2 도 SSI 수업을 통해 학생들의 협업능력, 정보기술 및 미디어 활용능력, 비판적 사고력과 문제해결력, 의사소통능력이 향상될 수 있음을 보여준다.

사례 6.2 SSI 수업이 핵심역량 함양에 미치는 영향[3)]

우리는 SSI 수업이 학생들의 역량을 높이는 데 효과가 있는지를 살펴보기 위해, 중학교 영재학급 학생들을 대상으로 SSI 수업을 계획하였다. 여러 가지 역량 중에서 SSI 수업으로 함양될 수 있을 것으로 생각되는 네 개의 역량, 즉 협업능력, 정보기술 및 미디어 활용능력, 비판적 사고력과 문제해결력, 의사소통능력을 선정하여, 그 역량들이 SSI 수업을 통해 얼마나 향상될 수 있는지 그 가능성을 탐색해 보았다. SSI 수업은 다음과 같이 학생들이 관심 있어 하는 6개의 주제에 대해 진행되었다.

① 식품 첨가물을 줄일 수 있는 방안은?
② 나노 기술이 발전하면 우리는 행복해 질 수 있을까?
③ 우주개발, 이대로 계속 해야 하는가?
④ 존엄사를 허용해야 하는가?

3) 이현주, 최윤희, 고연주(2015) 논문의 일부가 요약 및 발췌되었음.

⑤ 맞춤 아기, 찬성하는가? 반대하는가?
⑥ 원자력 발전 폐기물 처리 방안은?

우리는 학생들의 역량 함양에 대한 인식을 살펴볼 수 있는 검사지를 개발하여 수업이 시작되기 전, 중간, 그리고 수업이 모두 끝난 후에 학생들에게 나누어주고 응답을 받아보았다. 동시에, 학생들의 입장에서 수업의 효과에 대해 어떻게 인지하고 있는지 살펴보기 위해 비정기적으로 그룹면담을 수차례 실시하였다. 학생들은 자유롭게 과학과 관련된 사회문제에 대한 수업을 하면서 배운 점과 느낀 점, 수업 방식에 대한 의견, 함께 문제를 해결해 나가는 과정에서 배운 점과 느낀 점, 어려웠던 점과 어려운 점 등을 이야기하였다. 그 결과는 [그림 6.1]과 같았다.

그림 6.1 SSI 수업이 학생들의 핵심역량 함양에 미치는 영향

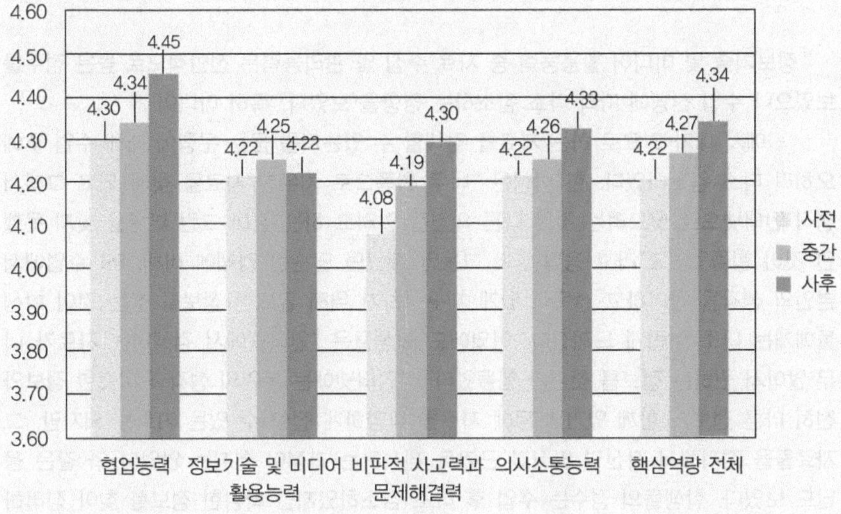

[그림 6.1]처럼, 과학기술 사회 시민으로서 갖추어야 할 핵심역량의 여러 요소들에 대한 인식이 조금씩 향상됨을 알 수 있었다. 정보기술 및 미디어 활용능력을 제외한 협업능력, 비판적 사고력과 문제해결력, 의사소통 모두 수업이 진행됨에 따라 평균 점수가 증가하는 경향을 보였다. 아쉽게도 이러한 향상은 '초인지적 사고'를 제외하고는 통계적으로 유의미한 정도의 차이는 아니었다. 하지만, 영재학급 학생들의 수업 전 점수가 많은 영역에서 4점 이상의 점수분포를 보였다는 점을 고려할 때, 작은 차이도 의미 있게 생각해볼 수 있다.

수업 후 가장 높은 평균 점수를 보인 것은 협업능력이다. 수업 전에 비해 가장 향

상된 점수를 보이는 역량은 비판적 사고력과 문제해결력이다. 정보기술 및 미디어 활용능력의 경우, 사전 검사에서 상당히 높은 점수를 보였으나 수업이 진행되어도 거의 유사한 수준을 보였다.

협업능력의 경우, 학생들은 조별과제를 수행할 때 동료들과 함께 문제해결의 중요성과 필요성에 대해 이야기하고, 공동의 목적을 효과적으로 달성하기 위해 서로 자료를 공유하고 피드백을 주고받을 수 있었다는 문항에 가장 큰 폭의 변화를 보였다. 또한 수업 후 개인보다 공동으로 과제를 수행할 때 더 좋은 결과물을 낼 수 있음을 인식하게 되었다고 응답하였다. 예를 들어, 한 학생은 다음과 같이 협업이 개인의 생각을 확장시키는 데 도움을 준다고 응답하였다.

> 과학을 하는 경우는 혼자서는 할 수 없다고 생각해요. 다른 입장의 자료를 찾아 보면은 이게 내가 하던 주장의 단점이나 허점이 보이고 그것을 더 완벽하게 메꿀 수도 있고 자신의 주장이 확고해지기도 하죠.

정보기술 및 미디어 활용능력 중 자료 수집 및 관리능력은 전반적으로 높은 점수를 보였으나 수업 진행에 따라 다소 감소하는 경향을 보였다. 특히 미디어(예 신문, 뉴스, 인터넷 등)에서 내가 필요로 하는 자료를 검색할 수 있는지를 묻는 문항에 대해 수업 후에 오히려 다소 감소하였다. 한 학생은 "너무 한쪽으로 치우친 자료를 찾게 되고 그래서 정작 인터넷으로 찾으려는 것은 다른 의견을 알려고 하는 건데 그런 부분을 찾지 못했던 것이 힘들었어요"라고 응답했다. 그동안 해왔던 단순한 검색에 비해, SSI 수업에서 본인의 생각을 정리하고 설득력 있게 재구성하기 위해 필요한 정보를 찾는 것이 학생들에게는 다소 어렵게 느껴졌다. 이외에도 학생들은 "인터넷에서 검색하는 자료가 너무 많아서 원하는 정보를 찾기가 힘들었다", "인터넷에는 본인의 생각과 비슷한 정보와 전혀 다른 정보가 함께 있기 때문에 자료를 다양하게 접할 수 있는 기회는 되지만, 그 자료들을 정리해서 자신의 입장과 근거로 제시하는 과정이 쉽지는 않았다"와 같은 응답도 보였다. 학생들의 점수는 수업 후 다소 감소하였지만 타당한 정보를 찾아 정리하고 평가하는 과정이 생각처럼 단순한 과정은 아님을 인식하는 긍정적 계기가 된 것일 수 있다는 생각도 해볼 수 있다. 또한 학생들은 특히 동료들과 SNS를 활용하여 다양한 의견을 얻을 수 있게 되었다는 것에 긍정적인 반응을 보였다. 학생들은 "토론하면서 서로 몰랐던 부분을 보완할 수 있어서 좋았고, 아이패드와 리노잇을 이용하여 수업을 할 수 있어서 가장 좋았어요"와 같이, 정보를 같이 찾고 공유한 과정에 만족해했다.

비판적 문제해결력의 경우 수업 진행에 따라 큰 변화를 보이지 않았으나, 여러 가지 과학적 설명을 비판적으로 판단해보는 능력이나 타당한 결론을 이끌어내기 위해 자료를 다양한 각도에서 살펴보는 능력을 묻는 문항들에 대한 평균점수는 수업 후에 긍정적으로 변화하였다. 수업 후 대부분의 학생들이 "제가 다른 입장에서도 생각해 보게 되는 계기가 된 것 같아요"와 같은 응답을 보였다. 보다 구체적으로 한 학생은 다음과 같이 응답하기도 하였다.

> 토론을 하다보면 자신과 반대되는 입장의 아이의 의견을 적고, 그것과 반박되는 의견을 찾아서 반박을 하기도 하고, 자신과 입장이 같은 다른 애들의 의견 중에서 자신이 찾은 것과 또 다른 의견을 알고 자신의 것과 합쳐서 새로운 것을 만들어 내서 제시하기도 했어요.

비판적 문제해결력의 하위 요소인 초인지적 사고의 경우 수업 후 크게 향상된 것을 관찰할 수 있었다. 특히, 문제를 해결한 후 수행과정에 대해 되짚어보거나, 문제해결과정에서 수집한 자료의 타당성을 평가해보는 능력에 대한 인식이 긍정적으로 변화했다. 한 학생은 "이 현상, 저 현상 하면서, 이게 틀린데, 이건 틀리지 않냐? 이건 옳은데 이건 왜 옳지 않냐?" 등 수집한 자료에 대해 끊임없이 질문을 제기하면서 타당성을 평가해본 경험을 이야기하였다.

의사 표현 및 의견 조정은 수업진행에 따라 완만한 증가를 보였다. 수업이 진행되면서 "자신의 입장만 너무 고집하다 보니까 상대방과의 의견이 조합도 안 되고 약간 답답한 면이 있었던 것 같아요"와 같이 서로 다른 의견 속에서 조율해나가는 과정이 쉽지 않았다고 응답했다. 한 예로, 한 학생은 "(다른 친구들의 생각을) 제 생각과 똑같이 만드는 게 저는 정말 옛날에는 가능하다고 믿었는데, 이제는 힘들구나"라는 것을 깨닫게 되었다고 응답하였다. 그러나 학생들은 수업이 진행될수록 서로의 생각을 발전시킬 수 있는 방향으로 대화를 진행하고, 갈등이 생겼을 때 서로 조정하는 모습을 스스로 발견하였다.

6.2.1 의사소통능력

SSI 수업은 사회적 상호작용을 촉진한다. SSI 수업에서는 보통 수집해야 하는 자료의 양도 방대하고, 최선의 의사결정을 하기 위해 다양한 입장의 목소리를 듣고 조율도 해봐야 한다. 효율적인 협업은 건강한 의사소통이 수반되어야 가능하다. 자신의 입장을 상대방이 이해할 수 있도록 전달하는 능력, 상대방의 의견에 귀를 기울이고 그들이 강조하는 주요 내용을 파악하는 능력, 상대방의 입장에 대해 공감적으로 고려해 보는 능력, 개방된 마음으로 다름을 받아들이는 능력 등 여러 가지 요소들을 갖추어야 한다. 사례 6.3 의 연구를 살펴봐도 SSI 수업이 학생들의 의사소통을 촉진하는 좋은 소재가 될 수 있음을 보여준다.

사례 6.3 SSI 수업이 학생들의 의사소통능력에 미치는 효과[4)]

SSI는 그 본성상 다양한 입장들이 첨예하게 대립되기 때문에 서로 대화를 통해 의견을 나누고, 상대방의 의견과 조율해나가는 기회가 자연스럽게 주어진다. 그래서 우리는 SSI 수업을 통해 학생들의 의사소통기술이 향상될 수 있는지를 살펴보았다. 의사소통의 개념이 매우 광범위하기 때문에 SSI 교육의 맥락에서 함양될 수 있다고 여겨지는 하위요소를 문헌분석을 통해 네 가지로 도출하였다.

첫째는 상대방 논점에 대한 이해이다. 의사소통이 효과적으로 이루어지기 위해서는 우선적으로 상대방이 어떠한 의도로 어떤 논점을 전달하고자 하는가에 대해 명확히 파악할 수 있어야 한다. 둘째는 상대방 의견에 대한 존중이다. 상대방의 의견이 나와 다르더라도 입장이 다양할 수 있다는 것을 인지하고 수용할 수 있는 능력을 의미한다. 셋째는 명료하고 효과적인 주장의 구성이다. 이는 대화의 목적을 이해하고, 대화가 어떻게 진행될 것인지에 대해 예상하면서 자신의 의견을 명료하게 제시할 수 있는 능력을 의미한다. 마지막은 공감적 이해의 형성이다. 다른 사람의 경험, 입장, 느낌 등을 공감적으로 이해하면서 대화를 진행해나가는 능력이다. 다른 사람들이 표현하는 언어적, 비언어적 의미를 이해하기 위해 노력하고, 자신의 입장만을 주장하는 것이 아니라 서로의 입장이 고려된 공통된 합의점을 찾아가는 것을 의미한다.

우리는 중학생을 대상으로 유전자조작(GM) 기술에 대한 수업을 진행했다. 학생들이 다양한 맥락에서의 담화를 경험하게 하도록 돕기 위해 소그룹 활동과 대그룹 담화 활동을 골고루 포함하여 수업을 구성하였다. 그리고 교사는 담화를 촉진할 수 있는 질문들을 지속적으로 제기하였다. 예를 들어, "GM 기술의 안전성이 아직 검증되지 않았다 하더라도, 그 기술이 네가 그토록 고통스러워하는 질병을 치료할 수 있는 가능성이 있다면?", "GM 기술을 개발하기 위해 더 많은 세금을 내야 한다면?" 등을 들 수 있다. 학생들의 의사소통 기술이 함양되었는지 알아보기 위해 우리는 수업 전후에 12 문항으로 구성된 설문지를 돌려 응답을 받았다. 그리고 수업 후에 면담도 실시했다. SSI 수업의 결과는 대체로 긍정적이었다.

학생들은 상대방 논점에 대한 이해나 상대방 의견에 대한 존중에 있어 통계적으로 유의미한 향상을 보였다. 면담에서 학생들은 "다른 사람의 입장에 서보려고 노력했어요.", "내 입장만 고려해서 문제를 해결하면 안된다는 것을 느꼈어요. 다른 입장을 가진 사람들과 만나서 그들의 생각을 듣는 과정이 매우 중요한 것 같아요."와 같이 응답했다. 상대방의 입장을 공감적인 태도로 듣는 것의 중요성을 깨달아가는 모습이 종종 관찰되었다. 그러나 학생들은 효과적으로 주장을 구성하고 공감적으로 서로 공유되는 이해를 형성해나가는 과정에는 다소 어려움을 느꼈다. 그렇지만, 수업을 통해 학생들은 자신의 주장을 순차적으로 형성해나가는 과정이 얼마나 중요한지 인식하기

---

4) Chung et al.(2016) 논문의 일부가 요약 및 발췌되었음.

시작하였고, 그에 대한 책임감도 느꼈다. 또한 효과적으로 주장을 구성하기 위해서 근거를 어떻게 만들고, 어떻게 제시할지에 대해 논의하는 모습도 보였다.

6.2.2 논증 및 의사결정능력

논증활동이란 여러 가지 근거를 기반으로 주장을 제시함으로써 자신의 입장을 정당화하는 과정을 일컫는다. 논증활동은 개인이 다양한 근거를 바탕으로 자신의 관점을 명확하게 해나가는 과정과, 타인과의 의사소통을 통하여 비판적으로 생각하고 정당화하는 과정 모두를 포함한다(박지영, 김희백, 2012; Jimenez - Aleixandre & Erduran, 2007). SSI와 같은 실생활 맥락에서의 논증활동은 주어진 문제 상황에 대해 탐색하고, 과학적 정보나 설명을 이용하여 반박하거나, 의사결정 또는 가치판단을 내리는 과정에 초점을 두며 진행된다.

SSI 수업은 학생들의 논증능력이나 의사결정능력에 긍정적 효과가 있다. 예를 들어, Tal과 Hochberg(2003)는 이스라엘의 9학년 학생들을 대상으로 말라리아에 관련된 수업을 진행한 후, 학생들의 논증에서 나타나는 변화를 정교성, 정당화 수준, 설명 정도, 논리적 일관성 등의 기준을 세워 평가해보았다. 수업 후 학생들이 제시한 주장의 길이가 한두 문장에서 세 문장이나 그 이상으로 길어졌음을 발견했고, 말라리아 문제에 대해서도 더 다양한 측면을 고려하여 주장을 기술하는 것을 관찰했다. 또 대다수의 학생들이 한 개 이상의 근거를 들었으며, 반론에 근거하여 결론을 내리는 것을 볼 수 있었다. 몇 년 뒤, Tal이 Kedmi와 수행한 연구(2006)에서도 유사한 결과가 나타났다. 10학년 학생들을 대상으로 지중해 환경에 대한 SSI 수업을 진행한 결과, 학생들이 주장을 뒷받침하기 위한 근거를 더 다양하게 들었고, 주장을 입증하기 위해 과학지식도 많이 활용하는 모습을 보였다. 학생들의 가치판단능력도 함양되어 SSI에 대한 해결책 마련 시에 사회적 측면이나 환경적 측면 하나만 고려하는 것이 아니라 사회적 측면과 환경적 측면 모두를 고려하는 모습을 보였다.

그 외에도 많은 연구들이 있다. Patronis 등(1999)은 그리스 파트라스의 교외 학교에 다니는 14세 학생들을 대상으로, 이 학교가 위치한 지역의 도로 공사에 관한 의사결정 과정에서 드러나는 논증을 연구했다. 학생들은 본인들이 다니는 학교와 관련된 문제이기 때문에 문제 상황에 더욱 몰입하여 보통의 과학이나 수학 수업에서 기대할 수 없을 정도로 높은 차원의 논증을 구성하였다. Zohar와 Nemet(2002)은 인간 유전과 관련된 SSI 수업을 설계해서 수업한 결과, 참여한 학생들이 제시한 논증의 가짓수가 늘었을 뿐만 아니라 수업 시간에 배운 논증 기술을 생활 속 문제를 해결할 때 적용해보려는 태도를 보였다. Berne(2014)는 14~15세 학생을 대상으로 유전자 복제와 맞춤 아기를 주제로 한 SSI 수업을 진행하였다. 학생들은 토의 활동을 해나가면서 주제에 대한 관점도 단기적이 아닌 장기적으로, 개인적 관점에 제한된 것이 아니라 사회적 측면까지 고려하는 면을 보여주었다. Pedretti(1999)는 과학지식과 사회적 책임의 간극을 좁히고자 학교 교사를 과학관에 초빙하여 5~6학년 학생들을 대상으로 광산에 관련된 SSI 토론 수업을 진행하도록 했다. 학생들은 토론에 앞서 지질학 수업을 듣고 폐광 지역을 방문하거나 타운 미팅에 참여했다. 연구결과 사전 면담 때와 다르게 모든 학생이 의사결정을 하게 되었으며, 다양한 관점과 윤리적 측면을 고려하고 타협하는 능력에서 향상을 보였다고 설명하였다.

6.3 과학학습에의 동기와 태도

가습기 살균제 사건이나 살충제 계란 사건 같은 사건들이 보도되면, 학생들은 누가 말을 시키지 않아도 친구들과 그 사건들에 대해 이야기한다. 나름대로의 가치판단도 하고, 보도된 관련 정보들을 인용하기도 하고, 알고 있는 과학지식을 적용해보려고도 노력한다. 이처럼 생활 속에서 접하는 과학 쟁점들은 학생들에게 과학학습에 대한 동기와 흥미를 유발할 수 있는 잠재력이 있다. SSI가 학교과학과 일상생활에서의 과학을 연결해주는 매개가 되기 때문이다.

지금까지의 과학수업들이 주로 과학지식을 전달하는 데에만 초점을 두고 있었기 때문에, 생활 속에서 접하는 과학기술에 관심이 높은 학생조차도 과학수업에는 별다른 흥미를 보이지 않는 경우가 많다. 그러나 SSI 수업에서는 과학과 기술이 연결되고, 과학과 사회가 연결된다. 과학지식이 다소 부족한 학생이라도 이야기할 거리가 생긴다. 이와 같은 긍정적인 효과들은 여러 연구들에서도 나타나고 있다.

Albe(2008)는 휴대폰 사용의 잠재적인 위험에 대해 토의하는 학생들을 관찰하였는데, 학생들이 토의·토론에 참여하는 것에 다소 어려움을 느끼기는 했지만 학습활동에 흥미를 보였으며 활동에 대한 참여 동기도 매우 높았다. Bennett과 Lubben(2006)은 SAC(Salters Advanced Chemistry) 교재를 활용하여 연료와 에너지 자원, 기후나 환경문제 등 일상생활 속 문제들을 중심으로 수업을 구성하였는데, 학생들이 매우 흥미를 갖고 참여하는 것을 관찰하였다. 그리고 이러한 흥미는 과학학습에도 긍정적으로 영향을 미칠 수 있다고 생각했다. 뿐만 아니라 Barber(2001)의 연구는 SAC코스에 참여한 학생들이 대학생이 되어서도 학습에 대해 긍정적이고 흥미를 보인다는 것을 증명해보였다. Dori 등(2003)은 이스라엘 8학년들과 인간 게놈 프로젝트, 유전자 치료 등 바이오기술에 대한 주제를 중심으로 수업을 진행하였다. 이들은 SSI가 지닌 논쟁적 특성과 구체적 사례들이 학생들의 흥미를 유발하고, 학생들로 하여금 주어진 SSI에 대해 더 찾아보고 더 학습하고자 하는 동기를 유발한다고 설명하였다. 이 연구에 참여한 대부분의 학생들이 바이오 기술에 흥미가 있다고 응답하였고, 사회문제와 관련된 과학의 예를 더 알고 싶어 했다. Zeidler 등(2009) 또한 고등학교의 해부학과 생리학 수업을 SSI를 중심으로 구성해서 운영한 결과, 전통적 방식으로 수업을 들은 학생들보다 학업에의 동기나 학습 내용에 대한 관심이 더 높아짐을 확인했다.

사례 6.4 SSI 수업에서 교사가 관찰한 학생들의 반응[5)]

미디어에서는 수업시간에 무기력하게 앉아 있거나 엎드려 있는 학생들을 자주 보여준다. 어떻게 하면 잠자는 학생들을 깨우고 학습에 참여하게 만들 수 있을까? 참 어려운 문제이다. 우리는 몇몇 선생님들에게 SSI 수업을 제안해보았다. 몇 년간 우리가 관찰한 바에 따르면, 대부분의 교사들은 SSI 수업에서 학생들의 참여가 높아지는 것을 보게 된다. 교과지식 전달 위주의 수업에서는 공부 잘하는 학생들이 눈에 띄었지만, SSI 수업에서는 그동안 소외되었던 학생들이 점점 눈에 띈다. 다음은 교사들의 반응이다.

> SSI 토론을 하면서 리더십을 발견하게 된 학생도 있어요. 토론을 진행하는 과정에서요. 수업시간에 지식을 얘기할 때는 별 참여를 하지 않는 학생인데도, 이렇게 자기를 표현할 기회를 주니까 그 나머지 조원들을 리드하는 그런 능력을 보이는 학생도 있었구요. 그리고, 정말 무기력한데 일어난 학생들, 무엇이 이 학생들을 일으켰는지는 잘 모르겠는데… 그동안 애들한테 자신의 의견을 표현하는 기회가 참 없었구나 하는 생각이 들어요. (교사A)
>
> 숨겨져 있던 학생들의 다른 면모를 봤다는 점에 가장 큰 의의를 두고 싶어요. 과학수업에서는 어떤 가치나 선호도, 이런 쪽을 다루는 것이 힘들었잖아요. 그런

5) 고연주와 이현주(2015), Lee와 Yang(2017), 김가형과 이현주(2017a) 논문의 인용구가 일부 요약 및 발췌되었음.

수업을 안 해봤으니까요. 저도 보면서 "이런 다양성이 나올 수 있구나"라는 것이 놀라웠구요. 학생들이 저는 참여를 한다는 것이 상당히 놀라웠는데… (교사B)

애들을 정말로 칭찬하고 싶어요. 굉장히 산만하지만 지난번에 미세먼지 첫 번째 수업에서 '미세먼지를 어디서 본 적 있느냐?'라고 그런 질문이 있었잖아요. '언제 봤니? 어디서 알 수 있니?'라고 했을 때, B학생이 미세먼지에 대한 방송에 대해 얘기하고 그랬잖아요. 그런 얘기를 들으면서 사실 우리는 한 반에 30명이거든요. 잘 하는 애들도 섞여 있기 때문에 의기소침한 아이들은 자신을 표현하기가 굉장히 어려워요. 그런데 얘네들은 딴짓하고 떠드는 것 같은데 '툭툭툭'하고 던지면 한마디씩 '툭툭툭'해서 아이들이 나름 참 많은 생각을 하고 있고, '주위에 따라서 이렇게 다른 모습이 있구나'라고 저도 느꼈어요. 원래 다른 수업 때는 그렇지 않았어요. … 보통 수업시간에는 그냥 앉아있어요. 여기 있는 아이들이 주로 그냥 앉아 있든지, 그냥 떠들던지, 딴짓 하든지 그런 아이들인데, '와우!' 하면서 아이들이 나름 반응을 보여서 저는 깜짝 놀랐어요! 진짜. '아이들을 하나씩 관심을 가지고 참여할 수 있도록 이끌어 나가는 것이 참 중요하구나!', '아이들이 못한다는 것보다는 안하는 것도 많구나. 여러 가지 이유로…' 그래서 아이들이 참여할 수 있는 수업방식을 찾는 것도 중요하구나라는 것을 깨달았어요. (교사C)

이번 프로그램 하면서 딱 놀란 아이가 A학생이에요. A학생. 지난 1기 때 스피드퀴즈 할 때도 빨리 하고 자기 말로는 노인정에서 하는 것 못 봐서 '선생님 못 봐서 아쉽다'고 하면서 자기가 대표로 발표했다고 그러고. A학생이 수업시간에 볼 때하고 프로그램에서 볼 때하고 (달라서) 깜짝 놀랐어요. 교과 외에서 보니까 새로운 면이 보이더라구요. 그때 인터뷰 갔을 때도 걱정을 많이 했었는데, 그 조가 가장 빨리 인터뷰를 완성하고 다른 조를 도와줬거든요. 애들이 그런 것을 체험해 보게 하는 거죠. 어떻게 보면 우리 반의 잘하는 아이들은 오히려 인터뷰 가서 못 하더라구요. 쑥스러워서. 그래서 제가 자리를 만들어 주니까 그때야 겨우 그렇게 하는 거예요. … 체험해보고 실천하게끔 하는 프로그램이라 애들한테 쑥스럽기는 해도 좋은 경험이었을 거예요. (교사D)

교사A와 교사B는 수업의 변화가 필요하다는 것을 느껴 SSI 수업을 위한 컨설팅을 신청했다. 우리는 실행연구 형식으로 두 교사를 도와주면서 이 교사들이 SSI 수업을 해나가도록 도왔다. 그 과정에서 엎드려 있는 학생들이 일어나고, 그동안 조용히 앉아 있었던 아이들이 이야기하는 모습을 관찰하게 되었다. 교사C와 교사D는 지역사회와 연계된 SSI 수업에 참여한 학생들을 보면서, 평소와 다른 학생들의 모습에 "깜짝 놀랐어요"와 같이 고백하였다. 소극적이던 학생들이 적극적인 모습으로 변해가는 것을 보면서 이 교사들은 아이들이 참여할 수 있는 수업을 하는 것이 중요하다는 것을 실감했다.

Chapter 07 SSI 교육과 인성교육

환경운동에 주목했던 경제학자인 Schumacher(1973)는 인간에게 편리함을 주는 과학기술이 머지않아 인간을 소외시키는 결과를 낳을 것이라고 예측했다. 이 예측처럼 현대 사회는 첨단 과학기술의 급속한 발달로 인해 예상치 못한 부작용이 끊임없이 나타나고 있다. 인간의 무분별한 개발로 환경은 파괴되고 기후변화가 가속되고 있다. 원자력 발전과 나노기술의 발달은 우리의 안전을 위협하고 있다. 경제·사회적 이윤 창출을 중시하는 패러다임이 점점 지배하고, 인간의 존엄성이나 인간과 자연의 공존이라는 가치는 쉽게 무시된다. 이러한 사회 속에서, 미래 과학기술 사회를 이끌어갈 주체인 학생들은 시민으로서 어떠한 인성을 갖추어야 하는가?

'21세기 우리가 갖추어야 할 가장 중요한 역량은 인성이다'라는 말이 종종 들린다. 우리나라가 오랜 역사 속에서 어느 국가보다도 인성을 중요시해온 것은 사실이지만, 요즘처럼 학교 교육에서 인성교육을 외친 적은 없는 듯하다. 사실 많은 사람들이 인성교육은 일차적으로 가정의 부모가 담당해야 한다고 생각해왔다. 물론 학교도 인성교육을 담당해야 하지만, 이는 도덕이나 윤리 교과에서 담당해야 할 임무라고 여겨졌다. 그러나 학교 폭력이나 인권 문제들이 자주 부각되면서 인성교육에 대한 요구가 매우 높아졌다. 2015년, 장기적이고 체계적인 인성교육 정책 수립을 위해 『인성교육진흥법』도 제정될 정도이다.[6) 『인성교육진흥법』에서의 인성교육은 "자신의 내면을 바르고 건전하게 가꾸고 타인·공동체·자연과 더불어 살아가는 데 필요한 인간다운 성품과 역량을 기르는 것을 목적으로 하는 교육"으로 정의되어 있다. 이 정의를 살펴보면 인성은 개인의 가치나 덕목뿐만 아니라 타인과 공동체 그리고 자연과 더불어 살아가는 데 필요한 성품도 포함하는 개념이다. 즉, 스스로 정직하고, 책임감 있고, 예를 갖추는 것만이 인성이 아니라 다른 사람과의 관계 속에서 서로 배려하고, 소통하고, 협력하는 것도 중요한 부분임을 알 수 있다.

---

6) http://www.law.go.kr/법령/인성교육진흥법/(13004,20150120) 참조.

7.1 과학교육과 인성교육의 결합

도덕이나 윤리 교과에서 인성에 대해 이야기하는 것은 자연스럽다. 물론, 도덕, 윤리교사들은 인성교육이 가정교육에서부터 시작되는 것이라고 주장할 수도 있지만 말이다. 그러나 최근에는 도덕이나 윤리 교과 이외에서도 인성교육을 함께 담당해야 한다는 목소리가 높아지고 있다. 과연 가능할까?

사회교과는 오랫동안 시민으로서 갖추어야 하는 역량과 시민의식을 강조해왔기 때문에 사회교과와 인성교육을 결합한다면 별로 어색하지 않다. 예술 교과의 경우도 마찬가지다. 예술적 경험은 심미적 요소를 갖고 있으며, 인간의 외형과 내면에 대한 통찰을 중요시하기 때문에 인성적 요소와 연계될 수 있을 것이라 막연히 생각해볼 수 있다. 요즘 주목을 받는 음악치료나 미술치료 분야를 살펴봐도 학생들이 인성적으로 올바르게 성장할 수 있도록 도울 수 있는 여지가 충분히 보인다. 그런데, 과학수업과 인성교육의 결합은 어떠한가?

과학교육에서도 인성교육의 필요성에 대한 논의가 시작되었다. 2009 개정 과학과 교육과정에서는 창의·인성을 갖춘 인재 양성을 목표로 과학교과에서 함양할 수 있는 인성요소(예 비판성, 개방성, 정직성, 객관성, 협동성 등)를 명시적으로 포함하였으며, 한국과학창의재단[7]도 인성교육 덕목으로 신뢰(정직, 약속), 협동(배려, 공정), 책임감(책임, 소유)을 제시하였다. 그런데 이에 대한 과학교사들의 반응은 어떠할까? 사례 7.1 과 같이 많은 교사들이 과학수업과 인성교육이 결합되어야 할 필요성에 충분히 공감하지 못하고 있다. 그렇다고 이들이 과학수업에서 인성교육을 하는 것에 대해 부정적인 입장을 띠는 것은 아니다. 다만, "왜 우리가 인성교육까지 해야 되지?", "어떻게 과학과 인성을 같이 가르칠 수가 있지?"와 같이 "왜?"와 "어떻게?"라는 질문을 떨칠 수가 없다.

7) 한국과학창의재단(2010)에서 발표한 "배려와 나눔을 실천하는 창의인재 육성을 위한 창의·인성교육 총론적 고찰" 참조.

사례 7.1 과학교사들은 인성교육에 대해 어떻게 생각할까?[8)]

우리는 SSI 교육이 창의성이나 인성교육의 한 방안이 될 수 있을지, 이에 대한 교사들의 생각을 알아보고 싶었다. 그래서 중 · 고등학교 과학교사 30명(여교사가 25명, 남교사 5명; 중학교 교사 19명, 고등학교 교사 11명)을 대상으로 현장 과학교사들이 창의 · 인성교육의 의미에 대해 어떻게 이해하고 있으며, SSI의 도입이 창의 · 인성교육을 실현하는데 얼마나 도움을 줄 수 있다고 생각하는지 물었다. 면담에 참여한 교사들의 경력은 1년부터 33년까지 다양하였다. 그들과 이야기하면서 과학수업에서 인성교육을 수행하는 것에 대한 생각을 알 수 있었다.

우리들은 연구 참여자들의 면담 내용에서 드러나는 인성 요소를 분석하기 위해 <표 7.1>을 이용하였다.

표 7.1 인성요소

인성(Character)		
영역	하위요소	설명
인간관계덕목 (Interpersonal virtue)	배려(용서) (Care－Forgiveness)	• 주변의 타인, 환경, 사물, 세계에 대해 다양성을 받아들이고 상충되는 의견과 합의하려는 배려를 보이는 성향
	약속 (Appointment)	• 자신에게 주어진 역할을 정확하게 이행하는 태도
	책임 (Resposibility)	• 자신의 능력을 조절하여, 하고자 하는 임무를 완성하려는 태도 • 공동체 내 자신의 역할과 임무를 인지하고 이행하려 하는 성향
	정직 (Honesty)	• 객관적인 기준에 따라 있는 그대로의 결과를 인정하고 받아들이는 태도 • 사실을 왜곡·축소·과장·은폐하지 않으려는 태도
인성판단력 (Judgement for creative character)	도덕적 예민성 (Moral sesitivity)	• 상황을 도덕적 관점에서 인식하고 이해, 해석하는 능력. 타인의 관점에서 바라보고 이해하며 감정이입하여 공감하는 성향
	도덕적 판단력 (Moral judgement)	• 정의롭고 공공의 관점에서 상황을 판단하여 행동선택에 있어서 보다 바람직한 이유와 정당성을 추구하고 판단할 수 있는 능력. 개인보다 법과 질서, 그리고 공공의 이익의 중요성에 대하여 판단하고 이해할 수 있는 능력

8) 양정은, 김현정, Lei Gao, 김은진, 김성원, 이현주(2012) 논문의 일부가 요약 및 발췌되었음.

의사결정능력 (Moral motivation)	• 보다 바람직한 가치를 판단하고 이해할 수 있는 능력을 바탕으로 가치와 일치하는 행동을 선택하는 능력. 강요나 압력에 의해서가 아니라 스스로의 판단에 근거해 가치 있는 행동을 결정할 수 있는 능력
행동실천력 (Moral behavior)	• 행동을 선택한 후에 그것을 직접적인 행동으로 보일 수 있고 실천할 수 있는 능력

우리는 과학교사들의 인성교육에 대한 인식 유형을 네 가지로 나누어볼 수 있었다. 30명 중 11명의 교사들(A유형)은 인성교육에 대해 긍정적으로 인식하고 있었으며, 인성의 개념도 폭넓게 이해하고 있었다. 즉, <표 7.1>에 제시된 인성요소 여덟 가지를 과학수업에서 골고루 다루어볼 수 있다고 응답하였다. 그러나 A유형의 교사를 제외한 다른 과학교사들은 인성의 개념을 매우 제한적으로 이해하고 있었다. 이 중 6명(B유형)은 창의성과 인성이 모두 중요한 과학교육의 목표이지만 과학교육의 목표에는 인성보다 창의성이 더 연관된다고 응답하였다. 즉, 이들은 창의성과 인성을 각각 길러 줄 수는 있지만 둘을 동시에 길러주기는 힘들 것이라고 생각했다. 과학교과의 내용을 통해서는 주로 창의성을, 이와 별도로 모둠수업전략이나 생활지도, 동아리 활동, 체험학습 등을 통해 인간관계덕목이나 인성판단력을 교육할 수 있다고 응답하였다.

그림 7.1 과학교사 유형별 인성에 대한 인식

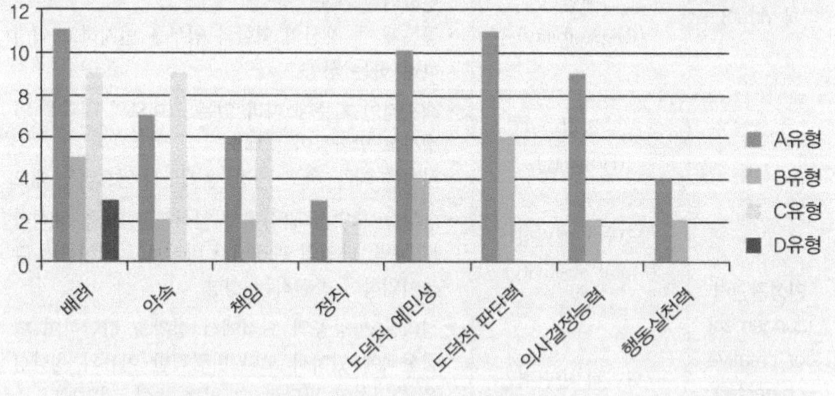

인간관계덕목: 배려, 약속, 책임, 정직
인성판단력: 도덕적 예민성, 도덕적 판단력, 의사결정능력, 행동실천력

다른 10명의 교사들(C유형)은 이들은 창의성과 인성이 서로 독립적으로 발달하는 별개의 영역이라고 생각했으며, 이 중 인성교육은 과학교과교육을 통해 충분히 이루

어지기 어렵다고 보았다. 이들은 과학수업에서 다룰 수 있는 인성 중 인간관계덕목에 해당하는 네 가지 하위 영역요소인 배려(용서), 약속, 책임, 정직만을 언급하였다. 인성판단력에 해당하는 하위요소는 응답에서 전혀 나타나지 않았다.

> 제가 생각하는 인성은 자기만 생각하지 않는 게 인성인 것 같아요. 조금 넓게 내 주위나 더 넓게는 사회에 관심을 갖는 것, 남들이 말하는 예의바른 것이나 이런 것들. 자기 자신만 생각하는 것이 아니라. 요즘 이기주의가 너무 많으니까요. 내 주위의 사람이나 사회에 대해 관심을 갖는 것, 그런 게 인성이라고 생각돼요. (C1교사)

> 예절을 가르치고, 상대방에 대한 배려, 이런 것을 가르치는 것이 인성이라고 생각하고, 그것은 전혀 과학내용으로 접근하는 것은 아닌 것 같고요. (C2교사)

마지막으로 3명의 과학교사들(D유형)은 창의성과 인성함양이 특정 교과의 목표가 되기는 힘들다고 응답하였다. 이들은 인성교육은 앞의 교사들과 유사하게 학교에서 문제를 일으킨 학생을 대상으로 실시하는 선도 교육, 생활지도 교육이나 도덕군자 양성교육 등의 의미로 인식하고 있었다.

> 창의·인성은 정말 평생에 걸쳐서 쌓아야 되는 것이고 수업을 얻을 수 있는 것보다는 좀 가정(에서)도 애들(과의) 관계에서도 얻을 수 있는 거예요. 수업을 통해서는 (신장시키는 것이) 불가능 한 것 같아요. 창의·인성이 성장했나, 안했나도 측정을 못하잖아요. 가정(교육)을 통해 할 수 있지요. (D1교사)

> 인성 같은 경우에는 학생들이 형제, 자매 없이 혼자 지내는 경우가 많아서 인성교육 같은 게 잡히지 않아서 학교에서 학생들의 바른 성품을 길러주기 위한 것이라고 생각해요. (D2교사)

A유형을 제외한 과학교사들은 전반적으로 인간관계덕목에 치중하여 인성교육을 이해하고 있었다. 인성교육이 교육과정에서 전면적으로 강조되거나 교과맥락에서 강조된 것이 비교적 최근의 일이기 때문에, 아직까지 교사들이 인성의 개념을 기본생활습관, 공동체 의식, 배려 등 도덕 및 규범 중심으로 생각하고 있는 듯하다.

왜 과학교사들은 과학수업에서 인성교육을 하는 것에 대해 거부감을 느낄까? 크게 두 가지 이유를 생각해볼 수 있다. 우선, 과학교사들이 갖고 있는 학교과학에 대한 고정관념 때문이다. 대부분의 과학교사들은 학교과학수업에서 객관적이고 중립적인 과학지식만을 다루어야 한다는 생각을 한다. 물론, 과학교육과정에 제시된 내용지식을 가르치는 것은 매우 중요한 부분이며 놓쳐서는 안 될 부분이다. 그러나 교과서적 과학지식은 대부분 과학 활동의 산물에 초점을 둔다. 즉, F=ma이라는 식에 중점을 둔다. 결과만을 강조하는 과학수업에서는 윤리나 가치, 인성적인 부분이 끼어들어갈 틈을 찾기가 어렵다. 어떻게 F=ma를 활용하여 계산하는 수업에서 인성적인 부분을 다루겠는가? 그러다 보니 많은 교사들이 과학지식과는 별개로 교육방법을 통해 인성을 함양해야 된다고 생각한다. 예를 들어, 협동 학습을 통해 과학실험을 하면서 협동과 소통기술을 배울 수 있고, 토론을 통해 다른 사람을 이해하고 배려하는 역량을 키울 수 있다는 생각이다. 물론 이러한 교수·학습 방법을 통해서도 인성교육이 이루어질 수 있다. 그러나 이러한 형태는 '과학'이라는 교과의 특성이 반영되지 않고, 암묵적으로 이루어지는 인성교육에 가깝다.

과학교사들이 인성교육에 대해 부담을 느끼는 두 번째 이유는 인성교육에 대해 막연한 이미지 때문일 수 있다. 「사례 7.1」에서와 같이, 과학교사들이 생각하는 인성교육의 덕목은 정직, 성실, 배려, 협동, 책임, 공감과 같이 일반적인 요소들이 많다. 과학교과와 분리된 일반적인 인성요소는 오히려 과학교사들에게 부담을 준다. 과학교사들은 "이건 도덕 교사가 맡아야 하는 것 아냐?", "과학수업시간에 어떻게 '정직'을 가르치지?"와 같은 반응을 보인다.

과학교사가 인성을 수업에 적극적으로 다루게 하려면 과학과 인성교육이 밀접하게 연결되어 있음을 보여주어야 한다. 이것은 과학의 본성에 대한 이해와 관련된다. 학교과학수업에서 다루는 과학지식은 과학적 탐구과정을 거친 산출된 결과물이다. 예를 들어, "DNA는 이중나선구조로 되어 있다"와 같은 과학지식에는 인성이나 가치가 결부될 여지가 없다. 그러나 DNA 이중나선구조에 대해서 배우면서 어떻게 과학자들이 그 이중나선구조를 밝히게 되었는가를 살펴보면, 인성교육을 이야기할 수 있는 틈이 생긴다.

과학자들은 자연현상을 바라보면서 그 안에 숨겨진 규칙성을 찾아내기 위해 많은 노력을 기울인다. 과학자들의 탐구과정을 살펴보면 그들의 끈기와 노력, 호기심, 열정을 느낄 수 있다. 뿐만 아니라 과학자로서의 정밀함과 치밀함, 정직함 등과 같이 자연 현상을 대하는 과학자들의 태도를 배울 수 있다. 반면, 과학의 탐구과정도 인간의 활동인 만큼 과학자 간의 알력이 존재하고, 정치적·경제적 요인이 작용하는 등 윤리적, 인성적 요소가 들어 있음을 알 수 있다.

DNA 이중나선 구조를 밝혀냈던 과정을 살펴보자. 1953년 4월 25일, 권위 있는 과학학술지인 『네이처』에 DNA 이중나선 구조에 관한 논문이 발표되었다. 그 저자는 영국 캐번디시 연구소의 제임스 왓슨과 프랜시스 크릭이었다. 그러나 이들의 화려한 등장의 뒷면에는 과학자들의 경쟁과 다툼이 숨겨져 있었다. 당시 DNA 연구와 관련하여 주도권을 쥐고 있는 곳은 영국의 킹스칼리지였다. 이에 비해 캐번디시 연구소는 DNA 연구에 있어서는 후발주자였다. 킹스칼리지에는 X선 회절 연구의 권위자인 모리스 윌킨스와 실제 X선 회절실험을 했던 여자 연구원 로잘린드 프랭클린이 있었다. 당시 많은 과학자들이 DNA의 유전정보에 관심을 갖고 연구에 뛰어들고 있었지만, DNA 구조를 밝혀내는 일을 쉽지 않았다. 그러나 윌킨스와 프랭클린은 자신들이 갖고 있는 X선 회절실험 데이터가 DNA 구조를 밝혀내는 데 결정적인 역할을 할 수 있을 것이라는 것을 직감했다. 프랭클린과 사이가 좋지 않았던 윌킨스는 프랭클린 모르게 캐번디시 연구소를 드나들면서 왓슨과 크릭에게 프랭클린이 수행했던 X선 회절실험 결과를 보여주었다. 그 결과, 1962년에 왓슨과 크릭은 윌킨스와 함께 노벨상을 수상하게 된다. 그러나 프랭클린의 존재는 오랫동안 알려지지 못했다. 한참이 지난 후에야 페미니스트들에 의해 프랭클린의 업적이 세상에 알려지게 되었고, 프랭클린의 영광을 도둑질했다는 비판을 받은 왓슨과 크릭도 그의 공로를 인정했다.

DNA 이중나선 구조는 여러 과학자들의 피땀 어린 노력의 산물이다. 모든 과학 교과서에서 DNA의 이중나선 구조에 대해 설명하고 있으며, 학생들도 흥미 있게 배우고 있다. 그러나 DNA 이중나선 구조가 밝혀지기까지 왓슨과 크릭이 했던 과학자로서의 노력, 또 이들과 얽혀져 있는 경쟁과 다툼들은 거의 다루어지지 않고 있다.

그림 7.2 DNA 이중나선구조를 밝혀내는 데 공헌했던 과학자들

제임스 왓슨과 프랜시스 크릭 | 모리스 윌킨스 | 로잘린드 프랭클린

Part 03

과학에서 산출물만 보면 과학에서 인성을 다루는 것이 어려워 보이지만, 그 탐구과정을 들여다보면 인성적 요소가 자연스럽게 들어갈 수밖에 없다. 여기서 인성이란 윤리적인 부분만을 이야기하는 것이 아니다. 과학자들이 산출물을 내기까지의 인내와 학문적 열정, 그리고 과학자로서 갖추어야 할 자질도 포함한다. X선 회절실험 결과를 갖고 있다고 해서 누구나 왓슨과 크릭처럼 DNA의 이중나선 구조를 밝혀내는 것은 아니다. 왓슨과 크릭은 과학자로서 직관력을 가지고 있었고, 분석적인 능력을 갖고 있었다. 이들은 DNA의 구조를 밝혀내기 위해 다른 과학자들 못지않게 끊임없이 연구하고 토론하며 그 결과를 도출해내었다. 그러나 동시에 윤리적인 측면에서는 자유로울 수 없었다.

7.2 SSI 수업을 통해 함양할 수 있는 인성적 요소

과학수업에서 인성교육은 다양한 방식으로 진행될 수 있다. 어떤 학자들은 생태체험을 통해 생태학적 세계관과 자연에 대한 청지기 의식을 가르친다. 학생들은 직접 자연을 체험하면서 자연의 아름다움에 대해 경외하게 되고, 인간이 자연에 미칠 수 있는 영향에 대해 생각해보게 된다. 어떤 학자들은 과학사적 사실을 바탕으로 과학자의 윤리적 측면에 대한 교육을 한다. 앞의 DNA 이중나선 구조에 대한 이야기로 과학자들이 갖추어야 할 인성적 요소를 가르치는 것이 바로 그 예이다.

생태체험이나 과학사적 소재의 활용 외에도 SSI 교육은 인성교육을 위한 방안이 될 수 있다. 특히, SSI 교육은 시민으로서의 인성을 함양하는 데 보다 효과적인 방법이다. SSI 수업에서 다루어지는 사회·윤리적인 쟁점들(예 유전자조작식품의 안정성, 원자력 발전의 위험성, 생활 속 화학물질의 독성 등)은 그 본성상 문제를 둘러싼 다양한 입장들이 첨예하게 얽혀져 있으며, 개인의 경험, 가치관 등에 따라 다른 가치판단을 할 수 있는 논쟁적 특성을 지닌다. 또한 현대 과학철학적 관점에서의 과학, 즉 과학의 인문사회학적 측면을 보여주는 사례로서, 간학문적이고 정답이 없는 특성을 지닌다. 따라서 서로 다른 입장에 대해 존중하고 수용하며 책임 있는 행동이 강조되며, 이러한 특성은 과학교과와 연계된 인성교육을 수행하는 데 좋은 맥락을 제공할 수 있다. Berkowitz와 Simmons(2003)는 과학교육이 단순히 과학지식이나 기능을 전달하는 것을 넘어, 인성교육과 통합되어 진행될 때 학생들이 도덕적 인간(moral agent)으로 성장하는 데 기여할 수 있다고 주장하면서 SSI 교육의 필요성을 뒷받침하였다. SSI 의사결정 과정에 인간과 자연에 대한 존중과 배려, 개인의 이익을 넘어 지역사회나 세계 시민의 안녕을 추구하고자 하는 '책임'과 '양심'이 포함되지 않으면, 아무리 많은 자료를 기반으로 한 의사결정이라고 하더라도 자칫 기계적인 판단이 될 수 있다. 인성과 가치관은 관련 쟁점에 대해 관심을 갖고 참여하고자 하는 동기를 부여하며, 다른 사람의 입장을 고려한 도덕적 판단과 행동적 실천을 이끄는 원동력이 된다.

실제로 몇몇 연구들을 살펴보면, SSI 담화 속에서 인성 함양의 가능성을 찾아볼 수 있다. 예를 들어, Lee 등(2012)은 예비 과학교사들이 SSI에 대해 추론하는 과정을 살펴본 결과, SSI에 대한 입장은 크게 변하지 않았지만 자신과 다른 의견에 대해서 더욱 수용하는 모습을 발견했다. 물론 SSI 수업을 한다고 해서 인성이 짧은 시간 내에 함양되는 것은 아니다. 수업이 끝난 후에도 일부 예비교사들은 여전히 자연보다는 인간을 중심에 놓고 생각하는 모습을 보였으며, 경제성이나 효율성에 편중된 의사결정을 하기도 했다. SSI에 대한 책임감은 느끼지만, 행동으로 옮기는 데에는 주저하는 모습도 보였다. 그러나 SSI 담화에 자연스럽게 인성적 요소가 끼어 들어오기 때문에, 지속적인 SSI 교육은 이들의 인성을 함양하는 데 도움을 줄 수 있을 것이다.

그렇다면 과학교과에서 함양할 수 있는 인성적 요소는 무엇일까? SSI 교육이 학생들의 인성에 미치는 영향은 다양하게 보고되어 왔으나, 이 장에서는 Choi 등(2011)[9]의 연구에서 제시한 인성과 가치관(character and values)의 세 요소를 중심으로

그림 7.3 시민으로서 갖추어야 할 인성과 가치관

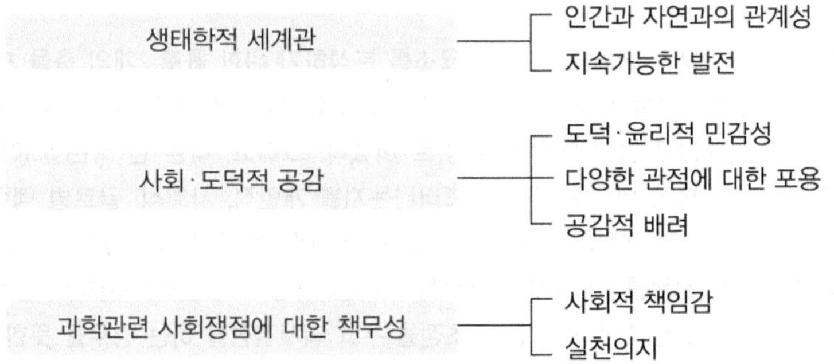

9) 이 연구는 WCU 사업의 지원을 받아 수행되었음.

살펴보고자 한다. 이들은 시대의 변화에 따라 시민들이 갖추어야 할 과학적 소양도 달라져야 한다고 주장하면서, 과학적 소양의 주요 차원의 하나로 '인성과 가치관'을 포함시켰다. 지난 수십 년간 과학적 소양의 정의에 대해 논의되어 왔으나, 이 연구에서처럼 인성과 가치관을 주요 차원으로 정의해 놓은 연구는 거의 처음이었다. 이들이 제시한 인성과 가치관의 하위 영역과 각각의 하위 요소는 [그림 7.3]과 같다.

사례 7.2 SSI 담화에서는 어떠한 인성과 가치관이 드러나는가?[10]

SSI에 대한 대화를 들어보면, 그 담화 안에는 이야기하는 사람들의 생각과 가치관이 자연스럽게 드러난다. 다양한 가치관을 갖고 있는 사람들이 모여 이야기를 진행하는 가운데 서로의 공통점과 차이점을 이해하고, 상대방의 입장에 공감해볼 수 있으며, 그동안 생각해보지 못했던 여러 윤리 · 도덕적 측면들에 대해 생각해보게 된다. 또한 문제해결을 위해 우리가 할 수 있는 일들을 함께 찾아보고, 그것을 행동으로 옮겨보고자 하는 의지도 생길 수 있다. 이처럼, SSI는 과학을 배우면서 동시에 인성교육을 할 수 있는 맥락을 제공한다.

우리는 SSI에 대한 대화에서 드러나는 인성과 가치관 요소와 특성을 자세히 탐색하고자 연구를 시작했다. 원자력 발전의 위험성, 기후변화, 배아복제 연구를 주제로 예비교사들과 이야기를 진행했다. 예비교사들이 다양한 형태의 담화(예 소집단 토의, 대집단 토의)에 참여할 수 있도록 수업을 구성하였다. 원자력 발전 주제에 대해 제시한 문제 상황은 다음과 같다.

> "터키와 같은 국가는 빠른 성장을 위해 원자력 발전을 추진하기로 결정을 했다. 그렇지만 터키는 지진이 발생하기 쉬운 나라이다. 그렇다면, 여러분은 터키에 원자력 발전소를 수출하겠다는 생각에 동의하는가?"

우리는 담화에서 드러나는 인성적 요소를 분석하기 위한 틀로 2개의 축을 세웠다. 한 축은 [그림 7.3]에서 제시한 것과 같이 3개 요소(생태학적 세계관, 사회 · 도덕적 공감, 과학관련 사회쟁점에 대한 책무성)로 하였다. 그리고, 다른 한 축은 SSI에 드러나는 가치관과 인성이 어느 수준으로 드러나는지를 개인적, 사회적, 글로벌 맥락으로 나누어보았다. 개인적 맥락이란 의사결정이 개인의 이득이나 관심, 느낌 등에 주로 의존하여 진행되는 경우를 의미하며, 사회적 맥락은 자신이 속한 지역사회의 관심이나 이득 또는 환경문제에 대한 고려 등에 초점을 두고 의사결정을 하는 경우를 뜻한다. 그

10) Lee et al. (2012) 논문의 일부가 요약 및 발췌되었음.

리고 글로벌 맥락은 전 세계의 안녕을 고려하며 의사결정을 하는 경우를 의미한다.

연구 결과, 예비 과학교사들은 대부분 개인이나 자신의 국가의 이익을 우선시하는 경향을 보였다. 예를 들어, 원자력 발전 상황에 대해 예비교사A는 "지진에도 안전한 원자력 발전소를 짓도록 노력하면 된다"며, "터키가 모든 요인을 고려하여 발전소를 건설하기로 결정했기 때문에 우리는 수출해도 된다"는 입장을 보였다. 예비교사B도 "원자력 발전소를 지을 것인가 말 것인가를 결정하는 것은 구매자의 몫이지 우리가 결정할 일은 아니다"라는 입장으로 예비교사A의 입장을 지지했다. 예비교사A는 계속해서 "선진국에서는 원자력 발전을 건설하는 추세가 줄어들고 있지만, 여전히 원자력 발전소를 필요로 하고 건설하려는 나라가 있기 때문에 우리가 갖고 있는 첨단 원자력 기술을 수출해야 한다"고 주장했다. 그러나 동시에 예비교사A는 원자력 발전소의 잠재적 위험이 두렵기 때문에 "한국에는 더 이상 원자력 발전소가 보이지 않기를 바란다"라는 이중적인 기준을 적용하는 모습도 보였다.

예비교사들은 원자력 발전이 환경에 미칠 수 있는 악영향에 대해서 어느 정도 인지하고 있었다. 예를 들어, 교사들은 "더 많은 원자력 발전소 건설이 인간뿐만 아니라 동물과 물고기, 물과 지구를 오염시키고 차세대에 영향을 줄 수 있다"라면서 "환경 보호에 대한 책임감을 느낀다"는 이야기를 여러 번 반복했다. 하지만, 의사결정을 해야 하는 순간에는 환경보다는 원자력이 인간의 생명과 건강에 미치는 파급 효과에 더 비중을 두는 경향도 보였다.

7.2.1 생태학적 세계관

생태학적 세계관(ecological worldview)은 인간이 자연의 일부분이기 때문에, 인간이 자연에 영향을 미치면 그 영향은 반드시 인간에게 되돌아 올 수밖에 없다는 것에 대한 이해이다. 자연의 일부분인 인간으로서 자연을 바라보면, 인간은 그 안에서 인간 존재의 의미에 대해 탐색하게 되고, 자연의 가치와 아름다움과 경이로움을 느끼며, 인간과 자연이 공존하는 지속가능한 발전을 모색하는 태도를 갖게 된다.[11)]

생태학적 세계관은 인간과 자연의 관계, 기술과 자연의 관계를 의미한다. 즉, 인간은 자연의 일부라는 개념(embeddedness)을 기본으로 한다. 인간이 사용하는 기술도 인간이 자연의 일부로서 살아가는데 필요한 기술이어야 한다. 인간은 돌봄의 윤리와 자연에 대한 실제적 경험을 통해 자연과 친밀한 관계를 형성해야 한다. 또한

11) 인간과 자연의 공존에 대해 언급한 연구들에는 Bowers(1999), Colucci-Gray, Barbiero, & Gray(2006), Smith와 Williams(1999) 등이 있음.

우리를 둘러싸고 있는 환경, 동물, 식물 등을 탐색함으로써 우리가 속한 장(place)에 대한 감각을 가져야 한다. 이를 위해서는 자연이나 주변 환경으로 교육의 장을 확장해야 한다. 캐나다의 환경교육자인 Zandvliet(2004)은 Smith와 Williams(1999)가 제안한 생태학적 세계관에 대해 동의하면서, 현재 환경 교육이 마치 과학교육의 한 영역(또는 확장 영역)으로 여겨지고 있는 상황에 대해 불편함을 나타냈다. 과학교육에서 강조하는 STSE[12] 교육이 과학기술의 발달로 인해 야기된 사회적, 환경적 이슈를 다루는 데 매우 바람직한 교육 모델로 제안되고 있기 때문이었다. 그는 오히려 STSE 교육이 학생들에게 환경문제를 매우 편협하게 접근하도록 만든다고 보았다. 왜냐하면 STSE적 접근이 과학이나 기술이 훼손된 환경을 복원할 수 있을 것이라는 기술지배적인 관점, 과학기술 만능주의에 기반을 두고 있기 때문이다. 즉, 과학과 기술은 우리가 겪고 있는 환경문제에 대한 궁극적인 해결책이 아니라는 점을 간과해서는 안된다. 환경문제를 과학·기술지배적인 관점에서 해결하고자 하는 것은 인간과 자연의 관계에 초점을 두지 않기 때문에 환경에 대한 왜곡된 이해를 가져올 수 있다.

다음 신문기사는 인간이 자연의 일부이기 때문에 자연에게 미친 영향은 다시 인간에게 되돌아온다는 사실을 잘 보여준다.

> 매년 바다에 버려진 플라스틱 폐기물은 500만~1300만 톤에 달한다. 이 폐기물을 바다새와 물고기 등 바다생물이 주워 먹는다. 지난해 영국의 순환경제관련 단체 앨런 맥아더 기구는 2050년까지 바다에 물고기보다 플라스틱의 양이 더 많아질 것이라고 경고했다. … 버려진 페트병은 결국 인간에게 돌아온다. 벨기에 겐트 대학 연구팀은 최근 수산물을 즐겨 먹는 사람은 매년 1만 1000개의 플라스틱 조각을 함께 섭취하고 있다는 연구결과를 발표했다. 지난해 유럽식품안정청(EFSA)은 미세 플라스틱에 오염된 수산물이 인간의 건강을 위협한다는 연구 결과를 내놓기도 했다.[13]

생활의 편리함을 위해 우리는 엄청난 양의 플라스틱을 사용한다. 플라스틱이 환

---

12) STSE는 Science, Technology, Society and Environment의 약어임.
13) 아시아경제 "네가 먹은 게 고등어라고 생각하니? 사실은 페트병 조각이야"(2017년 6월 30일) 기사의 일부임.

경에 유해하다는 것은 알지만, 학생들과 수업시간에 플라스틱의 재활용에 대해 토의해보면 그 심각성에 대해서는 잘 이해하지 못하는 경우가 많다. "플라스틱이 환경에 나쁘기 때문에 재활용하면 돼요" 또는 "저는 쓰레기통에 버릴 때 꼭 분리수거해요"와 같이 이야기하지만, 단순히 내가 잘 버린다고 해서 해결되는 문제는 아니다. 인간이 자연에 영향을 주게 되면, 그 결과는 필연적으로 인간에게 돌아온다는 사실을 우리는 명확히 인지해야 한다. 위의 기사에서처럼 우리가 버린 플라스틱 폐기물이 시간이 지나 먹거리를 오염시키고 우리의 건강을 위협한다. 아무리 플라스틱 폐기물 처리 기술을 최첨단으로 발달시킨다 하더라도 인간과 자연의 지속가능한 삶을 고려하지 않는다면 이 기술도 임시방편이 될 수밖에 없다. 그렇게 되면, 그 과학기술은 환경에 또 다른 영향을 미칠 수 있다. 자칫 인간이 예상치 못한 악순환의 고리가 이어질 수도 있다. 따라서 우리는 SSI 교육을 통해서 인간과 자연이 어떠한 관계를 맺어야 하는지 근본적으로 생각해볼 수 있는 기회를 제공해야 한다.

Bowers(1999)는 자연과 인간 본연의 관계가 회복될 때 자연계에 생명을 불어넣을 수 있다고 주장했다. 인간은 자신이 자연의 일부임을 받아들일 때 자신의 정체성과 자연에서의 자신의 위치를 깨달을 수 있다. 다시 말해서, 자연이 얼마나 광대하고 위대한지 알게 되고, 그 아름다움과 본연의 가치를 인식하고, 자연의 심미적 아름다움에 대해 경험하게 된다. Bowers를 비롯한 여러 환경 교육자들이 이러한 깨달음과 경험이 환경에 대한 책임감으로 이어지게 된다고 설명한다. 예를 들어, Thompson과 Barton(1994)은 일반인의 환경에 대한 태도와 행동 사이의 상관관계를 분석했다. 그 결과 생태 중심적 시각을 가진 사람들은 환경에 대한 무관심적 태도를 보이지 않고, 자연 보호에 대해 보다 적극적인 태도를 취하며, 환경 단체에 참여하는 경향이 있음을 보여 주었다. SSI 교육은 과학기술이 인간과 사회, 자연환경과 동식물에 미치는 영향을 보면서 지속가능한 발전의 방향을 모색해보는 데 기여할 수 있다.

7.2.2 사회·도덕적 공감

사회·도덕적 공감(social and moral compassion)은 과학기술의 발달로 인한 부작용으로 고통 받는 사람들, 혹은 과학기술의 혜택에서 소외된 사람들에 대한 공감과 배려, 돌봄의 가치를 의미한다. 즉, 과학기술의 편리함과 동시에 야기될 수 있는 사회·윤리적 문제들에 대해 관심을 갖고, 이 문제들에 대해 다양한 입장과 해석이 존재할 수 있음을 이해하며, 다양한 입장에 대한 개방적 태도와 포용력, 그들의 입장에서 고려하는 공감과 배려를 포함한다.[14)]

예를 들어, 2011년 후쿠시마 원전사고가 일어났을 때 일본을 비롯한 전 세계 사람들은 갑작스런 재난에 엄청난 공포를 느꼈다. 많은 국가에서 일본 피해지역으로 구호품을 보냈고, 그 지역 사람들을 돕기 위한 자원봉사자들도 파견했다. 일본에서 생산되어 수입되는 모든 상품들에 대해 검열을 강화했고, 해수를 통해 확산될 방사성 물질들에 대한 조사를 실시했다. 일본 사람들은 수돗물을 마시는 것에도 두려움을 느꼈고, 특히 어린 아기의 엄마들은 아기에게 우유를 먹이는 것조차 주저했다. 다음은 그 상황에 대한 신문기사 중 일부이다.

> 24일 오전 8시 일본 도쿄 오타(大田)구의 도청 재난물품 비축창고. 생수병을 가득 실은 트럭 30대가 각 구청으로 일제히 출발했다. 수돗물에서 유아용 기준치를 넘는 방사성 물질이 검출되자 유아가 있는 가정에 생수 24만병을 배포하기 위한 긴급수송작전이 시작된 것이다. 12개월 미만 유아 1명당 500mL 생수를 하루 3병씩 지급하기로 했다. 각 구청도 자체적으로 재난 대비용으로 비축한 생수를 풀기 시작했다. 이날 오후 도쿄의 각 구청엔 아기를 업은 젊은 주부들이 생수를 배급받기 위해 길게 줄을 섰다 … 고토(江東)구의 히마와리 보육원은 이날 오전 구청에서 생수를 긴급 전달받아 아기들에게 우유를 타 먹였다. 아기를 맡긴 부모들도 개인적으로 구한 생수를 보육원에 전달하기도 했다. 고토구는 이날 60개 시설에 있는 유아 1인당 2L 생수 2병씩을 보냈다. 하지만 생수가 턱없이 부족해 각 보육원들은 물을 사용하지 않는 메뉴를 개발하기도 했다. 물을 쓰지 않기 위해 씻지 않는 쌀인 무세미(無洗米)로 밥을 짓고, 물이 많이 필요하지 않은 메뉴를 개발하고 있는 것이다. 이토요카도 등 유통업체들은 생수를 긴급조달해 아기를 키운다는 것을 증명하는 모자 수첩을 가진 주부들에게 우선적으로 생수를 판매하고 있다.[15)]

원자력 발전으로 인한 크고 작은 사고들은 지금도 곳곳에서 일어나고 있다. 후쿠시마 원전사고는 더 이상 남의 일이 아니다. 우리는 이러한 문제를 겪은 사람들의 아픔을 공감하고, 그들에게 손을 내밀고, 그들과 함께 문제를 해결해 나갈 수 있

---

14) Noddings, 1985; Gilligan, 1982, 1987; Ruiz & Vallejos, 1999; Stern, Dietz, & Kalof, 1993.
15) 조선일보 "아기들 지켜라… 1인당 생수 3병 긴급 수송작전"(2011년 3월 25일) 기사의 일부임.

는 사회·도덕적 공감력이 필요하다.

돌봄의 윤리(caring ethics)를 강조해온 윤리학자 Nel Noddings는 빠르게 변화하는 과학기술 사회에서 학생들을 가르치는 방법에 대해 다음과 같이 제안했다. 현대 사회를 살아가는 사람들은 타인뿐만 아니라 살아있는 동물에 대한 공감과 생명에 대해 존중하는 마음을 키워야 한다는 것이다. 그러나 우리 사회는 더 높은 수학 및 과학역량, 더 나은 학업 준비의 형태의 교육을 강조하고 있다. 그러나 이것은 현대 사회의 급속한 변화에 대한 불완전한 대처라고 비판했다. Noddings는 학생들이 보살핌, 배려, 돌봄의 가치에 대해 배워야 하며, 교사는 학생들이 윤리적으로 책임감 있게 서로를 대하는 방법을 배우고 실천할 수 있도록 도와야 한다고 덧붙였다. 또한 교사는 인간에 대한 배려와 마찬가지로 동물, 식물 및 환경도 돌보는 방법, 나아가 인간이 만든 세상을 돌볼 수 있는 마음을 갖도록 가르쳐야 한다고 주장하였다. 미국의 심리학자 Carol Gilligan 또한 윤리적 딜레마를 해결하기 위한 도덕적인 방향의 하나로서 돌봄 윤리의 관점을 강조했다. Ruiz와 Vallejos(1999)도 이와 유사하게 연민 중심의 도덕 교육을 제안했다. 도덕 교육이 인지 발달 모델을 기반으로 진행됨을 지적하면서 학생들이 도덕적 인식, 공감, 동정심을 키울 수 있는 사회적 경험의 필요성을 강조했다. 다른 사람들이 다양한 이슈로 어떻게 고통 받고 있는지를 알게 되었을 때 고통을 덜어 줄 책임감과 같은 이타적인 행동이 증가할 수 있다.

SSI 교육을 통해 함양하고자 하는 사회·도덕적 공감은 크게 세 가지 요소로 나누어 생각해볼 수 있다. 우선, 도덕·윤리적 민감성이다. 도덕성 발달 분야의 Jame Rest가 도덕적 행동이 일어나기 위한 네 가지 요소 중 첫 번째로 언급한 것이 도덕적 민감성이다. 도덕적 민감성은 과학기술과 관련된 쟁점에 어떠한 도덕·윤리적 측면이 포함되어 있는지를 인지하고, 이에 반응할 수 있는 것을 의미한다. 즉, SSI 수업을 통해 학생들이 과학기술이 내포하고 있는 도덕·윤리적 측면에 대해 인지함으로써 그 문제를 같이 해결해나가려는 의지가 발현될 수 있다.

둘째, 다양한 관점에 대한 포용이다. 대부분의 SSI는 다양한 관점을 포함하고 있다. 부족한 전기 공급과 화석연료의 고갈 등의 문제를 해결하기 위한 대안으로 개발된 원자력 발전소가 전기 수급에 큰 기여를 하고 있는 것은 사실이지만, 엄청난 재앙을 불러올 수 있는 위험성도 안고 있다. 후쿠시마 원전과 같이 사고가 발생하게 되면 인간과 자연에 회복 불가능한 위협을 가하게 된다. 따라서 원전개발에 대한 입장은 개인마다 혹은 집단마다 다를 수 있다. 그리고 다양한 문화적·사회적 배경, 그리고 그로 인한 다양한 생각과 관점은 당연히 존중받아야 한다. 그러나 서로 다름이 지나치게 부각되고 첨예하게 대립되는 데 초점을 맞추어서는 안된다. 상대방 입장이 나와는 다르지만 어떤 점에서 합당한지, 왜 상대방은 그러한 주장을 할 수 밖에 없는지에 대해 공감적인 태도로 이해하려고 노력해야 한다. 학생들은 SSI 토론에 참여하고 다른 경쟁 관점을 끊임없이 탐구하는 과정을 통해 다양한 시각에 대한 이해의 폭이 넓어지게 된다.

마지막으로 공감적 배려이다. 과학기술의 발달로 인한 부작용으로 고통 받는 사람들, 혹은 과학기술의 혜택에서 소외된 사람들의 아픔에 대해 공감하려고 노력하고, 그들을 배려하고 돌볼 수 있는 방향에서 문제에 접근하는 것을 의미한다. 실제로 학생들의 SSI에 대한 추론과정을 살펴보면, 다른 사람에 대한 또는 동물이나 자연에 대한 연민과 보살핌의 시각이 드러난다.

7.2.3 과학관련 사회쟁점에 대한 책무성

과학관련 사회쟁점에 대한 책무성(socioscientific accountability)은 과학기술로 인해 발생한 문제들을 해결하는데 책임감을 느끼고 이를 해결하기 위해 참여 및 실천하고자 하는 의지를 의미한다. Roth와 그의 동료들은 현대 사회에서의 과학적 소양을 지닌 사람은 단순히 과학관련 사회문제를 인지하고 공감하는 것을 넘어, 문제해결에의 책임감을 느끼고 실제 행동으로 이어질 수 있어야 함을 강조하였다. 많은 사람들이 책무(accountability)와 책임(responsibility)을 동일한 의미로 사용한다. 이 두 용어는 유사하다. 그러나 책무는 특정한 결정이나 행동의 결과에 대한 사회적 책임까지도 포함하는 반면, 책임은 그러한 결과 및 행동 과정에 대해 개인적으로 수용하는 것을 의미하는 경우가 많다. 과학관련 사회쟁점에 대한 책무성은 사회적인 책임과 개인적인 책임을 모두 포함하는 개념이다. 이는 책임 있는 행동의 기반이 된다.

많은 과학교육자들이 과학기술관련 사회 쟁점들과 관련하여 사회·정치적 행동을 할 수 있는 시민의 양성을 강조하고 있다. 몇 년 전에 이슈화된 가습기 살균제 사건을 예로 들어보자. 가습기 살균제는 1994년에 첫 제품이 나왔다. 몇 년 후 일부 소비자들은 가습기 살균제의 위험성에 대해 회사를 상대로 문제를 제기해왔다. 그러나 회사는 폐질환과 가습기 살균제가 상관이 없다는 결과만 언급하였고, 별다른 조치를 취하지 않았다. 관련환경보건시민센터 등의 자료 분석에 따르면 약 17년간 가습기 살균제는 별다른 제재 없이 소비자에게 판매되고 사용되어 왔다. 우리나라 국민의 1/4 가량이 가습기 살균제를 사용한 적이 있는 것으로 추정된다. 이런 상황에서 우리는 어떠한 행동을 해야 하는가? 다음은 관련된 신문 기사의 일부이다.

> 가습기 살균제 사망사건 피해자들은 1일 서울 종로 환경보건시민센터 사무실에서 기자회견을 열고 이날 신문에 실린 옥시레킷벤키저의 사과 광고에 대해 강도 높게 비판했다. "이번 사과는 사망사건이 알려진 뒤 4년 11개월만으로 얼마나 기다렸던 일인지 모른다"고 운을 뗀 이들은 "하지만 사과문을 보면 뭘 잘못했는지 정작 사과의 내용이 안 보인다"고 말했다. 옥시싹싹 뉴가습기당번에 무슨 문제가 있고 왜 그랬는지, 뭐가 잘못되고 어떤 책임을 진다는 건지 일체 말하지 않았다는 설명이다. 이들은 또 "그냥 배상금을 어떻게 준다는 돈 이야기뿐이다"며 "그것도 일부인 1·2등급 판정자들에 대해서만 일 뿐 3·4등급에 대해선 일언반구 언급이 없다"고 지적했다.[16]

시민들이 소비자로서의 정당한 권리를 주장할 수 있는 사회·정치적 행동은 필요하다. 오랫동안 폐질환으로 사망한 소비자들을 보면서도 제대로 사과하지 않았던 옥시레킷벤키저도 책임을 지게 되었다. 소비자들의 사회·정치적 행동은 옥시로 하여금 가습기 살균제와 폐질환의 관계를 정밀히 살펴보도록 했으며, 정부는 부적절했던 검사 과정에 대해 제재를 가할 수 있었다. SSI 교육은 학생들이 미래 시민으로서 과학기술로 인한 사회쟁점에 대해 책임감을 갖게 하며, 나아가 문제해결을 위한 실천에 참여하고자 하는 의지를 갖게 한다.

▶ 7.3 SSI 수업은 실제로 인성교육에 효과가 있는가?

SSI는 정답이 존재하지 않는 논쟁적인 문제 상황인 경우가 많다. 따라서 SSI에 대한 토의 및 합의 과정에는 개인의 도덕적인 신념이나 가치가 자연스럽게 반영된다. 학생들은 본인의 신념과 가치관을 드러내고 서로 상반된 관점이 충돌하거나 조

16) 동아일보 "옥시 사과 광고는 악어의 눈물"(2016년 8월 2일) 기사의 일부임.

율되어야 하는 상황에 직면하면서 배려나 공감, 다양성에 대한 존중과 수용 등 시민이 갖추어야 하는 인성을 함양할 수 있게 된다.

7.3.1 SSI 수업이 초·중등 학생들의 인성과 가치관 함양에 미치는 효과

SSI 수업은 시민으로서의 인성과 가치관 함양에 효과가 있을까? 다양한 연구에서는 SSI 수업이 인성 함양에 미치는 긍정적인 효과들을 보여주고 있다. Sperling과 Bencze(2010)는 학생들이 시민으로서 폐기물 처리에 대해서 취할 수 있는 행동을 모색하고 수행하는 과정을 통해 시민으로서의 자질이 함양되었다고 주장했다. Hodson (1999)도 다문화 사회의 인종차별 문제를 다룸으로써 소수민족 출신 학생의 과학학습 참여와 성취를 높이고, 일반 학생의 인종 차별에 대한 민감도를 높일 수 있다고 설명하였다. Fowler 등(2009)은 11～12학년 학생들을 대상으로 SSI를 다루는 교육과정이 과학학습 결과에 어떤 영향을 주는지, SSI 중심의 교육과정이 학생들의 도덕적 민감성 발달에 미치는 효과에 대하여 연구하였다. 이들은 과학교육에서 SSI를 다루는 것이 학생들의 도덕적 민감성을 발달시키는데 긍정적인 영향을 미친다고 보고하였다.

사례 7.3 SSI 수업이 인성과 가치관 함양에 미치는 효과[17)]

우리는 중학교 3학년 학생들과 생명공학과 관련된 수업을 [그림 7.4]와 같이 7차시(1차시는 45분임) 동안 진행하였다. SSI 수업의 내용은 인성과 가치관의 세 하위 영역, 즉 생태학적 세계관, 사회 · 도덕적 공감, 과학관련 사회쟁점에 대한 책무성이 함양될 수 있도록 내용을 구성하였다. 예를 들어, GM 기술이 환경에 미치는 영향을 보여주는 사례를 제시하거나, 학생들이 GM 기술과 관련하여 피해를 입을 수 있거나 그 혜택에 소외될 수 있는 사람들의 상황에 공감할 수 있도록 돕는 질문들을 지속적으로 던졌다. 그리고 모의 타운홀 미팅의 형식을 빌려 학생들이 시민으로서 합의해나가는 과정을 경험할 수 있도록 하였다. 사실 인성과 가치관이 7차시의 수업만으로 크게 향상되기는 어렵다. 그러나 SSI 수업이 학생들이 시민으로서 인성과 가치관을 형성해 나가는 데 기여할 수 있는 교육적 방안이 될 수 있는지를 확인하고 싶었다.

학생들의 인성 변화를 알아보기 위해 20문항으로 구성된 설문지와 면담, 수업에서의 토의내용을 살펴보았다. 설문지는 인성과 가치관의 하위 영역이 잘 드러나도록 5점 척도 형식으로 구성하였다. 그러나 설문지만으로 인성과 가치관을 측정한다는 것은 한계가 있기 때문에, 토의 내용과 면담도 자세히 분석하였다. 그 결과, 여러 하위 영역에서 긍정적인 효과를 확인했다.

우선, 생태학적 세계관 영역에서는 수업 후에 향상되는 경향을 보이기는 하였으나 통계적으로 유의미하지는 않았다. 그러나 지속가능 발전에 대한 인식은 높아졌다. 인간과 자연의 관계성에 대한 인식은 다소 어려운 개념이어서 크게 높아지지는 못했지만, 학생들의 토의 내용을 살펴보면 인간이 GM 기술로 자연에 영향을 미치면 그 결과가 결국에는 인간에게 되돌아 올 것이라는 것을 인지하고 있었다.

사회 · 도덕적 공감 영역에서는 전체적으로 향상되는 모습을 보였다. 수업을 진행

그림 7.4 수업의 전개

수업 1-2	GM 기술에 대한 소개 (강의)	• 교사가 GM 기술과 관련된 과학적 정보에 대해 설명함. • 교사가 GM 기술이 현재 어떻게 사용되고 있는지, 어떠한 윤리·도덕·사회적 문제를 낳을 수 있는지에 대해 간단히 소개함. • 학생들이 GM 기술에 대해 궁금한 점을 질문함.
↓		
수업 3	GM 기술에 대한 의견 제시하기 (월드카페)	• GM 기술에 대해 본격적으로 탐색하기 전, 학생들이 이 기술에 대해 어떻게 생각하는지 자유롭게 이야기함.
↓		
수업 4-5	GM 기술과 GM 기술을 둘러싼 논쟁에 대해 탐색하기 (직소)	• 교사가 GM 기술과 관련된 여섯 가지 입장을 제시함. • 학생들은 조별로 토론을 통해 여섯 개의 입장 중 하나를 선택하고, 구성원들과 함께 이를 지지할 수 있는 근거들을 구성함.
↓		
수업 6	GM 기술의 윤리적 측면에 대해 집중 탐색하기 (비디오 시청 및 소그룹 활동)	• 학생들은 GM 기술이 인간에게 미칠 수 있는 영향에 대한 비디오 영상을 시청함. • 학생들은 맞춤 아기를 예로 들어 GM 기술이 갖고 있는 윤리적 측면에 대해 심도 있게 논의함.
↓		
수업 7	합의문 만들기 (타운홀 미팅)	• 조별로 논의한 학생들이 모여서 GM 기술이 나아갈 방향에 대해 모의 타운홀 미팅을 수행함.

17) Lee et al. (2013) 논문의 일부가 요약 및 발췌되었음.

한 교사도 학생들이 GM 기술과 관련된 쟁점들의 윤리적 측면에 민감하게 반응하고 토론을 진행해 나가는 것을 보고 놀라워했다. 학생들은 쟁점을 둘러싼 다양한 입장들을 진지하게 탐색해 가면서 쟁점에 대한 이해를 높여나갔다. 학생들은 "처음에 TV에서 GM 기술을 봤을 때에는 무조건적으로 반대했었어요. 하지만, 친구들이 이유를 대면서 GM 기술의 장점들을 이야기하는 것을 들으니까 이해가 가기 시작했어요."와 같이 자신과 다른 입장들도 그 나름대로의 타당성이 있다는 것을 인지하기 시작했다. 그리고 GM 기술이 필요한 사람들에 대한 연민과 공감, 그들의 입장에서 문제를 바라보려는 노력도 기울였다.

과학관련 사회쟁점에 대한 책무성 영역도 향상되었다. 한 학생은 "저는 이번 수업에 한 명의 학생으로 참여한 것이 아니라 시민이었어요. 저는 제 의견을 표현해야 할 의무가 있다는 생각을 했어요"와 같이 응답을 했다. 즉, 이러한 문제를 해결해야 할 사람이 바로 우리, 나라는 생각을 하기 시작했다는 점은 매우 의미 있는 변화라 할 수 있다. 그러나 그 책임감에 비해 실천에 옮기는 의지는 다소 약했다. 그렇지만, 학생들 수준에서 할 수 있는 일이 무엇일지에 대해 진지하게 고민하는 모습을 보이는 학생들도 있었다.

SSI 수업은 대부분 중·고등학생이나 대학생을 대상으로 한 연구가 많다. SSI가 도덕적 판단과 합의 과정을 중시하기 때문에 학생들이 스스로의 생각을 논리적으로 말할 수 있고, 가치판단을 할 수 있을 만한 가치관이 어느 정도 형성되어 있어야 한다는 생각 때문이다. 그렇다면 과연 초등학생들에게는 SSI 수업이 불가능한 것일까?

환경을 생각하고, 서로를 배려하며, 사회적 책임감을 갖도록 하는 인성교육은 어려서부터 시작해야 한다. 어려서도 환경을 보호하기 위해 작은 실천(예 자원 절약, 재활용 등)을 할 수 있고, 자신의 생각이 무엇인지 표현하는 것이 중요함을 알아야 한다. 그리고 나와 다른 친구의 생각을 주의 깊게 들어주고 공감해줄 수 있는 포용력을 배워나가야 한다. 초등학교에서의 SSI 수업은 그 씨앗을 심어주는 시기이다. 수업을 운영하는 데 있어서도 초등학생들이 이해하기에 다소 어려운 첨단 과학이나 사회 과학적 내용들이 있어 어려울 수 있으나 그들의 눈높이에서 토의문제를 설정하고 자료와 역할을 부여해주는 과정만 있다면 충분히 가능할 수 있다. 오히려 학문 간 경계가 명확한 중·고등학교보다, 오히려 교과 간 통합이 자유로우므로 교육과정의 큰 변화 없이 SSI를 다룰 수 있을지도 모른다. 사례 7.4 는 초등학생을 대상으로 SSI 수업을 한 후 인성의 변화를 살펴본 연구이다.

사례 7.4 SSI 수업이 초등학생에게도 효과가 있을까?[18)]

우리는 초등학교 6학년 학생들을 대상으로, 과학교과에서 두 단원(2. 생물과 환경, 4. 여러 가지 기체)을 선정하여 약 2개월간 SSI 수업으로 구성하였다. 그리고 SSI 수업이 학생들의 시민으로서의 인성과 가치관에 미치는 영향을 탐색하기 위해, 한 학급을 실험반, 나머지 한 반을 비교반으로 설정하였다. 실험반의 SSI 수업은 유전자조작식품(GMO), 멸종위기 동물, 깨끗한 물, 북한산 케이블카 설치, 아마존과 지구온난화, 가스공장, 탄산수의 여덟 가지 주제로 구성되었다. 학생들이 SSI 수업에 몰입하고 참여할 수 있도록 교과내용과 연계되면서도 주변에서 쉽게 접할 수 있는 주제로 선정하였다. 예를 들어, 케이블카를 설치하는 문제의 경우 학교 주변에 위치한 북한산을 맥락으로 구성하였으며, 멸종위기 동물 주제는 과학실에서 볼 수 있는 동물 박제 등을 활용하여 수업을 진행하였다. 이에 반해, 비교반은 동일 차시 동안 해당 과학교과내용을 중심으로 일반적인 수업을 진행하였다.

수업 후에 인성에 있어서의 변화를 살펴본 결과, 인성과 가치관의 세 영역 중에서 사회 · 도덕적 공감 영역에서 유의미한 향상을 보였다. 나머지 영역에서도 향상은 있었지만, 그 차이가 유의미할 만큼은 아니었다. 수업 중 학생들의 태도나 면담 결과를 살펴보면, 초등학생들에게도 SSI 수업이 유의미한 경험이었음을 알 수 있다. 예를 들어, 학생들은 토의를 하면서 다른 입장의 사람을 비판하기에 앞서 상대방의 상황을 고려해보고 문제와 관련된 다양한 입장을 이해하기 위해 나름대로의 노력을 기울이는 모습을 보였다.

> (북한산 케이블카 설치에 대한 수업에서) 정말 노약자는 생각을 못했어요. 무조건 환경만 생각했거든요. 그런데 노약자라고 하니까 저희 할머니나 할아버지가 어려움이 있으실 거 아니에요. 그분들 생각하면 설치해야겠구나, 필요하겠구나 그런 생각이 들었어요.

북한산에 케이블카를 설치하게 되었을 때 환경에 미칠 수 있는 악영향만을 생각했던 학생은 노약자 역시 경치를 볼 수 있도록 기회를 제공해야 한다는 반대의견도 타당할 수 있다는 것을 알기 시작했다. 멸종위기 동물 주제에 대해서도 친구들이 발표하는 내용을 들으며 자신이 생각하지 못했던 내용을 고려하게 되었다는 응답이 많았다. 참여 학생들은 여러 이해관계를 고려하여 자신의 의견을 조정해나가거나 다른 친구들의 의견을 귀담아 듣기 위한 노력도 보여주었다. 일부 학생들은 멸종 위기에 놓인 오소리를 보며 감정을 이입하는 모습을 보이기도 하였으며, 몇 명은 여기에서 나아가 멸종위기 동물에 대한 보호가 필요함을 강력히 주장하기도 하였다.

18) 김재덕, 고연주, 이현주(2016) 논문의 일부가 요약 및 발췌되었음.

실제 오소리가 되어 보니 기분이 진짜 슬펐어요. 자기 영토를 다 뺏기고 살아갈 데도 없고 그러면 어쩔 수 없이 굶어 죽고 또 살 곳이 없어 죽잖아요. 그런 것 때문에 멸종위기 종물들도 죽는 거니까.

처음엔 반대였는데 가면서 더욱 반대하게 되었어요. 오소리 쓸개를 약으로 쓴다고 하니까 오소리한테는 고통인데 사람들만 좋다고 사람들이 이기적으로 행동하니까 오소리가 너무 불쌍했어요.

그러나 여전히 인간 중심적으로 사고하는 모습을 보이기도 하였다. 특히 GMO를 주제로 한 수업에서는 "생명공학기술의 발전에 대한 위험성이 있기는 하지만 배고픔을 해결해줄 수 있다"거나 "GMO가 몸에 좋지 않다고 해도 굶어서 죽는 것보다는 먹는 게 낫다"는 답변을 보이기도 하였다. 일부 학생은 "아마존을 개발한다고 하더라도 원주민과 동식물을 위한 특별 공간을 만들어 보호한다면 인간과 자연이 공존"할 수 있음을 지적하기도 하였다. 또한 북한산 케이블카 설치에 대해서 "사람이나 동식물이 서로 공생을 해야 하기 때문에 생태통로를 하자는 것이고. 이 생태통로를 통해 인간과 동물이 최대한 콜라보를 이룰 수 있게 하자"와 같이 동료 친구들을 설득하는 모습도 보였다. 그러나 대부분의 학생들은 경제성장이나 인간이 취할 수 있는 편리함 등에 보다 초점을 둔다던가, 자연을 보호하는 것만을 우선시하는 등 다소 제한적인 인식을 보여주었다.

하지만, 일부 학생들은 수업 후에 본인의 작은 행동이라도 과학기술의 발달로 인해 생겨난 사회문제를 해결하는 데 도움이 될 것이라는 믿음을 갖기 시작했다.

저희가 보통 교과서에 배우는 수업은 그렇게 우리 일상생활에 많이 영향을 끼치는 게 아니잖아요. 좀 현실성이 없고 기본적인 상식인거고. (중략) 만약에 교과서에서 배웠으면 예를 들면 '지구온난화를 예방하기 위해 되도록이면 너무 그렇게 하지 말자' 그렇게 한다고 하면, 이번 수업에서는 어떻게 전기를 아끼고 노력을 하고 세세히 살피고 알아보니까 평소에 안 쓰는 불은 끄기도 하고 코드도 뽑고 양치할 때 물도 잠그고 영향을 다 미치니까 훨씬 더 의미 있었다고 생각해요.

즉, SSI 수업이 단순히 지식과 정보를 배우는 차원을 넘어 책임감을 느끼게 하는 기회를 제공해 주었음을 알 수 있다. 한 학생은 가스공장 수업에서 지역주민대표로 참여하여 활발한 토론을 하였는데 "선생님이 패널로 한번 나가보라고 해주셔서 한 번 나갔는데 패널이 되어 보니 뭔가 책임감이 생기고 이런 거 같았어요."와 같이 응답하기도 하였다. 물 부족 시 겪을 어려움에 대한 토론에서도 "물을 왜 아껴야 되고, 안 아끼면 어떤 현상이 벌어지는지 해서 물의 중요성을 깨닫게" 할 수 있는 광고를 제작하거나 물 박물관 등을 설립하고, "서대문구 측에서 홍제천 개발사업을 통해서 [유진상가로 인해 가로 막힌 홍제천 문제를] 해결한 것"처럼 물 부족에 대한 국가적인 노력이 필요함을 역설하기도 하였다.

두 달 정도의 짧은 기간 동안 시민으로서의 인성 전반이 눈에 띄게 크게 향상되기를 기대하기는 어려울 수 있다. 그러나 본 연구는 과학과 인성교육을 통합한 SSI 수업을 통해 학생들이 생태계와 인간의 관계에 대해 생각하고, 과학기술로 인해 야기된 사회문제에 대한 다양한 입장을 공감하고 수용하는 기회를 제공하였고, 그것이 학생들을 도덕적 인간로 성장하도록 하는 데 조금이라도 기여할 수 있다는 가능성을 보여주었다.

인성과 가치관 함양을 위한 SSI 수업을 수년간 진행해오면서 그 효과를 살펴본 결과, 인성과 가치관의 하위 요소 중에서 과학관련 사회쟁점에 대한 책무성은 상대적으로 향상되지 못하는 경우가 많았다. 특히, 책임의식은 갖게 되더라도 그것을 실천하고자 하는 의지까지 연결되지는 못했다. 학생들은 "내가 과연 무엇을 할 수 있을까?", "내 행동이 큰 변화를 가져올 수 있을까?" 등과 같이 의구심을 표현했다.

사실 지금까지의 학교과학수업에서는 시민으로서의 실천과 참여를 강조하는 수업이 충분히 강조되지 않았다. SSI 수업을 하더라도 교실 내에서 토의나 토론으로만 진행되는 경우가 많았다. 캐나다의 Bencze는 토의·토론만으로는 학생들의 직접적 행동과 참여를 이끌어내기에는 다소 부족할 수 있다고 설명하였다. 사례 7.5 는 지역사회와 연계한 SSI 수업을 통해 학생들이 실천에 옮길 수 있는 의지를 높여보고자 했던 사례이다.

사례 7.5 실천의지를 높일 수 있는 방법은 없을까?[19]

우리는 지역사회와 연계된 교육을 통해 학생들의 실천과 참여를 증진시키고자 하였다. 이와 같은 교육적 시도는 장소기반학습의 개념으로 설명될 수 있다. 장소기반학습은 학교 밖에서 살아있는 자연환경을 직접 체험하는 생태교육에서 강조되어 왔다. Powers(2004)는 의미 있는 장소 내에서의 직접적인 학습 경험을 통해 학생들은 자신이 속해 있는 장소에 대한 애착이 생기고, 이 애착은 행동으로 이어져 자신의 지역사회문제에 더욱 적극적으로 참여하는 원동력이 된다고 설명하였다.

우리는 학생들이 거주하는 지역에서 접할 수 있는 지역사회문제들을 중심으로 수업을 구성하였다. 학생들은 보통 개와 고양이 등 반려동물에 많은 관심을 갖고 있으

19) 김가형(2016). 김가형과 이현주(2017b) 논문의 일부가 요약 및 발췌되었음.

며, 버려진 동물들도 생활 속에서 쉽게 접한다. '반려동물을 부탁해' 프로그램은 사람들의 이기적인 행동으로 인해 버려지는 지역사회 속 유기동물 문제에 대해 관심을 갖도록 하는 의도에서 구성되었다. '도전! 미세먼지ZERO' 프로그램은 사람들의 안락함과 편리함만을 위해 무분별하게 사용된 에너지와 그로 인해 발생한 미세먼지 문제에 관심을 갖도록 하는 의도에서 구성되었다. 우리는 학생들이 교실 안에서만 학습하는 것이 아니라 지역사회의 여러 관련 기관을 찾아다니며 여러 리소스를 활용하고 학습의 결과를 지역사회로 환원할 수 있도록 학교 내 수업과 학교 밖 수업을 번갈아가면서 진행하였다. 그 과정에서 미래 시민으로서 문제해결에 참여하고 실천하는 것을 강조하였다.

지역사회연계 과학이슈 프로그램의 효과는 매우 긍정적이었다. 특히 과학관련 사회쟁점에 대한 책무성에 대한 사전 점수는 생태학적 세계관이나 사회 · 도덕적 공감에 비해 낮은 편이었다. 그러나 프로그램 적용 후 통계적으로 유의미하게 향상되었다. 예를 들어, '반려동물을 부탁해' 프로그램에 대한 면담에서 학생들은 프로그램 참여 후 유기동물들을 보면 불쌍하다는 연민과 함께 도와주고 싶은 책임감을 느꼈다고 표현하는 경우가 많았다.

표 7.2 지역사회 과학이슈 프로그램이 학생들의 인성함양에 미치는 효과

주제	영역	사전평균	사후평균	t
유기동물	생태학적 세계관	4.12	4.37	4.95***
	사회·도덕적 공감	3.57	3.87	6.55***
	과학관련 사회쟁점에 대한 책무성	3.49	3.80	6.08***
	전체	3.65	3.94	7.57***
미세먼지	생태학적 세계관	4.03	4.16	1.59
	사회·도덕적 공감	3.54	3.65	1.34
	과학관련 사회쟁점에 대한 책무성	3.37	3.71	3.57**
	전체	3.58	3.77	2.90**

***$p < .001$, **$p < .01$

학 생: (수업 시작도 하기 전에 일찍 교실로 들어와서 대뜸) 선생님, 오늘 동물병원 가요?

연구자: 오늘은 동물병원에는 안가고 반려동물에 관해 다른 걸 배울 거야.

학 생: 선생님 왜요? 오늘 또 가면 안돼요?

연구자: 그럼, 오늘 수업 끝나고 갈까?

학 생: 네, 저는 그럼 갈게요. 선생님, 저 그동안 동물병원 몇 번 갔다 왔어요.

연구자: 어디? OOO동물병원? 혼자서 갔니?

학 생: 네.

연구자: 왜 동물병원에 간 거니?

학 생: 고양이가 너무 귀여워서요. 수의사 선생님께서 또 놀러 와도 된다고 하셨어요.
연구자: 동물병원 가서 뭐했어?
학 생: 고양이랑 놀아줬어요. 수의사 선생님께서 그러셨는데 고양이도 정기적으로 놀아주는 것이 필요하다고 또 놀러오라고 하셨어요.
연구자: 또 놀러갈 생각이야?
학 생: 네에, 또 시간 내서 갈 거예요.

프로그램을 통해 동물병원을 방문했던 위의 학생은 용기를 내어 그 다음 주에 혼자 동물병원을 방문했고, 고양이와 놀아주었다. 이 학생은 이 프로그램을 통해 수의사가 되면 고양이를 계속 볼 수 있고 도와줄 수 있을 것 같아 수의사가 되고 싶다고 하였다. 이 사례는 지역사회연계 프로그램이 학생들에게 동물병원과 같은 지역사회 기관의 문턱을 낮추어주었을 뿐만 아니라, 학생들이 조금씩 실천에 옮길 수 있는 계기를 마련해 줄 수 있음을 보여준다.

7.3.2 SSI 수업의 효과와 개인적 성향

일부 학자들은 인성의 함양을 개인의 타고난 속성과 연관 짓기도 한다. 예를 들어, 개인중심성향이 강한 사람은 자신을 집단으로부터 독립된 개인이라고 보고 집단의 이익과 개인의 이익이 상충될 때 개인의 이익을 더욱 중시하는 반면, 집단중심성향이 강한 사람은 자신을 공동체의 일원으로 생각하여 개인적인 요구나 관심사항보다는 집단의 이익을 우선시하는 경향이 있다는 것이다. 즉, "친환경 제품을 살 것인가, 말 것인가?", "불편함에도 재활용을 할 것인가?" 등과 같은 SSI 문제해결에 있어 개인의 성향이 생태중심의 가치관이나 타인에 대한 공감, 사회문제해결에 대한 책임감 등과 상관관계가 있을 수 있다는 것이다.

개인중심성향이 강한 사람은 자신을 독립적인 존재로 인식하기 때문에, 집단의 목표보다는 개인의 목표에 초점을 두는 경향이 있다. 반면, 집단중심성향이 강한 사람은 자신을 집단 내에 위치한 존재로 인식하여 개인의 목표보다 집단의 목표를 우선시한다. 또한 개인중심성향의 사람은 개인이 갖는 책임감과 선택의 자유, 본인만의 독특한 의견, 안락한 생활과 기쁨 등에 관심이 많은 것에 반해, 집단중심성향의 사람은 집단구성원과의 유대감이나 일체감을 느끼고자 하는 경우가 많으며, 규범에 가치를 부여함으로써 소속집단을 위해 자신의 이익을 희생하려는 경우가 많다.[20]

---

20) 자세한 내용은 Triandis(1995), Chiou(2001), Hui(1988), Singelis(1994)를 참조하기 바람.

그렇다면 개인의 성향은 SSI 교육 맥락에서 인성을 함양하는 데 어떠한 역할을 할까? SSI 담화나 추론 과정에서는 지역이나 사회 공동체의 이익과 본인의 이익이 상충되는 경우가 자연스럽게 발생한다. 또한 다른 사람과의 상호작용이 중요하기 때문에, 개인의 성향에 따라 SSI 교육의 효과도 다르게 나타날 수 있다는 가정을 해볼 수 있다. 예를 들어, 환경을 보호하기 위한 행동은 집단의 관점에서는 바람직하고 합리적인 선택일 수 있지만, 개인적 관점에서는 비용과 불편함을 감수해야 하는 탓에 다소 번거롭고 비경제적인 활동으로 간주될 수 있기 때문이다. 일부 연구에서는 두 성향 모두가 친환경 제품을 소비하고자 하더라도, 개인중심성향의 사람은 보다 건강한 삶을 위한 웰빙(well - being)의 관점에서 친환경 제품을 선호하고, 집단중심성향의 사람은 환경보호를 추구함으로써 사회에 기여하고 장기적으로 미래 후손에게 미치는 부정적인 영향을 최소화하는 소비의 관점에서 친환경 제품을 선호할 수 있다.21)

이러한 두 성향의 차이는 현대 사회에서 요구되는 규범에 대한 인식과도 밀접한 관련성이 있다. 사회적 규범이라는 것은 공동체가 형성됨에 따라 자연스럽게 갖추어지는 것으로, 개개인만을 위한 행동보다는 공공의 이익을 추구하는 방향으로 마련된다. 예를 들어 최근 부상하고 있는 로하스(Lifestyles of Health and Sustainability, LOHAS)는 본인만의 웰빙을 넘어 자신과 가족의 이익과 더불어 공동체의 안녕과 번영, 미래세대의 지속가능한 발전을 지향하는 삶의 방식으로(Kim, 2006), 전통적 개념의 환경보전을 넘어 자연자원과 생물 다양성을 유지하면서도 인류의 건강과 안전을 고려한다. 지구 환경에 미치는 영향을 고려하는 소비를 하고 사회의 번영에 높은 가치를 두고 살아가는 방법이 그 예이다. 이러한 삶의 방향성에 대한 제안은 각각의 개인이 속한 공동체, 즉 가정과 학교, 지역사회, 국가, 나아가서는 세계의 안녕을 위해 노력할 필요가 있음을 의미하는 것이다. 이를 고려해볼 때, 주변 사람과의 관계성이나 조화, 소속감을 중요시 여기는 집단중심성향의 사람들이 환경친화적 행동이나 소비습관을 가지는 데 보다 적극적일 것으로 예상해볼 수 있다. 환경을 소중하게 생각하는 소비습관을 비롯한 일체의 행동은 개인보다는 다수, 즉 공동체의 안녕과 번영을 위한 행동으로 볼 수 있기 때문이다. 따라서 자연이 인간과 밀접하게 연관되어 있으며 환경의 소중함을 인식하고 이에 대한 책임의식을 갖는 것, 과학기술로 인해 피해를 입은 사람의 마음을 미루어보는 것과 같은 행동은 여러 공동체에 속해있는 자신의 가

21) 자세한 내용은 Arnocky, Stroink & DeCicco(2007)과 김종흠(2015)을 참조바람.

치를 개인과 집단 중에서, 보다 어디에 초점을 두는지와 관련이 있다고 볼 수 있다.

사례 7.6 개인주의적 성향을 띤 학생들에게도 SSI 수업은 효과가 있을까?[22)]

우리는 서울 소재의 전문대학에서 과학관련 교양강의를 수강한 대학생 중, 개인 또는 집단성향이 뚜렷하게 구분되는 30여 명을 대상으로 SSI 수업의 효과와 개인의 성향과의 관계를 탐색해보았다. 교양강의의 특성상 학생들의 전공은 기계, 세무회계, 실용음악 등 인문, 사회, 자연, 공학, 예술계열에 다양하게 분포하였다. 이 교양강의는 실생활과 관련된 과학관련 사회쟁점에 대한 다양한 측면을 탐색하고 타당한 결론 또는 합리적인 해결방안을 마련하는 내용으로 총 15주(1회 100분)에 걸쳐 진행되었다. 성인학습자의 삶과 관련된 SSI 수업을 구성하기 위해 최근 뉴스 등 미디어에서 자주 접할 수 있는 SSI 주제인 기후변화, 나노기술, 존엄사, 맞춤 아기, 식품첨가물의 다섯 주제를 선정하였다. 학생들의 개인-집단중심성향을 파악하고자 개인주의 및 집단주의 검사지를 이용하였다.

학생들은 SSI 수업 후 과학과 관련된 사회문제가 여러 도덕적, 윤리적 가치를 지

표 7.3 개인-집단중심성향에 따른 SSI 수업의 효과

	개인주의 성향(IG)			집단주의 성향(IG)		
	사전 평균	사후 평균	t	사전 평균	사후 평균	t
생태학적 세계관	3.67	3.91	1.392	3.83	3.91	.452
인간과 자연과의 관계성	4.00	4.19	1.065	4.17	4.10	−.264
지속가능한 발전	3.50	3.77	1.358	3.67	3.82	.951
사회·도덕적 공감	2.96	3.34	3.385**	3.25	3.57	2.820*
도덕·윤리적 민감성	2.98	3.46	2.323*	2.96	3.33	2.674*
다양한 관점에 대한 포용	3.27	3.66	1.990	3.68	3.85	.916
공감적 배려	2.52	2.79	1.479	2.98	3.44	2.673*
과학관련 사회쟁점에 대한 책무성	2.51	2.75	1.708	3.16	3.70	2.438*
사회적 책임감	2.44	2.71	1.479	3.07	3.67	2.774*
실천의지	2.58	2.79	1.401	3.24	3.73	1.911
총점	2.90	3.20	2.976**	3.24	3.53	2.724*

22) 고연주와 이현주(2017) 논문의 일부가 요약 및 발췌되었음.

니고 있음을 인식하게 되는 동시에, 문제를 둘러싼 다양한 입장의 사람들을 이해하고 공감할 수 있게 되었다. 뿐만 아니라, 이와 같은 사회문제를 해결해야 한다는 책임감을 느끼고 지역사회 또는 국제적으로 발생되는 문제를 해결하고자 자발적으로 실천에 옮기려는 의지를 갖게 된 것으로 드러났다. 성향별로 살펴보면 <표 7.3>과 같이 개인중심성향집단의 경우 사회 · 도덕적 공감 영역에서만 통계적으로 유의한 향상이 있었던 반면, 집단중심성향집단의 경우 사회 · 도덕적 공감 및 전체뿐만 아니라 과학관련 사회쟁점에 대한 책무성 영역에서도 유의한 향상이 있었다.

우리 나라는 Hofstede(1983)가 50여 개 나라의 성향을 분석한 이래로 집단주의적 특성이 두드러지는 나라로 여겨져 왔으나, 점차 집단중심성향에서 개인중심성향으로 변모하고 있다. 인성과 가치관에 있어 성향이라는 것이 하나의 장애요인이 될 수 있다. 그러나 SSI 교육은 개인중심성향과 집단중심성향집단 모두에 유의한 효과가 있을 수 있다. 사례 7.6 에서 나타난 바와 같이 SSI 수업 후 집단중심성향을 지닌 학생들의 사회문제해결에 대한 책임감과 실천의지의 표명이 개인중심성향 학생들에 비해 유의하게 높다는 점은 여전히 개인중심성향 학생들을 고려한 전략이 마련될 필요가 있음을 보여준다. 편안한 생활이나 기쁨과 같은 개인적인 요구나 관심사항을 우선적으로 생각해보는 개인중심성향 집단의 경우에는 본인의 가치관과 학습하는 내용이 다소 상충되어 생태를 고려하거나 사회·윤리적으로 공감할 수 있는 부분, 지역사회나 국가에서 벌어지는 문제를 해결하기 위한 행동을 다소 부담스럽게 여길 수 있다. 따라서 개인중심성향이 강한 학생들이 사회문제가 자신의 영향으로 발생할 수 있음을 알고, 미래를 내다보았을 때 본인에게도 도움이 될 수 있음을 인지할 수 있도록 명시적으로 안내하는 전략이 필요할 것이다. 또한 실생활에서 이루어지는 개인의 소비와 실천 등 본인의 작은 행동이 나비의 날갯짓이 되어 사회에 상당한 영향을 미칠 수 있으며, 본인에게 다시 되돌아올 수 있음을 인지하도록 하는 교육이 이루어질 필요가 있다.

PART

04

SSI 교육의 확산을 위한 교사교육

Chapter 8 SSI 교육에 대한 교사의 인식
Chapter 9 SSI 수업을 위해 필요한 교사의 지식

Chapter 08 SSI 교육에 대한 교사의 인식

새로운 교육사조나 교수방법이 성공적으로 도입되고 현장에 정착되기 위해서는 교사의 역할이 매우 중요하다. 교사가 새로운 교육사조와 교수방법에 대해 어떻게 받아들이고, 그것을 본인의 교수 속에 어떻게 녹여 내느냐가 성공을 가름하기도 한다. STS 교육사조가 들어온 1990년대 중반만 하더라도 우리나라 과학교사들은 STS에 대해 그다지 긍정적인 반응을 보이지 않았다. 과학 교과서 내에 포함되어 있는 내용을 가르치기에도 수업시간이 충분하지 않았기 때문에, 아이디어는 좋지만 현실적이 못하다는 반응이 적지 않았다. 그러나 지금은 STS 교육이 교육과정에 중요 목표 중 하나로 명시적으로 진술되어 있으며, 과학 교과서에도 STS적인 소재가 많이 포함되어 있다. 지난 20여 년간 STS 교육에 대한 교사연수도 무수히 진행되어 왔다.

SSI 교육에 대한 교사들의 현재 반응도 STS 교육의 초기 반응과 유사하다. 그러나 STS 교육이 도입된 이후로 대부분의 교사들은 과학－기술－사회를 관련지어 가르치는 것에 대한 필요성을 충분히 느끼고 있다. 과학기술과 관련된 문제들이 사회 곳곳에서 일어나고 있는 지금, 과학지식을 전달하고 암기하는 데 초점을 맞춘 수업이 아닌 실생활에서 마주치는 과학관련 문제들을 중심으로 수업을 이끌어나간다는 수업 아이디어에 동의하지 않을 수 없게 된 것이다.

STS 교육 운동을 주도했던 캐나다 학자인 Aikenhead는 과학교육에서 인간중심적 접근(humanistic perspectives)의 도입에 대한 교사들의 반응을 다음과 같이 기술하였다.

> 과학교사들에게 STS나 SSI와 같은 인간중심적 접근에 대한 의견을 물어보면 매우 좋은 생각이라고 응답하며, 약 90%의 교사들이 적극적으로 그 관점에 대해 동의하는 것을 볼 수 있다. 그러나 '여러분은 이러한 접근법을 수업에 반영하겠습니까?'라고 물으면, 그 교사들은 그렇게 할 수 없는(또는 하기 어려운) 이유를 대곤 한다(Aikenhead, 2006, pp. 64~65).

인간중심적 접근이란 과학이 인간 활동의 산물임이라는 전제하에 과학이 지닌 인문·사회학적 측면에 초점을 맞추는 교육사조라 할 수 있다. 1970년대부터 과학기술로 인간의 생존에 위협을 가할만한 문제들(예 환경문제, 전쟁, 신물질 개발 등)이 제기되면서, 과학교육이 지나치게 학문의 진수를 전달해 주는 데에만 초점을 두는 것이 아니라 생활 속에서 접할 수 있는 문제들을 교육으로 끌어들여야 한다는 것이 대두되었다. STS 교육운동이나 SSI, 과학의 본성(NOS)에 대한 강조 등이 여기에 해당된다.

Aikenhead가 언급한 것처럼, 교사들은 시대의 변화에 따라 과학수업도 변화해야 한다는 사실은 받아들이고 있다. 그러나, 그 변화를 내면화하여 수업에 반영하는 데에는 시간이 필요하다. 특히, SSI 교육은 과학–기술–사회의 관련성을 보여주는 것과 동시에 논쟁적인 특성을 띠며, 개인의 인성과 도덕성 발달에도 초점을 두고 있기 때문에 STS 교육에 비해 교사들에게는 다소 낯설게 느껴질 수 있다.

8.1 교사들은 왜 SSI 교수를 어려워하는가?

SSI 교육에 대해 많은 과학교사들이 긍정적인 반응을 보임에도 불구하고, 수업에서 SSI를 직접 다루고 있는 교사들을 찾기는 쉽지 않다. 예비 과학교사들에게 "중·고등학교 과학수업시간에 과학과 관련된 쟁점들에 대해서 토의나 토론을 해본 경험이 있는 사람?" 등의 질문을 하면 손을 드는 사람이 거의 없다. 교사들은 왜 SSI를 수업에 도입하는 것에 주저할까? 그 이유는 여러 가지로 설명될 수 있다.

첫째, 과학에 대한 교사들의 절대적 신념 때문이다. SSI는 그 본질상 정답이 없는 비구조화 된 문제들이며, 서로 다른 입장이 대치되어 논쟁을 유발할 수 있는 성격을 지닌다. 이에 반해, 과학 교과서에 실려 있는 과학지식은 대부분 객관적·중립적인 것으로 여겨지는 것들이다. 우리가 기억하는 대부분의 과학수업은 뉴튼의 운동방정식, 일정성분비의 법칙 등 공식에 대입하면 하나의 정확한 답이 나오는 문제풀이로 채워져 있다. 그러나 SSI는 그렇지 않다. 정답이 있기 보다는 서로 다른 입장 속에서 합의된 최선의 해결안만 있을 뿐이다. 이 둘의 차이는 단순히 '정답이 있고, 없고'에 있는 것이 아니다. 과학지식에 대한 인식론과 연결된다.

과학교사들, 특히 물리나 화학교사들은 과학지식에 대한 전통적 관점을 갖는 경우가 많다. 즉, 과학지식을 자연 현상을 설명해주는 객관적이고 절대적인 것으로 인식한다. 실제로 과학교사에게 "왜 과학교사가 되기로 결정하였는가?"라는 질문을 던지면, 그들은 초등학교부터 중·고등학교, 대학교 때 과학의 설명력에 매료되었거나 과학의 단순함에 아름다움을 느껴 과학을 좋아하였고, 자신이 좋아하는 과학을 학생들과 나누고 싶어 과학교사가 되기로 결정하였다는 응답을 많이 한다. 이들에게 과학은 논쟁적이거나 불확실한 것이 아니라 명료하고 명확한 답을 제공해주는 것이다. 대학에 와서 비록 전공이 어려워 흥미를 잃는 경우도 있긴 하지만, 그래도 그들이 과학에 대해 갖고 있는 생각은 크게 변하지 않는다. 그들의 과학에 대한 믿음은 수년, 수십 년에 걸쳐 형성되어 왔기 때문이다. Hansen과 Olson(1996)의 연구에 참여한 Barry는 예비 과학교사를 가르치면서 경험했던 것을 다음과 같이 이야기하였다.

> 제가 90명 학생들(예비 과학교사)에게 물어보면, 그 애들은 거의 항상 물리나 화학, 생물을 정말 좋아했었다고 대답합니다. … 그 학생들은 물리나 화학, 생물 그 학문 자체, 그 개념들 자체를 정말 좋아하는 것 같습니다. 그 애들은 과학이 객관적이고 사실적이어서 좋아합니다.

적지 않은 과학교사들이 '순수 과학(pure science)'에 매력을 느껴본 경험을 갖고 있으며, 과학교사가 된 후에는 본인이 경험했던 것을 학생들도 경험하기를 바라는 마음에서 과학을 가르친다.

> 예전부터 '물리학과를 가야 되겠다'라고 생각을 한 것도… 거긴(물리에는) 분명히 아름다움이 있을 거라는 것이었어요. 아름다움이. 대부분 순수과학을 하는 사람들이 그런 환상을 갖고 오는 거 같아요. … 기초적인 것에 상당히 아름다움이 많이 숨어져 있는 거 같아요. … 이론이 발달하는 과정이나 이런 것을 보면 단순히 문제 푸는 것만 과학이 아니구나. 사고의 진행과정, 역사의 흐름에 따라서 관성이라는 개념도 왜 나왔고, 세상을 통합적으로 설명하려고 하는 어떤 아름다운 틀, 견고한 틀, 그것을 느끼게 해주면 정말 좋겠다.

과학교사들에게 과학은 현상에 대해 설명하기 위한 사고의 과정이다. 그 과정은 매우 논리적이고 객관적이다. 일부 교사들은 그 설명력에 '아름다움'을 느끼기도 한다. 이러한 경험을 한 교사들은 SSI와 같이 정답이 없고 논쟁적인 문제, 사회·윤리적인 함의를 포함하고 있는 문제 상황을 '내가 가르쳐야 할 과학'이라고 받아들이지 못한다. SSI를 수업에 도입한다 하더라도 과학기술의 사회·윤리적 측면보다는 그 문제 상황 속에 내재된 과학기술과 관련된 지식을 전달하는 데 초점을 두는 경향이 있다.

사례 8.1 과학교사들의 과학 교수에 대한 신념과 SSI[1)]

여러 연구들에서 교사들이 SSI를 다루지 않는 이유를 이야기하고 있다. 교사들이 주로 언급하는 이유는 교수 · 학습 자료의 부족, 수업 차시의 부족, 학생들의 미성숙, 새로운 교수학습 방법에 대한 미숙함 등이다. 그런데 단지 과연 그러한 이유들 때문에 과학교사들이 SSI를 다루지 않는 것일까? 나는 과학교사들의 과학 교수에 대한 신념과 관련지어 그들이 SSI를 다루기 어려워하는 본질적인 이유를 찾고 싶었다.

내가 생각하는 그 이유 중 하나는 그들의 '과학에 대한 충성심(royalty)'이다. Aikenhead를 비롯하여 Jenkins(2002)나 Hansen과 Olson(1996)도 과학교사의 순수과학에 대한 충성심을 언급했다. 이러한 충성심은 과학의 핵심지식을 전달하는 것이 자신들의 주된 책임이라 생각하게 하고, 과학의 실생활적 적용이나 과학지식의 불확실성 등에 대해 논의하는 것을 부수적인 것으로 미뤄버리게 한다.

나는 나 스스로에게 "나는 왜 과학교사가 되고자 했을까?", "나는 왜 과학을 좋아했을까?"와 같은 질문을 던져보았다. 그 답은 여느 과학교사들이 하는 응답과 크게 다르지 않았다. 즉, 자연 현상에 대해 과학이 주는 객관적이고 명쾌한 설명 때문이었다. 학교에서 배우는 과학은 늘 명확한 답을 주었다. 세상에서 눈에 보이는 모든 운동을 "F =ma"라는 정말 간단한 식으로 설명할 수 있다. 얼마나 놀라운 일인가? 원자의 배열을 바꾸면 새로운 물질이 탄생하고, 그 물질이 우리 삶의 변화를 가져다 줄 수 있다. 이 사실 또한 얼마나 신비로운가? 교사를 대상으로 한 사례 연구들을 살펴보면, 과학교사, 특히 물리나 화학교사들은 과학의 설명력과 객관성에 경이로움을 경험한 경우가 많다. 그러나 그들의 이러한 경험이 STS나 SSI 교육으로 전환하는데 장애물이 될 수도 있다.

> 일반적으로 과학교사들은 과학교사가 되기 위한 대학 교육과정을 거치면서 과학 학문에 대한 충성심이 생기게 된다. … 과학교사들은 추상적인 '순수 과학'을 좋아하고, 일상생활에 적용할 수 있는 실용적이고 학생 중심적인 주제들을 최소화하게 된다. … 교사들의 과학에 대한 신뢰와 충성심은 과학지식을 전달하는 전통적인 과학수업을 만들게 하는 기초가 된다.(Aikenhead, 2006, p. 64)

과학교사들은 과학을 가르치는 나름대로의 관점이 있다. 이것은 오랫동안 과학을

1) Witz와 Lee(2009) 논문의 일부가 요약 및 발췌되었음.

배우고, 과학을 가르치면서 형성되어 온 것이며, 교사에게 깊이 내면화되어 있는 가치이다. 그 관점은 잘 변하지 않으며, 그 자체로 충분히 존중되어야 한다. 이들에게 STS나 SSI와 같은 새로운 관점의 수업을 소개할 때에 그들의 과학에 대한 관점이나 오래된 가치관을 바꾸어야 한다고 강조해서는 안된다. 다만, 그들이 과학을 가르치는 교사로서 과학교육에 대한 관점을 확대시킬 수 있도록 지원할 필요는 있다.

우리는 "왜 학생들에게 과학을 가르쳐야 하는가?"와 같은 질문이 필요하다. 과학수업에서 과학지식이나 과학적 사고와 탐구과정은 매우 중요한 요소이다. 그렇지만, 과학기술 사회를 살아나가야 할 미래 시민에게는 과학기술이 지닌 불확실성과 그로 인한 사회 · 윤리적 측면에 대해서도 생각해볼 필요가 있다. SSI를 가르치는 것은 이러한 목적에서 충분히 의미 있는 일임을 이해하도록 도울 필요가 있다. 또 한 가지 기억해야 할 점은 교사들이 SSI를 도입함에 있어 그들의 전통적인 교수방식을 버려야 하는 것이 아니라는 것이다. 그들이 오랫동안 쌓아온 경험이나 지식이 SSI 교육의 관점과 연결되어 자신의 교수방식을 형성해나가는 과정이 더 중요하다.

교사들이 SSI 도입을 주저하게 되는 두 번째 이유는 SSI가 과학기술의 사회적, 도덕적, 윤리적 함의를 포함한 간학문적 성격을 띠기 때문이다. SSI는 첨단 과학지식을 기반으로 하지만, 통상적으로 '과학이 아니라고 또는 과학답지 않다고 여겨지는 부분'도 적지 않게 포함하고 있다. GMO의 안정성에 대한 SSI 수업을 예로 들어보자. GMO와 관련하여 어떻게 특정 생물의 유전체 안에 우리가 원하는 유전자를 삽입하는지, 이 기술은 일반적인 종자개량과는 어떻게 다른지 등 유전과 관련된 다양한 과학지식을 다룰 수 있다. 그러나 "여러분이 5,000원을 가지고 있다면, 유전자 조작된 콩으로 만든 두부를 사겠는가, 아니면 유기농 두부를 사겠는가?"와 같은 질문을 던지게 되면, 학생들은 유전자조작기술 외에 경제적 측면, 사회적 측면, 윤리적 측면 등 다양한 입장을 고려해야 한다. 때로는 과학기술적 측면 외의 요소들이 논의의 초점이 되거나 의사결정에 주요한 요인으로 작용하기도 한다. 이 경우, 과학교사들은 불편함을 느끼게 된다. SSI 수업을 하면서 교사들은 다음과 같은 응답을 많이 한다.

> 이런 문제들(SSI)을 다루다 보면, "내가 과학 선생님이 맞나?", "이게 과학수업이 맞나?"라는 생각이 들어요. 과학지식이 별로 들어가지 않는 경우가 많잖아요. 예를 들어, 존엄사에 대해 이야기한다고 해도 논쟁의 핵심이 과학은 아니잖아요.

누구의 권리가 더 중요한가의 문제잖아요.

저는 과학이 사회에 어떻게 적용되는지 말해주는 것은 참 의미 있다고 생각해요. 학생들도 실제로 과학이 어떻게 적용되는지 보면, 과학에 더 흥미가 생길 것이고, 더 알고 싶어 질 것 같구요. 그렇지만, 과학에서 가치 문제를 다루는 것은… 물론 다룰 수는 있겠지만, "그것을 꼭 과학수업에 해야 되나?"라는 생각도 들구요. 수업시간에 다루어야 할 과학지식도 많잖아요. 시간이 부족할 만큼.

교사들의 이러한 반응은 Sadler 등(2006)이 중등 과학교사를 대상으로 수행했던 연구에서도 잘 드러난다. 이들은 20명의 과학교사에게 과학과 윤리의 관계, 과학수업에서 윤리적 문제에 대해 다루는 것, SSI 수업에 대한 인식 등을 물었다. 그리고 응답에 따라 교사들을 다섯 유형으로 분류하였다. 그 중 SSI를 과학수업의 중요한 요인으로 생각하고, 윤리적 측면이 과학수업에 다루어져야 한다고 믿는 교사들, 그리고 실제로 수업시간에 SSI를 다루는 교사들은 7명 정도 되었다. 그리고 중요하다고는 생각하지만, 실제 다루기에는 현실적인 어려움이 있다고 생각해서 다루지 않는 교사들이 5명, 그 외에는 과학수업에서 윤리적 문제를 다루는 것에 대해 부정적인 태도를 보였다. SSI를 다루고 있다는 교사 7명도 적극적으로 SSI를 도입하고 있는 것은 아니었다. 대부분의 과학교사들은 과학지식 이외에 다른 사회·윤리적 측면을 다루는 것을 부수적인 것으로 생각한다. Levinson 등(2000)도 England와 Wales에 있는 교사들을 대상으로 연구한 결과, SSI를 통해 현대 과학기술에 대해 다루는 것은 좋지만 윤리적인 문제를 수업시간에 끌어오는 것은 불편하다고 하는 응답이 많았다고 한다.

SSI 도입이 쉽지 않은 세 번째 이유는 SSI 수업이 일반적으로 학생 중심의 교수·학습 전략을 요구하기 때문이다. SSI 수업에서는 교사와 학생 간의 관계, 학생과 학생과의 관계 등 교실 문화와 환경이 변화하는 것이 매우 중요하다. 이를 위해서는 전통적 강의 형식의 수업보다는 토의나 토론, 역할극 등 학생이 학습을 이끌어나갈 수 있는 수업 방식이 더 적합하다. 또한 집단의 구성원들이 함께 정보를 수집하고, 생각을 공유하며, 문제를 해결해나가는 학습의 장이 마련되어야 한다. 그러나 이러한 수업 방법은 강의 중심 수업에 익숙한, 또는 강의가 가장 효율적인 교수방법이라고 믿는 교사들에게는 쉽지 않은 선택이다. 실제로 우리나라 중·고등학교 과학교사들을 대상으로 SSI 수업에 대한 인식을 조사한 Lee 등(2006)의 연구에 따르면 (「사례 8.2」 참조), 교사들은 SSI를 도입하기 위해 다양한 수업 방법을 사용하는 것, SSI관련 수업자료를 개발하는 것, SSI를 학생들의 수준에 맞도록 가르칠 만한 지식을 습득하는 것에 매우 낮은 자신감을 나타냈다.

사실 제 수업은 거의 강의로 진행되어 왔기 때문에, 토론이나 토의 수업을 한다고 했을 때 좀 자신감이 없어요. 학생들에게 어느 정도의 정보를 제공해주어야 하며, 어떤 질문을 어떻게 효과적으로 던져야 하는지, 잘 참여하지 않을 때는 어떻게 독려해야 하는지 등등요. 익숙치 않은 수업 방법이라 도입하기가 좀 부담스럽죠.

저는 수업을 제가 컨트롤하는 편이에요. 저는 그것이 교사의 전문성을 보여주는 것이라고 생각해요. 학생들에게 맡기기보다는 제가 수업내용을 효과적으로 조직해서 정확하게 잘 전달해주는 것. 아무래도 토의, 토론 수업을 하다 보면 학생들에게 주어지는 시간이 많고, 그러다 보면 학생들이 제대로 개념을 학습하고 있나 자꾸 확인해야 할 것 같은 생각이 들죠. 학생들이 수업을 주도하도록 하는 게 보다 학생 중심 수업이어서 효과적일 수 있다는 것을 이론적으로는 들었지만, 사실 학생들을 믿고 스스로 학습하도록 한다는 것이 가능한지 잘 모르겠어요. 30명이 넘는 학생들을 다루어야 하잖아요.

토의·토론 수업은 단순히 학생들에게 주제를 제시하고 이야기를 나누도록 독려하는 것이 아니다. 토의·토론과 같은 학생 중심 수업은 교사가 중심이 되어 수업을 이끌었던 교실 문화에서 학생이 주체가 되어 참여하는 교실 문화로의 전환을 의미한다. 학생들이 필요한 자료를 찾고 논의할 수 있도록 교사는 촉진자의 역할을 해야 한다. 효율적인 촉진자가 되기 위해서는 학생들의 사고과정을 따라가면서 적절한 발문을 활용하거나, 때로는 학생과 반대 입장을 주장하면서 학생이 자신의 입장을 보다 심도 있게 들여다 볼 수 있도록 해야 한다. 그리고 학생들이 필요로 하는 자료나 자원에 접근할 수 있도록 오픈된 공간도 마련하여야 한다. 뿐만 아니라 학생들이 서로 경쟁하는 것이 아니라 다른 사람의 의견을 존중하고 귀담아 들으며, 함께 의견을 조율해가는 협력적인 교실환경이 조성되어야 한다. 그러나 위의 교사들의 반응처럼, 교사들은 토의 수업의 운영에 대한 낮은 자신감을 보이고, 교사가 주도하는 교실의 문화를 변화시키는 것이 효율적인가에 대한 의문을 제기하는 경우가 많다.

사례 8.2 우리나라 과학교사들의 SSI 수업에 대한 인식[2)]

내가 SSI 교육에 관심을 갖게 되면서 제일 먼저 했던 연구는 우리나라 교사들의 SSI 수업에 대한 전반적인 인식을 탐색하는 것이었다. SSI 도입의 필요성에 대해서 얼마나 동의하는지, SSI를 도입하는 데 있어 어떠한 장애물이 있다고 인식하고 있는지, 그리고 SSI와 같은 주제를 다루는 데 있어 어느 정도의 자신감을 갖고 있는지 알아보고 싶었다. 그래서 중 · 고등학교에서 근무하는 86명의 과학교사들을 섭외하여 설문조사를 실시했고, 이 중 12명과는 설문 후 면담하는 시간을 가졌다.

교사들은 SSI를 과학수업시간에 다루어야 하는 필요성에 대해서는 긍정적인 답변을 보였다. 학생들은 시민으로서 과학기술과 관련된 사회 · 윤리적 이슈에 대해 관심을 가져야 하고, 의사결정할 수 있는 능력도 필요하다고 생각했다. 그리고 관련된 수업자료가 있다면 수업시간에 도입해볼 의향도 있다고 응답하였다. 그러나 SSI 교수에 대한 효능감을 묻는 다음 문항들에는 매우 낮은 점수를 보였다.

표 8.1 교사들의 SSI 교수 효능감

문항	매우 동의 안함	동의 안함	보통	동의	매우 동의	평균
나는 SSI를 수업시간에 도입하기 위한 다양한 교수방법을 사용할 수 있다.	9	41	31	5	0	2.37
나는 SSI가 무엇인지 충분히 이해하고 있다.	0	9	45	29	3	3.30
나는 SSI에 대한 교수·학습자료를 개발하는 데 자신이 있다.	6	18	36	26	0	2.95
나는 내 학생들에게 SSI에 대해 가르칠 만큼 필요한 지식을 갖추고 있다.	2	34	41	9	0	2.66

* 5점 척도(매우 동의: 5점, 매우 동의 안함: 1점)

교사들은 SSI 수업을 하는 데 주저하게 하는 다양한 요인들을 제시해주었다. 우선, 여러 가지 잡무로 인해 관련 수업자료를 찾거나 개발할만한 시간적 여유가 없다는 응답이 가장 많았다. 일부 교사들은 학생들이 SSI를 다루기에는 지식이나 능력이 다소 미흡하다고 생각하는 경우도 있었다. 또한 SSI 수업이 학업 성취가 높은 학생들에게는 적합할 수 있으나 낮은 학생들에게는 어려울 것 같다는 반응도 보였다.

2) Lee, Abd-El-Khalick와 Choi(2006) 논문의 일부가 요약 및 발췌되었음.

교사들과 이야기를 나누면서 인상 깊었던 점 중 하나는 대부분의 교사들이 SSI에 대해 "인간복제와 같이 위험한 것", "과학 발전의 부작용", "환경문제" 등 과학의 부정적 측면을 떠올렸다는 것이었다. 이들은 SSI가 인간이 과학기술을 잘못 사용했거나 자연의 순리를 거슬렀기 때문에 발생하는 것이라고 응답했다. 즉, 이들에게 과학지식이나 기술 자체는 논쟁의 대상이 아니다. SSI는 인간이 과학과 기술을 사용하는 과정에서 발생하는 문제라는 것이다. 즉, 교사들은 과학지식과 그 생성과정에 내재된 불확실성에 대해서는 인식하지 못하는 경우가 많았다.

SSI 도입이 쉽지 않은 네 번째 이유는 과학교사들이 중·고등학교나 사범대학 재학기간 동안 SSI와 관련한 과학지식을 직접적으로 배우고 SSI에 대해 논의해본 경험이 적기 때문이다. 그 동안의 선행연구들은 보면, 학생을 포함한 많은 일반인들이 SSI에 대해 자신의 입장을 표명하는 데 어려움을 느끼며, 심지어는 주제에 대해 무관심하거나 회피하고자 하는 성향도 나타낸다. 예를 들어, 배아연구에 대한 찬반 논쟁을 진행한다고 하자. 어떤 사람은 의학적 이득에 초점을 두어 배아연구에 대해 긍정적인 입장을 취할 수 있다. 그러나 상대방이 생명을 인위적으로 조작하는 행위의 비윤리적 측면과 인간의 잘못된 욕심으로 인해 발생할 수 있는 불확실한 위험성을 주장하며 본인의 입장에 대해 반박한다면, 대부분의 사람들은 의사결정하기를 주저하게 된다. 상대방의 의견이 타당하게 생각된다면, 그것을 반박할 만큼 내 주장이 옳은지, 내 입장은 여러 입장에 대해 충분히 고려한 다음 내려진 것인지 등에 대해 돌아보게 된다. 그러나 적지 않은 사람들이 이 상황에 놓였을 때 더 이상 생각을 진행시키지 않거나, "그건 너의 의견이고, 나는 …"과 같이 상대방의 의견과 평행선을 달리기도 한다. 또는 빨리 조율하기 위해 자신의 입장을 포기하고 상대방의 의견에 따르기도 한다. 이 경우는 대부분 자신의 입장이 명확하게 서 있지 않기 때문이다.

일부 교사들은 수업시간에 SSI를 다루지 않는 이유로 본인이 SSI에 대한 뚜렷한 입장이 없기 때문이라고 응답했다. 과학교사이지만 여러 이슈들에 대해 본인의 입장을 곰곰이 생각해본 적이 많지 않아 학생들과 이야기하는데 다소 부담이 된다는 것이다. 다음은 한 과학교사가 SSI 수업을 하기에 앞서 자신의 심리를 묘사한 것이다.

저는 사람들이 저에게 질문을 할까봐 두려웠어요. 교사들끼리도 사회적 문제가 생기면 일상적인 대화가 오가잖아요. 어떤 이슈가 되는, 광우병이나 여러 가지. (왜냐하면) 나는 정말 그것에 대한 정보도 없고, 이렇다 할, 제가 옳다고 생각하는 주장도 없는 거예요… 그런 것들에 대해 별로 이야기하고 싶지 않은 거예요. 그런 상황을 피하는 것 같아요, 저는. 그래서 아이들은 자기가 정보가 있든 없든, 그런 상황에 대해서, 정보의 문제가 아니고 자신의 가치관 문제잖아요. 가치관의 문제에 대해서 고민하다 보면 그런 정보가 내가 굳이 막 "그래 내가 이 상황에서는 이것 이것을 알아야 돼"라고 애써서 신문을 읽지 않아도 들어올 거구요. 그런 정보를 가지고 남들과 허심탄회하게 교류를 하면서 결정할 수 있으면 좋겠어요. 지금의 어른들은 그렇지 않잖아요.

이처럼 일부 교사들은 본인도 학생들처럼 사회적 문제에 민감하지 않았음을 고백한다. 다른 사람들이 "과학교사니까, 당연히 잘 알거야", "과학교사니까, 명확한 생각이 있을 거야"와 같은 막연한 기대를 할 것이라는 것에도 부담감을 느낀다. 당연히 교사가 스스로 이러한 문제들에 대해 충분히 고려해 본 적이 없다면, SSI를 수업시간에 도입하는 것이 부담스러울 수 있다. 자칫 본인의 입장이 학생들에게 영향을 미칠 수 있다는 생각에 주춤거리게 된다. 사실, 현재 과학교사들은 중·고등학교나 사범대학 재학기간 동안 SSI와 관련한 과학지식을 배우고 SSI에 대해 논의해본 경험이 많지 않다. 설령 이러한 내용을 학습한 경험이 있다고 하더라도, 과학기술은 놀라운 속도로 끊임없이 발전하고 있기 때문에 스스로 계속적인 노력을 기울여 따라가지 않는 한 SSI와 관련된 지식을 이해하는 데 어려움을 느낄 수 있다.

지금까지 논의한 이유 외에도, 과학의 사회·윤리적 특성교육을 위한 환경적 지원이 부족한 것도 SSI를 적극적으로 도입하기 어려운 이유가 될 수 있다. 현재 과학의 사회·윤리적 특성 교육을 실시하기 위한 교수·학습 자료는 제한되어 있으며, 이를 위한 교사연수 프로그램이 충분히 지원되고 있지 않은 실정이다. 몇몇 교사들은 과학수업에 대한 전반적인 인식, 즉 가치중립적이고 정답이 있는 내용을 다루어야 한다는 암묵적 신념과 학교의 분위기를 들기도 하였다. 학급당 많은 인원수, 잡무의 양으로 인한 수업 준비 시간의 부족, 교과서 내용을 모두 다루어야 한다는 압박감, 교육과정 운영의 융통성 부족 또한 교사들이 SSI 교육의 필요성을 인식한다 하더라도 실행에 있어 주저하게 만드는 요인이 될 수 있다.

8.2 어떤 교사가 SSI를 가르치는가?

대부분의 교사들이 SSI를 수업에 도입하는 것을 주저함에도 불구하고, 일부 교사들은 SSI를 수업에 적극적으로 도입하고 있다. 그 이유는 무엇일까? Lee(2006)의 사례 연구[3]를 살펴보면 잘 나타난다. Lee(2006)는 미국에서 SSI를 적극적으로 다루는 네 명의 과학교사를 대상으로 그 교사들이 어떠한 이유로 SSI를 다루며, 어떠한 방식으로 다루고 있는지를 탐색하였다. 네 명의 교사들은 각기 다른 이유로 SSI를 다루고 있었으나, 그 주된 동기는 개인의 관련 경험, 교육적 신념 및 가치관과 매우 밀접하게 연관되어 있음을 알 수 있다(사례 8.3 참조).

SSI를 다루는 교사 중 일부는 SSI와 관련된 직접적인 경험을 갖고 있다. 예를 들어, 환경과 관련된 일을 하면서 인간이 환경에 미치는 영향이 얼마나 심각한지를 깨닫게 되었다거나, 친척이나 지인이 난치병으로 고생하면서 배아복제 연구의 양면성에 대해 생각해보는 경우도 있다. 과학기술이 야기하는 정치적, 사회적, 윤리적 문제에 대해 민감하게 반응하는 교사들도 있다. 예를 들어, 가습기 살균제 사건이나 환경 호르몬과 같이 새로운 기술들로 인해 피해가 보도될 때마다 이를 단순한 누출 사건으로 취급하는 것이 아니라 과학기술이 어떠한 방향으로 발전되어 나가야 하는가, 과학기술은 인간 및 사회와 어떠한 관계를 가져야 하는가 등에 대한 본질적인 논의의 필요성을 제기하는 교사들도 있다. 그 필요성을 수업으로 끌어들여 미래 사회의 시민이 될 학생들과 논의의 장을 형성하기 위해 SSI를 도입하는 경우도 있다.

Lee(2008)의 연구에 소개된 Jenna가 여기에 해당한다. Jenna는 대학 시절부터 민주화에 관심을 갖게 되었다. 중·고등학교 시절 공부밖에 몰랐던 Jenna는 대학에 들어와 당시 1980년대 민주화 운동을 처음 들여다보게 되었다. 민주화 운동에 참여하는 과정에서 사회정의에 대한 그녀의 생각은 점점 깊어졌다. Jenna는 졸업 후 교사의 길을 선택했고, 몇 년간 교사로서 학생들을 가르치면서 오랫동안 고민해왔던 본인의 신념을 교육과 연결 지을 수 있는 실마리를 찾게 되었다. 그것이 바로 SSI였다. Jenna도 교사가 된 처음에는 여느 교사처럼 과학지식을 전달하는 데 초점을 두었다. 그러나, STS관련 교사 모임에 참여하면서 민주사회에서 과학기술이 나아가야

3) 이 연구(Lee, 2006)는 본 저자의 박사학위 논문이며, Lee와 Witz(2009)에 요약되어 있음.

할 방향에 대해 고민하기 시작했다. 그리고 그 고민을 학생들과 함께 나누고 싶다는 생각을 하기 시작했다. 지금도 Jenna는 과학기술과 관련된 윤리적 문제들(예 배아복제, 환경호르몬, 간척사업 등)이 제기될 때마다 교실로 그러한 문제들을 끌어 들여 열린 토론의 장을 만들고 있다.

Jenna와는 달리, SSI관련 경험은 없지만 과학수업에서 흥미 있게 다룰 수 있는 소재를 찾다가 SSI를 접하게 되는 경우도 적지 않다. 이들은 SSI 수업이 학생들 간에 더 소통할 수 있는 기회를 제공할 수 있을 뿐만 아니라 과학수업에서 배운 학습내용을 실생활에 적용해볼 수 있기 때문에 SSI를 도입하는 것을 선호한다. 그밖에도 학생들의 흥미도 높일 수 있고, 자료 수집이나 분석, 의사소통역량을 기르는 데에도 도움이 될 수 있다는 기대에서 SSI 수업을 하기도 한다. 사실 SSI 수업을 시도하는 대부분의 교사들이 여기에 속한다. 과학교사들이 어떠한 이유로 SSI를 도입하느냐는 SSI 교수지향과 관련된다.

사례 8.3 SSI를 다루는 미국 교사의 사례 연구[4)]

나는 미국 유학을 가기 전, '가치를 꿈꾸는 과학(가꿈)'이라는 교사 모임에 참여했었다. 가꿈은 1997년에 STS 수업에 관심이 있는 교사들이 모여 만든 모임이다. 그 당시만 하더라도 STS 교육에 대한 인지도가 높지 않았기 때문에 학교 현장에서 도입할 수 있는 STS 자료의 개발이 시급했다. 뜻을 같이 했던 10여 명의 교사들은 외국 자료들을 참고하면서 STS 자료 개발을 시작했다. 처음에는 과학수업과 직접적으로 연결될 수 있는 실생활 소재를 찾아나갔다. 당시 영국에서 개발된 SATIS 교재에 있던 에너지 효율이 높은 집이나 차를 구상해보거나, 왜 차에 타면 안전벨트를 매야 할까 등에 대해 토의하는 자료들이 눈에 띄었다. 그러나 시간이 갈수록 가꿈 교사들은 단순히 과학과 삶을 연결시키는 것을 넘어, 과학이란 무엇이며 과학기술은 어떻게 발전되어 나가야 하는가에 대한 궁금증을 품기 시작했다. 당시 TV나 신문기사를 통해 배아연구나 새만금 개발, 전자주민증 등의 문제들이 제기되었다. 어떻게 하면 학생들을 이러한 문제에 관심을 갖고 참여하도록 할 것인가가 그 당시 고민이었다. 그 이후로 가꿈 교사들은 과학기술과 관련된 사회 · 윤리적 문제들에 더욱 관심을 갖게 되었다. 자료집도 발간하고, 교사들을 위한 워크숍을 열기도 하였다.

나는 2001년부터 유학을 시작했고 박사 논문 주제를 열심히 찾던 중 가꿈 선생님

---

4) Lee(2006)는 본 저자의 박사학위 논문이며, Lee & Witz(2009)에 요약되어 있음.

들이 떠올랐다. 미국에서 여러 수업들을 참관해봤지만, 가꿈 선생님들처럼 논쟁적인 문제들이 다루어지는 수업은 찾아볼 수 없었다. 내가 가꿈에 속해 있을 때에는 가꿈 선생님들처럼 과학기술이 갖는 양면성에 대해 생각해보고 수업자료를 만들었던 것이 자연스러웠었는데, 미국에서 다른 교사들을 보니 전혀 그렇지 않았다. 나는 미국에서 과학기술과 관련된 사회 · 윤리적 문제들을 다루는 교사들을 만나보고 싶었다. 그리고 그들은 왜 이러한 주제들을 수업에서 다루는지 알아보고 싶었다. 이것의 나의 박사 학위 논문의 시작이었다.

나는 가꿈 교사들과 같이 SSI 수업에 관심 있는 교사를 찾기 위해 주변에 수소문을 했다. 그러나 정말 찾기가 힘들었다. 그래서 일리노이주에 있는 과학교사협회(Illinois Science Teachers' Association)와 전국 과학교사협회(National Science Teachers' Association)의 리스트서브를 통해 내 연구를 소개하고 공개적으로 교사를 모집하였다. 첫 번째 공고에서 나는 52명의 교사로부터 관심 있다는 이메일을 받았다. 대부분이 고등학교 교사였고, 그들이 주로 다루는 문제들은 기후변화나 멸종위기 동물과 같은 환경문제, 복제나 배아연구, GMO 등의 생명공학 영역의 문제들이었다. 일부 교사들은 원자력 발전소의 위험 문제를 다루고 있었다. 나는 응답을 보낸 교사들과 이메일을 주고 받았다. 내가 가꿈에 참여하면서 느꼈던 것들, 앞으로 연구하고 싶은 것들을 좀 더 자세히 설명해주었다. 메일이 오가는 횟수가 늘어날수록 끝까지 관심을 보이는 교사들은 점점 줄어들었다. 지역적인 한계를 고려해서 내가 만날 수 있는 4명의 교사를 최종 결정했다. 3명은 시카고에, 1명은 인디애나폴리스에 있는 고등학교에서 과학을 가르치고 있었다. 나는 거의 매주 3~4시간 운전해서 이들을 만나러 갔다. 그들이 가르치는 SSI 수업도 참관하고 수업이 끝난 뒤에는 면담도 했다. 이 네 명의 교사를 소개하려 한다.

Jeff는 생명공학 연구를 하다가 교사가 되기로 결정한 뒤 교사 자격증을 취득하여 고등학교 생물학관련 교과목을 가르치고 있다. DNA 복제관련된 글을 우연히 읽고 그 아이디어의 무한한 가능성에 매료되어 생물학을 전공하게 된 Jeff는 생물학자로서의 꿈을 이루기 위해 박사과정에도 진학했다. 그렇지만, 한 집안을 이끌어가야 하는 경제적 문제 그리고 실험실에서 경험하는 현실적 문제가 그를 힘들게 했다. 연구원의 월급이 교수의 연구비에 의존했기 때문에 때로는 생활비도 벌지 못해 생활이 어렵기도 했고, 학생이라는 이유로 본인이 주도해서 쓴 논문이더라도 이름이 들어가지 않거나 교수 이름 뒤로 들어 가야 하는 것이 매우 속상했다. 과학 연구라는 것이 순수한 열정으로만 되는 것이 아니라 정치적, 경제적 측면이 다분히 들어있다는 사실이 그를 결국 실험실에서 떠나게 했다. 그 후 교사 자격증을 취득해서 교사가 되었다. 현재 학교에서 Jeff는 자신의 전문성을 살려 해부학 등을 가르치고 있으며, 그 과목에 SSI를 도입하였다. 그가 도입하는 SSI 수업에는 Jeff의 과학자로서의 경험이 잘 묻어난다. 실험실에서 일하면서 보고 느꼈던 과학의 사회적, 정치적, 경제적 측면을 Jeff는 SSI

를 통해 제시해주었다. 그는 앞으로 과학자가 되고자 하는 학생들은 순수한 과학의 측면뿐만 아니라 현실적인 측면에 대해서 알아야 하며, 이것을 알려주는 것이 본인의 의무라고 생각했다. Jeff가 도입했던 SSI 주제 중 하나는 유전자 특허에 관한 것이었다. 특정한 병에 걸리지 않는 사람의 유전자를 연구해서 특정 유전자를 발견했다면, 그 유전자의 특허권은 누구에게 있는가 하는 문제이다. 이 주제는 순수한 과학이 과학적 발견에만 목적이 있는 것이 아니라 경제적 이득과도 매우 밀접하게 연관되어 있음을 보여준다. Jeff는 학생들이 토론하는 동안 그 반대 입장이 되어 질문을 던져가며 학생들이 사고할 수 있도록 하는 전략으로 수업을 진행했다.

Sarah는 네 명의 교사 중 SSI 교수와 관련하여 가장 많은 경험을 갖고 있는 고등학교 교사였다. 그녀는 생물학이 사회에 미치는 영향에 대해 학생들에게 알리기 위해'생물학의 사회적 함의'라는 과목을 만들어서 17년간 가르치고 있었다. 그녀의 교실에는 존엄사, 배아연구 등과 관련된 실제 사건의 주인공(예 테리 샤보, 메리 베스 화이트헤드, 리차드 시드 등)의 기사나 포스터 등이 붙어 있었다. 캐비닛에는 관련 신문기사, 자료들이 빼곡히 정리되어 있었다. Sarah는 학부 때부터 다양한 분야에 관심이 많았다. 의대도 가고 싶었고, 물리치료사도 되고 싶었다. 그녀는 과학을 매우 좋아했다. 그 중에서도 과학이 실생활에서 적용되어 쓰이는 응용적 측면에 관심이 많았다. 대학교 때 주변 지역 재활병원에서 자원봉사를 하던 중 아무런 잘못이 없이도 질병이나 유전병으로 고통 받고 있는 환자들을 보게 되었다. 왜 이들의 삶은 이렇게 고통 받아야 할까? 부모들이 마약을 하거나 잘못한 게 없어도 장애를 갖고 있는 아이들이 태어나는 것을 보면서 무언가 불공평하다는 생각을 했다. 왜 세상에는 불공평한 문제들이 생길까? 이러한 그녀의 관심은 자신의 전공과 관련해서 다양한 사례를 찾게 되는 계기가 되었다. Sarah는 실제 사례들을 중심으로 수업을 이끈다. 내가 관찰한 수업은 테리 샤보에 관한 수업이었다. 테리의 부모와 남편은 존엄사에 대해 다른 입장을 취했다. Sarah는 실제 사례들을 보여주면서 "만약에 ~라면?"이라는 질문을 계속 던졌다. Sarah는 학생들이 "만약에 내가 테리의 부모라면?", "만약에 내가 테리라면?" 등의 질문에 답하면서 자유롭게 관련된 사례를 찾아보도록 독려했다. Sarah는 학생들이 앞으로 삶 속에서 직면할 다양한 문제들에 대해 이처럼 질문을 던져보고 필요한 사례들을 찾아보기를 원했다.

Caroline은 30대 중반이지만, 교사 경력은 2년밖에 되지 않았다. 기간제나 파트타임으로 가르쳐본 경험은 많지만 정식 교사로 일한 것은 이 학교가 처음이었다. 이 학교에서 환경 화학, 화학, 물리를 가르치고 있었다. Caroline은 종교적으로 매우 신실했다. 학생들을 가르치는 것이 크리스찬으로서 하나님을 드러낼 수 있는 방법이라고 생각하고 학생 하나하나를 매우 소중하게 여겼다. 이러한 모습은 그녀의 수업시간에도 잘 드러났다. 내가 관찰한 수업은 환경 화학 수업이었다. 환경 화학은 화학과 관련해서 다양한 실생활 주제들을 다루는 과목이다. Caroline은 이 수업에서 북극 자원개발 주제를 다루었다. 그 주변의 환경파괴, 원주민들의 삶을 위협하면서도 천연가스를 얻어야 하는가의 주제였다. Caroline이 이와 같은 주제를 다루는 가장 큰 이유는 학생들을 위해서였다. 본인의 수업을 듣는 학생 중 많은 학생들이 대학에 진학하지 않거나 인문사회학 쪽으로 진학하기 때문에 이 수업을 통해 학생들이 삶 속에서 직면하는 과학문제들에 대해 의사결정해보는 경험을 제공하고 싶었다. 그것이 과학교사로서 학생들에게 도움이 될 수 있는 방법이라고 생각했다.

Thomas는 오랫동안 산림을 보호하는 일을 해왔다. 국립공원에서 나무들을 관리하고 외래종들을 없애는 일들을 해왔다. Thomas는 어려서부터 자연과 친밀해지는 경험을 많이 했다. 가족과 함께 산 속에서 동물을 관찰하고 자연을 탐색하는 기회가 많았다. 그는 어렸을 때, 인간이 환경을 파괴하는 모습을 적나라하게 보여주는 짧은 광고를 보고 환경을 보호해야 하는 강렬한 책임감을 느끼기도 했다고 회상했다. 일찌감치 환경을 지키는 일에 관심이 많던 Thomas는 대학 졸업 후에도 국립공원에서 일을 시작했다. 그런데, 나 혼자 환경을 지키기보다는 학생들을 가르치고 그들과 함께 환경을 지켜나간다면 더 좋지 않을까 하는 생각에 교사 자격증을 취득하고, 지금의 학교에서 환경 과목을 가르치고 있다. 학생들에게 인간이 환경에 미치는 영향을 알려주고, 환경 보호에 참여할 수 있도록 독려한다. 그의 이전 경험들은 그의 수업에 고스란히 잘 드러난다. 그는 자신이 가르치는 학생들과 주말에 근처 공원에 가서 외래종들을 제거하는 일을 함께 한다. 나도 같이 따라가서 학생들과 함께 반나절 열심히 일하는 모습을 지켜보았다. 학생들도 매우 열심이었다. 학생들은 Thomas의 환경에 대한 열정을 안다. 그래서 수업이 끝난 뒤에도 개인적으로 교실 앞으로 나와 여러 가지 질문들을 한다. Thomas는 학생들과 함께 환경보존과 관련된 책을 읽고 이야기를 하기도 한다. 본인의 수업을 들었던 학생이 졸업 후 찾아와서 환경 일을 하고 있다고 이야기할 때 정말 큰 보람을 느낀다고 말했다.

위의 네 명의 교사들은 SSI에 대한 연수를 받은 적이 없다. 이들은 SSI라는 용어조차 몰랐다. 그러나 이들은 자신의 경험이나 자신이 중요하다고 생각하는 가치를 SSI 수업을 통해 구현하는 모습을 보였다. Jeff는 과학자로서의 경험을 통해 학생들이 과학이 순수한 진리 탐구만 있는 것이 아니라 경제적, 정치적인 실제적 측면도 있음을 이해하고 진로를 선택하기 위한 마음에서 SSI를 도입했다. Sarah는 학생들이 평생학습자로서 과학과 관련된 문제들에 관심을 갖고 스스로 학습해나가는 역량을 키워주고 싶어 했다. Catherine은 학생들에게 도움이 될 수 있는 수업을 만들고 싶었고, 그 중 하나가 SSI였다. Thomas는 자신의 환경에 대한 사명감을 SSI 교육을 통해 이뤄나가고자 하였다. 그들의 SSI에 대한 이해나 교육 목적이 다르기 때문에 자신의 방식대로 스스로의 교수방식을 형성해 나갔다.

SSI는 과학 이외에 사회나 윤리교사들도 자주 다루는 주제들이다. 그들이 SSI를 도입하는 이유는 과학교사들과 다를까? 다르다면 어떤 점이 다를까? 이에, 유정숙 등(2011)은 SSI 교수 경험이 있는 과학, 사회, 윤리(도덕) 교사들을 각각 5명씩 섭외해서 이들이 과학과 SSI에 대해 어떻게 이해하고 있으며, 왜 SSI를 수업에 다루는지, 그리고 SSI를 수업에 도입할 때 무엇에 강조점을 두는지 등에 대해 알아보았다. 그 결과, 각 과목별 참여 교사들이 수업을 위해 선택하는 SSI 주제에도 다소 차이가 있었다. 어떠한 SSI를 선호하는가 하는 문제는 그들이 SSI 수업에서 무엇을 강조하고 있는가 하는 문제와도 연관될 수 있다. 예를 들어, 과학교사들은 과학내용을 설명하고 교수하는 과정에서 과학내용과 관련된 SSI를 선정해서 도입한다고 응답하였다. 과학교사들이 자주 다루는 SSI는 생명공학(예 배아복제, 유전자조작기술, GMO 등)이나 첨단 기술(예 로켓, 나노기술 등)에 관련된 내용이 많았다. 이러한 주제들은 교육과정과 연계되면서도 현대 과학 기술이 지니고 있는 사회적 영향력을 보여줄 수 있는 주제들이라고 할 수 있다. 예를 들어, D교사(과학)는 첨단 과학의 위력을 맹신하는 아이들에게 그 위험성을 알리고, 고려해야 할 사회윤리적인 요소들을 언급하는 방향으로 수업을 진행한다고 응답하였다.

아이들이 이렇게 생명 존중에 대한 가치를 모르고 있다면, 과학이 굉장히 위험한 학문이 될 수 있으니까, 힘을 너무 많이 갖고 있으니까, 위험해서 [사회 윤리적인 부분을] 가르칠 필요성을 느끼고, 얘기하고 있어요.(D교사)

반면, 사회교사들은 사회 현상을 설명하기 위해 사회적으로 이슈화 되고 있는 SSI를 도입하는 경우가 많다고 응답하였다. 이들은 과학, 윤리교사에 비해 환경관련 SSI를 많이 다루고 있었다. 이는 사회교과과정에 '환경' 단원이 상당 부분 차지하고 있기 때문일 수도 있으나, 과학이 사회에 나왔을 때 인간에 의해 어떻게 이용되고 그로 인해 사회에 어떠한 영향을 미치는지에 대해 초점을 맞추는 사회교사들의 특성이라고도 생각해볼 수 있다.

지금은 사람들이 환경문제라던가, 과학 기술 문제에 대해 좀 더 관심을 갖고 찬반이 좀 더 두드러지지, 제가 처음 [교직에] 나왔던 게 87년도거든요? 그때만 해도 정부의 일방적인 개발 논리가 많았기 때문에, 환경문제라던가, 윤리문제는 그렇게 크게 대두되지 않았었던 거 같아요… 사회 전반적으로 다양한 의견이 나오고, 다양한 시각의 다양한 활동들이 나올 수 있었기 때문에 그게 또 교육에도 반영이 되었다고 보거든요.(L교사, 사회)

과학내용 자체는 중요하지 않거든요. 그래서 [과학]이론이라던지 이런 거를 심층적으로 하진 않아요. 대신에, 그걸 가지고 사람이 어떻게 활용하냐. 인간이 사는 기후가 달라질 수 있다. 문화가 달라질 수 있다. 지역 구분에 응용될 수 있다. 이런 식으로 풀어나가죠.(I교사, 사회)

Part 04

윤리교사들은 첨단 과학 기술 발달에 따라 현대 사회에서 나타나는 윤리적인 문제, 예를 들어 인간 소외 현상 같이 인간의 내면을 성찰할 수 있고, 생명의 소중함과 같은 측면을 다룰 수 있는 소재들을 많이 사용하는 경향이 있었다. 이들은 윤리적인 문제가 발생하였을 때 다양한 입장에서 생각해 볼 수 있도록 학생들을 지도하는 경향이 있다.

유전자 변형 문제, 복제 문제, 만약에 [생명] 복제가 무제한 허용되었을 때 나타나는 폐단들을 상상해서 애들한테 얘기시켜보면 재밌잖아요, 한 생명을 복제해서 죽어가는 생명을 살리는데, 그것(복제된 생명)을 희생시킨다면, 복제된 생명은 생명이 아닌가? 그렇게 생명윤리문제를 다루죠.(R교사, 윤리)

이 연구에 참여한 대부분의 교사들은 SSI 교수의 궁극적 목표가 과학과 사회, 윤리 등이 서로 유기적으로 연관되어 있음을 이해하고, 합리적인 사고과정을 통해 SSI에 대해 가치판단을 내릴 수 있는 민주시민의 양성에 있다고 생각하였다. 이를 달성하기 위해서 과학, 사회, 윤리교사들은 공통적으로 사고기술을 향상시키는 데 강조점을 두고 있었다. 즉, 그들은 SSI와 관련된 자료에 대해 무조건적으로 받아들이는 것이 아니라, 내용의 신빙성 및 타당성을 파악할 수 있는 능력(회의적 사고력), 주어진 SSI에 논리적으로 자료를 분석하여 올바른 의사결정을 할 수 있는 능력, 그리고 자신의 가치를 기반으로 SSI에 대한 의견을 논리적으로 표현할 수 있는 능력을 강조하고 있었다.

<표 8.2>와 같이 각 교과별로 다소 특징적인 부분도 나타났다. 우선, 과학교사들은 다른 교과 교사들에 비해 상대적으로 지식, 사고기술, 그리고 가치 태도 영

역에 골고루 강조점을 두는 경향을 보였다. D교사(과학)와 E교사(과학)가 대표적인 예라고 볼 수 있다. A교사(과학)와 B교사(과학)는 지식과 사고기술, 사고기술과 가치 태도 면에 중점을 두었다. 그러나 C교사(과학)의 경우에는 SSI와 관련된 과학지식을 전달하는 데에만 초점을 두고 있었다. 사회교사들의 경우, 지식 영역과 사고기술 영역을 강조하는 반면 가치 태도 부분에 있어서는 다소 덜 초점을 두고 있는 경향을 보였다. 지식 영역에서는 과학지식을 다루는 것이 아니라 과학지식의 활용 결과로 인해 발생한 사회 윤리적 문제를 통해 과학의 사회적 측면에 대해 이해하고, SSI를 둘러싼 다양한 측면을 이해하는 데 초점을 두었다. 이는 사회과 교육과정에서 "사회생활에 필요한 지식과 기능을 익혀 이를 토대로 사회 현상을 올바르게 인식"하도록 한다는 목표에 부합한다고 할 수 있으나 "민주사회 구성원에게 요청되는 가치와 태도"를 함양하고자 하는 목표와는 다소 차이를 보인다고 할 수 있다. L교사(사회)만 사회적 문제의 해결을 위한 실천적 태도에 중점을 둔다고 응답하였다. 윤리교사들은 다른 교과 교사들에 비해 SSI 해결 방안을 모색하는 과정에서 요구되는 윤리적 가치와 태도를 강조하는 경향을 보였다. 특히, 다양한 SSI가 발생하는 원인을 인간에 대한 본질적인 이해를 통해 인간과 자연, 인간과 과학, 인간과 사회의 올

표 8.2 교과별 SSI 교육에서의 강조점

	SSI 교육에서의 강조점	과학	사회	윤리
지식 영역	SSI와 관련된 지식의 이해	C		
	SSI에 내재된 다양한 관점에 대한 이해	A	J, K	
	과학이 지닌 사회적 측면(과학과 사회와의 관련성)에 대한 인식	D, E	H, I, K, L	
사고 기술 영역	회의적 사고력(skepticism)	A, D	H, K	O
	의사결정능력	B	J	O, P
	SSI에 대한 자신의 가치판단능력	B, E	L	R
가치 태도 영역	개인의 정체성, 가치관 형성	D		O, P, R, S
	인간으로서의 기본적 윤리의식(예 책임감, 인간과 자연의 관계에 대한 이해 등			O, P, Q, R
	다양성에 대한 공감적 태도	B		
	사회적 문제의 해결을 위한 실천적 태도	E	L	R

(참고) 알파벳 A-S는 교사를 뜻함.

바른 관계를 정립해나가는 것이라고 이해하였다. 예를 들어, Q교사(윤리)는 인간이 지녀야 할 기본적인 윤리 의식에 기반을 두어 SSI를 받아들이고 해결하려는 태도가 필요하다고 하였다. P교사(윤리)의 경우도 인간과 자연이 추구해야 하는 관계를 '공생'으로 바라보고, 자연에 대한 책임의식을 지니는 등 학생들이 도덕적인 가치를 정립하는 것을 강조하였다.

8.3 과학교사들은 SSI 수업을 통해 무엇을 지향하는가?

앞에서 살펴본 바와 같이 과학교사들이 SSI를 다루는 이유에는 여러 가지가 있을 수 있지만, 크게 두 가지로 분류해 볼 수 있다. 첫째, 교수학습 방법을 변화시켜 수업을 보다 흥미롭게 만들기 위한 목적에서 SSI를 도입하는 경우이다. 기존의 STS적 접근이 여기에 해당된다. 과학기술이 실제 생활에서 어떻게 적용되는지를 알려주는 것이다. 이 수준에서 SSI를 다루는 경우에는 STS 수업과 SSI 수업이 큰 차이가 없다. 예를 들어, 유전자에 대해 학습한 후 유전자 재조합과 관련된 사회문제를 다루는 형태이다. 이러한 수업은 주제 자체가 실생활과 연결되어 학생들이 관심 있게 참여할 수도 있지만, 보통 전통적인 강의 외에 다양한 수업 방식이 활용되기 때문에 학생들의 흥미가 높아지는 면도 있다.

둘째는 과학기술로 인한 문제들이 개인의 신념이나 가치관, 경험과 연결되어 SSI를 가르치는 경우이다. 이러한 교수지향을 갖는 교사들은 과학기술 자체가 '진리탐구'와 같은 순수 과학적 면만 존재하는 것이 아니라 정치적, 사회적, 경제적 요소를 내포하는 인간 활동의 산물이라는 관점을 갖고 있다. 따라서, 과학기술이라는 명목 하에 진행되고 있는 지나친 발전으로 인한 사회적 문제에 관심을 갖고, 과학기술이 인간과 환경의 지속가능한 방향으로 진행되어야 한다고 믿는다. 이들에게 SSI 수업은 과학기술에 대한 관점을 학생들과 함께 실현해나가는 방법이 될 수 있다. 일부 교사들은 SSI 교육을 통해 학생들이 과학기술 시대의 책임감 있는 시민, 청지기로 성장하기를 바란다.

각 교수지향을 좀 더 세분화해서 살펴보면 <표 8.3>과 같다. <표 8.3>에서 제시한 6개의 교수지향 중 학생 중심 활동(A), 지식과 고등사고능력(B), 실생활과의 연결(C)은 교수학습 목적에서 SSI를 도입하는 경우에 해당하고, 과학 및 기술의 본성(D), 시민역량과 인성(E), 사회적 실천(F)은 과학기술의 본성과 연관된 교수지향에 속한다고도 볼 수 있다. 물론 교사들의 교수지향을 몇 가지로 분류한다는 것은 그들의 교수에 대한 목적과 방향성을 지나치게 단순화하는 것이다. 그러나 이러한 분류는 어떠한 목적에서 이들이 SSI를 다루는지를 살펴보고, 나아가 보다 교사들이 제한적인 식견이 아닌 폭넓은 비전을 갖고 SSI를 도입할 수 있도록 지원하는 데 기반이 될 수 있다.

표 8.3 SSI 교수지향의 하위 요소 및 예시

SSI 교수지향(OTS)	SSI 교수의 목적	교사의 응답 예시
학생 중심 활동 (Activity-driven)	과학수업에의 흥미와 학습 동기를 유발함. 학생 중심적인 과학수업을 구성함.	"교과서의 과학내용은 답이 결국은 하나로 귀결이 되지만, 이러한 수업은 그렇지 않잖아요. 과학수업 시간에는 주로 강의로 진행하는데, 이런 주제들을 다루다 보면 토론도 하고 함께 이야기도 나누고, '내 생각은 이래'라고 했을 때 그것이 토론의 주제가 될 수 있고, 존중되고, 관철시킬 수도 있고. 얼마나 열심히 토론하는지 몰라요. 싸우면서, 내 생각이 맞다. 그런 측면에서 애들은 이런 수업을 좋아해요."
지식과 고등사고능력 (Knowledge and higher order thinking skills)	주제와 관련된 과학지식과 문제해결력, 의사결정능력, 논증능력 등의 고등사고능력을 함양함.	"학생들이 문제해결하는 과정에서 필요한 정보들도 찾아보고, 찾은 정보가 적절한지 서로 얘기하면서 판단도 해보고요. 다른 사람들의 생각을 듣고, 질문도 하면서 생각을 정교화할 수도 있구요. 저는 학생들에게 이런 기회를 제공하고 싶어요."
실생활과의 연결 (Application of science in everyday life)	과학이 응용되는 사례나 사회와의 관련성을 보여줌.	"아이들은 교과서와 자기가 생활하는 실상이 따로라는 생각을 가지고 있는데, 이런 시도(SSI 수업)를 하면 아이들이 '이게 이거네'라고 생각하는, 뭐랄까 생활 속에서 과학이 어떻게 연관되는지 좀 더 생각하게 되지 않을까요? 이런 작은 시도들이 아이들의 마음을 변하게 하지 않을까 하는 생각을 하는 거 같아요."

과학 및 기술의 본성 (Nature of science and technology)	과학과 기술이 갖고 있는 여러 가지 본성(예 가치 적재성, 양면성 등)에 대한 이해를 함양함.	"과학이나 기술이나 이런 것들이 좀 더 총체적으로 봤을 때 건강한 방향으로, 더 나은 방향으로 흘러가기 위해서는 많은 사람들이 그것에 관심을 가져야 하고, 여러 가지 대안 중에서 어느 것이 정답인지 그 누구도 모르지만, 한참 몇 년이나 몇십 년이 지난 후에서야 그것이 옳은 방향이었는지 알게 될 수도 있으니까."
시민역량과 인성 (Citizenship)	과학기술 사회의 시민으로서 갖추어야 할 역량(예 사회문제에의 관심, 관련된 담화에의 참여, 과학적 소양 등)과 인성(예 윤리적 태도, 시민으로서의 책임의식 등)을 함양함.	"정치나 정책을 정하는 열쇠를 쥐고 있는 사람들이 환경이나 전체적인 안목으로 고려하지 않고 뭔가 눈에 보이는 가시적인 효과나 경제적인 논리로 접근하는데 마음이 아팠어요. 그 다음 새만금 사건 때도 마찬가지였구요. 그런데 그때 일반 대중들이 이런 것에 대해 알아야 한다는 생각이 들었죠. 일반 대중들이 어떤 하나의 사건에 대해 이런 장점, 이런 단점도 있고, 또 이런 대안들이 있는데, 다른 대안 중에 어떤 것은 이런 장점이 있고, 이런 단점이 있고. 만약 일반 대중들이 그런 것에 대해 소위 말하는 안목이랄까."
사회적 실천 (Activism)	과학기술로 인해 발생한 SSI를 해결하기 위한 실천적 행동 및 참여를 독려함.	"얼마 전에 가습기 살균제 사건이 있었잖아요. 우리도 언제 그런 위험에 노출될지 모르잖아요. 우리도 시민으로서 건강하게 살아갈 권리가 있다고 생각해요. 기업들이 자신들의 이익을 위해서 충분히 검증되지 않은 것을 시중에 유통시키는 것은 그에 대한 책임을 물어야 한다고 생각해요. 우리가 그러한 역할을 해야 한다고 생각해요."

첫째, 학생 중심 활동(A) 교수지향은 SSI를 도입하는 주된 이유가 학생들의 과학수업에의 흥미와 학습 동기를 유발하기 위해서이다. 즉, SSI에 내재되어 있는 과학기술의 본성에 대한 관심보다는 학생들이 수업의 주체가 될 수 있는 수업(예 토의, 토론, 역할극 등)을 운영하기 위한 하나의 교수적 도구나 맥락으로 SSI를 활용하는 경우라 할 수 있다. 실제로 SSI를 도입하는 많은 교사들, 특히 시작 단계에 있는 교사들은 이 교수지향을 보인다. 교사들은 "과학수업 시간에는 주로 강의로 진행하는데, 이런 주제들을 다루다 보면 토론도 하고 함께 이야기도 나누고…", "과학지식만 이야기하면 좀 따분한데, 생활 속에서 접하는 주제들을 이야기하면 아무래도 학생들

의 흥미나 참여가 높아지죠"와 같은 응답을 보인다. 즉, 교사들은 SSI 수업이 학생들의 다양한 생각을 끌어내고 함께 이야기하는 학습의 분위기를 형성하는데 매우 효과적이기 때문에, 전통적인 과학수업이 학생 중심의 수업으로 변화할 수 있는 좋은 교수학습 소재라고 인식한다.

둘째, 지식과 고등사고능력(B) 교수지향을 지닌 교사들은 학생들의 과학지식과 문제해결력, 의사결정능력, 논증능력, 자료 수집 및 해석능력 등을 함양하기 위한 목적으로 SSI를 활용한다. 이 교수지향의 교사들 또한 학생 중심 활동 교수지향(A)과 마찬가지로 SSI를 교수 목적을 달성하기 위한 하나의 방법으로 활용하는 경우이다. 다만, 과학교과에서 달성하고자 하는 고등사고능력을 함양하기 위해 학생들에게 SSI 문제 상황에 대한 해결책을 마련하게 하거나 의사결정을 내리기 위한 논리적인 사고과정을 요구하는 경우이다. SSI 수업은 정답이 없는 문제를 다루기 때문에 학생들이 최선의 해결책 또는 합의점을 찾기 위해 끊임없이 의문을 제기하고 질문을 주고받게 된다. 예를 들어, 한 학생이 "나는 GM 식품을 구입할거야"라는 의견을 제시하면, 다른 학생이 "너는 GM 식품이 아무리 저렴하다고 하더라도 건강에 안 좋은 영향을 미칠 수 있다고 생각되지 않니?"와 같이 반론을 제기할 수 있다. 이 경우, "GM 식품이 건강에 해롭다는 연구 결과가 나온 것이 있니?", "GM 식품이 해롭다는 것을 어떻게 증명할 수 있는데?" 등과 같은 질문이 자연스럽게 나오게 되고, 학생들은 질문을 주고받는 과정에서 필요한 정보도 수집하고 보다 깊게 사고하기도 한다. 이러한 사고능력을 함양하기 위한 방안으로 SSI를 도입하는 교사들도 많이 있다.

셋째, 실생활과의 연결(C) 교수지향이다. SSI는 과학이 생활 속에서 어떻게 응용되고 있는지를 잘 보여준다. 즉, SSI에 대해 논의하면서 과학－기술－사회가 어떻게 연관되어 있는지에 대해 이해할 수 있다. 학생들은 과학수업에서 과학을 배우더라도 실생활에서 어떻게 쓰이는지 잘 모르는 경우가 많다. 따라서 SSI와 같은 실생활적 소재의 도입은 학생들이 왜 과학을 배워야 하는지를 이해하는 데 큰 도움이 된다. 또한 보통의 학생들은 중·고등학교 때 배우는 과학이 성인이 되어 살아갈 때 필요한 기본적 소양이 된다. 그렇다면 중·고등학교 과학수업에서 실생활과 관련된 문제들을 다루어본 경험이 있으면, 성인이 되어서도 과학과 관련된 문제들에 좀 더 관심을 갖게 될 수 있다. 이 교수지향을 지닌 교사의 SSI 수업에서는 SSI가 지닌 도덕적·윤리적 측면이 크게 부각되지 않기 때문에, STS 수업과 크게 다르지 않을 수 있다. 예를 들어, GMO 문제를 다룬다고 하더라도 GMO의 윤리적 측면보다는 GMO가 우리 생활에 미치는 영향에 초점을 두고, GM 식품을 생활 속에서 찾아보는 등의 활동을 구성하는 경우가 많다.

넷째, 과학 및 기술의 본성(D) 교수지향이다. 이 교수지향을 갖고 있는 교사들은 학생들이 SSI를 통해서 과학과 기술의 본성을 이해하도록 하는 데 목적을 둔다. 즉, SSI를 통해 과학지식의 사회적 형성과정, 과학자 집단의 특성, 과학 연구 과정의 사회적 측면, 기술의 다양한 본성 등에 대해 이해하기를 기대한다. Nuangchalerm (2009)에 따르면 적지 않은 수의 교사들이 정도의 차이가 있긴 하나 이 교수지향을 갖고 있다. 예를 들어, 일부 교사들은 개인적으로 환경에 대한 관심이 매우 높다. 대안에너지 센터에서 자원 봉사 활동을 하기도 하고, 환경문제(새만금 개발, 4대강 사업 등)가 발생하면 시민으로서 목소리를 내기도 한다. 이들은 과학을 가르치는 교사로서 당연히 과학기술이 인간과 환경에 미치는 영향을 알려주어야 된다고 생각한다. 이것은 STS 수업에서 과학이 사회에 어떻게 영향을 미치는지에 대해 알려주는 차원이 아니다. 교사 자신이 과학기술에 대해 갖고 있는 관점이 명확하고, 학생들도 이러한 의식을 함양했으면 하는 교사의 철학이 명확히 드러나 있다. GMO 문제를 다룬다고 하더라도 단순히 GM 식품을 찾는 활동에 머무르는 것이 아니라 과학기술이 나아가야 할 방향에 대해 명확한 입장을 강조한다.

다섯째, 시민역량과 인성(E) 교수지향이다. 이 교수지향을 지닌 교사들은 학생들이 SSI에 대한 논의를 통해 민주사회의 시민으로서 갖추어야 할 역량(예 사회문제에의 관심, 관련된 담화에의 참여, 과학적 소양 등)과 인성(예 윤리적 판단, 시민으로서의 책임의식, 과학기술에 대한 책임감 있는 인식 등)을 함양하는 데 목적을 둔다. 예를 들어, 일부 교사들은 시민들은 정책 결정에 목소리가 거의 반영되지 못하는 실정에 대해 매우 비판적인 관점을 보인다. 정책은 여러 입장에 놓인 사람들의 의견이 골고루 반영되는 사회적 합의 과정을 거쳐야 함에도 관리자들은 경제적·정치적 논리로 문제를 해결해 나가는 사례를 많이 볼 수 있다. 따라서 이들은 일반 시민들이 과학기술과 관련된 문제들에 관심을 갖고, 합의 과정에 참여할 수 있는 기본적 소양을 갖추어야 된다고 주장한다. 이런 맥락에서 SSI 수업이 이 교사들에게 의미하는 바는 매우 크다고 할 수 있다.

마지막으로, 사회적 실천(F) 교수지향이다. 이 교수지향을 지닌 교사들은 학생들이 SSI 수업을 통해 과학기술의 본성을 이해하고 역량을 함양할 뿐만 아니라 과학기술이 야기한 문제를 해결하는데 직접 참여할 수 있는 실천적 행동을 독려한다. 「사례 8.3」에서 제시한 Thomas나 Lee(2008)의 연구에 제시된 Jenna가 여기에 해당된다. Thomas는 환경을 보호해야 한다는 청지기 의식을 갖고 있다. 대학 졸업 후 국립공원에서 환경을 보존하는 일을 했지만, 나 혼자 환경을 지키기보다는 학생들을 가르쳐서 그들과 함께 하고 싶다는 생각에서 교사의 길을 선택했고, 학생들과 환경에 관련된 SSI를 이야기한다. 주말에는 학생들과 함께 국립공원에 가서 외래종 식물을 없애는 일을 하기도 한다. Thomas에게 환경이 파괴되고 있다는 것을 인지하는 것만으로는 충분하지 않다. 환경을 보존하는 일에 동참하는 것이 그에게는 매우 중요한 사명이다. Jenna의 경우도 이와 매우 유사하다. 과학기술로 인해 발생하는 문제들을 해결하는데 참여하는 것이 미래 시민으로서 갖추어야 할 역량이라고 생각한다. 본인 스스로도 에너지 대안 센터 등에서 활동하고 있으며, 학생들에게도 실천할 수 있는 기회를 제공하고 있다.

Chapter 09 SSI 수업을 위해 필요한 교사의 지식[5)]

SSI는 쟁점 자체가 순수 과학적인 내용만 포함하고 있는 것이 아니라, 과학지식의 응용적 측면(즉, 기술이나 공학)과 사회·정치·경제와 같은 인문사회학적 측면을 포괄하고 있다. 또한 과학법칙이나 이론을 적용하여 정답을 구하는 과학문제와는 달리, 다양한 방안이나 최선의 방안을 찾는 문제들이다. 이러한 특성 때문에 SSI 수업을 위해서는 Zeidler(Zeidler et al., 2011)가 지적한 대로 기존 과학수업의 "본질적 재구조화"가 필요하다. 그러나 교과서적 과학지식을 전달하는 강의중심 수업, 교사가 중심이 되어 이끌어가는 수업에 익숙한 교사들에게는 이러한 변화가 쉽지만은 않다.

STS 교육이 국내에 정착되기까지 과학교육자들이 무수히 많은 교사연수를 실시했던 것처럼, SSI 교육도 수업에 자연스럽게 도입되기까지는 교사들을 위한 체계화된 교육과 연수가 필요하다. 그렇다면, 교사들에게 무엇을 그리고 어떠한 방법으로 교육해야 할 것인가? SSI 교사연수의 효과를 살펴봤던 연구들을 바탕으로, 교사들의 SSI 교수역량을 높이기 위해 방안들을 생각해볼 수 있다. 그 연구들 중 흥미로운 두 연구를 소개하고자 한다.

첫 번째는 Gray와 Bryce의 연구(2006)이다. 이들은 현직 과학교사들을 대상으로 생명공학에 대한 지식이나 인식, 교수방법을 함양하기 위한 1주간의 교사교육프로그램을 운영했다. 이 프로그램의 내용을 살펴보면 생명공학과 관련된 과학 및 기술지식뿐만 아니라 생명공학기술이 야기할 수 있는 윤리적, 도덕적, 사회적 함의들을 포함하고 있다. 이 연구가 흥미로웠던 이유 중 하나는 참여했던 교사들이 자칫 어려울 수 있다고 생각된 최신 생명공학 기술관련 원리와 이론들을 배우는 것에 대해 무척 만족해하였다는 점이다. 이들은 대학에서 전공 지식을 쌓은 후, 학교 현장에서 학생들을 가르쳐 오면서 급속히 변화한 첨단 과학기술에 대해 배울 수 있는 기회가

5) 이 장의 내용은 2015년 대한민국 교육부와 한국연구재단의 지원을 받아 수행된 연구의 내용을 기반으로 하고 있음(NRF-2015S1A5A2A01011402). 그 결과는 이현주(2016)로 게재되었음.

많지 않았다. 이 연수에서 제공하는 첨단 과학에 대한 지식은 교사 본인에게도 지적인 충족감을 제공했을 뿐 아니라 수업에서 학생들과 연수에서 알게 된 첨단 과학에 대해 이야기하고 싶은 동기를 주었다. 그러나, 교사들은 생명공학기술과 관련된 여러 사회적 함의를 다루는 데에 대해서는 거부감을 보였다. 그들은 비과학적이라고 여겨지는 부분을 어떻게 수업에서 다루어야 하는지에 대해 여전히 막연하게 느꼈다. 그리고 SSI의 본성과 SSI 교수에 적절한 교수학습 방법을 내면화 할 수 있는 "충분한 시간과 기회가 주어졌으면 좋겠다"라는 아쉬움을 토로했다. 즉, 교사들은 첨단 과학기술에 대한 지식은 다소 어렵더라도 배우고 싶어 하고 매우 유용하다고 느끼는 반면, 그 과학기술로 인한 사회적 함의는 여전히 모호하게 느꼈다.

두 번째는 Ekborg와 동료들(2013)이 수행했던 연구이다. 이들은 55명의 과학교사들을 대상으로 교사연수를 실시했다. 이 연수의 특징은 교사들에게 본인의 수업시간에 직접 SSI를 다루어 볼 수 있는 기회를 제공하였다는 점이다. 연구자들은 직접 개발한 SSI 수업 매뉴얼을 참여 교사들에게 제공하였고, 교사들은 여섯 가지 주제에 대한 교수 매뉴얼 중에서 자유롭게 한 개를 선택하여 수업을 설계하였다. 참여 교사들은 수업을 직접 수행해 보면서 학생들에게서 나타나는 긍정적인 변화를 관찰할 수 있었다. 학생들은 교사들이 생각했던 것보다 훨씬 적극적으로 담화에 참여했고, 필요한 정보를 검색하였으며, 문제를 해결하기 위해 배운 과학지식을 적용하는 모습을 보였다. 교사들도 연수 후 SSI 교수에 대한 자신감을 드러냈다. 여기서 흥미로운 점은 참여 교사들이 SSI 수업을 운영하는데 별 어려움을 느끼지 않았다는 점이다. 이에 대해 저자들은 다음과 같은 해석을 했다. 우선, 교사들이 본인이 가르치는 교과과정과 밀접하게 연관되는 SSI를 선택해서 수업을 했기 때문에, 가르치고자 했던 과학지식을 전달하는 데에는 큰 무리가 없었다. 또 하나는 교사들이 SSI 사례들을 학생들의 흥미를 높이기 위해 사용하였을 뿐, 사회, 윤리, 도덕적 측면에 대해 숙고하는 데에는 큰 의미를 두지 않았기 때문이라는 것이다. 대부분의 참여 교사들은 본인이 한 SSI 수업을 평상시에 가르치는 수업과 별개로 시간적 여유가 있을 때 한 번 해볼 수 있는 수업 정도로 여겼다. 따라서 자신이 가르친 SSI가 교과과정과 약간 차이가 있더라도, 그리고 수업시간에 주제와 관련된 사회, 윤리, 도덕적 측면을 다루더라도 크게 개의치 않을 수 있었다는 것이다.

SSI 교수에 대한 연구들을 살펴보면, 많은 과학교사들이 SSI 도입을 위한 자료개발과 다양한 교수학습 전략을 활용하는 것, 현재 교육과정에 명시된 교과내용과 연계 짓는 방법, 첨단과학기술 내용을 효과적으로 전달하는 방법 등에 대해 어려움을 느끼고 있다. 이러한 어려움으로부터 교사들이 SSI 수업을 구성하고 운영하기 위해 필요한 지식은 무엇일지 생각해볼 필요가 있다. 이 장에서는 [그림 9.1]과 같이 교사들이 SSI 수업을 하기 위해서 갖추어야 하는 지식들을 기존의 교과내용지식(Content Knowledge)과 교과교육학지식(Pedagogical Content Knowledge)의 관점에서 살펴본 후, 효과적인 교사교육 방안에 대한 시사점을 찾아보고자 한다.

그림 9.1 SSI 교수를 위해 필요한 교사의 지식

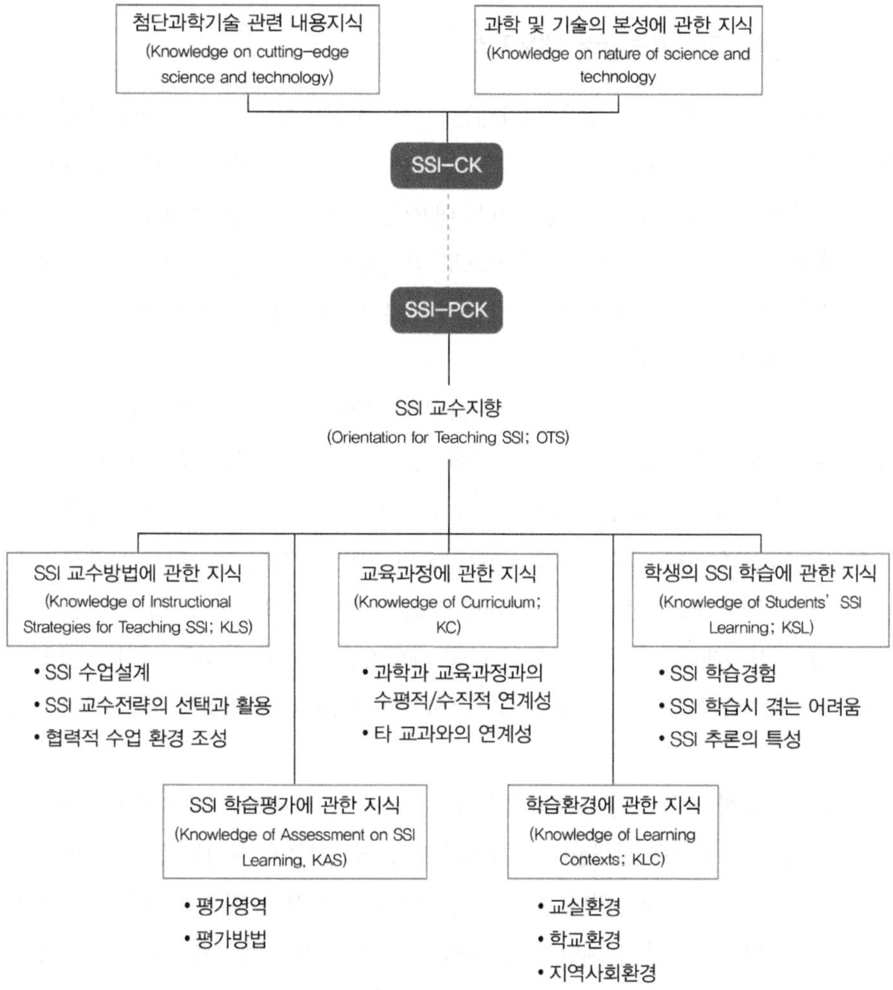

9.1 SSI와 관련한 내용지식(SSI-CK)

교사들이 SSI를 다루기 위해서는 주어진 SSI와 관련된 과학이나 기술에 관한 내용지식이 필요하다. 이것은 과학교사가 과학을 가르치기 위해 과학내용지식을 갖추어야 함과 마찬가지이다. 그러나 교과서의 과학지식과는 달리 SSI 자체가 간학문적 성격을 띠기 때문에, 과학이나 기술 내용지식 외에도 과학기술 본성에 관한 지식과 과학기술의 사회적 함의에 대한 지식도 갖출 필요가 있다.

9.1.1 첨단 과학기술관련 내용지식

내용지식은 교사의 전문성을 나타내는 지식 중 하나이다. 내용지식이 중요한 가장 큰 이유는 내용지식이 교사로 하여금 교사의 전문성을 드러내는 교과교육학지식(PCK)을 형성하는 기반이 되기 때문이다. 내용에 대한 전문성은 수업에 대한 전문성과 연결되며, 이는 다시 수업을 지속적으로 발전시키고자 하는 동기와 연결된다. 따라서 과학교사들이 첨단 과학기술에 지속적으로 관심을 갖고, 이에 대한 지식을 갖추는 것은 매우 중요하다.

예비 과학교사들은 사범대학에 재학하면서 전자기학, 양자 역학, 유기 화학, 분자생물학 등과 같은 내용학 과목을 수강한다. 중·고등학교 과학교과에서 다루는 지식들에 비해 상당히 심화된 내용이긴 하나, 첨단 과학기술과 관련된 지식은 다소 부족한 것이 사실이다. SSI는 첨단 과학기술의 발달로 인해 야기되는 문제들인 만큼, 그 첨단 과학기술이 무엇인지에 대한 기본적 지식을 요구한다. 실제로, 많은 과학교사들이 사범대학 재학 기간 동안 현대 과학기술과 관련된 최근 지식은 많이 배우지 못했다고 인식하고 있으며, 이것이 SSI를 다루는 데 걸림돌이 되는 것이 사실이다.

예를 들어, 학생들과 원자력 발전소에서 발생되는 핵폐기물 처리에 관련한 정책 방향에 대한 SSI 수업을 진행한다고 가정해보자. 핵폐기물은 방사능 농도에 따라 저·중·고준위 폐기물로 분류된다. 원자력 발전소에서 사용한 작업복이나 장갑, 양말 등은 중·저준위 폐기물에 해당한다. 그러나, 방사능 농도가 1g당 4000베크렐, 열 발생률이 $1m^3$당 2kW 이상이면 고준위 폐기물로 간주한다. 우리나라에서 원자력 발전소에서 발생시키는 핵폐기물의 대부분은 고준위 폐기물로, 이 폐기물의 독성은 최소 10만년이 지나야 안전한 수준으로 떨어진다. 장기적으로는 땅 속 깊이 처분하는 심지층처분방식이 바람직할 수 있으나, 적절한 최종 처분시설 건설도 수십 년 이상 걸린다. 그래서 우리나라에서는 임시저장소나 중간저장소에 보관하고 있는 실정이며, 핵폐기물 재처리 및 재활용을 위한 기술을 개발하려고 한다. 핵폐기물 재처리나 재활용을 위한 방안 마련이 더 적절하겠는가, 아니면 사막과 같은 안전한 저장처를 찾는 것이 더 적절하겠는가? 과학교사가 이와 같은 문제를 다루고자 할 때, 첫 번째 직면하는 문제는 바로 원자력 발전소 핵폐기물 처리와 관련된 전문 내용 지식에 대한 이해가 될 것이다. 대학 전공으로 핵물리학을 수강했다고 하더라도, 대부분의 내용이 이론적이기 때문에 실제 상황에 적용하는 것이 쉽지 않다. 따라서 교사들은 인터넷 검색 등을 통해 해당 용어 및 내용(예 저·중·고준위 폐기물, 베크렐, 심지층처분방식 등)을 찾아본다. 그러나 해당 내용이 상당히 전문적이라는 생각이 들면, 교사들은 핵폐기물 처리가 매우 중요한 이슈라는 것에 동의함에도 불구하고 선뜻 주제를 수업으로 끌어 들이지 못한다.

다행스럽게도 앞의 Gray와 Bryce(2006)의 연구에서와 같이 교사들은 첨단 과학이나 기술에 대한 관심이 많은 편이며, 교사연수를 통해서도 상대적으로 쉽게 향상시킬 수 있다. 물론 실제 과학기술자들이 수행하는 전문적 지식을 갖추기는 어렵다 할지라도 학생들에게 SSI와 관련된 과학기술이 무엇이며, 어떠한 기술을 의미하는지, 어떠한 장점을 갖고 있는지, 그리고 그 과학기술이 왜 문제를 야기하게 되는지 등에 대한 설명을 해줄 수 있는 수준에서는 일정 기간의 교육을 통해 효율적으로 지식을 갖출 수 있다.

9.1.2 과학 및 기술의 본성에 관한 지식

SSI 수업을 하는 데 있어 교사들이 필요로 하는 또 다른 지식은 과학 및 기술의 본성에 관한 지식이다. 사실, 과학 및 기술의 본성에 관한 지식은 '지식'으로 표현하기는 하였지만, 과학과 기술이 어떠한 본성을 갖고 있는가에 대한 인식론을 의미한다. 즉, 교사가 과학과 기술을 어떻게 받아들이는가, 그 본성을 어떻게 이해하고 있는가에 대한 것이기 때문에 단순히 관련된 정보를 수집한다고 해서 쉽게 바뀌는 것은 아니다.

과학과 기술의 본성은 차이가 있다. 교사들은 현대 과학철학적 관점에서 과학지식 및 그것의 발달과정에 대한 인식론을 사범대학 교육과정 내에서 학습한다. 과학의 본성은 예비교사가 갖추어야 할 중요한 지식으로 포함되어 있는 경우가 많으며, 실제 국내외 중·고등학교 과학과 교육과정에서도 주요 학습내용으로 다루어지고 있다. 과학지식은 절대적 사실이 아니며 인간 활동의 산물임을 이해한다는 것은 과학지식이 발달하는 과정에서 자연스럽게 포함되는 과학의 인문·사회학적 특성을 이해하고 있음을 의미한다. 과학지식이 인간 활동의 산물이기 때문에 인간 사회에서 볼 수 있는 다양한 사회·문화·정치·경제·윤리적 측면들과 불가분의 관계가 될 수 없다. 이에 대한 이해는 우리가 SSI에 대한 논의를 진행하거나 의사결정 할 때 어떠한 과학적 증거를 사용하고, 그 증거를 어떻게 해석하느냐에 영향을 줄 수 있을 것이라는 추측을 해볼 수 있다. 실제로 SSI 수업 후에 학생들의 과학의 본성에 대한 이해는 증가한다는 연구 결과도 보고되고 있다.

그러나 우리가 논의하고 있는 SSI는 순수한 과학문제라고 보기에는 다소 무리가 있다. 원자력 발전소의 핵폐기물 문제를 비롯해 환경오염 및 문제, 식품산업과 건강, 유전자재조합식품, 질병과 치료, 우주 개발 등과 관련된 SSI를 살펴보면, 개념적으로 과학과 함께 기술 및 공학과 연관되어 있음을 쉽게 알 수 있다. 학생들의 SSI 추론과정을 살펴봐도 과학의 본성보다는 기술의 본성이 보다 명시적으로 드러난다. 여기서 기술의 본성이라 함은 통상적으로 기술이라 일컬어지는 인공물 및 기법 등을 비롯하여 기술자 및 엔지니어들의 전문적인 활동과 지식 그리고 기술시스템에서 발견할 수 있는 주요 특징들을 포함하는 개념이다. 기술의 본성에 대한 연구들을 종합해보면, 네 가지 차원을 생각해볼 수 있다.[6] 첫째는 앞에서 언급된 것처럼 많은 사람들이 '기술'이라고 할 때 떠올리는 컴퓨터, 비행기 같은 첨단기술이나 기기, 도구를 의미하는 '인공물'이다. 둘째는 '지식' 차원이다. 즉, 기술자가 사용하고 생산하는 기술지식 및 공학지식을 의미한다. 일반적으로 기술자는 일상생활에서 기능적인 일을 하는 사람으로 통용되지만, 여기에 국한하는 것이 아니라 공학 분야까지 확장하여 외연이 큰 전문가 집단을 지칭한다. 즉, 기술자뿐 아니라 다양한 전공을 가진 공학자들과 기술적인 문제를 해결하기 위해 현장에서 활동하는 전문가도 포함한다. 셋째는 '실행' 차원으로 기술제품 및 기법을 개발하기 위한 설계와 생산 그리고 제

---

6) 각 차원에 속하는 하위 요소들에 대한 설명은 앞의 제4장의 〈표 4.2〉에 제시되어 있음. 기술의 본성에 대한 논의는 이현옥(2015)의 박사학위 논문에서 소개되었으며, 이후 이현옥, 이현주(2016a)에 요약되어 있음.

품을 사용, 보수, 유지 그리고 평가와 같은 일련의 활동을 포함한다. 특히, 연구자는 엔지니어의 다양한 활동 중에서 설계에 초점을 맞추었는데 여러 기술철학자뿐 아니라 엔지니어들 스스로 공학기술의 가장 특징적인 활동으로 설계를 주목하기 때문이다. 마지막은 '시스템' 차원이다. 기술 시스템은 과학과 기법적 요소뿐 아니라 이와 연계된 사회, 정치, 문화적 요소들까지도 포함하는 의미이다. AAAS(1989)는 기술을 복잡한 사회적 체제(complex social enterprise)로 상정하고 여기에 포함되는 것으로 연구, 설계, 기예, 금융, 제조업, 관리, 노동, 마케팅 그리고 유지·보수를 나열하였다. 기술은 협소한 의미에 해당하는 기법적 요소가 아니라 다양한 요소들이 상호 연계되어 공존하면서 변화하는 시스템이다.

과학교사들은 현대 과학기술 및 공학을 눈에 보이는 테크닉, 기기 등으로 이해하는 수준에서 확장되어야 한다. 과학이나 기술의 본성에 해당하는 요소들을 암기하는 것이 이에 대한 이해를 의미하는 것은 아니다. SSI 문제 상황을 접했을 때 과학, 기술 및 공학이 갖는 다면적인 측면을 인지하고 이들 사이의 역동적 관계로 문제 상황을 이해할 수 있어야 한다. 과학 및 기술의 본성에 대한 이해가 높은 경우, Ratcliffe(1977)가 제시한 바람직한 SSI 의사결정의 특징(예 합리적인 문제분석, 의미 있는 정보의 인지와 활용, 쟁점이 제기하는 논점과 가치를 명확히 분석, 쟁점과 연관된 다양한 관점에 대한 존중 등)이 잘 드러난다. 예를 들어, 황금쌀[7]에 대한 의사결정 과정에서 기술의 본성에 대한 이해가 높은 학생들은 기존의 GMF에 해당하는 콩이나 옥수수 작물에 대한 실험결과를 도입할 뿐 아니라 황금쌀이 새로운 종류의 GMF에 해당한다는 것을 인지한다. 따라서 황금쌀과 직접적으로 연관되는 실험결과를 요구하거나 이에 대한 구체적인 정보를 검색하여 활용하는 모습을 보인다. 이것은 기술의 본성 중 '맥락적 지식'에 대한 이해가 반영된 것이다. 또한 황금쌀이 개발도상국 어린이들의 실명률을 크게 줄일 수 있다는 주장의 윤리·도덕적 가치를 인정함과 동시에 이를 실질적으로 실현할 수 있는지를 황금쌀의 물리적 요건 및 다양한 이해관계자와 사회·경제·정치적 요건 등을 고려하여 분석하고 판단한다. 이것은 시스템 차원을 이해하고 있음을 의미하며, 기술에 다양한 이해관계자와 기관이 서로 연계됨을 이해함으로써 Ratcliffe이 제시한 대로 쟁점이 제기하는 논점과 가치를 명확히 분석하게 되는 것이

7) 황금쌀 시나리오는 Khishfe(2012) 연구에서 소개한 SSI 시나리오로서 이현옥과의 연구(2015, 2016a)에서 사용되었음.

다. 따라서, 교사들이 과학과 기술의 본성을 이해하는 것은 그들의 의사결정 과정에 매우 큰 영향을 미치며, 이는 학생들에게 주제를 제시하는 방식에도 영향을 미칠 수 있다.

9.2 SSI와 관련한 교과교육학지식(SSI-PCK)[8)]

과학교사의 교과교육학지식(PCK)은 과학교사가 과학자와 다른 전문성을 드러내 주는 핵심적인 지식이라 할 수 있다. PCK는 교과내용이나 주제에 따라 서로 다른 탐구방법이나 교수법을 요구하는 주제-특이적 특성을 지닌다. 예를 들어, 별과 우주 단원은 공간적 사고나 시스템 사고와 같은 실행능력이 함께 요구되는 영역이기 때문에 이에 대한 높은 수준의 PCK가 요구되며, 분자운동 단원이 추상적인 용어나 미시적·형식적 모델을 사용하는 특성을 지니기 때문에 이에 대한 교사의 구체적인 PCK 탐색이 필요하다. 뿐만 아니라, 가르치는 학생이 영재학생인지 학습부진아인지, 아니면 일반 학생인지에 따라 갖추어야 하는 PCK도 달라질 수 있으며, 테크놀로지 기반 수업을 하기 위해서는 이에 대한 PCK가 요구되기도 한다. SSI도 일반적인 과학수업에서 다루어지는 과학교과내용과 구별되는 본성을 지니고 있기 때문에, SSI 교수를 위해 교사들이 갖추어야 하는 PCK의 요소들이 충분히 논의될 필요가 있다. 이 장에서는 SSI를 가르치기 위해 요구되는 교사의 교과교육학지식을 'SSI-PCK'라고 칭한다.

교사들은 SSI 도입과 관련하여 SSI 수업 자료를 개발하거나 다양한 교수학습 전략을 활용하는 것, 현재 교육과정에 명시된 교과내용과 연계 짓는 방법, 첨단과학기술 내용을 학생들의 수준에 맞게 효과적으로 전달하는 방법 등에 대해 어려움을 느끼고 있다. 이러한 요소들은 선행 연구들에서 공통적으로 제시되고 있는 것으로, 교사가 갖추어야 하는 SSI-PCK의 요소들이라고도 생각해볼 수 있다. 과학교사가 갖추어야 할 PCK의 요소들로서 공통적으로 언급되는 요소들은 1) 과학교수지향, 2) 과학교과에서 학생들의 이해에 대한 지식, 3) 과학교육과정에 대한 지식, 4) 과학교

8) 각 SSI-PCK 요소에 대한 설명 및 도출과정은 이현주(2016)에서 일부 발췌되었음.

수전략에 대한 지식, 5) 과학학습평가에 대한 지식 등을 들 수 있다.[9] 이러한 틀을 SSI 교육에 적용해보면 앞에 제시한 [그림 9.1]과 같이 SSI 교수지향, SSI 교수방법에 관한 지식, 교육과정에 관한 지식, 학생의 SSI 학습에 관한 지식, SSI 학습평가에 대한 지식, 학습환경에 관한 지식의 여섯 개로 구분 지을 수 있다.

9.2.1 SSI 교수지향

SSI 교수지향(Orientation for Teaching SSI, OTS)은 교사가 SSI를 수업에 도입하는 목적 및 목표를 의미하는 것으로, 앞의 제8.2절에서 논의한 "일부 교사들은 여러 가지 어려움에도 불구하고 왜 SSI를 다루는가?"에 대한 이유라 할 수 있다. 교사들은 SSI 수업을 통해 지향하는 바, 달성하고자 하는 교육적 목표가 있다. 어떤 교사는 학생 중심의 수업을 이끌기 위해 SSI를 도입하기도 하고, 어떤 교사는 과학기술 사회를 살아갈 학생들이 합리적으로 의사결정할 수 있는 시민이 되기 바라는 마음에서 SSI를 가르친다. 이처럼 교사마다 서로 다른 목적을 갖고 SSI를 다룬다. 그렇지만, 여러 교사들이 공통적으로 나타내는 SSI 교수지향도 생각해볼 수 있다.

SSI 교수지향은 교사 개인의 관련 경험, 교육에 대한 신념, 과학에 대한 생각, 삶의 가치관 등을 바탕으로 형성되는 경우가 많다. 과학교사의 교수지향은 교사의 교수전략의 선택, 교수·학습 자료의 조직 및 구성, 학생들 학습에 대한 평가 등 다양한 활동을 안내하는 역할을 한다. 교사들이 SSI 수업을 진행하는 동기에 대한 연구들을 살펴보면, 여러 개의 동교수지향이 복합적으로 드러나는 경우가 적지 않다. 예를 들어, Lee(2008)의 Jenna는 과학기술이 지닌 본성을 학생들이 미래 시민으로서 알아야 된다는 신념에 기반하여 SSI를 도입하고 있으며, 학생들에게 시민으로서 책임감 있는 실천을 강조한다. 즉, 과학 및 기술의 본성, 시민역량과 인성, 사회적 실천 교수지향을 지닌다. 앞의 「사례 8.3」에 제시된 Jeff는 AP 생물학을 가르치면서 과학 분야를 지망하는 학생들은 논리적 사고능력이 매우 중요하며, 나아가 과학연구의 본성(경제·사회·정치적 측면의 개입)을 이해할 필요가 있다는 믿음으로 SSI를 도입하여 지식과 고등사고능력과 과학 및 기술의 본성 교수지향을 나타낸다.

SSI에 대한 교수지향은 PCK의 다른 요소들과 연관되어 있으며, 이는 수업 상황

9) PCK에 대해 논의한 논문들은 Grossman(1990), Magnusson et al.(1999), Park & Oliver (2008), Shulman(1986), Tamir(1988) 등이 있음.

에서도 명시적으로 잘 드러난다. 특히, 교수지향은 <표 9.1>과 같이 SSI 교수방법에 대한 지식과 매우 밀접하게 연결되어 있다. 학생 중심 활동의 교수지향을 갖고 있는 교사들은 학생들이 수업의 주체가 되어 참여할 수 있는 토의나 토론 등 다양한 활동을 구성하여 과학수업에 대한 관심과 참여도를 높이고자 한다. 사회적 실천을 강조하는 교사들은 학생들이 SSI에 대한 토의·토론을 하거나 의사결정을 내리는 것을 넘어, 이를 해결하기 위한 활동에 함께 참여할 수 있는 기회(예 환경 운동에의 참여, 청소년 패널 참여 등)를 제공하기도 한다.

표 9.1 SSI 교수지향에 따른 SSI 교수의 특징

SSI 교수지향(OTS)	SSI 교수의 특징
학생 중심 활동 (Activity-driven)	학생들이 수업의 주체가 되어 다양한 활동(예 토의, 토론, 역할극 등)에 참여함으로써, 과학수업에 대한 관심과 참여도를 높임.
지식과 고등사고능력 (Knowledge and higher order thinking skills)	학생들은 SSI 문제 상황에 대한 해결책을 마련하거나 의사결정을 내리기 위해 필요한 자료를 검색/수집/평가하며, 담화를 통해 해결책과 논리적 근거를 마련함.
실생활과의 연결 (Application of science in everyday life)	교사는 수업시간에 배운 과학내용이 실제 사회에서 어떻게 응용되고 있는지, 그리고 우리의 삶과 어떠한 관련성을 갖고 있는지 사례를 제시해줌.
과학 및 기술의 본성 (Nature of science and technology)	학생들이 SSI를 통해 과학지식의 사회적 형성과정, 과학자 집단의 특성, 과학 연구 과정의 사회적 측면, 기술의 본성 등에 대해 이해할 수 있도록 다양한 사례를 제시하거나, 이에 초점을 둔 토의를 진행함.
시민역량과 인성 (Citizenship)	학생들이 미래 사회의 시민으로서 SSI와 같은 사회문제에 관심을 갖고, 관련된 담화에 참여할 수 있도록 다양한 기회를 마련함. 시민으로서 스스로 올바른 윤리적 가치관을 지닐 수 있는 반성적 기회를 제공함.
사회적 실천 (Activism)	학생들이 SSI에 대한 토의·토론을 하거나 의사결정을 내리는 것을 넘어, 이를 해결하기 위한 활동에 함께 참여할 수 있는 기회(예 환경 운동에의 참여, 청소년 패널 참여 등)를 제공함.

9.2.2 SSI 교수방법에 관한 지식

SSI 교수방법에 관한 지식(KIS)은 SSI 수업을 운영하는데 필요한 교수·학습 방법론적 지식을 의미한다. 정답이 있는 문제를 다루는 전통적 과학수업과는 달리, SSI 수업에서는 다양한 방안이나 최선의 방안을 모색하는 비구조화된 문제를 다루며, SSI를 둘러싼 사회·윤리적·도덕적 가치에 대한 고려도 함께 수반한다는 특징이 있다. 따라서 교사는 SSI의 본성을 고려하여 학생 중심의 수업을 운영하는 방법에 대한 지식을 필요로 한다.

SSI 교수방법에 관한 지식은 크게 세 가지로 나누어 볼 수 있다. 첫째, SSI 수업 설계에 대한 지식이다. 이는 SSI의 특성(예 비구조화된 문제 상황, 다양한 관점의 존재, 윤리적·도덕적 가치판단의 요구 등)이 효과적으로 구현되도록 문제 상황을 선정하고, 수업을 구성하는데 필요한 지식을 의미한다. STS 수업과 달리, 과학기술이 내포하고 있는 윤리적·도덕적·사회적 측면이 잘 드러나도록 문제 상황을 구성하고, 활동을 계획하는 것, 학생들이 고등사고능력을 활용하여 합리적인 가치판단을 할 수 있도록 스캐폴딩하는 방법 등에 대해 충분히 고려할 필요가 있다. Hughes(2000)의 연구에 따르면, 교사들은 SSI 수업을 계획하고 운영하면서 과학지식에 초점을 두고 사회·도덕적 측면을 다루는 부분을 배제시키는 경향을 보이기 때문이다.

SSI 문제 상황 구성을 위해서는 우선 교육과정 및 교과내용과 연계하여 다룰 수 있는 SSI를 탐색하여 큰 범위에서 선정하는 단계가 필요하다(예 지구온난화, GMO, 원자력 발전의 위험성 등). 예를 들어, 고등학교 통합과학 '(8) 생태계와 환경' 단원이나 지구과학I '(4) 대기와 해양의 상호 작용' 단원에서 지구온난화 주제를 다룰 수 있다. 주제가 정해지면, SSI 문제 상황에 대한 구체화 단계로 넘어간다. 이는 선택한 SSI를 둘러싸고 있는 논쟁과 주제의 사회·도덕적 측면, 과학기술과의 연관성 등을 심도 있게 탐색해본 후, 수업을 진행하는데 필요한 구체적 문제 상황으로 만들어 나가는 단계를 의미한다. 예를 들어, GMO관련 문제를 선택했다면 이 주제가 어떠한 점에서 논쟁이 되고 있으며(예 건강에 대한 위협 vs. 안정적인 식품 생산 등), 어떠한 주요 입장들이 있는지(예 GMO 생산자, 과학자, 소비자 등)를 탐색해야 한다. 어떤 주제의 경우에는 찬반이 명확히 나뉘어져 논쟁이 가능한 반면, 어떤 주제는 해당 기술이 삶 속으로 들어와 있어 하나로 의사결정을 하기보다는 대안을 찾는 것이 더 효과적일 수 있다. 따라서 문제 상황을 제시할 때 찬반 논쟁이 드러나게 한 후 의사결정을 하도록 할 것인지, 다양한 사례를 찾아보고 대안을 생각해보도록 할 것인지 등에 대해서 고려해야 할 필요가 있다. 또한 문제 상황을 개인적 입장에서 다룰 것인지 지역사회나 글로벌 맥락으로 확대할 것인가에 대한 논의도 필요하다. 이 과정에서 학생들의 흥미와 관심사, 인지적·도덕적 수준을 고려하여 SSI가 적절한 맥락으로 제시되도록 하는 것이 중요하다. 맥락이 지나치게 글로벌한 경우 학생들은 자신의 문제로 받아들이기 어려울 수 있다. 또한 지나치게 큰 문제의 형식으로 제시되면(예 원자력 발전소 건설에 대해 찬성하는가, 반대하는가?), 학생들이 의사결정을 하는 데 어려움을 느낀다.

SSI 교수방법에 관한 지식의 두 번째 하위 요소는 SSI 교수전략의 선택과 활용에 대한 지식이다. 이는 학생들의 SSI 추론(Socioscientific Reasoning)(예 다양한 관점과 복잡성에 대한 이해, 윤리적·사회적 측면의 내포, 자료와 근거 및 논점에 회의적 사고, 문제해결을 위한 지속적 질문 제기 및 탐색 등)이 충실히 진행될 수 있도록 학생 중심적 교수전략을 효과적으로 활용할 수 있는 지식을 의미한다. 우선, 선택한 SSI의 특성과 학생들의 관심이나 수준 등을 고려하여 적합한 수업모형을 선택할 수 있어야 한다. 지금까지 제시되어온 SSI 교수법은 대부분 토의·토론활동, 역할극, 사례 조사 등이다. 그러나 최근 들어 수업 방법에 있어서도 다양화되어, 시민 합의 회의, 학교 밖 체험 활동, 월드 카페 등의 방법도 활용되고 있다. 또한 주어진 SSI의 특성에 따라서 의사결정 수업 외에 다양한 사례를 탐색하고 아이디어를 발산적으로 제시해보는 수업모형을 적용할 수도 있다. 그리고 학생들이 SSI 활동에 적극적으로 참여할 수 있도록 하는 스캐폴딩 전략(예 발문, 인지적 스캐폴딩, 환경적 스캐폴딩)을 계획하고 운영하기 위한 지식이 필요하다.

셋째, 협력적 수업환경 조성 지식은 학생들의 SSI에 대해 자유롭게 자신의 의견을 표현하고, 다른 사람의 의견을 존중하고 수용하며, 협력적 담화에 참여할 수 있는 환경 조성을 위한 교수학습 방법에 대한 지식을 뜻한다. Presley 등(2013)은 SSI 수업을 위한 환경 조성의 중요성을 강조하면서, 학생들이 수업에 열심히 참여할 것이라는 기대, 서로 협력적이고 상호작용할 수 있는 분위기, 학생 간, 학생-교사 간 서로 존중하는 태도, 본인의 생각을 자유롭게 말할 수 있는 편안한 분위기 등을 제안하였다. 이현주 등(2014)은 집단지성이 활성화될 수 있는 환경을 제안하였다. 이를 위해 SSI 문제해결을 위한 공유된 가치나 신념을 확인하고, 개인이 독립적인 문제를 탐색할 수 있는 기회를 제공한 뒤, 다양한 지식과 기술 및 관점이 집중되고 공유될 수 있는 기회를 제공해야 함을 강조하였다.

표 9.2 SSI 교수방법에 관한 지식(KIS)의 하위 요소

요소	하위요소	설명
SSI 교수방법에 관한 지식 (Knowledge of Instructional Strategies for Teaching SSI, KIS)	2.1. SSI 수업설계 (SSI lesson design)	SSI의 본성(예 비구조화된 문제 상황, 과학기술과 사회와의 관련성, 다양한 관점의 존재, 윤리적·도덕적 가치판단의 요구 등)이 효과적으로 구현되도록 문제 상황을 선정하고 구성할 수 있는 지식
	2.2. SSI 교수전략의 선택과 활용 (Utilizing progressive instructional strategies)	학생들의 SSI 추론(Socioscientific Reasoning)(예 다양한 관점과 복잡성에 대한 이해, 윤리적·사회적 측면의 내포, 자료와 근거 및 논점에 회의적 사고, 문제해결을 위한 지속적 질문 제기 및 탐색 등)이 충실히 진행되도록 하는데 적합한 학생 중심적 교수전략, 즉 토의, 토론, 역할극, 사례조사 등을 효과적으로 활용할 수 있는 지식
	2.3. 협력적 수업환경 조성 (Constructing collaborative classroom cultures)	학생들의 자유롭게 자신의 의견을 표현하고, 다른 사람의 의견을 존중하고 수용하며, 협력적 담화에 참여하는 환경을 조성할 수 있는 교수학습 전략에 관한 지식

9.2.3 교육과정에 관한 지식

교육과정에 관한 지식(KC)은 SSI와 국가 수준의 교육과정과의 연계성에 관한 지식을 의미한다. 교사들이 SSI를 도입함에 있어 과학교육과정과의 연계성을 끊임없이 고려하는 것은 당연하다. 또한 SSI는 쟁점 자체가 순수 과학적인 내용에만 제한되는 것이 아니라 기술·공학이나 사회·정치·경제와 같은 인문사회학적 측면을 포함하기 때문에 타 교과의 연관성도 고려해볼 필요가 있다. 따라서 교육과정에 관한 지식으로 다음과 같이 두 가지 하위 요소를 생각해볼 수 있다.

첫째, 과학교육과정과의 수평적/수직적 연계성에 관한 지식은 교사가 SSI와 관련된 과학지식과 역량을 국가 수준의 과학교육과정과 수평적/수직적으로 연계할 수 있는 지식을 의미한다. 많은 교사들이 SSI를 가르치고자 할 때 국가 교육과정과 연계되면 부담을 덜 느끼게 된다. 이는 보통 수평적 연계성을 의미하며, SSI 활동을 하기 위해 필요한 기본적 내용지식에 대한 탐색이라 할 수 있다. SSI관련 연구에서

자주 다루어지는 소재들(예 유전자조작, 원자력 발전과 재생에너지, 위험한 화학물질 등) 또한 교육과정과 연계되는 경우가 많다. 그러나 SSI가 주로 첨단 과학기술로 인한 사회적 문제를 다루기 때문에 특정 학년의 과학 교과내용을 벗어나는 경우가 있다. 따라서 교사는 SSI를 효과적으로 다루기 위해 과학교육과정의 수직적 체계에 대한 이해도 필요하다. 다시 말해서, 교사의 교육과정에 대한 수평적/수직적 연계성에 대한 이해는 교사가 SSI를 학생들의 수준에 맞게 조절하고, 과학교육과정과 연계시키면서 SSI를 도입하는 데 필요한 요소라 할 수 있다.

둘째, 타 교과와의 연계성에 관한 지식은 SSI 수업이 과학교과 외의 타 교과 교육과정과 어떻게 연계되는지에 대한 이해를 의미한다. 유정숙 등(2011)의 연구에 따르면, 과학교과 외에 사회나 윤리교사들도 교과의 특성에 맞게 SSI(예 유전자조작, 생명윤리 등)를 다루고 있다. 동일한 주제를 도입하더라도 사회교사는 SSI와 관련된 과학지식에 대한 이해보다 과학이 지닌 사회적 측면에 대한 인식이나 SSI에 내재된 다양한 관점에 대해 초점을 두며, 윤리교사는 SSI에 대한 가치판단능력이나 인간으로서의 기본적 윤리의식을 함양하는 데 강조점을 두는 경향이 있다. 기술교과에서는 SSI와 관련된 첨단 기술에 대한 소개가 더욱 강조된다. 따라서 여러 교과와 융합된 통합적 접근이 오히려 SSI의 교육적 효과를 높이는 방안이 될 수도 있다.

표 9.3 교육과정에 관한 지식(KC)의 하위 요소

요소	하위요소	설명
교육과정에 관한 지식 (Knowledge of Curriculum, KC)	3.1. 과학교육과정과의 수평적/수직적 연계성 (Connection to science curriculum(horizontal /vertical))	SSI와 관련된 과학지식과 역량을 국가 수준의 과학교육과정과 수평적/수직적으로 연계할 수 있는 지식
	3.2. 타 교과와의 연계성 (Connection to other subject matters)	SSI 수업이 과학교과 외의 타 교과 교육과정과 어떻게 연계되는지에 대해 이해하고, 보다 융합적으로 접근할 수 있는 지식

9.2.4 학생의 SSI 학습에 관한 지식

학생의 SSI 학습에 관한 지식(KSL)은 SSI 수업에 참여하는 학생들의 특성 및 학습 과정에 대한 지식으로, 효과적인 SSI 교수를 위한 매우 중요한 요소라 할 수 있다. SSI 수업을 통해 학생들이 성취할 수 있는 교육적 효과를 비롯하여, 학생들의 인지적·심리적·도덕적 발달과정에 따라 SSI 수업에서 겪게 되는 어려움, SSI에 대한 학생들의 비형식 추론과정의 특성 등은 선행 연구에서도 많이 제시하고 있다. 이와 같은 학생들에 대한 이해는 교사가 학생들의 수준과 특성에 맞는 SSI 교수·학습 전략을 구성하는 데 매우 큰 영향을 미친다. 학생들의 SSI 학습에 관한 지식은 다음과 같이 세 가지 하위 요소로 나누어 볼 수 있다.

첫째, 학생의 SSI 학습 경험에 대한 지식은 학생들이 SSI 수업을 통해서 학습해야 하는 (혹은 학습할 수 있는) 경험에 대한 지식을 의미한다. Presley 등(2013)도 SSI 수업을 구성하는 데 있어 핵심적으로 고려해야 하는 사항에 학습자의 학습 경험을 포함하였다. 학생들이 SSI 수업을 통해 학습할 수 있는 경험은 문제해결이나 의사결정, 근거기반 논증과 같은 고등사고능력에 대한 훈련, 주어진 SSI와 관련된 자료를 수집하고 분석하며 평가할 수 있는 능력, 서로 대립되는 입장을 조율해서 합의하는 과정, 다양한 윤리적 입장에 대한 직면과 가치갈등 등이 포함된다. 교사는 이와 같은 학습 경험이 충분히 이뤄질 수 있도록 수업을 구성할 수 있어야 한다.

둘째, 학생들이 SSI 학습 시 겪는 어려움에 대한 지식은 학생들이 SSI 수업에서 겪는 심리적, 도덕적, 인지적 어려움(예 관련 과학지식의 부족이나 잘못된 개념, 도덕·윤리적 가치관의 충돌, 다른 의견에 대한 수용이나 조정 기술의 부족 등)에 대한 이해를 의미한다. 일반 과학수업에서도 학생들이 과학학습에서 겪을 수 있는 어려움이나 오개념에 대해 교사가 미리 인지하고 준비해야 하는 것과 마찬가지로, SSI 수업에서도 학생들이 직면할 수 있는 어려움에 대해 미리 인지할 필요가 있다. 예를 들어, SSI 문제 상황을 해결하기 위해서는 기본적인 과학지식을 습득해야 하는데, 일반적으로 첨단 과학기술은 교과서 내용보다 심화된 내용이기 때문에 학생들이 이해하는데 어려움을 느낄 수 있다. 일부 학생들은 생명공학 주제를 다룰 때 자신의 종교적 신념과 충돌하여 갈등을 겪기도 하고, 주제를 둘러싼 다양한 입장들 속에서 자신의 입장을 결정하는데 어려움을 느끼기도 한다. 또한 일부 학생들은 의사결정을 할 만큼 충분한 정보를 갖고 있지 못하다고 느끼고, 자신의 의견을 논리적으로 제시하는 것에 어려워한다.

셋째, SSI 추론의 특성은 학생들의 SSI에 대한 비형식 추론과정에서 드러나는 특성(예 특정 가치에 편중된 의사결정, 상반된 자료(discrepant data)에 대한 처리 등)과 SSI 비형식 추론에 영향을 미치는 요인(예 과학지식, 도덕성, 개인의 경험, 선호도, SSI 맥락, 문화 등)에 대한 지식을 의미한다. 일부 과학교사들은 SSI 담화에서 학생들이 자신의 가치관이나 감정이 개입된 추론을 이끌어가는 것에 대해 불편함을 느낀다. Sadler 등(2006)의 연구에서 밝혀진 바와 같이, SSI 추론은 근거에 기반하여 진행되기도 하지만, 돌봄의 감정이나 직관적 추론의 형태도 보인다. 또한 심리학 분야 연구 결과에 따르면, SSI가 야기할 수 있는 위험에 대한 긍정적 혹은 부정적 감정, 또는 불안, 공포, 두려움 등의 정서가 지각과 의사결정에 영향을 주기도 한다. 일반인은 전문가에 비해 위험 가능성에 대한 통계적 수치보다는 자신의 삶 속에서 일어났을 경우나, 특별한 상황을 가정하여 감정적인 몰입을 하거나 주관적인 해석을 내리는 특성을 보이기도 한다. SSI 추론의 특성을 이해하는 것은 교사가 SSI 수업에서 드러나는 불확실성에 대한 수용력을 갖게 하는 데 도움이 된다.

표 9.4 학생의 SSI 학습에 관한 지식(KSL)의 하위 요소

요소	하위요소	설명
학생의 SSI 학습에 관한 지식 (Knowledge of Students' SSI Learning, KSL)	4.1. SSI 학습 경험 (Learning experiences in SSI learning)	학생들이 SSI 수업을 통해서 학습할 수 있는 경험(예 고등사고능력에 대한 훈련, 관련된 자료의 수집 및 평가, 서로 다른 입장에 대한 조율 등)에 대한 지식
	4.2. SSI 학습 시 겪는 어려움 (Difficulties in SSI learning)	학생들이 SSI 수업에서 겪는 심리적, 도덕적, 인지적 어려움(예 관련 과학지식의 부족이나 잘못된 개념, 도덕·윤리적 가치관의 충돌, 다른 의견에 대한 수용이나 조정 기술의 부족 등)에 대한 지식
	4.3. SSI 추론의 특성 (SSI reasoning patterns)	학생들의 SSI에 대한 비형식 추론과정에서 드러나는 특성(예 특정 가치에 편중된 의사결정, 상반된 자료에 대한 처리 등)과 SSI 비형식 추론에 영향을 미치는 요인(예 과학지식, 도덕성, 개인의 경험, 선호도, SSI 맥락, 문화 등)에 대한 지식

9.2.5 SSI 학습평가에 대한 지식

과학학습평가에 대한 지식(KAS)은 Tamir(1988)가 평가영역에 대한 지식과 평가방법에 대한 지식으로 구분하여 PCK의 주요 요소로 언급하였으며, Magnusson 등(1999)과 Park과 Oliver(2008)도 유사하게 개념화하였다. 본 연구에서도 이 틀에 기반하여 SSI 학습평가에 대한 지식을 정의하였다. 사실, SSI 학습평가에 대한 지식은 교사가 SSI를 수업에 도입하는 데 있어 중요한 요소임에는 틀림없으나, 아직까지 SSI 수업에서 어떤 평가방법이 보다 적합하며, 어떠한 영역을 평가해야 하는지에 대한 실증적인 연구는 찾아보기 어렵다. 그 이유 중 하나는 아직까지 주요한 학습평가의 대상이 될 만큼 교사들이 수업시간에 적극적으로 도입하고 있지 않다는 점이다. 또한 도입한다 하더라도, 교사들은 SSI 수업을 일반 과학수업과 다른 '특별한 수업'으로 인지해서 평가까지 고려하는 경우가 많지 않기 때문이다(Ekborg et al., 2013). 그러나, 일반적인 과학학습에 대한 평가에 비해 SSI 수업에서는 어떠한 영역에 초점을 두어야 하며, 어떠한 방법을 적용할 수 있는지에 대해 고려해볼 필요는 있다. SSI 학습평가에 대한 지식은 두 가지로 나누어 생각할 수 있다.

첫째, 평가영역에 대한 지식이다. 과학학습의 경우 주된 평가의 초점은 과학지식, 탐구기술(역량), 태도적 측면이다. SSI 수업에도 일반 과학수업과 유사한 부분이 있으나 평가영역이 다소 확장될 수 있다. 우선 지식적 측면에서 관련된 과학지식을 습득하였는가에 관한 부분 외에도 과학과 기술의 본성에 대한 이해도 포함될 수 있다. SSI 수업에서의 지식은 교과서적 지식 외에 과학기술의 본성에 대한 지식(예 과학기술의 인문·사회학적 특성, 과학기술의 양면성, 과학기술의 맥락 의존성, 가치 적재적 의사결정 등)도 중요한 부분을 차지하고 있다. 탐구기술면에서도 실험실 맥락에서 강조되고 있는 기술을 넘어, 근거 기반 논증, 정보 수집 및 해석, 자료의 시각화, 의사소통능력 등 다양한 측면에서의 역량이 평가될 수 있다(이현주 등, 2015; Avargil, Herscovitz, & Dori, 2012). SSI 수업을 통해 시민으로서의 인성을 함양하고 문제해결에의 실천적 의지를 보이는가 또한 평가의 영역이 될 수 있다.

둘째, 평가방법에 대한 지식은 SSI 학습평가의 다양한 영역을 어떠한 방법으로 평가할 수 있는지에 대한 지식을 의미한다. 일반적인 과학수업에서와 마찬가지로 SSI 학습에서도 학생의 결과물(예 글쓰기, 포스터, 보고서 등)뿐만 아니라 학습의 과정(예 논증, 토의·토론 등)도 함께 평가할 수 있는 다양한 평가방법이 활용될 수 있

표 9.5 SSI 학습평가에 대한 지식(KAS)의 하위 요소

요소	하위요소	설명
SSI 학습평가에 관한 지식 (Knowledge of Assessment on SSI Learning, KAS)	5.1. 평가영역 (Dimensions of SSI learning to assess)	SSI 교수의 목적이 지식이나 사고역량뿐만 아니라 가치, 태도, 인성, 실천 등의 요소들을 포함하고 있음을 인지하고 평가에 반영할 수 있는 지식
	5.2. 평가방법 (Methods of assessing SSI learning)	SSI 학습평가의 다양한 영역을 어떠한 방법으로 평가할 수 있는가에 대한 지식

다. 예를 들어, Christenson 등(2014)은 학생들의 SSI(GMO 이슈)에 대한 논증과정을 평가하기 위한 틀과 평가방법을 제시하고 있다.

9.2.6 학습환경에 관한 지식

학습환경에 관한 지식(KLC)은 SSI 교수를 위한 학습환경에 관한 지식이다. 학습환경에 관한 지식을 주요 PCK 요소로 포함시킨 선행 연구는 일부에 불과하다(Hashweh, 2005 ; Loughran et al., 2006). 하지만, SSI 교수에서 환경에 대한 지식은 매우 중요한 역할을 한다. 선행연구에 따르면, 많은 교사들이 SSI를 수업에 도입하고자 할 때 학생과 동료 과학교사 및 학교 관리자, 학부모의 인식을 고려한다(Presley et al., 2013). 그리고 교사가 속해 있는 교실 및 학교 문화(예 입시 위주의 과학학습의 진행), SSI 교수에 대한 학교 지원 시스템(예 도서관, 웹 리소스, 컴퓨터 및 기자재 활용 등) 등에 대해 탐색하며, 이러한 환경에 대한 인식이 SSI 교수에 영향을 미치기도 한다. 나아가 학교가 속해 있는 지역사회, 즉 학부모나 지역사회 주민들의 SSI에 대한 민감성 및 인식, 지역사회 리소스(예 지역 도서관, 관련 기관 등)의 활용 및 지원 시스템 등도 교사가 SSI 수업을 도입할 때 인지해야 할 필요가 있다. 이에, 학습환경에 관한 지식을 다음과 같이 세 가지 하위 요소로 나누어 볼 수 있다.

첫째, SSI 수업이 진행되는 교실환경에 관한 지식이다. 언제, 어디서, 어떠한 맥락에서 SSI를 도입해서 가르치느냐에 따라 수업의 방식과 목표가 다르게 설정될 수 있으며, 수업 내에서의 규칙도 달라질 수 있다(이현주, 정가윤, 2013; Ideland et al., 2011). 예를 들어, SSI를 정규 과학수업에 다루는지, 방과후나 동아리 활동에서 다루는지에

따라 수업 방식은 달라질 수 있다. 또한 정규 과학수업은 객관적 과학적 사실이나 이론을 다루어야 한다는 암묵적 규칙이 더욱 엄격하게 적용되어 불확실성에 대한 수용성이 달라질 수도 있다(Cross & & Price, 1996; Oulton et al., 2004). 이에 이현주와 정가윤(2013)은 문화역사적 활동이론을 적용하여 SSI 수업이 진행되는 교실에서의 교수활동을 분석하기도 하였다.

둘째, 학교환경에 대한 지식으로 SSI 교수에 대한 동료 과학교사 및 학교 관리자의 인식, 학교 문화, 그리고 SSI 교수를 위한 학교 지원 시스템 등에 대한 지식을 의미한다. 많은 과학교사들이 SSI 주제를 다룰 때, 동일 학년을 담당하는 교사와 학교장 등이 본인이 시도하는 SSI 수업에 대해 어떻게 인지하고 있는지에 대해 의식을 하는 경우가 많다. 입시 위주에 초점을 두고 있는 학교 분위기에 SSI 수업이 다소 덜 부합할 수 있다는 우려에서이다. 뿐만 아니라 학교 내의 컴퓨터실의 활용, 도서관 활용 등이 원활한 경우, 타 교과교사들과의 협업이 용이한 분위기, 교사학습공동체의 운영으로 교사의 전문성 개발에 초점을 두고 있는 분위기 등이 교사의 SSI에 대해 촉진시킬 수 있다. 교사는 이러한 환경적 여건에 대해 충분히 이해하고, SSI 수업설계를 하는 것이 필요하다.

셋째, 지역사회환경에 대한 지식으로 SSI 교수에 대한 학부모 및 지역사회의 인식, 지역사회 문화 및 SSI 교수를 위한 지역사회의 지원 시스템 등에 대한 지식을 의미한다. SSI 수업은 지역사회와 연계되어 진행될 때 실천의 의미가 강조된 SSI 수업이 가능하다. 실제로 Roth와 그의 동료들의 연구들(Roth, 2003; Roth & Lee, 2004)을 보면 지역의 하천이나 자연 환경을 이용하기도 한다. 또한 지역사회에서 이슈화되

표 9.6 학습환경에 관한 지식(KLC)의 하위 요소

요소	하위요소	설명
학습환경에 관한 지식 (Knowledge of Learning Context, KLC)	6.1. 교실환경 (Classrooms)	SSI 교수에 대한 학생들의 인식, 과학수업 분위기, 그리고 SSI 교수를 위한 교실 설비나 리소스(예 컴퓨터, 인터넷, 관련 서적 등)에 대한 지식
	6.2. 학교환경 (Schools)	SSI 교수에 대한 동료 과학교사 및 학교 관리자의 인식, 학교 문화, 그리고 SSI 교수에 대한 학교 지원 시스템 등에 대한 지식
	6.3. 지역사회환경 (Community and society)	SSI 교수에 대한 학부모 및 지역사회의 인식, 지역사회 문화 및 SSI 교수를 위한 지역사회의 지원 시스템 등에 대한 지식

고 있는 문제들을 도입할 경우, 학생들은 보다 친숙하게 문제에 몰입할 수 있다. 지역에 있는 도서관이나 시설, 인적 자원을 적극적으로 활용하는 것도 보다 효과적인 SSI 수업 방법이 될 수 있다.

9.2.7 SSI 수업에서 드러나는 SSI-PCK 요소 간의 상호작용

교사들에게 SSI 교수에 대한 교육을 할 때, SSI-PCK 요소들은 교육 내용을 구성하고 설계하는 데 기반이 될 수 있다. 또한 교사들이 SSI 수업을 진행할 때 어려움을 느낀다면, 이 요소들을 중심으로 그 이유를 분석해볼 수도 있다. 그러나 실제 수업을 들여다보면, 이러한 SSI-PCK 요소들을 분리시켜 생각하는 것이 쉽지 않다. 교사의 교수활동은 교사로서의 지식과 가치관, 경험, 경력 등이 서로 녹아들어 구현되는 총체적인 활동이기 때문이다. 그럼에도 불구하고, 교사들의 SSI-PCK 요소를 분석적으로 들여다봄으로써 SSI 교수에 대한 시사점을 얻어낼 수 있다.

SSI-PCK 요소들은 서로 상호작용한다. 그 중 가장 중심에 있는 것은 SSI 교수지향(OTS)이다. 교수지향은 SSI-PCK의 다른 요소들과 밀접하게 연결되어 있으며, 수업상황에서도 잘 드러난다. 특히 SSI 교수지향은 SSI 교수방법에 관한 지식(KIS)과 가장 많이 연결된다. 교사가 SSI 수업을 통해 무엇을 지향하느냐에 따라 SSI를 선택하여 상황으로 구성하고, 교수전략을 선택하는 데에도 영향을 줄 수 있다. 또한 교수지향에 따라 교육과정과의 연계성(KC)에 대해 고려하는 정도와 방식도 차이가 있을 수 있다. 학생중심활동이나 고차원적 사고능력, 과학의 응용 지향을 지닌 교사들은 교육과정과의 연관성을 중요하게 여기는 반면, 시민 역량이나 사회적 실천, 과학 및 기술의 본성 지향을 지닌 교사들은 상대적으로 연관성에 대한 고려를 적게 하는 경향도 보인다. 이들은 일반적으로 사회적으로 이슈가 되는 문제들이 발생하게 되면, 이러한 주제들을 수업시간에 자연스럽게 들여온다. 또한 SSI 교수지향은 학습환경에 관한 지식(KLC)과도 연관된다. 학생 중심 활동이나 고차원적 사고능력을 강조하는 교사들은 학교 분위기나 다른 교사와의 협조를 통해 수업을 조율해나가는 경향이 있으나, 사회적 실천이나 과학 및 기술의 본성을 강조하는 교사들의 경우에는 동료 교사나 학교 관리자의 인식에 크게 영향 받지 않고 본인의 신념에 따라 행동하는 경향이 크다.

SSI 교수방법에 관한 지식(KIS)과 학생의 SSI 학습에 관한 지식(KSL)의 상호작용도 종종 드러난다. 교사들은 SSI 수업을 통해 학생들이 어려워하는 부분(예 주장에 대한 근거 마련하기, 관련된 과학지식의 이해, 의사소통하기 등)에 대해 이해하게 되고, 이러한 이해는 교수전략을 조정하게 한다. 뿐만 아니라 학생들이 비형식적 추론을 할 때 드러나는 특성(예 특정 가치만을 고려한 의사결정, 중도의 입장으로 결정하기 등)을 고려한 교수전략의 조절이나 문제 상황의 수정도 관찰된다. KIS는 학습환경에 관한 지식(KLC)과도 연관된다. 어떤 교사들은 입시 위주의 학교 문화를 고려하여, SSI 문제 상황을 보다 교과내용과 연결 지어 구성한다. 또한 주변 환경이 SSI 교수전략을 적용하는데 많은 제한점이 있다면, 그에 맞게 교수전략을 조정한다.

다음 사례 9.1 사례 9.2 사례 9.3 은 SSI를 적극적으로 수업에 도입하는 세 교사, Jenna, Jeff, Sarah의 SSI 수업 장면이다. 각 교사들의 수업을 살펴보면, 이들의 SSI 교수지향이 어떠한 방식으로 수업에 드러나는지, 그것이 교수방법과 어떻게 연결되는지를 볼 수 있다.

사례 9.1 Jenna

Jenna는 민주 사회와 인간의 본질적 가치를 위협할 수 있는 과학 기술의 무분별한 발전과, 그로 인해 발생하는 사회문제들에 매우 민감하다. 꾸준히 논쟁의 대상이 되고 있는 생명공학(예 복제, GMO 등), 환경개발로 인한 오염(예 산림 벌채, 토지 개발 등), 원자력 발전소 건설 등이 여기에 해당된다. Jenna는 이러한 쟁점들이 학생들이 미래의 시민으로서 인식해야 할 문제이며, 보다 나은 사회를 만들기 위해 해결해야 할 문제라고 생각한다. 그러나 학생들이 이러한 쟁점들을 심각하게 생각하지 않을뿐더러, 충분히 고려할 만큼 정보도 갖고 있지 못하다는 것을 안다. 그래서 Jenna는 학생들이 개인적 수준에서 문제에 대해 관심을 갖고 발전시킬 수 있도록 수업을 구성한다. 다음 수업은 Jenna가 어떻게 생명공학관련 주제를 다루는지, 그리고 그가 중요하게 생각하는 것들이 어떻게 수업 속에 자연스럽게 표현되는지를 보여준다. Jenna는 생명공학 주제를 다루는데 3시간을 할당하였다. 첫 시간에는 세 개의 관련기사를 보여주면서 주제를 소개한 후, 학생들이 자유롭게 자신의 감정을 표현해 보도록 했다. 두 번째 시간에는 학생들이 인터넷을 통해 정보를 검색할 수 있도록 컴퓨터실에서 진행되었다. 마지막 시간에는 모둠별 토의를 진행하였다. 다음은 첫 시간의 일부 장면이다.

너와 너의 가족, 우리의 미래를 위해 더 나은 선택은 무엇일까?

Jenna의 수업은 헤드라인 뉴스를 보는 것으로 시작되었다. "며칠 전 TV 뉴스를 보았나요? 한 남자와 한 여자가 나와 인간 복제가 유럽의 한 국가에서 거의 성공했다고 말했어요. 이미 (복제된 생물에) 자신들의 이름도 붙였다고 하네요."

한 학생이 "저도 봤어요!"라고 하며 호응했다. Jenna는 학생들의 반응을 보면서 계속 이야기했다.

Jenna: 오늘 우리가 배울 내용은 복제와 유전자조작에 관한 거예요. [시작하기 전에] 우선, 여러분, 인간 복제에 대한 오해를 버려야 해요. 예를 들어, 누군가 자신을 복제했어요. 그 얘기가 여러분한테 유전자를 하나 가져와서 지금 여러분의 모습과 똑같은 사람을 만들었다는 뜻인가요?

Jenna는 학생들에게 복제 과정에 대해 간략하게 설명했다. 그리고 "만약 아버지나 어머니가 심각한 심장병을 앓고 있거나, 여러분의 각막이 사고로 다쳐서 누군가로부터 이식이 필요하다면?"과 같이 질문을 하면서, 복제 기술이 왜 의학적으로 필요한지 설명했다. 그리고 세 가지의 신문기사를 나누어 주었다. 신문기사는 1) 돌리의 탄생과 죽음, 2) 유전자조작을 통한 동물 장기 활용, 3) 식물에서의 유전자조작에 관한 내용이었다. 세 가지 기사 모두 유전자조작의 긍정적 측면과 부정적 측면을 균형 있게 포함하고 있었다. 예를 들어, 돌리가 엄청난 의학적 발전을 가져다 줄 것이라는 기대와 생명 복제의 윤리적, 도덕적 측면과 인간 복제 가능성에 대한 뜨거운 논쟁이 동시에 제시되어 있다. 몇 년 전 Dolly는 조기 노화로 인해 갑자기 죽었다는 내용도 포함되어 있었다.

Jenna는 한 학생에게 첫 번째 기사를 소리 내어 읽으라고 한 다음, 기사 속에 포함되어 있는 어려운 과학 용어를 설명해 주었다. 그리고 학생들에게 "이 기사들에 대해 어떻게 생각하니?" 질문을 던진 후, 학생들의 공책에 자신의 생각이나 느낌을 두세 문장으로 적어보도록 했다. 그리고,

Jenna: 지금 우리는 단순히 유전자조작 문제에 대해 "내 생각은 이렇다"라는 입장을 정해보는 게 아니에요. 여러분이 미래에 글로벌 리더가 되었다고 가정해 봅시다. 여러분은 이 문제에 대해 어떻게 결정할래요? 그냥 흥미로운 주제로 여기고 대충 의사결정할 수 있겠어요? 여러분이 유전자조작에 대해 찬성하느냐, 반대하느냐가 중요한 게 아니에요. 나는 여러분들이 이 문제에 대해 진지하게 생각해보면 좋겠어요. 여러분과, 여러분의 가족, 그리고 우리의 미래를 위해 무엇이 더 나은 선택이 될 지에 대해서.

한두 명의 학생들이 각각의 기사에 대해 자신이 쓴 것을 읽었다. 세 개의 기사에 대한 학생들의 생각을 모두 나눈 후, Jenna는 학생들에게 손을 들어보라고 했다. "여러분 중에 유전자조작에 대해 반대하는 사람? 찬성하는 사람? 나중에 토론하고 나서 충분히 생각이 바뀔 수 있어요. 그렇지만, 지금 여러분이 어떻게

생각하고 있는지 궁금해요. 손을 들어보자." 35명 중 22명이 반대 의견을, 10명이 찬성한다고 손을 들었다. 나머지 학생은 손을 들지 않았다. Jenna는 손을 든 몇 명의 학생들에게 이유를 물었다. 그리고 "다음 시간에는 컴퓨터실에서 수업할 거예요. 여러분들의 생각을 뒷받침할 수 있는 근거를 찾아보세요. 여러분의 의견과 다른 생각들도 찾아보고." 그러면서, 다음의 말로 수업을 마무리했다.

Jenna: 감정적으로만 다른 사람들을 설득하는 것은 충분하지 않아요. 왜 내가 찬성하는지, 왜 내가 반대하는지, 그 이유를 말할 수 있어야 돼요. "나는 그렇게 생각하지 않는다, 왜냐하면…", "우리는 완전히 반대할 수는 없다. 왜냐하면, 이러한 이유 때문에", "우리는 특정 영역에서 이 기술이 더 적극적으로 사용해야 한다고 생각한다, 왜냐하면…" 생각해 보세요. 왜 여러분이 찬성하는지, 혹은 반대하는지, 그리고 그 이유를.

Jenna는 TV 뉴스로 시작하여, 오늘의 토론 주제를 소개했다. 그 직후, Jenna는 "인간 복제에 대한 오해를 버려야 해요"라고 말하며, 학생들이 복제와 관련해서 정확히 이해하기를 바랐다. 학생들이 복제를 마치 공상 과학 영화나 소설처럼 생각할 것을 염려했기 때문이다. 그리고 학생들이 주제에 대해 자신의 입장을 생각해보도록 했다. 감정에 치우친 의사결정이 아니라 균형 있게 제시된 기사와 자료들을 살펴보고 의견을 결정하기를 바랐다. 손을 들어 자신의 찬반 의견을 제시해보도록 한 것은 학생들이 자신의 생각이나 감정을 표현하도록 격려하기 위해서였다. 그리고 이어지는 두 번째, 세 번째 수업에서 다른 사람은 어떻게 생각하는지, 자신의 생각이 어떻게 변해 가는지, 내가 왜 그렇게 생각하는지를 진지하게 생각해보도록 했다. Jenna의 수업에서 가장 특징적인 부분은 학생들을 미래의 리더로 가정하고 "나는 여러분들이 이 문제에 대해 진지하게 생각해보면 좋겠어요. 여러분과, 여러분의 가족, 그리고 우리의 미래를 위해 무엇이 더 나은 선택이 될 지에 대해서"라고 말하며, 이 문제에 대해 진중하게 고려할 것을 재차 강조한 것이다. Jenna는 학생들이 미래의 시민이며, 미래의 지도자가 될 사람이라고 믿는다. 이런 맥락에서 단순히 개인의 입장을 정해보는 데서 끝나는 것이 아니라 우리 사회를 위해 어떠한 결정을 내려야 하는지에 대해 생각해 볼 필요가 있다고 믿는다. Jenna는 세 번째 수업의 마지막을 다음과 같이 마무리했다.

아직도 우리 사회에는 복제와 같은 유전 공학에 관해서 어느 정도까지 허용하거나 금지해야 한다는 것을 정해놓은 어떤 법도 없어요. 그렇지만 나는 우리가 법을 만들어나가는 것을 진지하게 고려해야 한다고 생각해요. SF 영화나 만화에 나오는 이야기가 현실이 될 수 있어요. 누가 알아? 제약 회사가 복제인간을 만들기 위해 엄청난 돈을 투자할지. 그러면 어떻게 될까? 나는 과학과 기술 자체를 비판하는 게 아니에요. 그렇지만 우리 이 문제에 대해 모두 진지하게 생각해야 돼요. 과학과 기술은 인간을 위해, 우리 사회를 위해, 나아가 우리 생태계의 모든 생물을 위해 사용되어야 한다고 믿어요. 누가 그것을 할 수 있습니까? 과학자들만? 종교 지도자가? 전혀 아니죠. 이것을 해야 하는 사람은 '여러분'입니다! 여러분이 해야 돼요. 여러분, 시민이. 과학과 기술이 올바른 위치를 차지하도록 노력해야 합니다. 그리고 여러분이 옳다고 생각하면 다른 사람들을 설득할 수 있어야 돼요. 그것은 여러분의 책임입니다.

Jenna는 수업이 진행되는 동안 중립적인 위치를 취하려고 노력했지만, 수업이 끝날 때는 강한 메시지를 남기고 싶었다. 그는 "누가 그것을 할 수 있습니까? 과학자들만? 종교 지도자가? 전혀 아니죠. 이것을 해야 하는 사람은 '여러분'입니다!"라고 강하게 외쳤다. 학생들에게 자신의 의견을 따르라고 종용하는 것이 아니라, 과학기술이 야기한 문제에 대해 시민으로서 심각하게 고민하고 책임감을 느끼며, 더 큰 시각을 갖도록 요청하였다.

사례 9.2 Jeff

Jeff는 고등학교에서 유전학 및 해부학을 가르친다. 두 교과목 모두 이과 학생들을 위한 과목이다. Jeff는 두 과목 수업에서 한 달에 한두 번씩 SSI를 다루며, 길게 시간을 할애하기보다는 한두 시간 내에 이야기하는 편이다. 유전학 수업에서는 유전자 특허, 맞춤 아기, 유전자 검사, 복제 및 줄기 세포 연구, 유전자조작 식품 등을 소개한다. 해부학 수업에서 삶의 질, 사망할 권리, 폐와 관련된 흡연 문제, 동물 연구 등을 다룬다. Jeff는 과학자였던 자신의 경험과 관련지어 주제들을 다루었으며, 과학 연구에 참여하면서 과학자들이 직면할 수 있는 윤리적 및 도덕적 상황들에 초점을 두어 다루는 경향이 많았다. 아래 수업 장면에서도 그의 강조점이 잘 드러난다.

Jeff는 유전자 특허 문제를 다루기 위해 두 시간을 할당했다. 첫날, Jeff는 몇 년 전에 TV 프로그램에서 방영되었던 "과연 누구의 몸이라고 할 수 있을까?(Whose Body Is it Anyway?)"라는 제목의 비디오 클립을 보여주면서 전체 토론을 진행했다. 둘째 날, 그는 학생들에게 "여러분이 대법원 판사라고 가정하자. 유전자 특허와 관련하여 이러한 사건이 자주 발생한다면, 유전자 특허는 허용되어야 하는가?"에 대해 한 페이지 정도 분량으로 글을 쓰도록 했다. 다음 일화는 첫 번째 수업의 시작 장면이다.

유전자 특허, 누구의 것인가?

Jeff는 유전 공학 분야가 갖는 잠재성과 현재 정부나 많은 기관들이 유전 공학 분야에 많은 투자를 하고 있음을 설명하면서, 오늘의 수업주제를 소개했다. 그런 다음, 그는 몇 년 전에 TV에서 방영된 유전자 특허에 관한 비디오 클립(약 15분)[10]을 보여주었다. Jeff는 학생들과 비디오를 본 후, 이 문제의 주요 포인트를 간략하게 설명했다.

Jeff: 이렇게 생각해보자. 내가 유전학 분야의 연구원이야. 유전자 안을 들여다 보고 연구하는. 음... 유방암을 예로 들어보자. (앞에 있는 Julie를 지목하며) 만약 Julie가 유방암을 앓고 있어. 치명적인 질병임에도 불구하고 Julie 한테는 그 증상이 하나도 나타나지 않는 거야. 왜 그럴까? 아마도 난 연구자니까 Julie와 다른 유방암 환자들이 무슨 차이가 있는 것인지 궁금하겠지? 그래서 연구를 시작했어. 3년 동안 정말 열심히 노력한 끝에 내가 그 이유를 찾았다고 하자. 예를 들어, Julie가 남들과 다른 대립 유전자가 있다는 것을 알아냈어. 정말 놀라운 발견이지. 이 결과가 엄청난 돈을 벌게 해줄 수도 있어. 그렇다면, 나는 그 유전자 서열에 대한 특허를 신청하겠지? 그러면, 그 특허는 내 소유가 되는 거야. 다른 누군가가 그 대립 유전자로 연구하기를 원한다면, 나에게 사용료를 지불해야 돼.

Jeff는 학생들이 이에 대한 생각을 자유롭게 이야기하도록 했다. 학생들은 손을 들기 시작했다. Jeff는 먼저 Brad에게 말할 기회를 주었다.

Brad: 만약 선생님이 조종사라고 해보세요. 이 섬 저 섬을 날아다니면서, 우연히 어떤 섬에 그동안 아무도 보지 못했던 특별한 종류의 달팽이가 있다고 해보세요. 선생님이 그 달팽이에 대해 특허권을 소유한다는 게 말이 되나요? 누군가가 그 달팽이 보고 싶으면 어떻게 해요? (학생들 웃음)

Jeff: 재미있는 생각이네. 여기에 적용해본다면?

Brad: 제 유전자는 제 것이잖아요. 제 유전자를 다른 사람이 소유할 수는 없죠.

Jeff: 네 유전자는 네 것이 맞지. 다른 사람이 그 유전자에 대해 특허를 갖도록 할 수는 없지.

---

10) 이 비디오는 수년 동안 정기적으로 에이즈 바이러스에 노출되었지만 감염되지 않은 게이 남성에 관한 것임. 그 점을 이상하게 여긴 이 사람은 에이즈 연구센터(AIDS Research Centre)에 검사를 의뢰했고, 센터 연구자들은 에이즈 저항성 세포를 생산하는 유전적 돌연변이가 이 사람 몸 속에 있다는 것을 발견하여 그 유전자에 대한 특허를 출원함. 그러나 그 동성애자는 자신이 그 특허의 공동 소유주가 아니었다는 것에 소송을 걸은 내용임.

Brad: 제 말이 그거에요. 아무도 제가 가지고 있는 것에 돈을 매겨서 받을 수 는 없다고 생각해요.

Jeff: 좋아. 그런데 이렇게 한 번 생각해보자. 나는 3년 동안 연구를 하는데 10억을 썼어. 연구 장비나 연구원도 고용해야 되고.

학생들: 엄청나게 많은 돈이네.

Brad: 그럼에도 불구하고 왜 연구를 시작했어요?

Jeff: 나는 과학자니까.

Brad: 제 말이 바로 그거에요. 과학자가 돈을 위해 연구하지는 않잖아요.

Jeff: 글쎄… 연구를 위해서 그 정도 돈을 쓸 수 있어. 내가 말하는 것은 … 내가 연구하는 것이 돈 때문은 아냐. 이익을 추구하는 것은 아니라고. 그렇지만, 내가 3년간 노력하고 투자한 것에 대해 보상을 받아야 하지 않을까? 네가 말한 대로 과학자는 더 윤리적이어야겠지. 이타적이어야 하고. 어떻게 과학자로서 누군가가 필요로 하는 치료를 받지 못하게 할 수 있겠니? 그렇지만, 나도 계속 연구를 해야 하잖니. 연구를 하려면 돈이 필요해. 다른 사람을 돕는 것도 물론 중요하고 좋지만, 만약 내가 연구비를 지원받지 못하면 연구를 더 이상 할 수가 없어. McDonald에 가서 생계를 위해 햄버거를 만들어야 할 걸?

(계속)

Jeff의 SSI 수업에서는 두 가지 특징이 나타난다. 먼저 Jeff는 한 쪽의 입장을 명확히 지지하기보다는 자신이 과학자로서 유전 공학 분야에서 연구했던 지식과 경험을 바탕으로 학생들이 문제에 대해 좀 더 실질적으로 생각해보도록 유도하였다. 그는 이러한 방법을 'Devil's advocate'이라고 불렀다. 즉, 상대방과 반대 입장에서 질문을 함으로써 학생들이 보다 균형적으로 생각하도록 돕는 전략이다. 그는 학생들이 논리적으로 충분히 균형 있게 생각하지 않고 결정을 내리는 경우가 많이 있다고 보기 때문이다. 또 다른 특징은 학생들이 과학 연구 분야의 실제 모습을 보게 하려는 노력이다. Jeff의 수업을 듣는 대부분의 학생들이 이공계로 진출하려고 하기 때문에, 그는 학생들이 과학연구들이 어떻게 진행되고 있는지에 대해 알아야 된다고 생각했다. 그의 경험에 따르면 대부분의 학생들이 과학에 대한 이상적인 이미지만 갖고 있다(예 "과학자가 돈을 위해 연구하지는 않잖아요."). Jeff 본인도 당시에 과학이 좋아서 연구자의 길을 택했었지만, 현실적인 문제를 고려할 수밖에 없었다. 현실적인 문제란 과학 연구 수행과 관련한 정치적, 경제적 측면뿐만 아니라 연구하는 동안 느끼는 윤리적, 도덕적 갈등도 포함한다. Jeff가 해부학 수업에서 동물 실험이나 실험 문제를 다룰 때에는 이러한 갈등들이 잘 드러난다. Jeff는 과학자로서의 본인의 경험이 학생들이 과학 연구에 대한 현실적 측면을 볼 수 있게 도와줄 수 있으며, 그것이 바로 SSI를 가르치는 이유라고 생각한다.

사례 9.3 Sarah

Sarah의 '생물학의 사회적 함의(Social implication of biology, SIB)' 과목은 생물학과 관련된 다양한 SSI를 다룬다. 과학이나 과학관련 문제에 관심이 많은 학생들이 SIB 과목을 선택해서 듣는다. Sarah는 자신의 경험과 지식을 바탕으로 현대 사회에서 발생하고 있는 존엄사, 낙태, 장기이식 및 냉동 기술, 불임 등의 주제를 다룬다. 특히, 실제적으로 발생했던 사례들(예 Terri Schiavo, Jack Kevorkian, Mary Beth Whitehead, Richard Seed, Christopher Reeve)을 중심으로 한다.

Sarah 본인도 학생들과 다루어볼 수 있는 SSI를 찾아 계속 연구한다. Sarah는 본인뿐만 아니라 학생들도 평생 학습자로서 주변에서 발생하는 문제들에 관심을 갖고 찾아보는 것이 중요하다고 여긴다. 과학기술이 생활 속에 적용되면서 어떤 문제들이 발생하고, 사회적으로 어떤 문제를 야기하고 있는지에 대해 찾아보고 이야기할 수 있도록 하는 것이 Sarah가 SSI를 가르치는 주된 목표이다. 수업에서도 Sarah의 이러한 방향성이 잘 드러난다. 다음 수업 장면은 대리모에 대한 수업의 일부이다. Sarah는 비디오 클립과 신문 기사를 활용해서 몇 가지 실제 사례를 소개했다. 대표적인 예가 Mary Beth Whitehead,[11] Anna Johnson,[12] Teresa Anderson[13] 사건이다. 수업 초기에 Sarah는 수정, 배아, 임신과 같은 과학용어 뿐만 아니라 불임의 정의 및 원인, IVF 등에 대한 배경 지식을 설명하였다.

---

11) 미국 뉴저지 주에 살던 스턴 부부는 불임센터를 방문했고 그곳에서 대리출산을 알선해줌. 센터는 대리모를 찾는다는 광고를 냈고, Mary Beth Whitehead는 이 광고에 응함. Mary는 두 아이의 엄마였지만, 경제적으로 어려웠음. 당시 29살이었던 Mary는 그 부부의 인공수정을 통해 얻은 아이를 출산 후 스턴 부부에게 넘겨주기로 약속했고, 스턴 부부는 아기를 넘겨받는 순간 Mary에게 1만 달러와 함께 의료비를 지급하기로 약속함. 그러나 막상 출산하고 보니 아기와 떨어질 수 없었던 그녀는 아기를 데리고 플로리다로 도망쳤으며, 스턴 부부는 그녀가 아기를 넘겨주어야 한다는 법원 명령을 얻어냄. 플로리다 경찰은 Mary를 찾아냈고, 아기는 스턴 부부에게 넘겨짐. 그 이후 양육권 분쟁이 시작됨.

12) 미국 오렌지 카운티에 살던 칼버트 부부는 부인이 자궁절제수술로 아이를 가질 수 없게 되자 Anna Johnson을 대리모로 고용하여 인공수정을 통해 Anna는 아들을 낳음. Anna는 출산 후 칼버드 부부가 신생아를 데려가려 하자, 자신이 진짜 어머니라며 법원에 친권확인소송을 냄. 이에 대해 판사는 칼버트 부부의 아이에 대한 모든 권리를 인정함.

13) 미국 애리조나주 피닉스에서 10년 동안 아이를 낳기 위해 노력했으나 실패했던 한 부부가 인공수정을 통해 애를 낳기로 결정하고 대리모 웹사이트를 통해 25살의 젊은 대리모 Teresa

Sarah는 대리모 문제에 대해 3차시를 할애했다. 첫 번째 수업에서는 신문 기사로 실제 벌어지는 대리모 사례들을 소개했다. 두 번째 수업에서는 사례를 둘러싼 논쟁들에 대해 이야기하고, Mary Beth Whitehead 사건에 대한 영상을 보여주었다. 그리고 학생들에게 대리모와 관련된 규정을 만들어보라고 하였다. 그리고 마지막 시간에 학생들이 만든 규정에 대해 전체 토론을 진행했다. 다음 사례는 두 번째 수업의 일부이다.

대리모 수업: 만약에?

Sarah는 전 시간에 배운 Whitehead와 Johnson 사례를 학생들에게 상기시킨 후, Mary Beth Whitehead에 대한 영상을 보여주었다. 이 영상은 Mary와의 면담을 기초로 제작한 다큐멘터리로, 이 사건의 처음부터 지금까지를 잘 소개해주는 내용이었다. Sarah는 영상이 끝난 뒤, 몇 년 전 회의에서 Mary와 이야기했던 경험을 이야기해 주었다(Sarah는 이 사례에 관심이 많아 직접 Mary를 만나러 갔었다). 그런 다음 학생들에게 모둠별로 대리모에 대한 규정을 만들어보자고 이야기하였다.

Sarah: 어떤 모둠은 만장일치로 "어떤 이유에서든 대리모는 안된다"고 말할 수도 있어요. "돈을 내고 거래하지 않고, 가족일 경우에만 대리모를 할 수 있다"고 할 수도 있겠죠. 또는 대리모의 나이나 과거병력 등을 포함해서 규정을 만들 수도 있어요. 그렇지만, 현재 일어나고 있는 문제들을 어떻게 하면 해결할 수 있을까? 문제를 예방할 수 있는 규정을 만들어보세요.

학생들은 모둠별로 Mary 사건에 대해 이야기하기 시작하였다. 모둠별로 한 학생은 논의되는 내용들을 기록하였다. 약 20분 후에 Sarah는 학생들을 집중시키며 말했다.

Sarah: 여러분, 이런 상황들 생각해 봤어요? 만약에 출산한 아기를 받기로 한 부부가 갑자기 사망한다면? 여러분들이 만든 규정은 이런 상황을 고려하고 있나요?

Anderson을 알게 됨. Teresa는 이미 결혼도 했고 아이도 있었으나 경제적 문제로 대리모를 하게 되었으며 임신 33주 만에 제왕절개 수술을 통해 다섯 아들 쌍둥이를 낳음. 그 중 한 명은 선천성 심장결함을 안고 태어남. Teresa는 아이를 낳아주는 대신 15,000달러를 받기로 했지만, 중간검진 중 다섯 쌍둥이를 임신한 것을 발견한 Teresa는 그 돈을 받지 않겠다고 아이들의 부모에게 통보함. 가정주부인 곤잘레스와 정원사인 모라노가 다섯 쌍둥이를 부양하기 위해서는 많은 돈이 필요할 것이라는 이유에서였음.

학생1: 만약에 대리모가 죽으면요?

다른 학생들: 그럴 수도 있겠네!

Sarah: 두 번째, 만약에 아이가 태어났는데 장애를 갖고 있어서 아기를 원했던 부부가 받지 않겠다고 하면? 세 번째, 부부는 한 명의 아기를 원했는데, 세 쌍둥이를 낳았다면? 인공수정의 경우에는 쌍둥이를 낳을 확률이 높아요. 여러분들이 만든 규정은 이렇게 다양한 상황에 적용될 수 있어요?

학생2: 글쎄요.

다른 학생들: 모르겠어요. 안그런 것 같아요.

Sarah: 대리모 계약을 할 때 보통 대리모의 건강상태나 심리검사를 할 수 있어요. 혹시 아기에게 영향을 줄 수 있으니까. 그런데, 만약 임신한 대리모가 부부와 계약을 위반하고 담배를 피거나 술을 마셨다면? 아이가 임신 중에 죽게 된다면?

학생3: 정말 그런 일이 있어요? 정말 벌어져요?

학생들은 다시 모둠원들과 규정에 대해 이야기하기 시작했다. 토의가 끝난 후, 학생들은 큰 종이에 모둠원이 만든 규정을 적었다. 수업이 마무리될 무렵, Sarah는 인터넷 사이트에서 대리모를 구하는 광고들을 실제로 보여주었다.

Sarah는 신문기사들을 통해 대리모 주제에 대해 많은 생각을 해왔다. 대리모에 대해 찾아보면서, 그녀는 스스로 여러 가지 질문들을 떠올렸다. 위의 수업에서 Sarah는 그 질문(만약에…)들을 학생들에게 던졌다. "만약에…"라고 하며 언급하는 것들이 모두 가상 시나리오처럼 보이지만, 드물게 벌어지는 실제 상황이다. 수업 마지막에 대리모 인터넷 광고를 보여주는 것도 Sarah가 대리모가 가상 상황이 아닌, 우리 사회 속에서 실제로 벌어지고 있는 일임을 강조하기 위함이었다. Sarah는 학생들이 규정을 만들 때, 이러한 상황들을 고려하도록 했다. 특징적인 것은 Sarah는 학생들이 대리모에 대한 개인적인 입장을 취하거나 견해를 표현하도록 요청하지 않았다는 점이다. 대신, 그녀는 여러 가능성(시나리오)을 인식하게 하고, 중립적으로 이 문제를 바라볼 수 있도록 하였다.

> 저는 이 방식이 더 편해요. 제가 어떻게 생각하는지 말하지 않아도 되기 때문에요. 제 머리 속에서 "나는 이 문제에 대해 어떻게 생각하지?"라고 스스로 물어보면, 답을 잘 모르겠어요. 그래서 내가 수업에서 이 문제를 어떻게 다루어야 할지 생각해봤어요. 저는 "만약에…"라는 가상 상황을 많이 던져요. 정답이 없잖아요. 저는 학생들이 "잘 모르겠어요"라고 할 때, 대답하도록 압박하지 않아요. 오히려

"충분히 네 마음 이해한다. 의견이 생길 때까지 시간이 좀 걸릴 거야"라고 얘기해요. 그게 사실이잖아요. 상황에 따라 생각을 바꿀 수도 있잖아요.

Sarah는 주제를 던져주면 학생들이 자료를 찾고 이야기하는 과정에서 이 쟁점들이 무엇에 관한 것인지, 왜 이러한 쟁점들에 대해 알 필요가 있는지, 우리 주변에서 얼마나 자주 일어나고 있는지 등을 알아갈 것이라고 보았다. 개인의 입장을 명확히 하는 것에 강조점을 두기보다는 쟁점과 관련된 다양한 입장과 상황들을 살펴보고 여러 의견을 듣는 것에 더 초점을 둔다. Sarah는 학생들에게 "네가 옳다고 생각하는 것을 말할 때, 또 다른 면이 있을 수 있다는 것을 기억해라. 너의 마음을 바꾸라는 것이 아니다. 다른 생각을 들어봐라. 왜 사람들은 다르게 생각하는지"라고 이야기한다. 이러한 Sarah의 생각이 수업에 잘 드러난다.

사례 9.1 의 Jenna 수업에서는 과학 및 기술의 본성(D), 시민역량과 인성(E), 사회적 실천(F)의 SSI 교수지향이 동시에 드러난다. 과학기술이 올바른 방향으로 나아가야 한다는 사실을 학생들이 인지하고 이를 실현할 수 있는 사람들이 바로 시민이라고 믿는다. 시민들은 균형 있는 자료를 중심으로 자신의 생각을 펼칠 수 있어야 하고, 개인만을 위한 의사결정이 아니라 다른 사람, 나아가 우리 사회를 위해 더 합리적인 의사결정을 할 수 있어야 한다고 믿는다. 이러한 이유로 Jenna는 현재 사회에서 이슈화되고 있는 주제들 또는 시민으로서 관심을 갖고 해결에 참여해야 한다고 생각되는 주제들(예 지구온난화, 원자력 발전, 지나친 개발, 4대강 등)을 선택하여 수업을 구성한다. Jenna가 가장 좋아하는 형식의 수업은 학생들이 시민으로서 역할을 수행할 수 있는 '합의회의' 형식의 수업이다. 시민으로서 단순히 주제에 대해 이야기하는 데에서 멈추는 것이 아니라 과학기술 정책에도 의견을 제시할 수 있는 적극적 참여를 강조한다. 그는 학생들과 함께 이슈화되고 있는 곳(예 간척사업, 환경문제 발생 지역 등)을 방문하기도 한다. 문제들의 심각성과 시민으로서의 역할을 깨우치도록 하기 위함이다.

사례 9.2 의 Jeff 수업에서는 과학 및 기술의 본성(D)과 지식과 고등사고능력(B) 교수지향이 드러난다. Jeff가 강조하는 과학기술의 본성은 Jenna와는 다소 차이가 있다. Jenna가 과학기술이 사회에서 야기하는 부작용에 초점을 두는 반면, Jeff는 과학연구에서 드러나는 정치적, 경제적 측면을 이야기한다. Jenna는 시민의 양성에 초점을 둔 반면에, Jeff는 이공계로 나아갈 학생들을 길러내는 데 초점이 있

표 9.7 세 교사들의 SSI 교수지향과 SSI 교수방법에 관한 지식

교사	SSI 교수지향	SSI 교수방법에 관한 지식(KIS)	
		SSI 상황 구성	교수전략의 활용
Jenna	과학 및 기술의 본성(D)/ 시민역량과 인성(E)/ 사회적 실천(F)	• 현재 속해 있는 사회에서 이슈화되고 있는 주제들, 또는 시민으로서 관심 갖고 해결에 참여해야 한다고 생각되는 주제들을 선택하여 구성함.	• 학생들에게 시민으로서 역할을 수행할 수 있는 '합의회의' 형식의 수업을 진행함. • 문제와 관련된 다양한 상황을 살펴보고, '당신이라면 어떻게 행동하겠는가?'와 같은 문제를 던진 다음, 의사결정을 하도록 유도함. • 학생들과 함께 이슈화되고 있는 곳을 방문함(예 간척사업, 환경문제 발생 지역 등).
Jeff	과학 및 기술의 본성(D)/ 지식과 고등사고 능력(B)	• 과학 연구의 본성이 드러나는 주제들 • 찬반의견이 명확하게 드러나 토론을 유발하기 용이한 주제들을 선택하여 구성함.	• 과학 연구 과정에서, 그리고 그 연구의 산물이 경제적, 정치적 측면을 내포하고 있음을 강조함. • 과학자적 입장에서 과학자가 처한 현실적 측면을 제시하면서 논쟁을 이끎. • 학생들과 상반되는 입장을 취하여 지속적인 질문을 함으로써 학생들이 좀 더 깊고 논리적으로 사고할 수 있도록 유도함.
Sarah	실생활과의 연결(C)	• 신문이나 뉴스에 자주 등장하는 주제들을 선택하여 구성함.	• 일반적으로 관련된 교과내용을 학습한 후, '적용 및 확장'의 수준에서 문제를 다룸. • "만약에 이러한 상황이 벌어지면 어떻게 될까?"와 같이 과학기술의 발달이 미치는 영향에 대해 함께 생각해봄.

다. 따라서 이 학생들이 쟁점과 관련된 지식을 얻고 이 과정에서 논리적으로 생각해보는 것을 강조한다. 이러한 이유로 Jeff가 다루는 주제들은 대부분 과학 연구의 본성이 드러나는 주제들이다. 동물실험, 유전자조작, 연구 윤리 등이 바로 그것이다. Jeff는 이러한 주제로 과학 연구 과정에서 연구자가 경험할 수 있는 현실적 딜레마 상황을 구성한다. 따라서 찬반의견이 명확하게 드러나 토론이 유발되는 경우가

많다. 수업을 진행하는 동안 Jeff는 학생들의 논리적 사고를 촉진하기 위해 학생들과 상반되는 입장을 취하고, 지속적으로 질문을 하는 전략을 사용한다.

「사례 9.3」의 Sarah는 두 교사들과 다소 다른 교수지향을 갖고 있다. Sarah는 실생활과의 연결(C) 교수지향이 가장 뚜렷하게 드러난다. 과학을 배우는 학생들은 삶 속에서 벌어지는 이슈들에 대해 관심을 갖고 찾아볼 수 있는 역량을 길러야 한다는 것이다. "과학이 생활 속에서 이렇게 반영되고 있구나!"에 대한 깨달음을 강조한다. 이러한 이유로 Sarah는 신문이나 뉴스에 자주 등장하는 주제들을 주로 선택하여 수업을 구성한다. 실제 벌어진 Mary Beth Whitehead나 Anna Johnson을 소재로 대리모 수업을 계획하고, Terri Chiavo와 Karen Ann Quinlan 사례를 중심으로 존엄사 주제를 다룬다. 그리고, "만약에 이러한 상황이 벌어지면 어떻게 될까?"와 같은 질문을 던지면서, 이러한 일들이 실제로 벌어지고 있음을 강조하는 전략을 쓴다.

9.3 과학교사들의 SSI-PCK 함양을 위한 노력

교사들의 SSI 교수를 촉진하고 그들의 전문성 함양을 위해서는 다방면의 지원이 필요하다. SSI와 관련된 연수를 받은 후에도 교사들은 여전히 과학기술의 사회·윤리적 측면을 다루는 것에 대해 어려움을 느낄 수 있기 때문이다. 그러나, SSI-PCK 요소들을 고려해서 연수나 컨설팅을 계획하면 보다 체계적으로 도울 수 있다. 즉, 교사들이 과학 법칙과 원리, 이론 중심의 전통적 과학수업을 과학기술과 사회를 연계 짓는 확장된 과학수업으로 재구조화하고, 강의 중심의 과학수업에서 보다 학생 중심의 다양한 교수학습 방법을 적용해볼 수 있도록 지원할 수 있다.

SSI 교수가 쉽지 않기 때문에 교사들에게 SSI의 중요성을 위에서 아래로 하달하는 형식의 교사교육은 어렵다. 실제로 여러 연구자들이 SSI 교수를 위한 교사교육 프로그램을 운영하였지만, 여전히 교사들은 SSI를 다루는데 어려워하였고 구체적인 도움을 요청하였다. 이는 일방적으로 내용을 전달하는 형식의 교사교육이 교사의 과학 및 과학수업에 대한 개인적 신념을 고려하지 않기 때문에 실패할 확률이 높을 수 있음을 말해준다. 효과적인 교사교육 프로그램은 그들이 과학교과에 대한 생각을 확장시키도록 도움을 주어야 한다.

사례 9.4 예비 과학교사들을 대상으로 한 SSI 교육 연수의 효과[14)]

예비교사들은 사범대학 교육과정 내에서 다양한 교수 · 학습에 대해 학습한다. 현직 교사들에 비해 아직까지 본인만의 교수방식이 정해져 있지 않기 때문에 다양한 경험을 해보도록 하는 것이 매우 중요하다. 우리는 예비교사들에게 SSI 수업을 경험해보도록 함으로써 이들이 졸업 후 현장에 나가서 SSI를 도입할 수 있는 기반을 마련해주고 싶었다. 그래서 예비 과학교사를 위한 SSI 교육 프로그램을 개발하여 우리 수업에 적용해 보았다. SSI 교육 프로그램은 예비 과학교사들이 다양한 SSI 수업에 참여하면서 의사결정에 직접 참여해보는 과정과, 교사로서 SSI 수업을 개발하고 실연해보는 경험, 그리고 동료들과의 반성적 토의를 통해 SSI 교수의 특징에 대해 되짚어보는 과정을 포함하였다. 우리는 SSI 교육 프로그램이 예비교사들의 SSI 교수의 특성과 목표에 대한 이해를 높이기를 원했다.

우선, 예비교사들의 SSI 및 교수방법에 대한 이해를 높이기 위해서 우리가 직접 토의나 토론, 게임, 직소 수업 방식을 활용하여 네 가지 주제에 대한 수업을 진행하였다. 그리고 예비 과학교사들이 SSI에 대해 직접 의사결정을 해봄으로써 SSI가 지니는 다양한 특성(복잡성, 여러 입장에 대한 고려 등)에 대해 인지하도록 하였다. 다음으로, 예비 과학교사들이 원하는 SSI를 선정하고, 교수 · 학습 자료를 개발한 다음 동료들을 대상으로 실연해보도록 하였다. 이들이 선정한 주제는 AIDS에 대한 사회적 인식, 지구온난화, 에너지 자원의 개발과 환경 보존, 유전자조작식품, 동물실험, 환경호르몬 등으로 다양했다. 그들은 각 주제를 통해 SSI의 특성을 드러내기 위해 역할극, 게임, 토의, 부스별 활동, 포스터 제작 등 다양한 수업을 고안하였다. 이 과정에서 어떻게 다양한 관점을 제시할 것인지, 주제에 대해 어떠한 입장을 취할 것인지, 학생들에게 어떻게 윤리적 갈등을 경험하도록 할 것인지 등에 대한 고민을 했다. 수업이 끝나고, SSI 수업 실행 시 당면했던 여러 문제들을 함께 이야기해보는 시간을 가졌다.

SSI 교육 프로그램 전에는 대부분의 예비교사들이 "신문이나 잡지, 인터넷 등에서 과학과 관련된 사회적 문제들을 찾아보게 한다" 또는 "학생들에게 그날 배운 과학내용과 관련된 사회적 이슈를 찾아와서, 그 다음 시간에 발표하게 한다"와 같이 학생들이 관련된 문제를 신문이나 인터넷에서 조사해서 스크랩하거나 토의하는 정도의 제한된 교수법을 제안하였다. 또 "과학이 야기한 윤리, 사회적 문제에 대한 자료물(비디오, 동영상)을 짧게 감상한 뒤 수업을 시작한다"거나 "수업시간에 다양한 기사를 가져와서 수업 중간중간 화제를 전환할 때 보여준다"는 식으로 과학-기술-사회의 관련성을 소개하고 흥미를 유발하기 위한 정도에 그쳤다.

그러나 SSI 교육 프로그램 후에는 SSI 교수전략이 구체화되는 모습을 보였다. 예

14) 이현주와 장현숙(2011) 논문의 일부가 요약 및 발췌되었음.

비 교사들은 SSI의 본성이 효과적으로 구현되도록 문제 상황을 제시하는 것의 중요성을 인지하고, 토의, 토론, 역할극, 사례조사 등을 효과적으로 활용해야 하는 필요성에 대해서도 알게 되었다. 그리고 학생들의 자유롭게 자신의 의견을 표현하고, 다른 사람의 의견을 존중하고 수용하며, 협력적 담화에 참여하도록 돕는 것이 얼마나 중요한지에 대해 깨닫게 되었다. 다음은 수업 후 참여 교사들이 적은 소감의 일부이다.

> 현재의 과학수업에서는 과학적 사실들, 과학을 통해 우리가 얻게 된 많은 이점들만 강조하고 있지, 그 이면에 따라오는 윤리적·사회적 측면은 놓치고 있다. 때문에 학생들은 은연 중에 '과학만능주의' 사고에 빠져 과학 발전은 무조건 좋은 것, 옳은 것이라는 생각을 한다. 우리가 이런 [과학이 만들어낸] 현상에 관심을 가지고 고민해보는 것이 왜 중요한지를 생각해봐야 한다. (예비교사A)

> 학생들에게 단지 정보만을 제공하는 것도 의미가 있을 수 있지만, 더 나아가 그 정보를 토대로 다른 학생들과 토의활동을 해보는 과정이 필요하다고 생각한다. 많은 학생들이 문제에 대한 정보나 사회에 미치는 영향 등은 모두 파악하고 있으나 자신의 의견을 피력할 수 없는 경우가 많다. 특히 우리나라와 같이 주입식 교육에 익숙해진 학생들은 정보를 그저 수용하려 하고 자신의 의견을 말하는 것을 매우 불편해 한다.(예비교사B)

예비교사들은 생활 속에서 여러 사례들을 접해봤지만, 자신과는 먼 이야기로만 생각해왔다고 했다. 수업을 통해서 이들은 학생들이 문제의식을 느끼고, 주체적으로 대처할 수 있도록 지도하는 것이 매우 중요하다는 것을 깨달았다고 응답하였다. 아직 경험이 부족하기 때문에 이번 프로그램을 통해 SSI 교수방법에 관한 지식을 충분히 익히기는 어려웠겠지만, SSI 교육의 필요성을 인식했다는 점만으로도 큰 의미가 있다고 할 수 있겠다.

사례 9.5 SSI 수업, 무엇이 어려운가?[15)]

SSI와 관련된 자료들은 많다. 인터넷을 잠시 검색해봐도 GMO나 배아복제, 원자력 발전 등과 관련된 자료를 쉽게 찾을 수 있다. 그러나 자료가 많다고 해서 교사들이 쉽게 수업시간에 도입할 수 있는 것은 아니다. 그래서 여러 연구자들이 교사들이 SSI 수업을 할 수 있도록 다양한 연수를 실시해왔다. 참여한 교사들은 연수를 듣는 동안 많

15) Lee와 Yang(2017) 논문의 일부가 요약 및 발췌되었음.

은 관심을 갖고 "나도 한 번 해봐야지!" 하는 다짐을 한다. 그러나 현실의 벽은 높다.

실제로 SSI관련 연수에 참여한 교사들도 SSI 수업을 시작하기가 쉽지 않다. 그래서 우리는 교사들과 함께 수업을 구성하고 운영한 수업을 개선해나가는 현장연구를 해보기로 했다. 우리는 SSI를 도입해 보고 싶어 하는 교사 Catherine과 Jennifer를 섭외했다. Catherine은 중학교에서 과학을 가르치고 있으며, 내가 대학원에서 개설하는 "과학관련 사회쟁점교육"을 수강해서 SSI와 관련된 연구에 대한 이해가 어느 정도 있는 편이었다. 그런데 어떻게 실제로 SSI 수업을 진행하는지 배우고 싶어 연구에 참여했다. Jennifer는 SSI에 대해 들어본 적이 없었다. 그러나 늘 수업시간에 엎드려 자는 학생들을 보면서 본인의 수업을 변화시켜야겠다는 필요성을 강하게 느껴온 터라 SSI 수업이 하나의 방법이 될 수 있을 거라는 생각에 지원했다.

우리는 거의 매주 한 번씩 만났다. SSI에 대해 들어본 적이 없는 Jennifer와 참여조교들을 위해 나는 SSI 교육에 대한 전반적인 설명부터 시작했다. 그런 다음, 마침 두 교사 모두 중학교 2학년 과학을 가르치고 있어 중학교 2학년 교육과정을 펴고 어떤 SSI를 도입할 수 있을까 부터 함께 고민하기 시작했다. 교사들이 교육과정에서 벗어난 SSI를 도입하는 것을 부담스러워했기 때문이다. 우리는 단원들을 살펴보면서 최종 세 개의 주제를 선택했다. 그 주제는 '우주개발, 신장이식, 기후변화'였다. 우리는 이 주제들을 SSI 문제 상황으로 변형시켜 나갔다. 예를 들어, "우리나라는 아직 우주개발에 있어서는 후발주자이다. 그렇지만 우주개발은 정보통신, 군사 영역의 발전에 기여할 수 있으며, 인간의 우주에 대한 호기심을 위해서도 필요하다. 반면, 막대한 예산이 요구된다. 이 비용이 있다면, 경제적으로 어려움을 겪는 우리나라 국민들을 돌보는 데 충분하다. 우리는 어떤 선택을 해야 할 것인가?"와 같다.

우리는 또 함께 SSI 문제 상황에 맞게 수업지도안을 작성해나갔다. 교사들이 주도할 수 있도록 나는 보조적인 역할을 했다. 교사들이 질문이 있으면 답을 해주고, 어려움을 나타내면 함께 이야기하며 풀어나갔다. 교사들이 본인의 교수 스타일에 맞는 SSI 수업을 구성하기를 바랐기 때문이었다. 첫 번째 시도한 주제는 우주개발이었다. 교사들은 우주개발과 관련해서 일곱 개의 찬반입장을 설정했다. 교사들은 수업의 도입을 어떻게 시작할지 고민했다. Catherine은 우선 관련 동영상을 보여주고, 일곱 개의 입장을 하나씩 설명하면서 우주개발이 갖는 논쟁점을 부각시키고자 했다. Jennifer도 동의했다. 그리고 학생들이 조별로 주제에 대해 토의하는 시간을 갖기로 디자인했다.

드디어 수업을 진행하는 날이 되었다. 교사들은 잔뜩 기대하는 마음으로 수업을 진행했다. 수업은 두 차시로 계획되었다. 첫날, Catherine과 Jennifer는 계획한 대로 동영상을 보여주고 일곱 개의 입장을 하나씩 설명해 나갔다. 학생들에게 토의시간을 주고자 했지만 충분히 주지 못했다. 수업 후, 우리는 만나서 그날의 수업에 대한 반성의 시간을 가졌다. Catherine은 자신이 너무 많은 내용들을 설명해주다 보니 학생들에게 충분한 토의시간을 주지 못한 것을 아쉬워했다. 다음날, 다른 학생들을 대상으로 수업이 있었다. Catherine은 본인의 설명을 줄이고 학생들이 주도할 수 있게 해보겠다고 마음먹었다. 그러나 늘 수업을 주도해가던 Catherine은 학생들에게 수업의 주도권을 넘겨주는 것이 쉽지 않았다. 수업이 끝난 후 Catherine은 "제가 학생들이 스스로 각각의 입장을 이해하고 탐색할 수 있을 것이라는 확실한 믿음이 부족했던 것 같아요"와 같이 응답하였다.

두 명의 교사들은 공통적으로 SSI 수업을 하면서 겪었던 몇 가지 어려움을 토로했다. 우선 교실의 역동적 관계와 문화를 형성하는 점이다. Catherine이 말한 대로 교사들은 학생 중심의 수업을 꿈꾸지만, 실제적으로 학생들이 주도하는 수업을 이끄는데 다소 주저함을 느꼈다. Jennifer의 경우에는 아직까지 자신의 교수법이 확실히 굳어지지 않은 상태였기 때문에 SSI 수업에서 나타나는 학생들의 긍정적 변화를 보면서 자신의 수업을 변화시켜 나가는데 덜 어려워한 반면, 상대적으로 교수경험이 긴 Catherine은 오랫동안 굳어온 교사로서의 역할에 대한 인식이나 교실의 문화를 변화시키는데 끝까지 어려움을 느꼈다.

두 번째로는 학생들이 SSI문제를 해결해가는 과정에서 어떻게 스캐폴딩을 해줄 것인가 하는 교수적인 문제였다. 교사들은 자신뿐 아니라 학생들 또한 강의식 수업에 익숙해왔기 때문에 SSI와 같은 논쟁적 주제를 다룰 때 자신의 의견을 표현하거나 다른 사람과 조율 및 합의해 나가는 과정에 대해 어려움을 느끼고 있음을 발견했다. 서로 자신의 주장만 이야기하고 상대방의 말을 듣지 않거나, 오히려 쉽게 타협해버리는 태도도 보았다. 수업 후 교사들은 이러한 어려운 점을 이야기하였고, 우리는 학생들의 의사결정과정을 스캐폴딩할 수 있는 전략을 마련해보았다. 그 중 한 방법으로 우주 개발에 대한 일곱 가지 입장이 적힌 커다란 종이 위에 모둠별로 학생들이 각 입장에 대한 자신의 생각을 적게 하고, 친구의 생각에 댓글을 달아보도록 하였다. 이러한 작은 스캐폴딩이 학생들의 토의내용에 큰 변화를 가져오는 것을 교사들은 확인할 수 있었다.

세 번째 어려움은 수업시간에 가치나 윤리적 차원을 다루는 것에 대한 불편함이었다. 일부 학생들은 팽팽하게 대립된 입장 사이에서 자신의 입장을 선택하는 것을 매우 어려워했다. 이러한 학생들을 어떻게 도와주어야 하는지에 대한 고민도 컸다.

마지막으로, 이 교사들은 학교에서 논쟁적 주제를 다루는 것에 대해 다른 교사들이 어떻게 생각할지에 대해 민감해졌다. 참여 교사들은 SSI의 본성이나 SSI 수업의 본성을 이해하고 있었음에도 불구하고, 실제 주제를 다루면서 "내가 과학교사가 맞나?"라는 생각을 한 적이 있음을 고백하였다. 또한 시험기간이 다가올수록 교과서와 직접적으로 관련이 없는 내용을 다루는 것에 대한 부담감도 표현하였다. "학생들이 이러한 수업에 대해 어떻게 생각할까? 불필요하다고 생각하지는 않을까?" 등의 질문을 스스로 던지게 되었다.

이처럼 SSI 교수에 첫발을 내딛는 것은 그리 쉬운 일은 아니다. 하지만, 연구자와 함께 수업의 준비부터 마무리까지 해나가는 과정에서 본 연구에 참여한 교사들은 스스로 만족감을 느꼈다. Catherine의 경우에는 본인이 SSI에 대해 알게 되었고, 이것이 과학교사로서의 자신감을 높이는 데 도움이 되었다고 말하였다. 또한 그동안 수업시간에 눈에 띄지 않던 학생들이 수업시간에 발표하고 참여하는 모습을 보면서 뿌듯해 했다. Jennifer 역시 늘 수업시간에 엎드려 자던 학생들이 하나씩 일어나서 자신의 의견을 말하는 것을 보고, 교사의 역할이 단순히 과학지식을 전달하는 데 있는 것이 아님을 몸소 깨닫게 되었다고 말했다. 이러한 만족감은 앞으로 이 교사들이 본인만의 SSI 수업을 구성해나가는 기초가 될 것으로 기대해 본다.

Part 04

PART

05

SSI 교육을 위한 수업방법

Chapter 10 SSI 교수 · 학습 방법
Chapter 11 SSI 수업설계와 운영

Chapter 10 SSI 교수·학습 방법

SSI의 특성을 효과적으로 드러내기 위해서는 일반적으로 전통적 강의보다는 토의·토론, 역할놀이, 자료조사 활동, 현장체험 등의 교수법 등이 많이 활용된다. 교사들은 주어진 SSI의 특성에 따라, SSI 교수의 목적에 따라, 혹은 교사 자신이 선호하는 교수방법에 따라 적절한 교수법을 선택한다. 다음 교사들의 교수방법을 살펴보자.

김교사: 저는 보통 토론 형식으로 주제들을 다루죠. 예를 들어, 존엄사 주제를 다룰 때에는 먼저 찬성하는지 반대하는지 의견을 조사한 다음, 서로 다른 의견을 가진 사람들이 모이도록 조를 짜죠. 2명 찬성, 2명 반대 이런 식으로요. 그래서 서로 상대방의 의견에 반박해 보는 연습을 시켜요. 이야기하다 보면, 내 생각만 맞는 게 아니고 상대편 의견도 충분히 설득력 있다는 것을 알게 되죠.

최교사: 우리 사회에서는 구성원들 간에 집단별로 생각이 다르고, 또 집단 안의 사람들도 개인에 따라 상황에 따라 생각이 바뀌는데 그럼에도 불구하고 합의가 이루어져야 되는 상황에 봉착하게 되는 경우가 많죠. 저는 아이들이 합의를 해나가는 경험을 해봐야 된다고 생각해요. 성숙한 토론 태도를 갖고 상대방의 입장도 충분히 이해하고. 배아 연구뿐만 아니라 이 세상의 모든 이러한 사안들이 다 나름의 입장이 있고 관점이 있다는 것을 함께 알아봐주면 좋겠어요.

박교사: 저는 '이런 이슈들이 정말 우리 생활 속에서 벌어지고 있는 일이다'라는 것을 느끼게 해주고 싶어요. 그래서 보통 실제 사례들을 찾아보는 기회를 많이 줘요. 예를 들어, 대리모 같은 경우에, 학생들이 웹에서 검색해 보면 정말 많은 사람들이 경제적 문제 때문에 대리모를 하고자 한다는 것을 금방 알게 돼요. 존엄사도 마찬가지에요. 전 세계적으로 존엄사를 허용하는 나라는 어떤 나라들이 있는지, 어떤 경우에 허용하는지, 학생

들이 검색하다보면 '정말 이런 일들이 벌어지는구나!'라는 것을 느끼죠.

정교사: 저는 "what if(만약에 그렇다면?)"이라는 질문을 많이 던져요. 맞춤 아기 주제를 다룰 때에는 "만약에 우리가 맞춤 아기 기술을 통해 아기를 만들어 낸다면 어떤 일이 벌어질까?" 이런 질문을 던지죠. 나노기술의 경우에도 "나노기술이 앞으로 우리에게 어떤 미래를 가져다줄까?" 같은 질문을요. 이런 질문을 던지면서 학생들은 과학기술이 우리 사회에 미치는 긍정적 영향, 부정적 영향들에 대해 자연스럽게 생각해보게 되죠.

김교사는 SSI의 논쟁적 특성을 효과적으로 살리기 위해 토론을 통해 대립구조를 형성한다. 서로 다른 입장의 의견을 듣고 이에 대해 반박해보는 경험을 통해 학생들은 자신의 입장을 더욱 설득력 있게 만들기도 하고, 동시에 상대방 의견의 타당성을 이해하는 기회를 갖기도 한다. 이와 유사하게 어떤 교사들은 학생들의 반대 입장에 서서 반박질문을 던지는 입장을 취함으로써 학생들이 좀 더 심도 있게 생각하고 자신의 입장을 구체화 할 수 있도록 돕기도 한다. 최교사의 경우에는 사회적 합의과정을 중시한다. 토의나 토론 후에 서로 다른 의견을 조율해서 하나의 합의된 의견을 도출하는 과정을 의미한다. 일부 교사들은 절충안을 마련하게도 하고, 일부 교사들은 찬반 중 하나의 입장을 선택하게도 한다. 박교사의 경우에는 SSI가 실제 벌어지는 일임을 인식하도록 인터넷 검색 등을 통해 사례를 탐색하도록 한다. 사례 대신 주제를 둘러싼 다양한 입장에 대해 탐색해보는 기회를 제공하는 교사들도 있다. 정교사의 경우에는 SSI와 관련하여 앞으로 일어날 일에 대해서 예측해보는 기회를 제공하는 데 초점을 둔다.

이처럼 교사들은 동일한 주제에 대해서도 서로 다른 방식으로 수업을 진행한다. 중요한 것은 겉으로 드러나는 교수방법 자체라기보다는 SSI 수업을 통해 주어진 SSI의 특성을 잘 드러낼 것인가, 그리고 어떠한 교육 목표를 달성하고자 하는 것인가에 있다.

10.1 SSI 교수·학습을 위한 기본 전략

SSI 교수·학습을 위해서는 다양한 전략이 필요하다. 이것은 토의·토론을 사용할 것인가, 역할극을 진행할 것인가, 아니면 합의를 하도록 할 것인가와 같은 교수·학습 방법에 대한 단순한 선택 문제를 의미한다기보다는 SSI의 특성을 어떻게 하면 가장 잘 드러낼 것인가 하는 문제이다. 이와 관련하여 Zeidler는 SSI 교육의 목표와 목표 달성을 위한 전략들을 [그림 10.1]과 같이 제시하였다. [그림 10.1]에서도 민주시민으로서 충실히 역할을 수행할 수 있는 기능적 과학 소양의 함양(functional scientific literacy)이 궁극적 목표로 설정되어 있는 것을 볼 수 있다. 이것은 Roberts의 과학적 소양에 대한 Vision II에 해당한다. 그리고 이를 달성하기 위해서는 개인의 인지적 발달뿐만 아니라 도덕적 발달이 함께 선행되어야 함을 명백하게 강조하고 있다.

Zeidler는 개인의 인지적·도덕적 발달을 위해서는 네 가지 전략이 필요함을 소개하였다. 첫째는, 과학의 본성에 대한 고려가 필요하다는 점이다. SSI 교육도 STS 교육과 마찬가지로 현대 과학철학적 관점을 근거로 하고 있다. 즉, 인간 활동의 산물인 과학이 어떠한 본성을 지니고 있는지에 대한 이해가 필요하다는 것이다. SSI

그림 10.1 SSI 교육을 위한 접근 방법

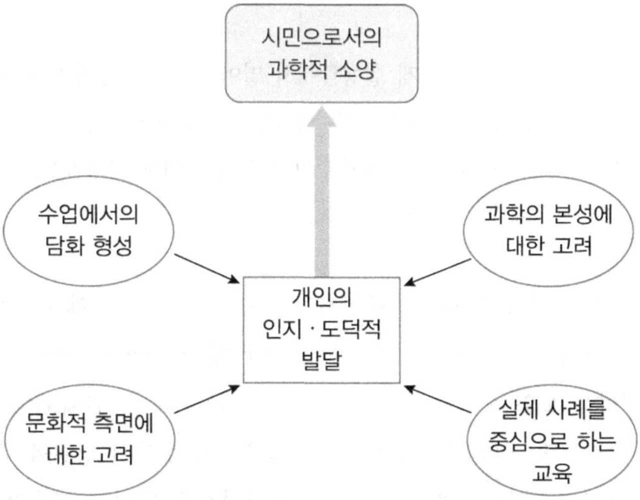

출처: Zeidler et al., 2005, p. 361.

교육은 과학이 절대 진리를 추구하는 가치중립적인 활동이 아니라, 정치적·경제적·문화적·사회적 영향력 하에 이루어지는 인간 활동의 산물임을 기본적으로 전제한다. 따라서 SSI 교육을 위해서는 과학에 대한 전통적 인식론을 벗어나 현대 인식론적 관점에서 과학의 본성을 이해할 필요가 있다. 물론 앞 장에서 논의한 것처럼 과학의 본성이 학생들의 의사결정에 직접적인 영향을 미치는가에 대해서는 아직까지 논란이 있다. 학생들의 의사결정에 과학의 본성에 대한 이해가 명시적으로 드러나지 않는다 하더라도 과학의 현대적 관점의 이해는 간접적으로나마 영향을 줄 수 있다. 나아가 기술의 본성에 대한 이해도 고려할 필요가 있다. 현대 사회에서 과학과 기술은 거의 동일한 의미로 사용되고 있기는 하나, 기술만이 갖고 있는 특성이 존재하는 것은 사실이다. 특히 SSI의 예로 자주 제시되는 생명공학이나 에너지 공학, 환경공학, 나노기술 등은 모두 기술이나 공학의 특성을 지니고 있다. 따라서 SSI 수업에서 과학과 기술의 본성에 대한 이해를 도와줄 수 있는 전략이 요구된다.

둘째, 실제 사례를 중심으로 하는 교육이 필요하다. SSI 교수에 있어 실제 사례를 활용하는 것은 여러 연구자들에 의해 효과적인 방법으로 인식되어 왔다(Pedretti, 1999: Ramsey, 1993; Solomon, 1992). 가상적인 사례보다는 실제 벌어지고 있는 사례를 중심으로 할 때 학생들은 의사결정 과정에 보다 적극적으로 참여하고, 책임감을 느낄 수 있기 때문이다. Ramsey(1993)는 다음과 같이 사례 중심 교수법의 장점을 설명하고 있다.

> 사례중심 교수법은 학생들에게 실생활에서 벌어지는 이슈들에 대해 과학적 지식과 탐구기술을 활용하고, 자료조사 및 평가능력 등을 향상시킬 수 있는 기회를 제공함으로써 민주사회와 과학과 연관된 여러 가치와 의사 결정과정을 함께 학습하게 하는 방법이라고 할 수 있다(p. 240).

Vygotsky의 이론에서 파생된 상황인지이론(situated cognition)에 따르면, 학생들은 실제 상황과 유사한 상황 속에서 학습을 진행할 때 학습이 촉진되며 차후에도 잘 내면화하는 경향을 보인다(Lave & Wenger, 1991; Wenger, 1998). 실제로 학생들의 의사결정 과정을 살펴보면, 실례를 사용했을 때 학생들이 주어진 상황을 좀 더 자신의 문제로 여겨 자신의 가치가 개입된 신중한 의사결정을 내리는 경우가 많다(Bell, & Lederman, 2003; Lee, Choi, & Chang, 2006). 이러한 경우 학습이 내면화되어 그들의 의사결정을 행동으로 옮기는 원동력으로도 작용할 수 있다.

셋째, 수업에서 담화가 형성되도록 유도해야 한다. Vygotsky(1981)에 따르면 학습이란 언어를 통해 다른 사람들과 상호작용함으로써 지식이 구성되고 그것이 내면화되는 과정을 의미한다. 학생들은 사회적 담화행위를 통해 서로 다른 사람들 간에 의미를 협상하고 공유하며 협력적으로 지식을 생성해 나간다. 즉, 담화는 인지적 도구로서 뿐만 아니라 사회적 장을 형성하는 문화적 도구라고도 볼 수 있다. SSI 수업에서 다루는 지식은 교과서적 과학지식이 아니라 과학기술이 사회적으로 어떠한 영향을 미치는지에 관한 사회적 지식이다. 따라서 학생들은 자신의 배경이나 경험 등에 따라 같은 지식도 다르게 해석할 수 있으며, 서로 다른 입장에 대한 담화를 통해 주제의 특성에 대해 충분히 탐색할 수 있는 기회를 갖게 된다.

마지막으로 문화적 측면을 고려해야 한다는 것이다. SSI는 본질적으로 개인과 사회의 다양한 가치를 포함하고 있다. 예를 들어, 요즘 대중매체에서 많은 논쟁이 벌어지고 있는 배아연구의 경우, 배아연구에 대한 입장은 개인 및 사회에 따라 매우 다르며 첨예하게 대립될 수 있다. 현대 사회를 살아가는 시민은 이 사회에 나와 다른 가치관이 존재함을 인식하고 수용할 수 있는 태도를 길러야 하며, 나아가 여러 입장들을 고려하여 자신의 입장을 정리할 수 있는 능력도 요구된다.

Part 05

10.2 SSI 교수·학습과 집단지성

SSI 교수·학습을 효과적으로 구성하기 위해서는 학생들의 의사결정 과정이나 추론의 특성에 대해 이해할 필요가 있다. 선행 연구들에 따르면 학생들은 다음과 같은 특성을 보인다. 첫째, SSI 의사결정 과정에서 학생들의 과학지식이나 정보가 충분히 근거로서 활용되지 않고, 개인적 감정이나 경험, 종교 등이 더 큰 영향을 미친다는 점이다. 물론 SSI의 본성상 과학지식 외의 요소들이 추론과정에 영향을 주는 것을 피할 수는 없으나, 과학교과내용 지식이 SSI 추론과정에 충분히 전이되고 활용될 필요가 있다. 둘째, 학생들이 특정 가치(예 경제성, 실용성 등)에 지나치게 편중된 의사결정을 하는 경향을 보인다는 점이다. 다양한 가치와 입장에 대한 수용능력은 매우 중요한 글로벌 시민의 역량이다. 이에, 학생들은 SSI를 둘러싼 다양한 가치들에 개방적인 태도를 갖추어야 하며, 나와 다른 사람들의 의견에 대해 그것이 소수일지라도 귀를 기울일 수 있어야 한다. 셋째, 학생들이 SSI를 둘러싼 대립되는 가치관 사이에서 혼란을 겪어 의사결정에 어려움을 갖는 현상들이 나타난다. SSI는 다양한 가치를 내재하고 있기 때문에 학생들이 개별적으로 충분한 시간을 갖고 자신의 입장을 결정해보는 경험을 할 필요가 있다. 자신의 생각을 명료화 할 때 의사결정을 행동에 옮길 수 있는 실천력이 생길 수 있기 때문이다.

이러한 특성들을 볼 때, 학생들은 SSI 토론·토의활동에서는 충분한 의견 공유나 조율의 기회가 필요함을 알 수 있다. 충분히 자신의 입장에 대해 성찰하고 필요한 자료를 수집해서 그 근거를 기반으로 다른 학생들과 의견을 나누고 조율해 나갈 수 있도록 학생들을 도와주어야 한다. 나아가, 왜 우리가 이와 같은 문제에 대해 함께 고민하고 의사를 결정해야 하는가에 대해 논의해보고, 집단적인 의사결정 과정에 참여하는 경험도 매우 필요하다.

따라서, SSI 수업을 진행하는 데 있어 중요한 기본 원리 중 하나는 '집단지성(collective intelligence)'이다. Surowiecki(2004)와 Leadbeater(2010) 등은 집단지성을 '대중의 지혜', '군중의 지성'과 유사한 개념으로 사용하였다. 즉, 집단지성은 문제가 주어졌을 때 집단에 속한 가장 우수한 사람보다 집단 전체가 지혜를 모을 때 더 현명한 판단을 내릴 수 있다는 가정 하에 함께 문제를 해결해 나가는 과정을 중요시한다. 최근에는 집단적 문제해결, 집단 창의성 등도 집단지성과 유사하게 사용된다.[1)]

집단지성을 설명해주는 이론적 근거로 분산인지(distributed cognition)를 들 수 있다(Hutchins, 1995; Salomon, 1993). 분산인지는 Vygotsky의 관점에 기반을 두고 있으며, 개인의 인지활동보다는 맥락 내에서 진행되는 집단적 활동에 관심이 있다. 우리가 현대 사회에서 직면하는 문제들은 주로 개인이 갖고 있는 지식만으로 해결할 수 없는 경우가 많기 때문에 각자가 가지고 있는 다양한 지식이나 기술이 자원이 되며, 이 자원들이 합해지면 더 나은 인지 과정의 산출물을 낳을 수 있다는 것이다. 최근 테크놀로지의 활용이 대중화되면서 이와 같은 조직적 차원에서의 학습이나 문제해결이 훨씬 활성화되고 있다. 우리가 많이 사용하는 Wikipedia가 대표적 예라고 할 수 있다.

---

1) 집단지성과 관련해서는 Levy(1994), Surowiecki(2004), Leadbeater(2010), Michaelsen, Knignt & Fink(2002), Paulus & Nijstad(2003), Brown & Isaacs(2008), Tapscott & Williams(2006), 양미경(2011), 이유나, 이상수(2009) 등의 연구를 참조하기 바람.

캐나다의 과학교육학자 Michael-Wolff Roth의 경우에는 과학적 소양의 의미에 집단지성의 의미를 포함하기도 하였다. 그는 실 한 가닥은 약하지만 그것들이 모여 로프가 되면 매우 강해짐을 비유했다. 학생들이 사회에서 직면할 여러 가지 문제들에 대해 합리적인 의사결정을 내릴 수 있는 시민으로 성장하기 위해서는 개인의 역량 함양도 중요하지만, 그가 속한 공동체의 일원으로서 다양한 역량을 가진 사람들과 협업하면서 합리적으로 집단의 의사결정을 이끌어 낼 수 있는 역량을 길러야 한다는 것이다. 물론 이러한 과학적 소양의 개념은 개인에 초점을 맞춘 다른 과학교육자들의 관점과는 큰 차이를 보이지만, 중요한 교육적 시사점을 제시한다. 특히, SSI와 같이 여러 가지 입장이 복합적으로 얽혀있고, 과학기술적 지식뿐만 아니라 사회, 경제, 정치 등 인문학적 소양까지 요구하는 문제를 다룰 때에는 더욱 그러하다. 또한 다양한 가치관과 배경을 지닌 사람들이 모여 의사결정을 하는 사회적 과정을 고려하면, 합의과정에 참여하는 개개인의 전문성이 최대한 발현될 수 있도록 해서 최선의 선택을 내리도록 하는 것이 보다 합리적일 수 있다. 무엇보다도 SSI는 거의 모든 사람들의 삶과 밀접하게 연관되어 있기 때문에 그들의 지식 수준, 사회·경제적 지위 등에 상관없이 소수의 의견이라도 반영될 수 있는 사회적 합의과정이 요구된다. 전문가들만 SSI와 관련된 의사결정에 참여하는 것이 아니라, 삶 속에서 그 문제를 직접적으로 경험하고 헤쳐 나가고 있는 비전문가의 목소리도 전문가의 것만큼이나, 또는 그 이상의 중요한 의미를 지닐 수 있다. 따라서 집단지성의 개념은 SSI 교육에서 고려되어야 할 중요한 개념이다.

집단지성이 활성화될 수 있는 원리에 대해서는 여러 학자들이 언급하고 있다. 예를 들어, 이유나와 이상수(2009)는 집단지성의 원리 및 특성을 공유된 멘탈 모델, 협력지성, 다양성, 사회적 네트워킹, 집단 기억체제, 통합수행의 여섯 가지로 나열하였다. Brown과 Isaacs(2008)는 집단지성을 위한 맥락 설정을 위한 목적과 관점의 공유, 편안하게 서로의 의견을 교환할 수 있는 공간의 구성, 서로 공헌하고 독려할 수 있는 분위기의 형성, 공유된 지식이나 아이디어를 보여줄 수 있는 시각적이고 활동적인 시스템 등을 강조하였다. Surowiecki(2004)는 집단지성이 효과적으로 구현되기 위해서는 네 가지 요소들, 즉 독립성, 다양성, 분권화와 집중, 모니터링과 피드백을 고려해야 함을 강조하였다. 독립성이란 각 개인이 지식을 생산함에 있어 최대한 외부적 간섭을 배제해야 함을 의미하며, 다양성이란 지식을 구성하는 사회계층이 다양할수록 효과적임을 뜻한다. 분권화와 집중은 각 개인(또는 특정 사회계층)이 서로 분권화되어 서로 영향을 주지 않고 지식을 생산한 후에 집중시키는 과정이 필요함을 의미하며, 그 과정에서 모니터링과 피드백은 집단 문제해결과정이 순기능적으로 진행될 수 있도록 돕는 역할을 할 수 있다는 것이다. 이와 같은 선행연구를 종합해보면 집단지성은 획일적 혹은 기계적으로 행해지는 집단적 의사결정이 아니라 개인의 독립성과 다양성이 전제되고 있다는 점, 개별적 지식을 서로 모으고 교류하는 것을 넘어 새롭게 창출되는 시너지 효과에 주목한다는 점, 협력적 대화를 위한 공간과 환경의 마련을 중시한다는 점 등이 차별화된다고 할 수 있다.

SSI의 특성을 고려하여 수업상황에 적용 가능한 집단지성의 네 가지 원리와 전략을 도출해보면 [그림 10.2]와 같이 네 가지로 요약될 수 있다.

그림 10.2 집단지성의 원리[2)]

원리 1 문제해결을 위한 공유된 가치나 신념의 형성

- 집단적 주의집중을 발휘할 수 있는 공동의 관심 문제 설정
- 문제해결의 중요성과 필요성에 대한 공동의 논의
- 문제해결의 방향성에 대한 명확한 규명

원리 2 개인의 독립적인 문제 탐색

- 문제에 대한 개인의 가치관, 신념, 입장의 성찰
- 문제에 대한 개별적 정보 수집 및 학습
- 개별 지식의 산출

원리 3 다양한 지식, 기술 및 관점의 집중과 공유

- 개별 지식의 집중
- 다양한 의견과 지식의 공유와 피드백
- 다양한 요소의 결합을 기반으로 집단적 문제해결을 위한 시너지 창출

원리 4 협력적 대화를 위한 네트워크 매체와 환경의 마련

- 개별 지식의 산출과 집중을 위한 공간
- 독립성과 다양성을 존중하는 개방적 환경
- 집단의 끊임없는 상호작용을 위한 관계망

2) 이현주, 최윤희, 고연주(2014) 논문의 일부가 요약 및 발췌되었음.

첫 번째 원리는 '문제해결을 위한 공유된 가치나 신념의 형성'이다. 즉, 협력적으로 SSI 문제에 대한 해결방안을 제시하기 위해서는 구성원들 간에 공유된 가치나 신념이 있어야 함을 의미한다. 이는 일반적인 수업에서 교사가 수업의 목표를 설정하고 전달하는 방식과는 다소 차이가 있다. 왜 우리가 주어진 SSI에 대해 관심을 갖고 해결방안 마련에 참여해야 하는지, 어떠한 방향으로 해결해나가야 하는지 등에 대해 교사와 학생이 함께 이야기하면서 집단적 문제해결의 방향을 설정하는 과정이 필요하다. 이 과정은 학생들이 주어진 문제에 대해 도덕적·윤리적 민감성을 갖도록 하며, 학생 각자가 사회 구성원으로서 공동의 문제해결에 주체적으로 참여하게 독려하는 데 효과적이다.

두 번째 원리는 '개인의 독립적인 문제 탐색'이다. 즉, 문제해결에 참여하는 각 개인이 독자적으로 문제에 대해 학습함으로써 개별 지식을 산출하는 과정이 필요함을 뜻한다. 일부 학생들은 개인의 입장을 결정하는 과정에서 SSI가 본질적으로 갖고 있는 복잡성 때문에 어려움을 느껴 애매모호한 입장을 취하거나, 주제에 대한 지식이 부족하여 편협하게 의사결정을 하는 경우가 있다. 따라서 학생들은 주어진 SSI에 대해 책이나 인터넷을 활용하여 독자적으로 문제를 해결하기 위한 정보를 수집하고 정리해 볼 필요가 있다. 또한 교사나 동료들의 영향 없이 본인 내면의 가치관을 성찰해보는 기회가 필요하다. 이 과정에서는 동료들이나 교사들에 의해 영향 받지 않도록 독립성을 보장해주는 것이 중요하다.

세 번째 원리는 '다양한 지식, 기술 및 관점의 집중과 공유'이다. 즉, 개별 학생들이 독립적으로 수집하고 형성한 자료나 생각들을 끊임없는 상호작용을 토대로 모으고 공유하는 과정으로 설명될 수 있다. 지식의 집중화와 공유를 통해 학생들은 개별적으로 구성한 학습 내용에 대해 되짚어보는 기회도 얻을 수 있다. 이 과정은 다양한 정보를 단순히 양적으로 수합하거나 혹은 다양성을 고려한다는 이유로 서로 절충하고 타협하는 과정만을 의미하지는 않는다. 집단 속에 개인이 묻히는 것이 아니라 개개인의 장점이 존중되어 시너지를 창출할 수 있도록 하는 것이 매우 중요하다. 따라서 모든 개별 학생들이 문제해결의 주체로 참여할 수 있도록 지속적인 모니터링이 필요하며, 서로 명시적 또는 암묵적인 피드백을 주고받는 것이 매우 중요하다.

마지막 원리는 '협력적 대화를 위한 네트워크 매체와 환경의 마련'이다. 즉, 시너지 효과를 창출할 수 있기 위해서는 협력적 대화가 중요하며, 이를 활성화하기 위해서는 네트워크 매체와 환경이 마련될 필요가 있음을 의미한다. 예를 들어 개인이 독립적으로 정보를 수집하고 새로운 지식을 창출할 수 있는 시공간의 마련, 개별적으로 수집된 다양한 자료들이 효과적으로 공유될 수 있는 시공간의 마련, 집단의 끊임없는 상호작용을 위한 관계망의 형성, 서로 다름에 대해 개방적일 수 있는 전체적인 분위기 형성 등이 매우 중요하다. 이와 같은 환경은 웹에서 제공되는 다양한 플랫폼(예 위키, 리노잇 등)을 통해 보다 효과적으로 형성될 수 있으나, 웹환경이 아니더라도 서로 공유할 수 있는 매체를 찾아 활용하는 것이 중요하다.

SSI 수업에서는 토의나 토론이 가장 많이 사용되는 교수법이다. 그러나 학생들이 서로 모여 토의·토론을 한다고 해서 반드시 집단지성의 효과가 드러나는 것은 아니다. 집단지성은 개개인에게 책임감을 부여하고 함께 문제를 해결해 나가지만 각 개인이 문제해결의 주체로서 참여하는 것을 중시한다. 다시 말해서 토의법, 협동학습 등과 같이 이미 개발된 교수·학습모형도 집단지성의 요소들을 명시적으로 포함해야 집단지성의 발현을 촉진할 수 있다.

사례 10.1 웹 환경을 활용하는 것이 어떠한 이점이 있는가?[3)]

우리는 집단지성의 원리를 적용해서 SSI 수업을 운영해보았다. 우선, 집단지성이 효과적으로 발현되기 위해서는 웹 환경을 이용하는 것이 매우 중요할 것으로 생각했다. 학생들이 필요한 자료를 바로 바로 찾을 수 있을 뿐만 아니라, 서로 자료를 공유하고 피드백을 주고받을 수 있기 때문이었다. 우리는 여러 가지 웹 플랫폼 중에서 '리노잇[4)]'을 선택했다. 학생들은 이 플랫폼을 활용하여 인터넷에서 수집한 자료들을 자유로운 형식으로 게시하였으며, 다른 친구들이 수집한 자료들을 서로 공유하며 피드백을 주고받았다. 또한 일부 모둠들은 공유한 자료를 정리하여 모둠의 결과물을 산출하는 공간으로도 사용하였다.

수업 후, 학생들과의 면담에서 우리는 웹 플랫폼의 활용이 학생들 간의 긍정적 상호작용을 높일 뿐만 아니라, SSI에 대한 생각을 확장하고 발전시키는 데에도 도움이 되었음을 알 수 있었다. 다음은 한 모둠의 학생들과 주고받은 대화 중 일부이다.

학생1: 제가 이 수업을 하면서 가장 좋다고 느낀 게 정보의 공유예요. 리노잇은 제가 하고(자료를 찾고), 의견을 정리하고 있는 경우에도 다른 팀원들도

---

3) 이현주, 최윤희, 고연주(2015) 논문의 일부가 요약 및 발췌되었음.

4) 리노잇은 게시판을 자유롭게 꾸미고 공유하도록 개발된 플랫폼으로 linoit.com을 참조하기 바람.

들어와서 의견을 제시하니까, 제가 정리하다가도 정보가 뜨니까 좋았어요.

학생2: 얻는 정보의 양이 훨씬 많아져요. 내가 원하는 정보를 바로 바로 찾을 수 있고 그런 점은 좋은 점이라고 생각해요.

학생1: 제 생각도 비슷해요. 빠른 정보의 수집과 수업 중에도 대량의 정보를 얻을 수 있다는 점이죠. 인터넷 상에서 정보를 찾다보면 쓸데없는 정보도 몇 개 있잖아요. 그런 정보를 걸러내는 데도 시간이 걸리고요. 이번 수업을 하면서 쓸데없는 정보와 필요한 정보를 구분하는 능력이 함께 길러진 것 같아요. 제가 그 전에는 쓸데없는 정보를 잘 걸러내지 못해서 진짜 필요한 정보를 찾아내는데 긴 시간이 걸려서 혼난 적이 있었어요.

학생3: 일단 저희 조에서 일단 문제에 대한 해결 방안을 내놓고 다른 애들에게 발표를 했을 때 제가 얻는 생각의 확장이 참 컸어요. 그런 수업의 방식이 매우 좋았어요. 왜냐하면 저희에게 나온 생각을 제 생각이 아니더라도 다른 애들 앞에서 발표를 하면, 다른 애들이 코멘트를 달아주고 반론을 해주고 하면 내가 지금까지 생각하지 못했던 것을 다른 애들로 하여금 알게 되는 거예요. 그런 면에서는 좋았던 것 같아요.

학생2: 수업 시간이 끝나갈 때쯤이면 다 각자 조에서 나온 산출물이나 배경이 이렇게 되었다 그런 이야기를 하잖아요. 들어보면 우리 조에서 들어볼 수 없었던 새로운 근거들이 나오니까 그런 부분에서 제가 알고 가는 부분들이 많고 똑같은 근거라도 이런 방법으로 서로 다르게 해석하는 경우가 있어요. 그런 경우에도 '이것을 이렇게 해석할 수 있는 거구나'라고 저희 조에 한정짓는 것이 아니라 조금 더 많은 아이들의 생각을 들어볼 수 있는 거라서 저는 되게 좋았어요.

학생1: 저의 경우에도 생각을 발전시키는 것이 정말 쉬웠어요. 이게 서로 리노잇을 통해서 정리를 하다보면 팀원들 사이에도 제가 생각지 못한 생각이나 정보가 있을 수 있잖아요. 그렇게 해서 팀 내부에서도 자신의 생각이 확장되고 발전되는데, 이렇게 만든 것을 전체에게 공유하고 발표하니까 팀 내부에서는 나오지 못했던 의견과 정보가 나오고 같은 정보라 하더라도 해석이 달라지고 여러 가지 관점에서 볼 수 있는 기회가 있으니까. 이 수업을 통해서 정말 쉬웠어요. 다른 수업과는 비교가 안됐어요. 의견을 공유하는 게.

수업에 참여했던 대부분의 학생들이 우리가 계획한 수업의 장점으로 필요한 자료를 인터넷으로 바로 검색할 수 있고 수집한 정보를 리노잇을 활용하여 효율적으로 정리하고 공유할 수 있는 환경을 언급하였다. 예를 들어, 토론하면서 바로바로 자료를 찾을 수 있는 점, 혼자 자료를 수집하는 것에 비해 훨씬 풍부하게 효율적으로 얻을 수 있다는 점, 수집한 자료를 공유하고 피드백을 제공하는 과정에서 생각하지 못했던 내용들에 대해 인식하게 되는 점 등을 장점으로 들었다. 뿐만 아니라, 학생1은 "같은 정보라 하더라도 해석이 달라지고 여러 가지 관점에서 볼 수 있는 기회"가 있었음을 강조하였으며, 이것이 본인의 생각을 확장해 나가는 데 많은 도움이 되었다고 응답하였다. 물론 일부 학생들은 테블릿 PC의 활용이 오히려 의사소통의 기회가 줄어들거나 토의에 집중하는데 방해가 된다는 부정적 의견을 제시하기도 하였지만, 전반적으로 학생들도 토의 시 웹의 활용은 토의를 하는데 필요한 자료를 수집하고 서로 다른 사람의 생각들을 이해하는 데 많은 도움을 준다는 점에서는 동의하였다.

10.3 SSI 수업을 위한 모형[5)]

SSI 수업모형은 SSI 수업의 목표 및 방향성에 따라 달라질 수 있다. 현재 많이 사용하고 있는 토의·토론이나 협동학습 모형도 좋은 수업모형이라고 할 수 있다. 그런데, SSI는 맥락에 따라 수업이 진행되는 양상이 달라질 수 있다. 기후변화라는 주제는 우리가 문제해결을 위해 나아갈 방향을 모색하는 것이 주가 되는 반면, 맞춤 아기는 찬반 논쟁을 할 수 있는 주제이다. 따라서 SSI 맥락이 갖는 특성에 따라 동일한 토의·토론이라 하더라도 그 방향성은 [그림 10.3]과 같이 차이가 있을 수 있다.

[그림 10.3]에서는 집단지성의 원리를 기반으로 수업모형을 크게 세 가지, 즉 발산적 모형, 탐색적 모형, 의사결정 모형으로 분류하였다. 교사들은 수업모형에 따라 SSI에 대한 의견이나 해결방안을 다양하게 생각해보는 데 초점을 둘 수도 있고, 실제 벌어지고 있는 SSI 상황을 탐색하거나 주제를 둘러싼 다양한 입장들을 탐색해볼 수도 있다. 또는 학생들이 서로 다른 입장을 고려하여 합리적인 의사결정을 하는 과정을 중요시할 수 있다.

---

5) 이 장의 내용은 2013년 정부(교육과학기술부)의 재원으로 한국연구재단의 지원을 받아 수행된 연구 결과로(NRF-2013S1A5A2A01019415), 일부 내용은 학술지에 게재되었음(이현주, 최윤희, 고연주, 2014).

그림 10.3 집단지성(CI)을 활용한 SSI 수업모형

CI 기반 SSI 수업모형의 유형	수업모형의 목표 및 특성	수업모형
1 발산적 모형 (Generative Model)	SSI에 대한 의견이나 해결방안을 다양하게 발산해보도록 하는 데 초점을 둔 수업모형	a. 아이디어 생성 수업모형 (Idea-generating model) b. 미래 상황 예측 수업모형 (Predictive story-generating model)
2 탐색적 모형 (Exploratory Model)	SSI에 실제 사례들이나 이를 둘러싸고 있는 다양한 논점들을 탐색하여 SSI의 복잡성을 이해하는 데 초점을 둔 수업모형	a. 쟁점 탐색 수업모형 (Perspective-exploring model) b. 실제 사례 탐색 수업모형 (Case-exploring model)
3 의사결정 모형 (Decision-making Model)	의사결정을 합리적으로 하도록 집단의 의견을 수렴하고 조정하는 데 초점을 둔 수업모형	a. 집단적 합의 수업모형 (Consensus-making model) b. 대안 결정 수업모형 (Alternative-making model)

10.3.1 발산적 모형

발산적 모형은 학생들이 주어진 SSI에 대한 의견이나 해결방안을 다양하게 발산해보도록 하는 데 초점을 둔 수업모형이라 할 수 있다. 즉, 찬반논쟁과 같이 서로 다른 입장을 첨예하게 대립시키거나 하나의 해결방안으로 수렴하는 데 초점을 두기보다 주어진 SSI와 관련된 상황이나 다양한 해결책을 자유롭게 연상해보는 과정을 경험하도록 하는 데 초점을 둔다. 많은 학생들이 SSI 문제 상황을 접했을 때, 여러 가지 입장들을 고려하여 하나의 결론으로 도출되는 과정에서 심리적 갈등을 경험한다. 과학교사 역시 SSI 수업을 진행할 때, 가치적 중립을 취해야 하는 것에 대해 어려움을 느낀다. 그러나 SSI 수업은 학생들이 주어진 SSI가 지닌 논쟁적 특성을 이해하고, 관련된 생각이나 해결책 등을 다양하게 생성해보는 수준에서도 효과적으로 진행될 수 있다. 모든 SSI 수업에서 다양한 관점이 아닌 대립된 상황에 대해 노출되어야 하는 것은 아니다. 예를 들어, '기후변화에 대한 대책'이라는 주제는 기후변화를 해결하기 위한 다양한 입장을 살펴보고 그 해결책에 대해 다양하게 생각해보는 것이 더 합당할 수 있다. '나노기술의 미래'와 같은 주제는 이미 우리 생활 속에 나

노기술이 스며들어 있기 때문에 찬반입장을 논하는 것보다는 나노기술이 나아가야 할 방향에 대해 생각해보는 것이 더 효과적이라 할 수 있다.

따라서 발산적 모형을 활용한 수업에서는 문제해결이나 합의 및 찬반 논쟁이 목표라기보다 문제에 대해 자유롭게 연상해보는 데 초점이 있기 때문에 학생들의 입장 결정에 대한 심리적 부담을 줄일 수 있다. 또한 주제에 대해 자유롭게 연상하는 과정에서 주제가 갖고 있는 다양한 논쟁점들에 대해 자연스럽게 이해하게 될 뿐만 아니라 다양한 해결책, 아이디어를 생각해 봄으로써 학생들이 작은 실천이라고 행동으로 옮길 수 있는 원동력을 제공해줄 수 있다.

발산적 모형에는 아이디어 생성 수업모형과 미래 상황 예측 수업모형이 포함된다. 두 수업모형은 공통적으로 해결책의 제시나 미래상황 예측과 같이 발산적으로 수업이 마무리되며, 이 단계에서는 서로 다른 생각에 생각을 더해나가는 방식으로 생각의 공유와 피드백이 활발히 진행된다. 해결책에 대해서도 그 타당성을 서로 평가하기는 하지만, 발산적으로 여러 가지 해결책을 제시해 볼 수 있는 기회를 제공한다. 그리고 SSI가 야기할 수 있는 미래 상황에 대해 자료를 근거로 이야기를 만들고 연상하고 예측해보는 것도 발산적 사고과정을 촉진해주는 하나의 방법이라 할 수 있다.

아이디어 생성 수업모형은 주어진 SSI에 대해 다양한 수준(개인, 사회, 국가 등)에서 해결책에 대해 브레인스토밍하고 그것을 공유하는 데 초점을 두는 수업모형으로 [그림 10.4]와 같이 세 단계로 진행된다. 예를 들어, '기후변화에 대한 대책'을 주제로 수업을 진행한다면 학생들은 우선 기후변화를 막아야 한다는 책임의식을 공유한 다음(1단계), 인터넷을 활용하여 기후변화에 대한 해결책을 마련하기 위해 필요한 자료를 수집한다(2단계). 마지막으로 개별적으로 수집한 자료를 발표를 통해 공유하고, 기후변화를 막기 위한 해결책을 다양하게 생성하기 위해 집단토론[6]에 자유롭게 참여하게 된다(3단계). 본 모형에 적합한 SSI의 예로는 기후변화, 에너지 부족 문제, 물 부족 문제, 환경오염 문제 등을 들 수 있다. 이들은 모두 우리가 시민으로서 할 수 있는 작은 일들이라도 함께 생각해볼 필요가 있는 주제들이라는 공통점이 있다.

---

6) '월드카페(World Cafe)'는 자유로운 공간에서 집단토론을 함으로써 지식을 생성하고 공유하는 것을 새로운 형식의 토의 수업모형임. 보통 4~5명이 한 테이블을 구성하며 각 테이블에는 카페지기(호스트)가 있음. 낙서(또는 기록)를 할 수 있는 큰 종이와 필기도구를 제공한 후, 정해진 시간 동안 테이블마다 주어진 토론 주제에 대해 이야기하고, 시간이 되면 카페지기만 남겨두고 다른 테이블로 이동하여 새로운 사람들을 만나 지식을 공유하고 발전시킴.

그림 10.4 아이디어 생성 수업모형[7]

1) 문제 상황의 명료화	→	2) 자료 탐색	→	3) 해결책의 발산적 제시와 공유
• 주어진 문제해결의 중요성을 인식하고 해결 방향을 공동으로 설정함(원리 1)		• 학생 개개인이 주어진 문제에 대한 해결책을 마련하기 위해 필요한 정보를 수집하여 정리함(원리 2)		• 개별적으로 생각한 해결책을 서로 공유하는 것을 기반으로 더 다양하고 타당한 해결책을 생성해냄(원리 3 & 4)

미래 상황 예측 수업모형은 과학기술이 야기할 수 있는 문제 상황에 대해 다양하게 연상/추론해보도록 하는 수업모형이다. 예를 들어, 학생들은 주어진 SSI와 관련된 사진이나 신문기사 등을 수집해서 꼬리에 꼬리를 물며 연상하고 그 과정을 이야기로 풀어내봄으로써 주제의 논쟁적 특성과 앞으로의 방향성에 대해 자연스럽게 학습할 수 있다. 이 수업모형은 [그림 10.5]와 같이 크게 네 단계로 진행된다.

예를 들어 '나노기술의 미래'를 주제로 수업을 진행한다면, 우선 학생들은 나노기술이 갖고 있는 긍정적인 측면과 잠재적인 위험성을 보여주는 실제 사례와 관련된 사진을 함께 봄으로써, 나노기술의 긍정적인 측면과 잠재적 위험성을 함께 인식하고 공유한다(1단계). 개별적으로 제시된 사진에서 연상되는 사진이나 기사를 찾은 후, 웹플렛폼(예 리노잇, 구글docs 등)에 조원들이 수집한 자료들을 연이어 붙여 나가면서 왜 이 사진이 연상되었는지에 대해 이야기한다(2단계). 그런 다음, 조별로 연상된 사진들을 활용하여 나노기술의 발달로 인해 발생할 수 있는 미래상황을 주제로

그림 10.5 미래 상황 예측 수업모형

1) 문제 상황 제시	→	2) 상황 연상하기	→	3) 함께 이야기 형성하기	→	4) 미래 상황 예측하기
• SSI를 제시하고 이 주제와 관련된 경험들을 서로 공유함(원리 1)		• 문제 상황에서 연상되는 자료나 신문기사, 사진 등을 수집하여 추론하기(원리 2)		• 개별적으로 수집한 자료들을 모아 주제와 연상되는 이야기를 함께 구성해 나감으로써 주제와 관련된 다양한 생각들에 대해 공유하고 발전시킴 (원리 3 & 4)		• 주어진 SSI로 인해 앞으로 야기될 수 있는 상황들에 대해 함께 발산적으로 생각해 봄 (원리 3 & 4)

7) 모형의 각 단계에 제시된 괄호안의 원리들은 집단지성의 원리를 의미하는 것임.

함께 이야기를 형성한다(3단계). 마지막으로 학생들은 나노기술의 발달로 인한 긍정적인 미래와 부정적인 미래에 대해서 함께 인식하고, 미래의 과학기술 발달의 올바른 방향에 대해서 함께 논의할 수 있다(4단계). 본 모형에 적합한 SSI의 예로는 나노기술, 생명공학기술 등이다. 즉, 새로운 기술들이 앞으로 우리에게 어떠한 영향(긍정/부정)을 함께 생각해볼 수 있는 주제들이다.

10.3.2 탐색적 모형

탐색적 모형은 문제를 둘러싸고 있는 다양한 입장들에 대해 탐색하여 SSI의 복잡성을 이해하는 데 초점을 둔 수업모형이다. 실제 사례나 입장을 탐색해 보는 과정은 SSI의 본성을 이해하는 데 도움을 줄 뿐만 아니라, 주어진 SSI가 우리의 삶 속에서 직면할 수 있는 문제임을 느끼게 하여 학생들이 진지하게 SSI 담화에 참여하게 하는 장점이 있다. 그리고 의사결정에 초점을 두지 않기 때문에 학생들이 제한된 시간 내에 의사결정을 함으로써 경험하게 되는 심리적 갈등을 줄일 수 있으며, 개인적으로 주제에 대해 자유롭게 의사를 결정해볼 수 있는 심적 여유를 제공할 수 있다. 이와 같은 수업모형은 배아줄기세포 연구와 같이 찬반논쟁이 명확하고 여러 입장이 연관되어 있는 경우에 더욱 적합하다. 존엄사의 경우도 이에 해당된다. 최근 전 세계적으로 존엄사와 관련된 여러 사건들이 보고되어 있어 실제 사례를 찾아 그 속성을 분석해 보는 것도 의미 있으며, 이 과정을 통해 SSI가 지닌 복잡성에 대해 충분히 인식할 수 있다.

따라서, 탐색적 모형은 다양한 사례나 자료를 수집함으로써 주어진 SSI이 지니고 있는 복잡성이나 다양한 입장에 대한 이해를 총체적으로 할 수 있을 뿐만 아니라 실제 논쟁점이나 사례들을 조사하는 과정에서 학생들이 주제의 실제감을 경험할 수 있다. 이는 학생들을 SSI 수업에 더욱 몰입하게 유도한다는 장점이 있다. 또한 발산적 모형과 유사하게 학생들의 입장 결정이나 교사들의 중립적 태도에 대한 심리적 부담을 줄일 수 있다.

탐색적 모형에는 쟁점 탐색 수업모형과 실제 사례 탐색 수업모형이 포함된다. 두 수업모형 모두 공통적으로 문제 상황을 명료화 하는 단계부터 시작하여 여러 가지 논점과 사례를 독립적으로 탐색한 후 공유 및 평가하는 과정으로 수업이 마무리된다. 즉, 수업의 마지막 단계에서는 실제 생활에서 일어나는 여러 가지 사례에 대해 조사한 것을 서로 공유하고 그 타당성을 평가해봄으로써 주어진 SSI가 지닌 특성을 충분히 이해하도록 하는 데 그 목적이 있다고 할 수 있다.

쟁점 탐색 수업모형은 SSI를 둘러싼 다양한 입장에 대해 탐색해보는 데 초점을 두는 수업모형으로 [그림 10.6]과 같이 크게 네 단계로 진행된다. 예를 들어 '배아줄기세포 연구'를 주제로 수업을 진행한다면, 우선 학생들은 배아줄기세포 연구가 논쟁이 되고 있는 이유에 대해 교사로부터 설명을 듣고(1단계), 배아줄기세포 연구를 둘러싼 다양한 입장을 선정한다(배아줄기세포의 경우 찬반입장이 명료하게 드러나기 때문에 찬성과 반대의 관점에서 주된 입장을 선정함)(2단계). 각 입장의 주요 논점을 정리한 후(3단계), 각 논점의 타당성을 총체적으로 평가하고, 가장 중요하다고 생각되는 논점에는 가중치를 부여할 수 있다(4단계).

실제 사례 탐색 수업모형은 주어진 SSI와 관련하여 실제 벌어지는 사례들을 조사해봄으로써 문제의 현실성, 실제성을 인지하도록 하는 데 초점을 두며, [그림 10.7]과 같이 크게 네 단계로 진행된다. 예를 들어 '존엄사'를 주제로 수업을 진행한다면, 우선 학생들은 존엄사의 의미와 존엄사의 논쟁적 측면에 대해 명확히 이해하고(1단계), 존엄사가 윤리적 문제를 제기했던 여러 가지 실제 사례(예 카렌 퀸란, 낸시 크루잔, 테리 샤보 사건 등)를 수집하여, 각각의 사례가 논쟁이 된 이유에 대해 생각해본다(2단계). 수집한 사례를 웹에 게시하여 다른 사람들과 공유하고, 몇 가지 기준을 선정하여 사례 간 공통점과 차이점을 발견해본다(예 존엄사를 고려하게 된 원인, 존엄사의 주체, 법정 판결 결과 등)(3단계). 마지막으로 존엄사 주제에 대한 윤리적 평가를 내려 본다(4단계).

그림 10.6 쟁점 탐색 수업모형

1) 문제 상황의 명료화	→	2) 문제와 관련된 주요 입장 (찬반) 선정	→	3) 각 입장의 주요 논점 이해	→	4) 논점의 타당성 평가 및 공유
• 주어진 주제가 논쟁이 되고 있는 이유에 대해 공유함(원리 1)		• 주어진 SSI를 둘러싼 입장들을 다양하게 선정함(원리 1)		• 개별적으로 각 입장들의 주요 논점들을 이해하기 위해 자료를 수집하고 정리함(원리 2)		• 개별적으로 수집한 자료들을 모아 각 논점들의 중요성, 타당성, 논리성 등에 대해 함께 평가함(원리 3 & 4)

그림 10.7 실제 사례 탐색 수업모형

1) 문제 상황의 명료화	2) 실제 사례의 수집	3) 사례 공유 및 사례 간 비교	4) 논쟁의 속성에 대한 평가
• 주어진 SSI가 논쟁이 되고 있는 이유에 대해 공유함(원리 1)	• 문제와 관련된 실제 사례들을 수집하여 정리함(원리 2)	• 개별적으로 수집한 자료들을 서로 공유하면서 사례 간의 공통점과 차이점을 살펴봄(원리 3 & 4)	• 사례 간의 분석을 기반으로 주어진 SSI가 지닌 논쟁적 속성에 대해 총체적으로 이야기함(원리 3 & 4)

10.3.3 의사결정 모형

의사결정 모형은 주어진 SSI에 대해 다양한 입장을 이해하고 가장 합리적으로 집단의 의사결정을 하도록 의견을 수렴하고 조정하는 데 초점을 둔 수업모형이다. 즉, 과학기술이 지닌 다양한 측면에 대한 여러 입장들을 조율하여 집단의 입장이나 대안에 대한 의사결정을 해보는 데 의의가 있다. 합리적 의사결정능력은 시민으로서 갖추어야 할 기본적 소양에 해당하며, 이에 대한 강조는 교육과정이나 여러 연구들에서 지속적으로 언급되어 오고 있다. 예를 들어, Lee와 Chang(2010)에 참여한 교사들 중 두 명은 SSI 자체가 지닌 본성보다는 SSI를 통해 학생들이 시민으로서 의사결정 과정에 참여하고 그 과정에서 서로 의사소통하고 논의하는 과정을 더 중요한 교육적 효과로 보고 있었다. 이와 같은 의사결정 과정은 학생들에게 책임의식을 고취시켜 SSI 해결을 위한 행동으로도 옮겨질 수 있다. 물론 의사결정 과정에서 SSI 본성으로 인해 심리적 부담감이나 갈등을 유발할 수 있으나, 맞춤 아기(유전자조작)나 식품첨가물의 안전한 사용과 같이 찬반 논쟁이 가능하거나 학생들이 실생활에서 의사결정을 해야 할 필요가 있는 주제들에 대해서는 적절한 수준의 윤리적 갈등을 경험하면서 의사결정 과정에 참여할 수 있다. 따라서 의사결정 모형은 의사결정을 내리는 과정에서 서로 다른 의견을 수렴하고 조정해나가는 과정, 다양성에 대한 수용능력 등을 학습하고, 다양한 가치관 사이에서 의사결정을 하도록 촉진하기 때문에 윤리적 갈등을 경험해볼 수 있다. 그리고 의사결정 과정을 통해 문제해결을 위한 실천의지를 함양할 수 있다는 장점이 있다.

의사결정 모형에는 집단적 합의 수업모형과 대안 결정 수업모형이 있다. 두 수업모형 모두 공통적으로 문제 상황의 명료화 단계부터 시작하여 합의된 해결책이나 대안을 마련하는 것으로 수업이 마무리된다. 단, 주어진 SSI의 특성에 따라 해결책 마련과 대안 마련으로 나누어진다. 이 수업모형은 이전 연구에서 소개되었던 의사결정모형(예 정은영, 김영수, 2000; Treffinger, Solomon, & Woythal, 2012)과 유사점을 지니지만, 집단지성의 원리를 강조하기 위해 독립적으로 잠정적 가치판단을 내리고 구체화하는 과정이나 정보를 탐색해보는 단계를 명시적으로 제시하였다. 또한 독립적으로 수행한 내용에 대해 교류, 조정, 평가하는 과정을 강조하였다.

집단적 합의 수업모형은 주어진 SSI와 관련하여 개인의 의사결정을 넘어 집단의 입장을 결정해보는 과정을 강조하는 수업모형이다. 즉, 이 수업모형은 합의된 입장을 내기 위해 생각을 교류하고, 수용하고 조정하는 과정을 학습하게 하는 데 초점을 두며, [그림 10.8]과 같이 크게 다섯 단계로 진행된다. 예를 들어 '맞춤 아기'를 주제로 수업을 진행한다면, 우선 학생들은 맞춤 아기와 관련된 영화(예 마이시스터스 키퍼, 가타카 등)를 시청하고, 왜 우리가 맞춤 아기에 대해 생각해보아야 하는지 함께 논의한다(1단계). 맞춤 아기에 대해 자신의 입장을 잠정적으로 생각해본 후(2단계), 맞춤 아기에 대한 정보를 탐색하여 자신의 입장을 보다 구체화한다(3단계). 그다음 맞춤 아기 기술을 둘러싼 찬반 입장을 선정하여 토론을 통해 각 입장이 주장하는 내용에 대해 교류하고 각 입장에 대한 타당성을 평가한다(4단계). 마지막으로 서로 다른 관점들을 조정하며 조별로 합의된 해결책(합의문)을 근거와 함께 제시할 수 있다(5단계).

대안 결정 수업모형은 집단적 합의 수업모형과 유사하나, 찬반논쟁 속에서 입장을 결정하기보다는 그 안에서 서로 새로운 대안을 찾아 합의해 나가는 과정을 강

그림 10.8 집단적 합의 수업모형

1) 문제 상황의 명료화 →	2) 잠정적 가치판단 →	3) 가치판단의 구체화 →	4) 교류와 조정 →	5) 합의된 해결책의 제시
• 주어진 문제가 논쟁이 되고 있는 이유, 문제 해결의 중요성과 필요성 등을 함께 명료화함(원리 1)	• 문제 상황과 관련된 개인의 가치관, 경험들을 고려하여 개인의 잠정적 입장을 생각해봄 (원리 2)	• 다양한(찬반) 관점에 대한 자료 탐색을 기반으로 주요 논점들을 이해하고, 자신의 가치관과 비교하면서 가치판단을 더욱 구체화함 (원리 2)	• 다른 사람들과 의견을 교류하고, 갈등을 해결하기 위해 수렴 및 조정과정을 거침 (원리 3 & 4)	• 가장 합리적인 집단의 입장을 결정하여 제시함(원리 3 & 4)

조한다. 예를 들어, 식품첨가물의 이용, 원자력 발전이나 GMO 등은 이미 우리 삶에 깊게 스며들어 있기 때문에 찬반 논쟁을 하는 것을 넘어 현 상황을 고려한 대안을 생각해볼 필요가 있다. 이 수업모형은 [그림 10.9]와 같이 크게 다섯 단계로 진행된다. 예를 들어 '식품첨가물의 안전한 사용'을 주제로 수업을 진행한다면, 우선 학생들은 영상(예 먹거리 X파일 등)을 통해 식품첨가물이 논쟁이 되고 있는 이유에 대해 인식하고, 식품첨가물의 사용을 줄일 수 있는 대안에 대해 함께 모색해 보는 것으로 목표를 설정한다(1단계). 식품첨가물을 줄일 수 있는 대안을 찾기 위해 필요한 정보들을 개별적으로 탐색한 후(2단계), 토의를 통해 조별로 수집한 자료를 공유하고, 자유롭게 대안을 생성한다(3단계). 생성된 여러 가지 대안들의 타당성을 평가하기 위한 기준들을 함께 설정한 다음(4단계), 평가 기준에 따라 대안들을 평가하면서 가장 타당한 대안을 결정하게 된다(5단계).

그림 10.9 대안 결정 수업모형

1) 문제 상황의 명료화 →	2) 정보 탐색 →	3) 대안 생성 →	4) 대안의 평가 기준 설정 →	5) 대안 결정
• 문제의 논쟁점을 확인하고 문제해결의 중요성 및 필요성, 문제해결 방향에 대해 함께 공유함 (원리 1)	• 대안을 마련하기 위해 필요한 정보를 탐색함 (원리 2)	• 다양한 대안들을 발산적으로 제안하고 생각을 교류함 (원리 3 & 4)	• 대안의 타당성을 평가하기 위한 기준을 함께 마련함. 각 대안이 가져올 수 있는 결과에 대해 예측해 봄 (원리 3 & 4)	• 가장 타당한 대안을 함께 결정함(원리 3 & 4)

사례 10.2 SSI 수업 사례

(1) 미래 상황 예측 수업모형: 나노기술은 인간에게 어떠한 영향을 줄 수 있는가?

우리는 '나노기술이 발전하면 우리는 더욱 행복해 질 수 있을까?'라는 주제로 리노잇을 활용한 여섯 색깔 사고 모자 수업을 진행하였다. 1단계인 '문제 상황 제시' 단계에서는 나노기술의 개념과 의미, 나노기술의 역사, 현재 나노기술이 활용되고 있는 분야, 나노기술의 핑크빛 미래(의학, 생명공학, 전자, 정보통신 분야 등에서 활용되는 예 등)를 설명해 주고, 나노기술의 회색빛 사례들로 2000년대에 들어와서 여러 학자들의 임상 실험을 통해서 나타난 사례(탄소 나노튜브 용액과 흑연으로 만든 플러렌 용액을 어류나 동물에게 주입했을 경우 폐나 뇌에 심각한 손상이 오는 현상 발생 등)와 잠재적 위험성 및 과학자들의 경고들에 대해서 설명해 주었다. 나노기술의 긍정적인 면과 부정적인 면에 대해서 대략적으로 설명한 후, 학생들과 '트랜센던스'라는 영화를 감상하였다. 영화를 보면서 '트랜센던스와 같은 상황이 실제로 벌어졌을 때 인간에게 어떠한 영향을 줄 수 있는가?'에 대해서 생각해보도록 하였다.

2단계인 '상황 연상하기'에서는 리노잇을 활용한 여섯 색깔 모자 기반 수업을 진행하였다. 우선, 학생들에게 각 모둠별 아이디와 패스워드를 안내하여 리노잇에 접속하도록 하였다. 그리고, 나노기술의 긍정적 영향과 부정적 영향에 대한 자료와 사진을 개인별로 찾도록 한 후, 여섯 색깔 모자의 각 색깔이 갖는 의미에 맞게 이야기를 구성하여 '나만의 육각 색깔 모자'를 만들어 보도록 하였다. 육각 색깔 모자의 의미로는 '하얀 모자'는 '순수한 사실, 수치 및 정보', '초록 모자'는 '창의적, 변동, 변화', '노란 모자'는 '낙관적, 긍정적, 건설적', '검은 모자'는 '부정적 판단, 실패의 이유', '빨간 모자'는 '직관적인 감정, 느낌', '파란 모자'는 '전체를 통제'한다는 의미를 갖고 있다. 학생들은 여섯 가지 색깔의 의미에 맞게 자료나 신문기사, 사진 등을 정리해가면서 개인의 생각을 확장해나갔다.

3단계인 '함께 이야기 형성하기' 단계에서는 모둠별로 개인별 이야기를 교환하면서 미래 상황을 상상하고 예측해보는 활동을 진행하였다. 리노잇에 모둠원 중 한 명이 자신의 입장을 잘 나타내는 자료나 사진을 붙이면, 다른 학생이 그것과 관련되어 자신의 입장을 나타내는 자료를 붙이며, 그 이유를 설명해 나갔다. 이렇게 모둠원들이 꼬리에 꼬리를 물어 이야기를 진행해본 후, 그것을 바탕으로 나노기술이 우리 미래에 미칠 영향에 대해 이야기 해보는 시간을 가졌다.

4단계인 '미래상황 예측하기'에서는 3단계에서 구성한 이야기를 모둠별로 다른 학생들에게 발표하고 서로 의견을 공유하는 시간을 갖도록 하였다. 그리고 전체 학생들과 앞으로 나노기술이 적절한 규제 안에서 긍정적인 방향으로 발전해 나갈 수 있도록 하는 것이 중요하다는 것을 공유하였다.

(2) 실제 사례 탐색 수업모형: 존엄사를 허용해야 하는가?

우리는 실제 사례 탐색 수업모형을 적용할 주제로 존엄사를 선택한 후 '존엄사를 허용해야 하는가?'에 대한 주제를 가지고 토의 수업을 진행하였다. 1단계인 '문제 상황의 명료화'에서는 존엄사의 의미를 이해하고, 인터넷 활용이 가능한 교실에서 존엄사를 바라보는 다양한 의미들을 찾아보도록 하였다.

2단계는 '실제 사례 수집' 단계로 존엄사와 관련된 실제 사례를 수집하기 위해 컴퓨터나 아이패드를 활용해서 인터넷 검색을 시작했다. 우리나라의 보라매 병원 사건을 비롯하여 카렌 퀸란 사건, 낸시 크루잔 사건, 잭 케보키언 사건, 테리 샤보 사건 등 학생들은 다양한 사례를 찾아내었다.

3단계인 '사례 공유 및 사례 간 비교' 단계에서는 2단계에서 수집한 다양한 사례들에 관한 정보를 리노잇 게시판에 게시한 후 다른 모둠들과도 서로 자료를 공유하도록 하였다. 교사는 학생들이 찾은 사례들을 나열하고, 각 사례들 간에 어떠한 공통점과 차이점이 있는지 등을 이야기해보도록 하였다. 예를 들어, 같은 존엄사라고 하더라도 테리 샤보 사건은 테리 샤보를 둘러싼 남편과 테리 샤보의 부모님과의 논쟁이었던 반면, 잭 케보키언 사건은 의사의 입장에서 존엄사를 찬성하는 사례이다.

그림 10.10 존엄사에 대해 학생들이 자료를 올린 리노잇 화면

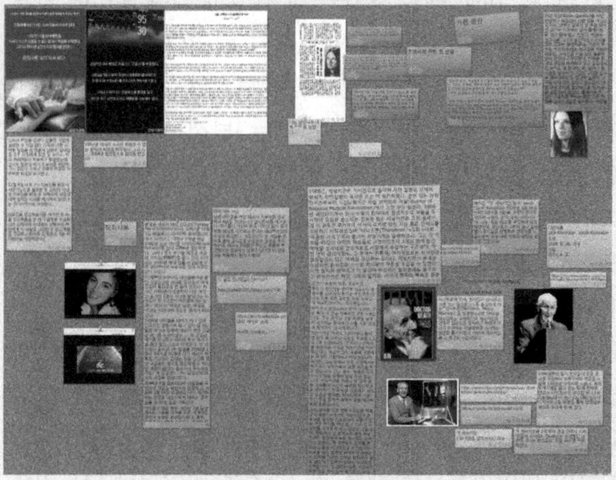

마지막 4단계인 '논쟁의 속성에 대한 평가'에서는 여러 사례들에서 논쟁이 된 이유에 대해서 법적, 종교적, 의학적, 윤리적, 사회적 측면에서 정리해보도록 하였다. 학생들은 이 과정을 통해서 존엄사 논쟁이 실제로 여러 나라에서 발생하고 있으며, 존엄사를 둘러싼 여러 입장들이 서로 복잡하게 얽혀져 있는 문제임을 인식하게 된다.

(3) 집단적 합의 수업모형: 맞춤 아기 기술이 허용되어도 되는가?

우리는 집단적 합의 수업모형의 주제로 맞춤 아기를 선택했다. 먼저, 1단계인 '문제 상황의 명료화' 단계에서는 '카타카'와 '마이 시스터즈 키퍼'라는 영화를 아이들과 함께 감상한 후 맞춤 아기라는 주제가 과학 분야에서 중요하게 다루어지는 이유, 그리고 이 기술이 사회에 미칠 수 있는 영향에 대해 함께 생각해보았다. 이어, 2단계 '잠정적 가치 판단'에서는 '맞춤 아기를 기술을 허용할 것인가?'에 대한 자신의 입장을 정리해보도록 하였다.

3단계인 '가치판단의 구체화'에서는 2단계에서 잠정적으로 내린 자신의 입장을 자료를 찾아가면서 더욱 구체화해보도록 하였다. 학생들이 자신의 입장을 근거와 함께 제시할 수 있도록 하였다. 일부 학생들은 자료를 찾아보면서 입장이 바뀌기도 하고, 다른 학생은 입장이 더욱 강화되는 경험을 하기도 하였다.

4단계 '교류와 조정'에서는 본격적인 토론을 진행하였다. 전체 학급을 한 모둠당 인원을 4~5명 정도 되도록 나누었다. 첫 번째 모둠별 토론에서는 가장 중립적인 입장을 취하는 사람을 사회자로 정하고, 나머지 모둠원들이 찬성과 반대의 입장을 맡도록 했다. 일부 조에서는 찬성과 반대로 명확히 구분되지 않아서 모둠원들의 합의 하에 찬반으로 나누어보도록 했다. 본격적인 토론을 하기 전에 찬성과 반대의 입장을 정리할 수 있는 시간을 갖도록 하였다. 필요에 따라 자료를 더 검색하는 학생들도 있었다. 이후, 사회자가 찬성과 반대의 입장을 맡은 학생들(각 입장의 대표자)에게 자신의 입장을 발표할 수 있는 시간을 각각 5분 정도 주었다. 두 입장의 학생들이 주장과 근거를 발표한 후, 사회자가 각 입장에 대해 궁금한 점을 질문하였다. 이것은 자연스럽게 찬반 토론으로 이어졌다. 사회자는 모든 이야기를 들은 후, 설득력이 있다고 생각되는 근거들을 요약하여 제시해주었다.

5단계 '합의된 해결책의 제시'에서는 사회자가 정리한 내용을 바탕으로 모둠별 최종적인 의견을 맞춤 아기에 대한 시민으로서의 의견 제안서 형태로 만들어보도록 하였다. 대부분 모둠들은 무조건 찬성하거나 반대하기보다는 일부 허용의 입장을 택했다. 이 경우, 어떤 부분의 경우 허용 또는 반대하는지를 구체적으로 명시하도록 하였고, 각 내용에 대한 근거도 논리적으로 제시하도록 하였다. 각 모둠별로 만든 의견 제안서를 교실 뒤에 붙여 공유할 수 있도록 하였다.

사례 10.3 집단지성의 원리를 도입하면 어떠한 효과가 있을까?[8)]

우리는 세 명의 교사들과 함께 협력적 실행연구 형식으로 집단지성의 원리를 도입한 SSI 수업모형을 개발하였다. 수업모형이라는 것이 실제로 수업모형을 적용할 교사들의 관점을 충분히 반영할 필요가 있다고 생각했고, 이러한 과정이 결국 개발될 수업모형의 현장 적용가능성을 높일 수 있다고 믿었기 때문이었다. 그래서 SSI와 관련하여 교수 · 학습 자료를 개발하고 수업해 보거나, 우리와 함께 SSI 연구를 수행해 본 경험이 있는 중학교 과학교사 세 명과 함께 수업모형을 개발하기 시작했다. 우리는 정기적으로 모여 기존에 개발된 SSI 수업 사례들을 조사하였고, 수업을 모형화 하는 과정을 거쳤다. 또 개발된 수업모형을 기후변화, 나노기술, 배아줄기세포 연구 등

8) 이현주, 최윤희, 고연주(2014) 논문에서 일부 발췌된 것임.

의 SSI 맥락에 적용하여 2~3차시에 걸친 수업안을 함께 구성하였다.

이 과정에서 우리는 교사들에게 집단지성의 원리가 적용되어야 하는 의미를 설명하였고, 그 원리들이 수업에 효과적으로 적용될 수 있는 방안을 함께 마련해보자고 이야기하였다. 처음에 그 교사들은 일반 SSI 수업과 집단지성의 원리가 적용된 수업의 차이점을 명확히 인식하지 못했다. 그럴 때마다 우리는 이전에 수행했던 SSI 수업과 집단지성의 원리를 적용한 SSI 수업에서의 경험을 반성적으로 비교해 보았다.

개발한 수업을 적용해 본 후 교사들은 집단지성의 원리를 적용한 것이 어떠한 효과를 가져왔는지에 대해 이야기하였다. 우선, SSI 수업의 도입 부분에서 문제해결을 위해 공유된 가치를 형성하는 과정(원리 1)을 살펴보면, 교사들은 수업 초반에 우리가 왜 함께 SSI 문제를 해결해야 하는지, 이러한 문제가 왜 우리에게 중요한지 등에 대한 강조를 했을 때, 학생들의 참여가 훨씬 높아지는 것을 느낄 수 있었다고 응답하였다.

> 제가 정확하게 "우리가 풀어나갈 수 있는 몇 가지 수준의 대책을 마련해야 돼." 라고 함께 이야기하면서 인지를 시켜줬기 때문에, 애들이 그거에 따라서 토론이 되고 아이디어가 나오고 했던 것 같아요. 평가 준거 했을 때도 하나의 어떤 핵심적인 주제에 대한 아이디어가 나온 거에 대한 평가 준거가 마련된 거니까 훨씬 더 애들이 판단하는 데 있어서도 더 공유가 된 게 아닌가 그런 생각을 저는 많이 느꼈던 것 같아요. 이전 수업에서는 제 자신의 명확하지 않은 부분 때문에 애들이 굉장히 많이 흔들렸었겠다 이런 생각이 많이 들었던 것 같아요.(최교사)

> 수업하기 직전에 '이 수업의 목표가 함께 지식을 쌓아가는 게 목적이다'라는 얘기를 제가 조금 더 하고 이 수업을 했었으면, 아니면 '얘기를 하지 않는 아이를 너희가 독려해서 그 아이의 얘기도 들어보고 그 아이의 얘기를 끌어내는 게 너네에게 중요한 학습의 목표다'라는 얘기를 더 했더라면 참여하지 않은 아이도 참여해서 더 잘했을 것 같은 느낌이 들어요.(장교사)

최교사는 본인이 이전에 했던 SSI 수업에서 도입 단계에 문제해결 또는 수업의 방향성에 대해 함께 이야기하고 공유했던 시간이 없어서 학생들이 다소 혼란스러워했었다는 경험을 이야기했다. 이에 반해 집단지성 기반 SSI 수업모형은 처음부터 주어진 문제의 중요성에 대해 함께 논의함으로써 문제해결의 방향에 대해 명확히 인식하도록 도울 수 있었다고 응답했다. 장교사의 경우에도 도입 부분에서 SSI와 관련되어 문제해결의 방향성에 대해 이야기했으나, 좀 더 충분한 시간을 문제에 대한 인식을 공유하는 데 사용했더라면 학생들의 참여도가 더 높았을 것이라고 응답하였다. 김교사의 경우에도 SSI 문제를 도입할 때 함께 그 중요성에 대해 이야기하니 학생들이 SSI가 자신들과 매우 밀접한 문제임을 인식하게 되어 참여도가 높아졌음을 관찰할 수 있었다고 하였다. 특히 SSI 맥락에서 과학기술의 가치와 그것이 사회에 미치는 영향에 대해 이야기했을 때 학생들이 과학을 배워야 하는 이유에 대해 충분히 공감하는 것 같았다고 응답하였다.

둘째, 개별적으로 자료를 수집할 수 있는 시간을 충분히 갖고 난 후 공유하는 과정을 진행한 것(원리 2)의 효과이다. 특히 장교사와 김교사는 수업이 끝난 후 독립성의 중요성을 더욱 느낄 수 있었다고 강조하였다.

> 잠정적 가치판단과 자료 수집을 내실 있게 하게 되면 충분히 각자의 생각에 대해서 공유할 수 있는 기회가 더 클 것 같아요… 근거를 살펴보는 과정이, 사실 이게 독립적으로 개별적인 시간을 마련해주어야 한다고 하셨잖아요. 이게 관건인 것 같아요. 이게 얼마나 잘 되느냐. 잘 되면 각각 개인이 가진 더 다양한 의견을 공유할 수 있을 것 같아요. 토론 자체는 애들이 잘 참여하고 잘 하기 때문에 그 때 나오는 의견들이 다양할 수 있게 자료 수집이 내실화되면 좋을 것 같아요.(장교사)

> 저는 그 전 [SSI]수업 때는 자료 찾는 시간이 따로 없었거든요. 찬성, 반대 토론만 했었으니까 자기 입장을 가지고만 얘기를 하고 한정된 지식 가지고 얘기를 했었는데, 이번에는 개별 자료 조사 시간을 줘서 근거도 탄탄해진 것 같고, 그게 있어야 서로 얘기를 하면서 아이디어를 모았을 때 그 이상의 뭔가가 나올 것 같더라고요. 자료 조사 단계가 없으면 그냥 싸움으로 끝나는 것 같은? 나는 내 것만 계속 우기고 쟤는 쟤 것만 계속 우기고.(김교사)

장교사는 학생들 개개인이 잠정적으로 문제에 대한 가치판단을 해보고, 관련된 자료 수집을 독립적으로 수행하게 되면 학생들이 토론을 통해 근거를 공유하는 과정이 더 활발히 진행될 수 있을 것으로 기대했다. 김교사는 SSI 수업 시 컴퓨터실에서 학생들이 개별적으로 자료를 수집할 수 있는 시간을 제공했다. 이 과정이 학생들이 이미 알고 있는 지식에서 벗어나 근거를 구성하고 보다 논리적으로 생각을 발전시켜 나가는 데 크게 기여했다고 응답했다. 또한 김교사는 학생들이 서로 수집한 자료에 대한 집중과 공유의 시간이 문제에 대한 해결책이나 생각을 발전시킬 수 있다는 데 충분히 공감하고 있다는 것을 느꼈다고 응답하였다. 그는 "그냥 너희가 조사해온 것을 쓰고 말면 1+1=2가 되는 거 아니냐. 이거를 공유하면서 친구가 쓴 걸 보고서 내 생각을 더하고 더하면 1+1이 3이 되고 10이 될 수도 있는 거니까 그렇게 한 번 해보자 했을 때, 애들 눈빛은 알아듣는 눈빛이었거든요"라고 응답하면서 원리 3의 중요성도 함께 강조하였다.

셋째, 협력적 대화를 위한 네트워크 매체와 환경의 마련(원리 4)의 중요성이다. 최교사는 리노잇 게시판에 나노기술과 관련된 사진 한 장을 제시하고, 이 사진으로부터 연관되는 사진들을 개별로 웹에서 찾아 수집하고, 조별로 게시판에 붙여 가며 이야기를 형성하는 수업방식으로 진행하였다. 최교사는 다음과 같이 수업의 과정과 학생들의 반응을 설명하였다.

> 우선 리노잇 방식을 어떻게 하는지 얘기를 해줬어요. 일단, [리노잇에] 들어가서 패스워드랑 아이디 알려준 다음에, 너희가 읽은 자료를 바탕으로 해서 각자 사진을 찾아라. 나노 하면 연상되는 사진을. 긍정적인 것이든 부정적인 것이든 찾아서, 찾은 것에다가 문장을 하나씩 적고. 이걸로 인해 야기될 수 있는 상황이라든지, 이것과 관련한 문장을 리노잇에 붙이라고. 그래서 이제 애들이 붙였어요. … 애들이 각자 해보고 모둠별 문장을 만들더라고요. 그래서 각자 하고, 그 다음에 만일 같은 조에서 찬성 문장만 있으면 너희는 토론이라기보다는 합의를 해서 모둠 문장을 만들고, 만일 찬성하고 반대가 있으면 찬반 토론을 해서 이제 합의된 문장을, 미래를 예측할 수 있는 합의된 문장을 만들어봐라.(최교사)

최교사가 설명한 대로 네트워크 공간은 학생들이 개인적으로 자료를 수집하여 정리할 수 있는 공간과 서로 공유할 수 있는 공간을 마련함으로써 협력적 대화를 위한 시너지 효과를 창출할 수 있는 가능성을 높일 수 있다. 김교사의 경우에는 제한된 학교환경 여건으로 인해 온라인 환경 대신 커다란 전지를 매체로 활용하였다. 예를 들어, 김교사는 전지에 fishbone을 크게 그린 다음, 배아줄기세포 연구에 대한 다양한 생각들을 모두 적어보게 한 후 서로 타당성을 평가해보도록 하였다.

> 자기 것 먼저 쓰고 친구들 것에다가 찬성이든 반대든 댓글을 달아볼 시간을 주면 그 부분에서 자료에 대한 평가랄까? 그냥 찬성 반대에서 토론했을 때는 자기들이 각자 갖고 있는 생각 그 이상으로 발전을 못했을 것 같은데, 이거를 쓰면서 이제 다른 친구의 아이디어를 덧붙이고, 잘못된 건지 잘 된 건지 평가하는 부분이나 어떤 게 더 중요하다고 판단하는 부분에서 집단지성이 조금 더 드러나고 효과가 있지 않을까 생각이 들어요. 아이들 아이디어가 구체화된다고 할까요?(김교사)

즉, 최교사와 김교사의 예에서 보이는 바와 같이 학생들이 자료를 수집 및 정리하고, 공유할 수 있는 공간의 확보는 매우 중요하다. 김교사의 경우 비록 전지를 활용했다 하더라도 학생들은 동료들의 아이디어에 자신의 의견을 덧붙이면서 그것이 타당한 것인지 판단할 수도 있었고 아이디어가 구체화되고 탄탄해지는 경험을 할 수 있었다.

Chapter 11 SSI 수업설계와 운영[9)]

적지 않은 교사들이 SSI 수업을 설계하는 데 어려움을 느낀다. Zeidler 등(2011)이 언급한대로 SSI 수업은 기존 과학수업의 '본질적 재구조화'를 필요로 하기 때문이다. 수업 시간에 다루어지는 교과내용도 순수 과학적인 지식만 포함하고 있는 것이 아니라, 과학지식의 응용적 측면(즉, 기술이나 공학)과 사회·정치·경제와 같은 인문사회학적 측면을 포함해야 한다. 과학에 대한 인식론도 과학법칙이나 이론을 적용하여 하나의 정답을 찾는 기존의 수업과는 차이가 있다. 명확한 정답이 없고 항상 불확실성이 존재함을 인식할 필요가 있다. 교수방법에 있어서도 강의보다는 학생중심의 교수·학습 방법을 주로 활용한다. 교실문화도 학생–학생, 학생–교사 간 상호작용의 역동성이 강의수업과 달리 변화해야 한다. 따라서 강의중심 수업, 교사가 중심이 되어 이끌어가는 수업에 익숙한 교사들에게 이러한 재구조화는 쉽지 않을 수밖에 없다.

SSI 수업을 설계할 때 교사들이 어려워하는 부분들은 다음과 같다.

김교사: 저는 교육과정과 SSI를 연계시키는 것이 가장 어려워요. 보통 우리가 수업시간에 다룰 수 있는 SSI가 교과내용과 딱 맞지를 않아요. 예를 들어, 맞춤 아기를 다룬다고 했을 때, 중학교에서는 유전자조작과 관련해서 간단한 내용만 나오잖아요. 그런데, 맞춤 아기를 이야기하려면 유전자가위처럼 첨단 내용도 나오구요. 학생들 수준에 맞추어 설명하는 것이 쉽지 않아요.

박교사: 저는 수업활동을 구성할 때 가장 고민이 많아요. 보통은 강의를 하잖아요. 그런데 SSI 수업을 하려면 토의나 토론을 보통 하는데. 그 때 어떤 방식으로 토론을 하는 게 좋을까 늘 고민이 돼요. 토론을 한다고 하면, 모

---

9) 이 장의 내용은 2015년 대한민국 교육부와 한국연구재단의 지원을 받아 수행된 연구의 내용을 기반으로 하고 있음(NRF–2015S1A5A2A01011402).

둠은 어떻게 구성하는 게 좋을지, 어떤 자료를 준비해야 하는지, 내가 너무 주도하는 건 아닌지, 학생들에게 얼마나 시간을 주어야 하는지 등등 고민할 게 많아요.

최교사: 항상 평가가 마음에 걸려요. 이렇게 토의수업을 하고 나면 어떻게 평가를 하죠? 물론 요즘 과정중심평가 얘기는 많이 하지만, 아직까지 익숙치는 않잖아요. 학생들이 포스터를 만들거나 적어도 글쓰기라도 해야 뭔가 평가할 수 있을 것 같아요. 그런데, 이것도 편하지는 않아요. 애들한테 자유롭게 이야기하라고 해놓고 결과물을 평가한다고 하면 학생들이 포스터 만드는 데에만 집중하거든요.

민교사: 저는 제가 어떤 입장을 취해야 하는지가 어려워요. 보통 토의나 토론 수업을 하면 교사는 조력자 역할을 해야 한다고 하잖아요. 조력자라는 말은 좋은데, 내가 어떻게 학생들을 도와주어야 하는지, 어떻게 학생들이 학습의 주체가 되도록 할 수 있는지 좀 막연해요. 자칫 제가 제 입장이나 의견을 너무 말하는 것은 아닌가 하는 생각도 들 때도 있구요. 학생들이 자유롭게 이야기하고 참여할 수 있는 수업분위기가 형성되어야 하는데, 말하는데 익숙하지 않은 학생들에게 계속 말하라고 한다고 말하는 것도 아니고요.

김교사는 SSI 수업을 교육과정과 연계하여 설계하는 것에, 박교사는 학생 중심의 수업활동을 구성하는 것에 어려움을 느낀다. 최교사는 현 교육환경을 고려할 때 평가와 분리되어 운영할 수 없음을 이야기하면서 어떤 영역에서 평가를 하는 것이 바람직한 것인가에 대한 고민을 하고 있다. 민교사는 학생이 주도권을 갖고 학습이 진행되기 위해서는 교사가 어떠한 역할을 해야 하는지, 수업 문화는 어떻게 변화시켜야 하는지 등에 대한 고민을 하고 있다. 이처럼, 교사들은 SSI 수업을 설계할 때 많은 고민을 하게 된다.

교사들이 SSI 수업을 설계하는 것을 돕기 위해 Sadler(2011)는 'SSI 교육을 위한 틀(framework for SSI - based education)'을 네 가지 요소(디자인 요소, 학습자 경험, 수업환경, 교사 변인)로 제시하였다.[10] 후에, Presley 등(2013)은 Sadler가 제시한 틀을 핵심적 측

10) Sadler는 SSI 수업을 디자인하기 위한 모델 제시를 2011년부터 시작해서 지속적으로 발전시켰

면(core aspects), 교실환경(classroom environment), 주변 영향(peripheral influences)의 세 영역으로 재구조화하였다. 우선, 핵심적 측면에는 디자인 요소와 학습자 경험, 교사 변인이 속한다. 디자인 요소는 SSI 수업을 설계하는 방법적 측면으로, 주어진 SSI를 어떤 방식으로 도입할 것인지, 어떻게 학생들이 고등사고를 할 수 있도록 스캐폴딩을 제공할 것인지 등을 의미한다. 학습자 경험은 SSI 수업을 통해서 학생들이 얻을 수 있는 교육적 경험을 의미하는 것으로, 여기에는 추론이나 논증 및 의사결정에의 참여, 다양한 입장이나 사회적 측면에 대한 고려, 자료를 수집하고 분석하는 과정 등이 포함된다. 교사 변인은 SSI 교수를 위해서 교사가 갖추어야 할 특성을 의미하는 것으로 SSI와 관련된 과학지식 및 사회적 측면에 대한 이해, 본인의 지식이 부족할 수 있음을 수용하고 학습자로서 함께 참여하는 자세, SSI가 야기하는 불확실성에 대한 받아들임, 학생들이 수업을 주도할 수 있는 기회를 제공하는 것 등이 해당된다. 둘째, 수업환경은 성공적인 교수·학습을 위해 고려되어야 하는 것으로, 학생 참여에 대한 높은 기대, 협력적 및 상호교류적인 수업환경, 서로 존중하는 분위기 등을 포함한다. 즉, 학생들이 협력적으로 상호교류할 수 있는 수업 분위기를 형성하는 것은 매우 중요한 요소이다. 셋째, 주변 요인에는 교사가 SSI 수업을 위한 지원, SSI 수업 자료, 교육과정의 융통성, 교수·학습 방법적 지원, 국가 수준 교육과정과의 연관성 등을 포함하였다. 즉, 학교나 지역사회에서 교사가 SSI 수업을 하는 것에 대해 얼마나 우호적인가, 교육과정이 융통성 있게 운영되어 교과 간 협력이 가능한가, 교육과정과 연계되는가 등에 대한 고려가 중요하다.

Presley 등(2013)이 제시한 틀과 그동안 수행해온 교사들과의 면담과 수업 분석, 문헌 등을 기반으로 개발한 SSI 수업설계를 위한 가이드라인을 소개하고자 한다. 가이드라인은 크게 세 단계로 구성된다. 단계 1은 SSI 문제 상황 구성 단계이다. 교육과정과 연계되면서도 학생들의 관심과 필요에 맞도록 SSI를 선정하고, 이것을 수업의 맥락에 맞도록 문제 상황으로 구체화하는 단계이다. 단계 2는 SSI 수업구성 단계로, 실제 수업의 흐름을 구성하고 그 안에서 운영할 수업활동과 전략을 계획하는 단계라 할 수 있다. 마지막으로 단계 3은 SSI 수업환경 조성 단계이다. SSI 수업이

음. 최근 모델은 Sadler, Foulk, & Friedrichsen(2017)에 제시되어 있음. 미국의 NGSS에서 제시하고 있는 핵심개념(Disciplinary Core Ideas), 연결개념(Cross-Cutting Concepts), 과학실천(Scientific Practice)과 연결짓는 방법까지 제시하고 있음. 또한 SSI 수업의 목표로 설정할 수 있는 요소들도 제시하고 있음.

효과적으로 운영될 수 있도록 교사와 학생의 역할을 규정하고 수업분위기를 조성하며, 나아가 수업에 필요한 리소스를 미리 계획해보는 단계라 할 수 있다.

11.1 SSI 문제 상황 구성

SSI 문제 상황을 구성하는 것은 쉽지 않다. 많은 교사들이 "나는 GMO에 대해 토의해야지", "원자력 발전에 대해 토의할거야"와 같이 수업에서 다루고 싶은 주제를 먼저 선정한다. 하지만, 동일한 GMO, 원자력 발전이라고 하더라도 교사마다 전혀 다른 수업을 구성해낼 수 있다. SSI 주제 자체만으로는 수업을 맥락화시키기가 어렵다. 교과내용과 연계시키고 학생들의 관심을 끌 수 있는 문제 상황으로 구성하는 하는 과정은 SSI 수업의 성공 여부를 결정할 수 있을 정도로 매우 중요하다. 예를 들어, 단순히 "GMO의 장단점에 대해 알아보자"라고 소개하기보다는 Khishfe (2012) 연구에서처럼 황금쌀 시나리오를 제시해볼 수도 있다.

> 황금쌀은 일반쌀에 비해 비타민A의 전구체인 베타카로틴을 함유하고 있어, 이것을 섭취하면 야맹증이나 퇴행성 시력감퇴를 예방할 수 있다는 장점이 있다. 따라서 전 세계적으로 매년 500,000명의 어린이들에게 영향을 주고 있는 어린이 비타민A 결핍증을 해결하는데 긍정적 역할을 할 수 있다. 그러나 황금쌀에 추가적으로 두 가지 유전자를 포함시키는 것이 전체 식물체를 어떻게 변화시키는지에 대한 분석은 아직 이루어지지 않았고, 이 작물이 다른 일반쌀과 같은 지역에 경작됨으로써 다른 쌀을 오염시킬 수 있다는 우려도 있다. 여러분은 황금쌀을 생산하고 상품화해야 한다고 생각하는가?

이처럼 구체적인 문제 상황을 제시해주면 학생들은 문제의 초점을 명확히 이해할 수 있기 때문에, 수업에 적극적으로 참여할 수 있다. 자칫 학생들에게 너무 넓거나 거리가 먼 문제 상황을 제시하게 되면, 오히려 학생들은 자신의 삶과 먼 이슈로 느낀다. 따라서 SSI 문제 상황 구성을 위해서는 크게 두 가지 단계, 1) SSI 선정과 2) SSI 문제 상황의 구체화를 거칠 필요가 있다. 각 단계에서 고려해야 할 점과 교사가 던질 수 있는 예시 질문은 <표 11.1>과 같다.

표 11.1 SSI 문제 상황 구성의 단계

단계	고려할 점	예시 질문
SSI 선정	• 과학의 사회·윤리적 측면	• 과학기술과 사회와의 연관성을 드러낼 수 있는 주제인가? 과학의 사회·도덕·윤리적 측면 등을 내포하고 있는 주제인가?
	• 삶과의 관련성/접근성	• 학생들의 삶과 밀접하게 관련된 문제인가? 우리 생활 속에서 이슈화되고 있는 문제인가?
	• 교육과정과의 연계성	• 과학교육과정에 제시된 교과내용과 연계되는가? 타 교과와의 연계가 가능한가?
↓		
SSI 문제 상황 구체화	• 선정된 SSI의 특성	• 주제와 관련하여 논쟁이 되고 있는 부분은 무엇인가? SSI와 관련되어 어떠한 다양한 입장이 있는가? 의사결정이 가능한 주제인가 아니면 대안을 찾아보는 것이 더 합당한가?
	• 문제 상황의 범위	• 개인, 지역사회, 글로벌 맥락 중 어느 수준으로 문제 상황을 구성할 것인가?
	• 학생들의 흥미, 관심, 수준 분석	• 학생들이 관심 있게 참여할 수 있도록 문제 상황을 구성하였는가?

11.1.1 SSI 선정

SSI 선정은 교육과정 및 교과내용과 연계하여 도입할 수 있는 SSI를 큰 범위에서 선정하는 과정을 의미한다. 앞에서 언급한 것처럼, GMO, 원자력 발전의 위험성, 지구온난화 등과 같이 주제를 선택하는 과정이다. 예를 들어, 고등학교 통합과학 '(8) 생태계와 환경' 단원이나 지구과학I '(4) 대기와 해양의 상호 작용' 단원에서 지구온난화 주제를 다룰 수 있다. 교사들은 관련된 교과내용과 관련해서 학생들이 관심을 갖고 있을 만한, 그리고 과학의 사회·윤리적 측면을 보여줄 수 있다고 판단되는 주제들을 선정하면 되기 때문에 크게 어렵지 않게 선택할 수 있다. SSI가 간학문적 특성을 띠고 있기 때문에 물리, 화학, 생물, 지구과학 등으로 명확히 구분하는 것이 어렵기는 하지만, 편의상 나누어 예를 제시해 보면 <표 11.2>와 같다.

표 11.2 과학교과내용과 관련된 SSI 예시

물리 영역과 관련된 SSI	화학 영역과 관련된 SSI
• 전자기파(핸드폰을 비롯한 전자제품의 활용, 송전선 건설 등) • 원자력 발전(원자력 발전소 건설, 원자력 발전 폐기물 처리 등) • 재생가능에너지 개발 • 에너지의 과소비 • 과속으로 인한 안전 • 정보통신 기술의 발달	• 생활 속 화학물질(음식, 생활용품, 집 등) • 화학물질 유출사고 • 신물질/신소재의 개발(제초제, 살충제, 플라스틱 등) • 나노기술의 활용 • 여러 가지 원소들
생물 영역과 관련된 SSI	**지구과학 영역과 관련된 SSI**
• 유전자조작식품 • 복제기술(인간 장기, 배아줄기세포 연구 등)과 동물실험 • 뇌사와 존엄사 • 박테리아, 바이러스, 질병 • 인공장기의 개발(인공심장, 인공눈 등) • 산전태아감별과 낙태 • 대리모 • 다이어트와 비만	• 지구온난화와 기후협약 • 자원개발로 인한 자연파괴 • 해수 오염(해양 쓰레기) • 토양 오염 • 대기 오염 • 지나친 개발로 인한 지각 불안정 • 우주개발 • 물부족 • 지진 및 화산으로 인한 피해

11.1.2 SSI 문제 상황 구체화

SSI 문제 상황의 구체화는 선택한 SSI를 둘러싸고 있는 논쟁과 주제의 사회·도덕적 측면, 과학기술과의 연관성 등을 심도 있게 탐색해본 후, 수업을 진행하기 위한 구체적 문제 상황으로 진술하는 단계를 의미한다. 예를 들어, GMO 관련 문제를 선택했다면 이 주제가 어떠한 점에서 논쟁이 되고 있으며(예 건강에 대한 위협 vs. 안정적인 식품 생산 등), 어떠한 주요 입장들이 있는지(예 GMO 생산자, 과학자, 소비자 등)를 탐색해야 한다. 어떤 주제의 경우에는 찬반이 명확히 나뉘어져 논쟁이 가능한 반면, 어떤 주제는 해당 기술이 삶 속으로 들어와 있어 하나로 의사결정을 하기보다는 대안을 찾는 것이 더 효과적일 수 있다. 문제 상황을 제시할 때 찬반 논쟁이 드러나게 한 후 의사결정을 하도록 할 것인지, 다양한 사례를 찾아보고 대안을 생각해보도록 할 것인지 등에 대해서 고려할 필요도 있다. 즉, 교사가 이 수업에서 무엇을 요구하고 있는지에 대해 학생들이 명확히 인지할 수 있도록 해야 한다.

또한 문제 상황을 개인적 입장에서 다룰 것인지 지역사회나 글로벌 맥락으로 확대할 것인가에 대한 논의도 필요하다. 이 과정에서 학생들의 흥미와 관심사, 인지적·도덕적 수준을 고려하여 적절한 맥락으로 제시되는 것이 매우 중요하다. GMO 주제도 "5000원의 돈이 있을 때 여러분은 양이 적더라도 GMO가 포함되지 않은 유기농 두부를 선택하겠는가, 아니면 경제적으로 GMO 두부를 선택하겠는가?"와 같이 개인적인 선택의 문제로 다룰 수 있다. 반면, 황금쌀 시나리오와 같이 "비타민A 결핍으로 고생하는 어려운 지역의 어린이를 위해서 황금쌀을 생산하는 것이 옳은 것인가?"와 같이 글로벌 맥락에서 생각해볼 수도 있다. 물론 맥락이 지나치게 글로벌적인 성격을 띨 경우 학생들이 거리감을 느껴 자신의 문제로 받아들이기 어려울 수 있다. 그러나 반대로 개인의 입장만을 고려하는 문제만 지나치게 강조한다면 SSI 교육이 지향하는 바를 충분히 달성하지 못할 수 있다. 이러한 맥락의 고려도 학생들의 흥미나 수준, 관심 등을 충분히 고려해야 한다. 학생들의 수준에서 참여하기 어려운 문제의 형식으로 제시될 경우(예 원자력 발전소 건설에 대해 찬성하는가, 반대하는가?), 학생들은 쉽게 의사결정을 하지 못하고 회피하려는 경향을 보일 수 있다.

Part 05

11.2 SSI 수업구성

학생들에게 제시할 SSI 문제 상황이 구체화되면 이에 따라 수업을 구성해나가야 한다. 일반적인 과학수업을 구성해나가는 과정과 마찬가지로 가장 먼저 수업목표를 설정하고, 수업목표를 효과적으로 달성할 수 있는 수업모형을 선택한 다음, 학생들이 참여할 수 있는 수업의 활동을 구성하게 된다. 이와 더불어 학생들의 SSI 학습을 촉진할 수 있는 수업전략을 구성해서 운영할 계획도 필요하다. 마지막으로 수업목표 달성 여부를 평가하기 위한 계획도 세워볼 필요가 있다. SSI 수업구성을 위한 각 단계에서 고려해야 할 점과 교사가 스스로 확인해볼 수 있는 예시 질문은 <표 11.3>과 같다.

표 11.3 SSI 수업구성의 단계

단계	고려할 점	예시 질문
수업목표 설정	• 지식면 • 역량면 • 인성면	• 지식 측면의 목표가 과학내용 지식과 과학기술의 본성에 대한 지식을 포함하는가? • 역량 측면의 목표가 의사소통, 근거기반논증, 자료수집 및 평가, 의사결정 등을 포함하는가? • 인성 측면의 목표가 시민으로서 갖추어야 할 생태학적 세계관, 사회·도덕적 공감, 사회적 책임감 등을 포함하는가?
↓		
수업모형 선택	• 수업의 흐름	• 의사결정을 해보는 방향으로 구성할 것인가? 다양한 입장이나 사례를 탐색해 보는 방향으로 구성할 것인가? 해결방안을 다양하게 제시해보는 방향으로 구성할 것인가?
↓		
수업활동 구성	• 활동의 선택 • 활동의 단계구성 • 활동 내 SSI 특성의 구현 • 활동 자료의 구성	• 어떠한 유형의 활동(토의/토론, 게임, 실험 등)이 가장 적합하겠는가? • 활동을 어떠한 단계로 진행할 것인가?(예 문제 상황의 도입, 자료 수집, 토의, 발표 등) • SSI의 특성(예 다양한 입장, 윤리·도덕적 측면 등)이 활동 속에 반영되도록 어떻게 구성할 것인가? • 활동 자료의 내용을 어떻게 구성할 것인가?
↓		
수업전략 계획	• 발문 • 스캐폴딩	• 학생들의 사고와 참여를 촉진할 수 있는 발문은 어떤 것들이 있을까? • 학생들의 토의에서 어려움을 줄일 수 있는 교수전략에는 어떤 것들이 있는가? 학생들이 의사결정을 어려워할 경우, 어떠한 전략으로 도움을 줄 수 있는가?
↓		
평가계획	• 평가영역 • 평가방법	• 지식, 역량, 인성적 측면 중 어떤 영역에 초점을 맞추어 평가를 하겠는가? • 어떠한 방법(예 지필, 면담, 참여관찰, 창작물 평가 등)으로 학생들의 학습과 참여를 평가하겠는가?

11.2.1 수업목표 설정

수업목표 설정 단계는 교육과정과의 연계성을 고려하여 SSI 수업을 통해 달성하고자 하는 목표를 지식, 역량, 인성면에서 설정하는 단계를 의미한다. 기존의 과학수업이 주로 교과내용을 중심으로 지식과 탐구 기능 중심의 수업목표를 제시하는 것과 달리, SSI 수업에서는 과학지식 습득 외에, 보다 폭넓게 수업목표를 설정하는 것이 바람직하다. 물론 SSI 수업을 통해 교과서에 제시된 과학지식을 습득하는 것도 중요한 목표가 될 수 있지만, 이를 넘어 SSI를 통해 과학기술의 본성을 이해하는 것도 좋은 목표가 될 수 있다. 예를 들어, GMO 수업을 운영하면서 '유전자조작식품이 만들어지는 과정을 설명할 수 있다'와 같이 유전자조작의 원리에 초점을 둔 목표도 가능하지만, '유전자조작식품의 논쟁적 속성에 대해 설명할 수 있다'와 같이 과학기술의 본성에 대한 이해도 목표로 포함될 수 있다.

역량 측면의 목표도 다양화 할 수 있다. 탐구 실험 중심의 기존 수업에서는 '실험을 설계할 수 있다', '실험을 수행할 수 있다', '자료를 수집하여 그래프로 나타낼 수 있다'와 같이 실험과정에 초점을 두는 경우가 많다. SSI 수업은 실험 외에도 다양한 수업활동이 운영되기 때문에, 수업을 통해 달성할 수 있는 목표도 <표 11.4>와 같이 다양하게 제시될 수 있다. 예를 들어, '유전자조작식품에 대한 의견을 논리적으로 설명할 수 있다', '유전자조작식품에 대한 과학적 정보를 바탕으로 주장을 제시할 수 있다', '유전자조작식품과 관련된 정보의 타당성을 평가할 수 있다' 등으로 나타낼 수 있다.

인성 측면의 목표도 세워볼 수 있다. 일반적인 과학수업은 학생들의 과학수업에 대한 흥미나 참여에 초점을 둔 정의적 목표를 세운다. 하지만, SSI 수업은 흥미나 관심에만 멈추는 것이 아니다. 즉, SSI 수업을 통해서 달성하고자 하는 학생들 개인의 도덕적·심리적 발달, 나아가 민주시민으로서 갖추어야 하는 인성적 역량도 고려해야 한다. <표 11.5>에서와 같이 '유전자조작식품이 내포하고 있는 윤리적·도덕적 측면에 대해 이야기할 수 있다', '유전자조작식품이 생태계에 미치는 영향에 대해 관심 있게 탐색해볼 수 있다', '유전자조작식품의 안정성에 대해 알리기 위한 캠페인을 벌일 수 있다' 등으로 표현해볼 수 있다.

표 11.4 역량면에서의 목표 예시

역량	역량 목표의 예시
• 의사소통역량	• 유전자조작식품에 대한 의견을 논리적으로 설명할 수 있다.
• 자료의 수집 및 처리, 평가역량	• 유전자조작식품과 관련된 정보의 타당성을 평가할 수 있다.
• 근거기반의 논증역량	• 유전자조작식품에 대한 과학적 정보를 바탕으로 주장을 제시할 수 있다.
• 컴퓨팅 사고역량	• 유전자조작식품의 실태를 파악하여 그 패턴을 찾을 수 있다.
• 시각화 역량	• 유전자조작식품의 안정성 논란에 대한 자료를 효과적으로 시각화할 수 있다.
• 창의적 문제해결 및 설계역량	• 유전자조작식품의 안전한 구입을 위한 방안을 제시할 수 있다.
• 실험 설계 및 수행역량	• 유전자조작식품의 원리를 확인할 수 있는 실험을 설계할 수 있다.

표 11.5 인성면에서의 목표 예시

인성	인성 목표의 예시
• 생태학적 세계관	• 유전자조작식품이 생태계에 미치는 영향에 대해 관심있게 탐색해볼 수 있다.
• 사회·도덕적 공감과 배려	• 영양성분을 강화한 유전자조작식품을 구입해야 하는 국가의 입장에 대해 공감적으로 이해할 수 있다.
• 과학관련 사회쟁점에 대한 책무성	• 유전자조작식품의 안전한 구입을 위해 시민으로서 의견을 제시할 책임감이 있음을 설득할 수 있다.
• 문제해결을 위한 실천의지	• 유전자조작식품의 안정성에 대해 알리기 위한 캠페인을 벌일 수 있다.
• 도덕·윤리적 민감성	• 유전자조작식품이 내포하고 있는 윤리적·도덕적 측면을 찾아 이야기할 수 있다.
• 다양한 입장에 대한 수용	• 유전자조작식품의 다양한 측면에 대해 개방적인 태도로 들을 수 있다.

SSI 수업목표의 설정은 수업의 시작부터 평가까지 수업의 모든 방향을 결정하기 때문에 매우 신중하게 고려해볼 필요가 있다. 지식, 역량, 인성면의 모든 수업목표가 설정될 수도 있지만, 경우에 따라서는 특정한 역량이나 인성에 초점을 맞춘 수업을 설계해볼 수도 있다. 예를 들어, "유전자조작식품에 대한 과학적 정보를 바탕으로 주장을 제시할 수 있다"에 대한 수업은 학생들이 정보를 바탕으로 얼마나 논리적으로 자신의 주장을 세우고 발표하는가에 초점을 두고 수업이 운영된다. 하지

만 “유전자조작식품의 안정성 논란에 대한 자료를 효과적으로 시각화할 수 있다”라고 목표를 세운다면, 학생들이 수집한 자료를 효과적으로 시각화하여 제시하는 데 초점을 두게 된다. 따라서 동일한 주제에 대한 수업을 한다고 하더라도 그 수업의 초점이나 활동은 충분히 달라질 수 있다.

11.2.2 수업모형 선택

수업모형 선택 단계는 선택한 SSI의 특성과 학생들의 관심이나 수준 등을 고려하여 적합한 수업모형을 선택하는 단계로, 앞의 제10장에서 소개한 발산, 탐색, 의사결정 모형 등을 활용할 수 있다. 많은 교사들이 SSI 수업에서는 학생들이 반드시 의사결정을 해야 한다는 생각을 한다. 실제로 학생들이 의사결정을 내리기까지는 적지 않은 시간이 걸릴 뿐만 아니라 정답이 없는 문제에 대해서 하나의 의견으로 모아야 한다는 것에 대해 부담을 느끼게 된다. 따라서 반드시 의사결정을 하지 않더라도 주어진 SSI에 대한 생각을 자유롭게 펼쳐보거나 주제를 둘러싼 논쟁이나 관련된 실제 사례들을 찾아보는 것만으로도 충분히 좋은 SSI 수업이 될 수 있다. 반드시 수업모형을 선택해야 하는 것은 아니지만, 수업에서 다루고자 하는 SSI의 특성과 수업목표를 고려하여 적절한 수업모형을 선정하는 것도 수업을 구성하는 데 도움을 줄 수 있다.

11.2.3 수업활동 구성

수업모형을 선택하였다면, 그 수업모형의 주요 단계에 포함될 활동들을 생각해볼 필요가 있다. 이것이 수업활동 구성 단계이다. SSI 수업에서는 다양한 수업활동이 적용될 수 있다. <표 11.6>에서와 같이 토의·토론 활동에도 다양한 종류가 있다. 논쟁을 중심으로 운영할 것인가, 효과적인 방안을 모색하는 데 초점을 둘 것인가, 자신의 의견을 효과적으로 제시해보는 데 초점을 둘 것인가 등에 따라 다양한 활동을 제안해볼 수 있다.

토의·토론보다는 학생들이 모둠별로 수집한 자료나 공동의 의견 등을 표현해보는 데 초점을 둘 수 있다. 예를 들어, 영상이나 글, 포스터를 제작하는 것이 그 예이다. 「사례 11.1」에서는 디지털스토리텔링 기반 활동을 중심으로 영상이나 팸플릿 제작 등을 해보았다. 이러한 활동들은 SSI가 지니는 복잡성 때문에 한정된 토의·토론

시간 내에 자신의 생각을 표현하고 가치판단을 내리는 데 어려움을 느끼는 학생들에게는 더욱 효과적이다. DST 활동에서는 또래들과 의견을 나누며 스토리를 구성해나갈 수 있기 때문이다. 또한 토의나 토론에서 언어적 표현에 어려움을 겪는 학생의 경우에도 언어 외의 다른 시각적 표현이 가능하기 때문에 학습 활동에 능동적으로 참여할 수 있는 기회를 제공할 수 있다.

실제 데이터를 활용한 컴퓨팅 사고 중심 활동도 가능하다. 예를 들어, 에어코리아[11] 사이트에는 우리나라 각 지역별 실시간 미세먼지 농도가 제공되고 있다. 학생들은 웹사이트를 통해서 대량의 데이터를 수집할 수 있다. 내가 살고 있는 지역과 다른 지역의 미세먼지 농도가 시간별, 계절별로 어떤 차이가 있는지 분석하고 그래프나 다양한 형태의 인포그래픽으로 나타내볼 수도 있다. 실제 데이터를 활용하는 수업은 컴퓨팅 사고능력을 함양할 뿐만 아니라 학생들에게 실제감을 느끼게 해준다. 학생들이 우리 지역이 얼마나 미세먼지 농도가 심한지 데이터 분석을 통해 확인함으로써 작은 실천이라도 모색해보고자 하는 의지가 생길 수 있다.

탐구 및 설계 중심 활동도 생각해볼 수 있다. 교과서 실험처럼 관련 개념 확인을 위해서 탐구실험을 해볼 수도 있다. 브로콜리와 양파, 바나나, 입 안의 상피세포 등을 이용하여 DNA를 추출하는 실험도 해볼 수 있고, 이산화탄소가 정말 지구온난화의 원인이 될 수 있는지 간단한 모의 실험을 설계해볼 수도 있다. 교과내용의 실험을 관련된 SSI와 연결해보거나 실험 재료나 방법을 조금만 수정하면 SSI와의 연관성을 찾아볼 수 있다. 또한 최근 강조되고 있는 STEAM 수업의 일환으로 창의적 설계를 위한 활동을 해볼 수도 있다. 층간 소음을 줄이기 위해서 바닥재로 어떠한 재료가 효과적인지를 탐색하기 위해 다양한 소재의 바닥재를 만들어 그 소음의 크기를 측정해보는 탐구활동도 많이 소개되고 있다. 이외에도 적정기술을 적용해볼 수 있다. 적정기술은 자연을 배려하고 기술사용자를 소외시키지 않는 기술이기 때문에 건전한 생태환경과 지속가능한 발전을 추구하고 있다. 아프리카와 같이 소외된 지역에서 사용하고 있는 라이프스트로, 솔라쿠커, Q-drum과 같은 적정기술을 이해하고 제품을 구상해봄으로써 현대 사회에서 과학기술이 지닌 본성을 이해하고, 인성 또한 함양할 수 있다. 이외에도 학생들은 다양한 주제의 연구를 수행해볼 수 있다. 캐나다의 STEPWISE에서 강조하고 있는 RiNA 프로젝트가 그 예이다. 학생들

11) https://www.airkorea.or.kr/에서 미세먼지에 대한 실시간 정보를 볼 수 있음.

은 생활 속의 문제를 해결하기 위해 다양한 연구활동을 수행하고 그 결과를 기반으로 보다 현실적인 실천 방안을 모색해본다.

표 11.6 SSI 수업에서 활용할 수 있는 수업활동의 유형

유형	활동 예시
토의·토론 중심 활동	패널토의[12], 월드카페[13], 육각모자 토의, 만다라트[14], 신호등 토론[15], pro−con 모형[16], 피라미드 토의[17], 직소, CEDA 토론[18] 등
표현 중심 활동	영상제작, 글쓰기, 포스터 제작, 역할극 등
컴퓨팅 사고 중심 활동	실제 데이터 수집 및 분석, 데이터를 활용한 인포그래픽 등
탐구 및 설계 중심 활동	탐구 실험, 창의적 설계 활동, 연구 설계 등
실천 중심 활동	캠페인, 설문조사, 합의회의(또는 청소년 회의), 지역사회 봉사 등

12) SSI 주제와 관련된 전문가 4~5명을 패널로 정하고, 이들이 토의·토론하는 모습을 보면서 간접적으로 학습하는 방법임. 교사는 SSI 주제와 관련된 전문가를 맡을 학생들을 미리 준비시킬 필요가 있음.

13) 카페와 같은 자유로운 분위기에서 모둠별로 주제에 대한 아이디어를 생성해봄. 모둠별 토의가 끝나면 카페지기만 제외하고 다른 모둠원들과 다시 모둠을 이루어 이전 토의 내용을 바탕으로 토의를 진전시켜 나감. 2~3번의 모둠토의를 통해 생각이 발전해나가는 것을 확인한 후, 정리하여 발표함.

14) 아이디어의 발산을 위해 사용하는 방법임. 커다란 정사각형을 9개(혹은 정삼각형을 4개의 삼각형으로 나누어도 됨)로 나눈 후 가장 중앙에 주제를 적고, 그와 관련된 하위 주제들을 주변에 적음. 예를 들어, GMO와 관련되어 고려해야 할 경제적, 정치적, 과학기술적, 의학적 입장 등을 주변 사각형에 적음. 다시 각각의 하위 주제들을 중심으로 하는 정사각형을 만들어 다시 관련된 생각을 펼쳐나감.

15) 빨강, 노랑, 초록색 신호등 표지판을 학생들에게 나누어 줌. 빨강색은 반대, 노랑색은 중립, 초록색은 찬성을 나타냄. 교사가 의견을 물었을 때 학생들은 색깔로 자신의 생각을 표현하고 그 이유를 설명할 수 있음.

16) 모둠 내에서 미니 모둠을 만들어 찬성과 반대의 역할로 논쟁을 하는 형태의 토론. 논쟁 후에 입장을 바꾸어서 다시 한 번 논쟁을 진행한 후, 모둠의 입장을 정리함.

17) 마치 피라미드처럼 의견을 모아나가는 토의방법. 모둠 내에서 두 사람이 짝을 지어 각각 주제에 대해 다섯 가지 의견을 냄, 그 중에서 중복되는 것 또는 다른 것에 포함될 수 있는 것들을 지우고, 가장 합리적인 것 다섯 개를 뽑아냄. 다른 짝과 만나 동일하게 진행해나가 결국 학급 전체를 대상으로 다섯 개의 안을 만들어봄.

18) 토론 대회에서 사용한 토론 기법 중 하나. 찬성측 토론자의 입론이 있은 후, 반대측 토론자가 교차조사를 하면서 다시 입론함. 다시 찬성측에서 교차조사를 하고 다시 입론하기를 반복함. 즉, 일방적으로 의견을 제시하는 것이 아니라 상대방의 주장의 허점을 찾아나가면서 토론하는 방식.

실천 중심의 활동도 구성할 수 있다. 특히 수업의 목표가 인성과 가치관의 함양이라고 한다면, 실천의 경험은 매우 중요하다. 토의나 토론으로만 진행되는 수업은 학생들의 직접적 행동과 참여를 이끌어내기에는 다소 부족할 수 있다. 작은 실천이라고 함께 해보면서 책임의식을 갖게 되고 그것은 더 큰 실천으로 이어지게 된다. 학생들이 해볼 수 있는 실천들은 캠페인을 벌이거나 지역사회 주민들과 함께 문제해결에 참여해보는 것이다. 사례 11.2에서는 학생들이 미세먼지 문제를 해결하기 위해 보건소 담당직원들도 만나고 기상청도 방문해본다. 그리고 지역 경로당 어르신들과 주민들에게 미세먼지에 대해 학습한 내용, 예를 들어 미세먼지의 위험성이나 올바른 마스크의 사용법 등을 알려드리는 활동을 하였다. 일부 학생들은 작은 활동이지만, 개인적 실천(예 마스크의 착용)을 넘어 친구나 가족, 그리고 보다 확장되어 지역사회 주민들과 책임감 있게 소통하고자 하는 의지와 행동을 보이기 시작하였다.

사례 11.1 디지털스토리텔링 기반 SSI 수업[19]

최근에는 스마트 기기의 사용이 보편화되고 다양한 디지털 콘텐츠를 접하기 쉬워짐에 따라 스마트 기기를 SSI 수업에 적극적으로 활용하는 사례가 소개되고 있다. 학생들이 자료를 검색하고 동료와 논의하는 과정에 아이패드와 같은 스마트 기기나 온라인 플랫폼을 활용하는 것은 여러 가지 면에서 SSI의 교육적 효과를 높일 수 있다. 그렇지만, 대부분의 SSI 수업에서 스마트 기기를 자료수집이나 의견교환 등 제한적으로 사용한다. 우리는 보다 적극적으로 디지털 매체를 활용하는 방법을 생각해보았다. 그것이 바로 디지털스토리텔링(Digital-Storytelling, DST) 기반 SSI 수업이었다.

디지털스토리텔링은 디지털 기술을 이용해 이야기를 제작하고 그 내용을 전달하는 모든 표현 활동으로, 컴퓨터 및 스마트 기기를 이용하여 표현하는 모든 서사행위, 웹을 통한 상호작용, 멀티미디어 스토리 등을 의미한다. DST를 매우 광범위하게 정의하면 파워포인트를 활용한 슬라이드 쇼, 여러 사진의 조합, 디지털 비디오 포맷의 동영상 등 디지털 기기를 이용하여 제작한 다양한 종류의 스토리텔링을 모두 포함한다.

우리는 DST 활동의 도입이 SSI 수업의 교육적 효과를 높이는 방안이 될 수 있다고 생각했다. 그 이유는 첫째, DST는 SSI에 대한 자신의 의견과 생각을 보다 효과적으로 표현할 수 있는 방법이라고 생각했다. 왜냐하면 디지털 미디어는 학생들의 합리적 사고와 감성을 통합적으로 함께 효과적으로 표현할 수 있는 수단이 될 수 있기 때문이다. 둘째, 기존에 많이 활용되었던 토의 · 토론에 비해 DST가 학생들로 하여금 우

19) 박세희, 고연주, 이현주(2017) 논문의 일부가 요약 및 발췌되었음.

리가 누구이며, 어떤 생각을 하며, 무엇을 추구해나가는지 등을 반성적으로 되돌아볼 수 있는 기회를 제공할 수 있다고 생각했기 때문이다. 셋째, 학생들은 하나의 주제에 대한 DST를 제작하는 과정에서 동료와의 지속적인 의사소통을 통해 스토리의 방향을 결정하며, 교사와 학습자 간 피드백을 얻어 스토리를 수정해나갈 수 있다. 나아가 DST는 인터넷을 기반으로 시공간에 제약받지 않는 상호작용과 소통을 가능하게 한다. 예를 들어, 제작한 디지털 스토리를 SNS를 활용해 공유할 수 있으며, 제작자와 수요자의 명확한 구분 없이 모두가 함께 이야기의 창작과정에 참여할 수 있다.

이러한 이유로 우리는 DST 활동에 기반한 SSI 수업을 구성하여 운영한 후, 그 교육적 효과를 탐색해보고자 하였다. 우리는 정규 과학수업시간에 각 단원의 기본 개념을 배운 후 이와 관련되는 SSI 주제를 탐색하고 DST 활동을 수행하는 방식으로 수업을 진행하였다. 이때 DST 활동은 2005년 디지털 스토리텔링 센터(Center for Digital Storytelling, CDS)에서 제안한 DST의 일곱 가지 필수 요소를 포함하도록 구성하였다.[20] DST 활동은 각 단원당 4~5차시로 구성하여 총 23차시에 걸쳐 진행하였다.

그림 11.1 DST기반 SSI 수업의 내용

	대단원	SSI 주제	DST 활동	DST 요소
1	전기와 자기	전기 에너지 절약	전기 에너지 절약 캠페인 홍보 팸플릿 제작	관점, 드라마틱한 질문, 경제성 감성적 내용, 작가의 목소리
2	화학반응에서의 규칙성	화학 약품에 의한 환경 오염	화학 약품에 의한 환경 오염에 대한 기사쓰기	관점, 감성적 내용, 경제성, 작가의 목소리
3	외권과 우주개발	우주 개발에 대한 예산 투자	조별 의견을 대변하는 가상 인물의 프로필 제작	관점, 드라마틱한 질문, 경제성, 작가의 목소리
4	생식과 발생	환경호르몬과 생식기관	환경호르몬과 생식기관에 관련된 영상 제작	관점, 드라마틱한 질문, 경제성, 속도, 감성적 내용, 작가의 목소리, 사운드트랙

20) DST의 일곱 가지 필수 요소는 스토리의 주요 내용이자 화자의 주요 시각인 관점(point of view), 관중의 관심을 끌고 디지털 스토리를 통해 해결되는 질문인 드라마틱한 질문(a dramatic question), 관객을 감정적으로 몰입할 수 있도록 하는 감성적인 내용(emotional content), 청자의 이해도를 높여주는 작가의 목소리(the gift of your voice), 스토리의 흐름을 지원하는 음악이나 소리인 사운드트랙(the power of soundtrack), 적당한 양의 자료로 효과적으로 화면을 구성하는 경제성(economy), 이야기의 빠르고 느림을 조절하는 속도조절(pacing)을 말함(Robin, 2008).

I. 전기와 자기 단원에서는 전기 에너지 절약을 주제로, 본인이 사용하는 전력량을 계산해보고 모둠별로 전기 에너지 절약을 위한 캠페인을 계획한 후 이를 홍보하는 디지털 팸플릿을 제작하는 수업을 진행하였다. 팸플릿에는 전기 에너지를 절약해야 하는 이유뿐만 아니라 언제, 어떠한 방법으로 이 캠페인에 참여할 수 있는지, 해당 캠페인에 참여함으로써 얼마나 많은 전기 에너지를 절약할 수 있는지 등을 제시하여 모둠별 전기 에너지 절약 캠페인을 하나의 스토리처럼 제시하도록 하였다. II. 화학반응에서의 규칙성 단원에서는 학생들이 실제 거주하고 있는 지역에서 발생한 화학 약품에 의한 환경오염 사고를 탐색하고 이에 대한 다양한 해결책을 조사하여 이 내용을 토대로 인터넷 뉴스 기사 형식의 논설문을 작성하도록 하였다. VII. 외권과 우주 개발 단원에서는 우주 개발에의 예산 투자라는 주제를 중심으로 모둠별 의견을 결정한 뒤 그 의견을 대변할 수 있는 가상의 인물을 선정하여 해당 인물의 신상 정보와 배경 이야기, 우주 개발 예산 투자에 대한 의견 등을 포함한 가상 프로필을 제작하였다. 마지막으로 IV. 생식과 발생 단원에서는 환경 호르몬과 생식 기관이라는 주제를 통해 환경 호르몬의 위험성을 탐색한 뒤 이와 관련하여 자유로운 형식의 동영상을 제작하도록 하였다. 모둠별로 교육, 광고, 홍보 등의 다양한 목적을 가진 동영상을 제작하였다.

제시된 네 가지 SSI 수업은 [그림 11.2]의 단계를 따랐다.

그림 11.2 DST기반 SSI 수업의 단계

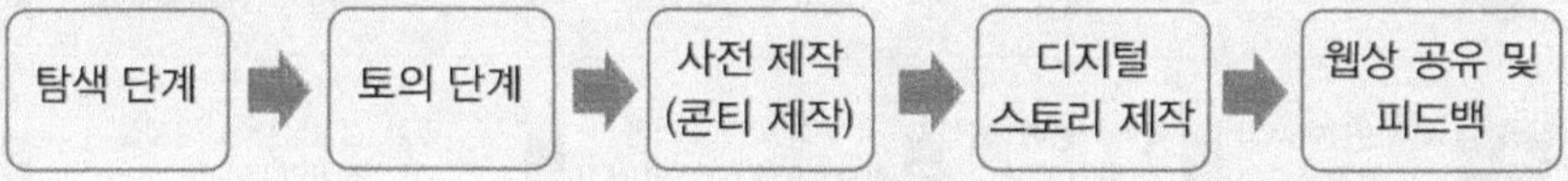

첫 단계는 SSI 주제와 관련된 과학내용을 학습하고 다양한 자료를 이해하는 탐색 단계로, 교사는 SSI 주제와 관련된 다양한 자료를 제공해주었을 뿐만 아니라 학생들이 스마트 기기를 이용하여 스스로 본인에게 필요한 자료를 검색하고 수집할 수 있는 시간을 제공하였다. 또한 이 단계에서 각각의 주제와 관련된 과학적 내용을 소개하고 이를 실제 SSI 문제 상황에 적용해보는 활동이나 다양한 애플리케이션을 활용한 활동(예 에너지 히어로)을 진행하기도 하였다. 두 번째, 앞서 탐색한 자료를 바탕으로 모둠별 토의를 진행하였다. 토의 단계에서는 학생들이 SSI 주제에 대한 개별 의견을 정한 후, 모둠별 토의를 진행하면서 하나의 의견으로 합의를 이루도록 하였다. 세 번째, 사전 제작 단계에서는 본격적인 DST 제작에 앞서 모둠별로 결정한 의견을 스토리화하기 위한 방법을 구상하고 자료를 수집하여 스토리보드를 제작하는 활동이 이루어졌다. 이 단계에서 구상한 사전 디지털스토리를 발표하고 교사와 학생들의 피드백을 받은 이후에 본격적인 디지털스토리 제작 단계 활동이 진행되었다. 디지털스토리텔링 산출물의 형태는 캠페인 홍보 팸플릿, 논설문, 가상 프로필, 동영상 등으로 다양하게 제작할 수 있도록 구성하였으며, 제작 과정에서 교사가 모둠별 피드백을 제공함으로써 DST 제작이 원활하게 이루어질 수 있도록 하였다. 마지막으로, DST-SSI 수업의 특징적인 단계인 웹상 공유 및 피드백 단계에서는 학생들이 과학수업 카페에 모둠별로 제작한 디지털스토리를 업로드하고, 다른 학급 및 다른 모둠이 제작한 디지털 스토리를 관람하고 댓글을 게시하도록 함으로써 DST 제작자와 소비자 간 상호작용이 이루어지도록 하였다. 뿐만 아니라 학생들은 본인의 SNS 계정을 활용하여 DST 활동 결과를 게시하였으며, 이를 해당 학급과 학교를 넘어 여러 대중에게 산출물을 공개하였다. 주제에 따라서는 실제 실천으로 옮기는 활동을 이어나가기도 하였다.

DST 활동 기반 SSI 수업은 매우 긍정적이었다. 수업에 참여한 학생들은 하나의 스토리 안에 주어진 SSI에 대한 합의된 입장을 효과적으로 표현해 내기 위해 일반적인 토의 · 토론에 비해 보다 밀도 있게 학습의 과정에 참여하였다. 선행 연구(Chang & Lee, 2010)를 보면 학생들이 SSI에 대한 의사결정을 할 때 찬성도 반대로 아닌 중간입장을 취하거나, 문제 상황을 단순화하는 경향이 있다. 그러나 DST 활동에서는 학생들이 입장을 명확히 하지 않을 경우 스토리를 구성하는 데 어려움을 겪을 수밖에 없다. 따라서 본 연구에 참여한 학생들은 능동적으로 자료를 찾고 모둠원 간에 서로 다른 의견을 조율해 가면서 하나의 통일된 메시지를 만들어 내고자 하였다. 이들은 설득력 있는 내용을 구성하기 위해 자료 수집활동에 몰입하였으며, 자료를 바탕으로 모둠의 입장을 세세하게 정련해나갔다. 일반적인 SSI 토의 · 토론 수업에 비해 학생들은 주어진 SSI를 다방면에서 심도 있게 탐색하였고, 모둠의 입장을 시청자와 효과적으로 소통하기 위해 다양한 방법을 시도하였다. 학생들은 단순한 정보의 나열이 합의된 모둠의 메시지를 전달하는 데 충분치 못하다는 것을 깨닫고, 시청자들의 감성과 인식을 깨우기 위한 음향이나 자막, 특수 효과를 사용하기도 하였다. 이 과정에서 학생들이 SSI로 인해 피해를 입은 사람들에 대해 공감과 연민을 느끼는 모습도 종종 관찰되었다. 우리는 학생들에게 인위적으로 실천을 강조하거나 문제의 심각성을 인지하도록 강요하지 않았음에도 불구하고, 학생들은 수업 후 자신의 삶 속에서 조그만 실천들을 자연스럽게 행하기 시작했다. 이와 같은 학생들의 반응은 SSI 교육에서 요구되는 역량(예 다양한 관점에 대한 이해와 수용능력, 의견 조율 및 합의능력, 도덕 · 윤리적인 측면에 대한 민감성, 쟁점에 대한 관심과 실천 의지 등)이 DST 활동을 통해 더욱 함양될 수 있음을 충분히 시사한다고 볼 수 있다.

Part 05

사례 11.2 실천을 강조한 지역사회연계 SSI 수업[21)]

지역사회연계 과학이슈 프로그램(SSI-COMM) 중 하나인 '도전! 미세먼지ZERO' 프로그램은 학생들이 미세먼지로 인한 지역사회문제에 대해 관심을 갖는 것으로부터 시작한다. 그 문제를 해결하기 위해 지역사회 기관이나 자원들을 학습의 장으로 끌어들여 보다 참여적으로 지역전문가와 지역주민 등을 만나고 소통하며, 학습한 내용(해결책)을 지역사회에 다시 환원하도록 하는 데 초점이 있다. 그동안 지역사회 기관을 단순히 견학하는 형식의 연계는 많이 있었다. 하지만, SSI-COMM에서는 지역사회로의 실제적 참여를 강조하였다는 데 가장 큰 특징이 있다. 따라서 학생들이 교실 안에서만 학습하는 것이 아니라 지역사회의 여러 자원(예 기상청, 구청 및 지역 보건소 등)을 활용하고 학습의 결과를 지역사회로 환원할 수 있도록 학교 내 수업과 학교 밖 수업을 포함하고 있다.

이 프로그램은 프로그램의 성격상 다양한 교과내용이 융합되어 있다. 이 중 과학교과와 관련하여 학생들이 입자의 크기에 대해 이해하고, 여러 가지 물질의 종류(에너지의 사용으로 인해 발생하는 물질, 여러 가지 중금속 등), 인체의 호흡과 순환, 날씨와 대기의 순환 등의 과학지식이 포함될 수 있도록 구성하였다. 이 프로그램은 자유학기제가 운영되는 8주(매주 2시간, 총 16시간)에 걸쳐 진행되었다.

'도전! 미세먼지ZERO' 프로그램은 <표 11.7>과 같이 4단계에 걸쳐 진행되었다. 첫째, '인식' 단계는 학생들이 미세먼지의 심각성에 대해 인식하고 관심을 갖도록 하는 단계이다. 이를 위해 학생들은 지역의 대기질 현황 및 미세먼지의 농도를 알려주는 에어코리아 사이트를 방문하여, 자신이 속한 지역의 미세먼지와 초미세먼지 농도 현황에 대한 실시간 데이터를 분석하였다. 또한 지역의 기상청을 방문하여 미세먼지에 대해 전문가와 묻고 답하는 시간을 가졌다. 이 과정에서 학생들은 대기 중의 미세먼지의 종류와 정의, 크기, 구조를 알아보고 미세먼지와 황사의 차이점에 대해 학습하였다. 둘째, '학습' 단계에서는 이슈와 관련된 지식이나 정보를 학습하는 단계로, 다양한 마스크의 구조적 특징과 투과 정도를 알아보는 실험을 수행하였다. 또한 학교 밖 해당구청의 대기 및 환경관련 부서 및 지역 보건소를 방문하여 미세먼지의 실태와 미세먼지로 인한 질환 등을 알아보았다. 셋째, '공유' 단계에서는 미세먼지에 취약한 지역 어른들에게 미세먼지에 대해 학습한 내용을 설명하고, 그들의 인식을 묻는 설문조사를 실시하였다. 마지막으로 '실천' 단계에서는 미세먼지에 관한 국내 및 세계 각국의 정책에 대해 알아보고, 중학교 수준에서 실천 가능한 아이디어를 구체화하여 제안하고 포스터를 제작하여 교내 및 지역 아파트 단지 내 그리고 지역 경로당에 부착하는 활동을 수행하였다. 이 과정을 통해 지역사회로의 기여 및 공헌이라는 실천을 경험할 수 있도록 하였다.

표 11.7 '도전! 미세먼지ZERO' 프로그램의 내용

차시	단계	활동	도전! 미세먼지ZERO 세부 활동	지역 리소스	교육과정 연계	장소
1–2	인식	[지역 과학이슈 현황 조사] • 지역 실시간 데이터 분석 • 지역 전문가 인터뷰	[미세먼지의 현황] • '에어코리아'의 실시간 자료를 활용하여 지역의 미세먼지 현황을 그래프로 작성 • 미세먼지의 종류, 정의, 크기, 구조 탐색 • 미세먼지와 황사의 차이점 이해 [미세먼지의 원인] • 미세먼지의 원인 탐색 • 기상청 관계자와 미세먼지와 대기오염에 대해 인터뷰	기상청 및 기상 센터	• 물질을 구성하는 입자와 입자의 크기 • 날씨와 대기의 순환	학교
3–4						지역 사회
5–6	학습	[과학이슈 관련 정보 습득] • 과학이슈 관련 정보 학습 • 과학이슈 관련 기관 방문 • 기관 전문가 인터뷰	[미세먼지의 크기와 마스크의 사용] • 여러 종류의 마스크를 관찰, 비교분석하고, 관련된 실험을 통해 미세먼지의 크기에 대해 학습 [미세먼지 관련 질환 탐색] • 미세먼지와 관련된 지역사회 기관 조사 • 지역 구청 및 보건소의 전문가를 만나 미세먼지로 인한 질환과 실태조사	구청 해당과 및 보건소	• 물질을 구성하는 입자와 입자의 크기 • 호흡기관 및 호흡기 관련 질병	학교
7–8						지역 사회

21) 김가형과 이현주(2017b) 논문의 일부가 요약 및 발췌되었음.

9–10	공유	[지역 과학이슈 정보 수렴과 확산] • 과학이슈에 대한 의사 결정 • 지역 주민 설문조사 • 지역 나눔 활동	[미세먼지 대처법] • 미세먼지의 위험성과 대처방법에 대한 인식을 탐색하기 위한 설문지 작성	경로당	• 미세먼지를 구성하는 오염 물질	학교
11–12			[미세먼지에 대한 인식 탐색] • 지역 주민을 대상으로 미세먼지에 관한 설문조사 • 지역의 경로당을 방문하여 올바른 마스크 사용법 및 손씻기 방법 홍보			지역 사회
13–14	실천	[지역 과학이슈 방안 제안 및 실행] • 실천 가능한 방안 제안 • 지역사회 내 방안 실행	[미세먼지에 대한 국가 차원의 대응] • 세계 각국의 미세먼지현황 및 입장 조사 • 팀별로 국가를 나누어 미세먼지를 줄이기 위한 아이디어 및 방안 제안	교내 및 경로당	• 에너지의 사용과 환경 문제	학교
15–16			[미세먼지를 줄이기 위한 대처방안 모색] • 미세먼지ZERO를 위한 비정상회담을 통해 실천방안 제안 • 제안 및 아이디어를 교내 및 아파트 단지 내, 방문한 경로당에 부착하여 홍보			지역 사회

연구 결과, 이 프로그램은 학생들이 미세먼지와 관련된 지식을 습득하는 데에 통계적으로 유의미한 효과가 있었다. 시민으로서의 인성과 가치관에 있어서도 사회 · 도덕적 공감과 과학관련 사회쟁점에 대한 책무성도 유의미하게 향상되었다. 면담에서도 학생들은 이 프로그램을 통해 미세먼지가 자신이 속한 지역에 어떠한 문제를 야기하는지, 이를 해결하기 위해서는 어떤 노력을 해야 하는지 등에 대해 이해하게 되었고, 미세먼지의 발생에 개인의 책임감을 느끼고 미세먼지로 인해 피해를 입은 지역의 취약계층을 위한 지역사회활동의 참여와 실천의 필요성을 느끼게 되었다고 응답하였다.

11.2.4 수업전략 계획

수업활동이 결정되면, 구체적인 수업전략을 생각해볼 필요가 있다. 수업전략에서 가장 중요한 부분은 발문과 스캐폴딩이다. SSI 수업은 비구조화된 논쟁적 상황을 중심으로 구성되기 때문에, 학생들은 다양한 관점을 접하면서 인지적, 정서적, 도덕·윤리적 갈등을 경험하게 된다. 따라서 교사는 학생들이 서로의 의견을 존중하고 수용하며, 협력적 담화가 진행되는 수업환경을 조성하기 위해 적절한 발문을 구사할 수 있어야 한다. 교사는 발문을 통해 학생들의 의견에 관심을 기울이고 있음을 적극적으로 표현하고 그들의 참여를 독려하며, 학생들이 제시한 의견을 출발점으로 담화가 지속적으로 진행될 수 있도록 지원해야 한다. SSI 수업에서 효과적인 발문을 하기 위해서는 학생들의 SSI 담화에서 드러나는 특성에 대한 이해가 필요하다. 이를 바탕으로 SSI 수업을 설계할 때 학생들이 본인의 생각이나 느낌을 자유롭게 표현하고, 서로 다른 관점을 탐색하고 가치판단을 할 수 있도록 돕는 발문들을 사전에 충분히 고려해 봐야 한다. 그러나, 대부분의 교사들이 SSI 수업을 위해 어떠한 수업방법(예 토의, 토론, 역할극 등)을 활용할 것인가에는 많은 고민과 노력을 기울이는 반면, 어떠한 발문을 할 것인가에 대해서는 크게 고려하지 않는 경향을 보인다. 이는 학생들이 평행선상에서 의견이 조율되지 않거나, 지나치게 쉽게 또는 편협한 의사결정을 내릴 때, 혹은 서로 의사결정 내리기를 회피하는 상황 등에 당면했을 때, 교사들을 매우 당황하게 만든다. 대부분의 교사들은 발문의 중요성에 대해 인지하고 있다. 그러나, SSI 수업과 같이 보통의 교사들에게 생소한 수업의 경우에는 발문을 미리 계획하는 데 어려움을 느낄 수 있다.

SSI 수업에서의 발문의 유형은 크게 '개인의 의견 탐색 및 사고촉진을 위한 발문'과 '상호작용 촉진을 위한 발문'으로 나눌 수 있다. '개인의 의견 탐색 및 사고촉진을 위한 발문'은 교사가 학생 개인의 의견을 탐색하고, 필요에 따라 심도 있는 사고를 하도록 유도하기 위한 목적에서 사용하는 발문을 뜻한다. '상호작용 촉진을 위한 발문'은 학생 간에 담화가 진행되도록 촉진하는 목적의 발문을 의미한다. 실제로 사례 11.3에서 최교사는 SSI 수업에 대한 선행 경험을 갖고 있었음에도 불구하고 발문에 있어 어려워했으며, 제한된 유형의 발문을 사용하는 경향을 보였다.

표 11.8 SSI 수업에서 활용할 수 있는 교사의 발문 유형

유형	발문 기능	설명 및 예시
개인의 의견탐색 및 사고 촉진	단순 정보 및 의견 확인(I)	주제와 관련된 단순 정보나 지식, 생각을 묻는 발문
	묘사 및 설명에 대한 요구(E)	주어진 정보나 지식, 생각을 구체적으로 묘사 또는 설명하도록 하는 발문
	생각 및 추론에 대한 도전(C)	학생이 자신의 생각이나 추론, 근거를 비판적으로 되짚어 보도록 하는 발문
상호작용 촉진	지지 및 보강 요청(S)	동의하는 동료 학생의 생각을 뒷받침해보도록 유도하는 발문
	반박 및 반론 요청(R)	동의하지 않는 동료 학생의 생각을 반박하거나 반론을 제기해보도록 유도하는 발문

출처: 김성호와 이현주(2017)

사례 11.3 SSI 수업에서의 발문[22)]

우리는 SSI 수업에서 효과적인 발문의 방향을 모색하기 위해서 SSI 수업을 실행하고 있는 교사들의 발문을 살펴보고 그 특성을 이해할 필요가 있다고 생각했다. 즉, SSI 수업에서 교사들은 어떤 유형의 발문을 많이 사용하고 있는지, 어떠한 발문이 학생들의 SSI 수업에의 참여를 독려하고 사고를 촉진시키는지, 특정한 유형의 발문이 제한되어 사용되는 것은 아닌지 등에 대해 알아보고 싶었다. 이에, 우리는 초등학교 6학년 과학수업을 SSI 수업으로 재구성하여 운영한 최교사의 수업을 관찰한 후 교사의 발문 유형을 탐색해보았다. 최교사는 2009 개정 6학년 1학기 과학과 교육과정을 분석하여, 유전자조작 식품, 가스 공장 건설, 아마존 개발에 대한 내용으로 SSI 수업을 진행하였다. 수업 내용이나 방식으로 인한 발문의 특성 차이를 줄이기 위해 세 가지 주제에 대해 모두 서로 다른 관점을 탐색한 후 의사결정 및 합의를 하는 의사결정모형을 활용하였다.

최교사의 수업을 녹음하여 발문을 분석해본 결과, SSI 맥락에 따라 발문의 빈도나 비율에 있어 다소 차이는 있었으나, 모든 주제에 걸쳐 개인의 의견을 탐색하는 발문(I, E)을 주로 한 것으로 나타났다. 이에 반해, 개인의 생각 및 추론에 대해 도전하는 발문(C)이나 학생 간에 서로 의견을 보강하거나 반론을 제기하도록 함으로써 상호작용

22) 김성호와 이현주(2017) 논문의 일부가 요약 및 발췌되었음.

을 촉진하는 발문(S, R)은 매우 드물게 나타났다. 다른 주제들에 비해 GMO 도입에 대한 수업에서 반박 및 반론을 요청하는 발문이 상대적으로 많이 나타났다.

표 11.9 SSI 수업에서 발문 유형별 빈도 분석

유형	발문 기능	GMO 도입	가스공장 건설	아마존 개발	합계
개인의 의견탐색 및 사고 촉진	단순 정보 및 의견 확인(I)	31 (42%)	36 (69%)	32 (55%)	99 (54%)
	묘사 및 설명에 대한 요구(E)	36 (49%)	14 (27%)	22 (41%)	72 (40%)
	생각 및 추론에 대한 도전(C)	0 (0%)	1 (2%)	0 (0%)	1 (0.5%)
상호작용 촉진	지지 및 보강 요청(S)	0 (0%)	0 (0%)	1 (2%)	1 (0.5%)
	반박 및 반론 요청(R)	7 (9%)	1 (2%)	1 (2%)	9 (5%)
합계		74	52	56	182

표 11.10 SSI 수업에서 드러난 발문 기능별 발문의 예시

유형	발문 기능	예시
개인의 의견탐색 및 사고 촉진	단순 정보 및 의견 확인(I)	• (동영상에) 어떤 내용이 있나요? • 콩으로 만든 음식에는 뭐가 있나요? • 유전자 변형된 씨앗의 장점은 무엇인가요? • 지구온난화의 주범이 뭐죠? • ㅇㅇ이는 어떻게 생각해?(찬성이야, 반대야?) • 그린피스에 대해 알고 있나요? 등
	묘사 및 설명에 대한 요구(E)	• 그럼 이 수입된 씨(GMO)를 활용하면 어떻게 되나요? • 인권단체의 의견은 무엇인가요?(설명해주세요) • 인체에 해가 된다는 근거가 무엇인가요? • ㅇㅇ이는 왜 반대(찬성)하나요? • 찬성 단체는 어떤 역할을 할 수 있겠어요?
	생각 및 추론에 대한 도전(C)	• (가스공장 건설로 인한 문제점들을 알고 있음에도) 왜 공장을 짓고 싶나요?

Part 05

상호작용 촉진	지지 및 보강 요청(S)	• (S2와 같은 입장인 S1이 의견을 말한 후, 이에 대해) S2는 어떤 생각을 갖고 있어요?
	반박 및 반론 요청(R)	• (앞의 의견에 대해) 반론을 제기해 보세요. • (과학자 단체가 입장을 말한 후, 이에 대해) 환경단체의 반대 의견이 뭐죠?

최교사는 개인의 의견을 탐색하거나 학생 개인의 사고를 촉진하는 발문들 중에서도 닫힌 형태의 발문인 단순 정보 및 의견을 확인하는 발문(I)을 많이 했다(54%). 즉, 각 주제에 대한 학생들의 생각을 단편적으로 묻거나 관련된 지식이나 정보의 인지 여부를 파악하는 발문을 많이 했다는 것이다. 그 다음으로 묘사 및 설명을 요구하는 발문이 많았다(40%). 즉, 최교사는 학생들이 관련 개념, 자신의 의견에 대해서 얼마나 정확하게 이해하고 표현하는지를 알아보는 발문을 주로 사용했다. 이에 반해 학생들의 생각이나 추론의 깊이를 더하기 위한 도전적 발문의 비중은 상대적으로 매우 낮았다(0.5%). 생각 및 추론에 대한 도전 발문(C)은 교사의 발문 후 학생들의 응답, 이에 대한 평가를 기반으로 한 발문이기 때문에 다른 기능의 발문(I, E)에 비해 적극적인 형태의 발문이라고 볼 수 있다.

최교사는 SSI 수업의 초점을 "SSI에 대한 학생들의 생각을 이끌어내고, 그 생각이 다양하며, 내 생각이 다른 사람과 다를 수 있음"을 이해하는 데 두었다. 실제로 선행연구에 따르면, 많은 교사들이 최교사와 같이 SSI 수업을 준비하는 과정에서 학생들이 SSI를 둘러싼 다양한 입장에 대해 이해하는 것에 초점을 두는 경향이 있다. 이러한 발문의 양상은 교사가 많은 학생들이 수업 담화에 참여하고 의견이나 느낌을 제시하도록 하는 데에는 효과적이다. 반면, 한 학생의 의견을 지속적으로 탐색해서 인지적 · 도덕적 갈등을 경험하게 하는 데에는 한계가 있을 수 있다. 최교사의 경우, 초등학생들의 특성(예 과학지식에 대한 이해 부족, 생각을 말로 논리적으로 표현하는데 어려움을 느낌)을 고려하여 추론이 요구되는 발문보다는 가능한 여러 학생들이 자신의 입장을 이야기할 수 있도록 안내하는 발문을 활용하였다. 또한 학생들이 주어진 과제의 내용을 충분히 인지하고 있는지에 대한 확인 발문을 주로 사용하는 모습을 보였다.

일반적으로 교사들은 SSI 수업을 통해 다양한 교수 목적(예 의사소통능력, 논증능력, 인성의 함양 등)을 달성할 수 있다는 것을 인식하고 있지만, 지식 전달에서 벗어나는 것에 대해서는 두려워하는 경향을 보인다. 면담에서 최교사는 "SSI 주제 자체가 광범위하다 보니 수업을 계획하는 단계에서 (발문보다는) 교육과정 및 다른 교과들과 어떻게 연결 시켜서 지도해야 하는지에 많은 시간을 할애"하였다고 말하였다. 따라서 SSI 수업을 시작하고자 하는 교사에게 SSI 수업을 운영할 때 주로 사용되는 발문의 유형을 생각해보고 발문을 준비해보는 기회를 제공하는 것이 필요하겠다.

그림 11.3 SSI 수업에서 활용할 수 있는 스캐폴딩

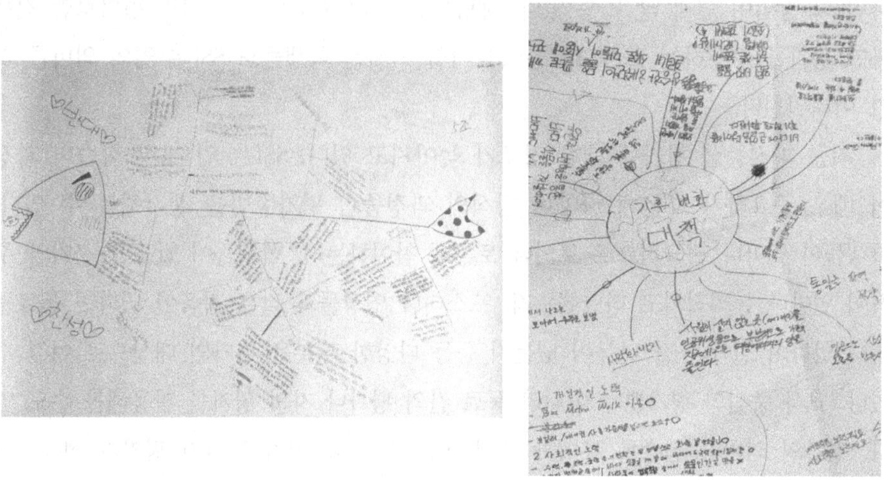

학생들이 SSI 활동에 적극적으로 참여할 수 있도록 하는 스캐폴딩 전략도 고려해볼 필요가 있다. 학생들이 토의에서 겪는 어려움을 줄이고 효과적으로 사고를 발전시킬 수 있도록 다양한 방법을 생각해볼 수 있다. 모둠 구성원의 특성을 반영하여 동질집단 혹은 이질집단으로 구성하는 방법도 한 예이다. 또는 인지적 활동을 돕는 간단한 툴을 사용하는 방법도 있다. 예를 들어, 학생들이 주어진 SSI를 둘러싼 입장들에 대해 효과적으로 살펴볼 수 있도록 피쉬본(fish - bone)을 그려보도록 할 수 있다. 피쉬본의 위쪽에는 배아연구에 대한 반대 입장을 모둠원들과 함께 적어보고, 아래쪽에는 찬성하는 다양한 입장을 찾아 적어볼 수 있다. 학생들은 피쉬본을 구성하면서 여러 가지 정보를 볼 수 있을 뿐만 아니라 생각의 생각을 더해가는 경험을 할 수 있다. 꼭 피쉬본이 아니더라도 기후변화 대책에 대한 생각을 종이에 적어보게 하면 다른 모둠원의 생각을 볼 수 있어 자신의 생각을 발전시키는 데에도 효과적이다.

11.2.5 평가계획

SSI 수업에 대한 평가를 해야 하는가에 대한 논의는 사람마다 다를 수 있다. 하지만, 수업의 목표를 세우고 이를 달성하기 위해 수업을 진행한 만큼 우리는 학생들이 얼마나 성취했는가에 대한 평가를 해볼 수 있다. 물론 교과내용과 관련된 SSI

를 학습하고 나서 우리가 일반적으로 생각하는 결과 중심의 평가를 수행하고자 한다면 그 방법이 쉽지 않을 수 있다. 해당되는 교과지식을 묻는 지필 평가로만 진행하면 평가를 수행하는 교사도, 그리고 시험을 치는 학생들도 SSI 수업의 의미를 찾기 어려워진다.

최근 과정중심 평가에 대한 강조가 높아지고 있다. SSI 수업 또한 학습의 과정이 매우 중요하기 때문에 다양한 방식의 과정중심 평가방법을 생각해볼 수 있다. 학생들이 얼마나 적극적으로 토의나 토론에 참여하는지, 학생들이 발표한 근거와 주장이 얼마나 논리적이고 타당했는지, 포스터나 영상물과 같은 작품이 있다면 동료들과 협업하여 얼마나 잘 만들어 냈는지 등등 다양한 부분을 평가의 대상으로 여길 수 있다. 교사 중심의 평가뿐만 아니라 동료 간의 평가나 자기 평가를 활용해볼 수도 있다. 평가의 의미가 점수를 부여하기 위함이라면 동료 평가나 자기 평가가 형식적인 과정으로 여겨질 수 있지만, 스스로의 학습과정을 되돌아보고 그에 대한 반성의 시간을 갖는 데 의미를 둔다면 이러한 평가도 매우 의미 있는 과정이 될 수 있다.

많은 교사들이 여전히 평가는 객관적이어야 된다는 생각을 한다. 물론 객관성도 중요한 요건이지만, 더 중요한 것은 얼마나 학습의 결과를 타당하게 평가하고 신뢰롭게 하는가에 있다고 본다. SSI 수업을 통해 학생들이 얼마나 역량과 인성을 기르는지를 살펴보기 위해서 객관적인 잣대만 찾으려고 한다면 그 측정은 쉽지 않다. 역량과 인성은 그 특성에 맞게 과정에 대한 관찰이나 기록 등을 활용해보는 것이 오히려 더 타당할 수 있다. 또한 학생들의 학습의 과정을 지속적으로 살펴봄으로써 보다 신뢰롭고 정확한 평가가 될 수 있도록 하는 방안이 모색되어야 할 것이다.

11.3 SSI 수업환경 조성

SSI 수업에 대한 구체적인 안이 마련되면, 그 수업안이 효과적으로 운영될 수 있도록 수업환경을 구성하는 과정이 필요하다. 과학교사가 SSI 수업을 계획하고 운영해 나가는 과정은 여러 가지 환경적 조건에 영향을 받는다. 예를 들어, 언제, 어디서, 어떠한 맥락에서 어떤 학생들을 가르치느냐에 따라 수업을 운영하는데 필요한 규칙도 다르게 설정될 수 있다. 또한 학생들에게 어느 정도 학습에의 책무성을

표 11.11 SSI 수업환경의 구성 단계

단계	고려할 점	예시 질문
SSI 수업을 위한 규칙 형성	• 교사 역할에 대한 규칙	• 학생들이 학습의 주체가 되고 있는가? 교사의 의견이나 입장이 과다하게 제시되지는 않는가? 학생의 가치관이나 신념을 존중하는가?
	• 학생 역할에 대한 규칙	• 상대방의 의견을 편안하게 들어줄 수 있는 환경인가? 자신의 의견을 편안하게 제시할 수 있는 분위기인가? 서로 협력적으로 대화하는 관계가 형성되어 있는가? 자신의 입장과 상충되더라도 존중할 수 있는 분위기가 형성되었는가?
↓		
리소스 구성	• 자료수집을 위한 환경	• 인터넷으로 필요한 자료를 필요한 때에 찾을 수 있는가?
	• 의사소통을 위한 환경	• 학생들이 필요한 자료를 서로 공유하고, 의사를 교환할 수 있는 환경이 마련되어 있는가?
	• 외부와의 연결	• 학교 내 타 교과 교사와 융합적으로 접근해볼 수 있는가? 학교 내 도서관 시설이 이용 가능한가? 지역 도서관이나 박물관, 과학관 등을 활용할 수 있는가?

부여하는가에 대한 고민도 달라질 수 있다. 동일 학년을 가르치는 과학교사나 근무 학교의 전반적인 환경도 영향을 줄 수 있다. 이러한 이유로 과학교사가 수업시간에 SSI를 도입하는 활동을 단순히 개인적 차원에서만 이해할 것이 아니라 환경적 요인과 상호작용한 집단적 활동이라고 간주할 수도 있다. 문화역사적 활동이론(CHAT)에 따르면, SSI 수업도 하나의 활동 시스템이다. 따라서 SSI 수업환경의 구성을 위해서는 1) SSI 수업을 위한 규칙의 형성과 2) 리소스의 구성이 필요하며, 각 단계에서 고려해야 할 점과 교사가 스스로 던질 수 있는 질문의 예는 <표 11.11>과 같다.

11.3.1 SSI 수업을 위한 규칙 형성

SSI 수업을 위한 규칙의 형성은 학생들의 참여에 대한 기대, 상대방 의견에 대한 존중, 협력을 통한 논의과정의 중시, 자유롭고 편안하게 의견을 제시할 수 있는 분위기, 학생의 수업에 대한 책무성 등 SSI 수업을 위해 교사와 학생들이 지켜야 할 명시적, 암묵적 규칙들을 형성하는 단계를 뜻한다. SSI와 같이 비구조화된 주제를 다루는 수업의 경우, 강의방식을 선호하는 교사들은 학생 중심의 수업이 필요하다는 것을 알면서도, 쉽게 학생들이 스스로 학습할 수 있는 기회를 주는데 다소 두려움을 느낀다. 교사가 학생에게 어느 정도 학습에의 주도권을 주어야 하는가의 문제를 의미한다. SSI 수업에서 교사는 학생들에게 구체적인 역할을 부여하고 그들이 스스로 학습의 주체로서 서로 존중하며 참여할 수 있도록 하는 것을 기본 방향으로 설정할 필요가 있다.

이를 위해서는 교사가 수업 초기에 수업의 규칙을 학생들과 세워보는 시간을 갖는 것이 좋다. 교사가 학생들에게 무엇을 어떠한 방식으로 지원해줄 것인지, 또 학생들로 하여금 어떠한 행동을 하기를 원하는지에 대해 서로 이야기하면서 합의해 나갈 필요가 있다. SSI 수업이 학생들을 시민으로서 길러나가는 데 목적을 둔만큼 학생들이 책임감 있게 소통하고 서로 배려하며 참여할 수 있어야 함을 함께 공유해야 한다.

11.3.2 리소스 구성

리소스의 구성은 교실 내 인터넷 액세스, 주변 커뮤니티 시설 및 리소스 등 SSI 수업을 하기 위해 필요한 리소스의 활용을 계획해보는 단계라 할 수 있다. 리소스는 자료 수집을 위한 환경만을 의미하는 것이 아니라 서로 효과적으로 의사소통할 수 있는 환경도 조성할 필요가 있다. 인터넷이 연결된 컴퓨터나 모바일 기기를 활용하면 효과적이다. 또한 필요하다면 교실 외의 물적, 인적 자료들도 활용할 수 있는 방안을 생각해볼 수 있다. 예를 들어, 앞의 「사례 11.2」에서 소개한 SSI-COMM 수업에서는 지역사회와의 연계가 매우 중요했다. 주제와 관련된 지역 전문가를 섭외하기 위해서 동물병원 수의사나 반려견 입양센터의 교육 담당자, 보건소 및 기상청 직원 등의 협조를 요청했다. 전문가들이 교육의 중요성을 인지하고 교육에 참여하고 싶은 마음이 있다고 하더라도, 실제 그들이 참여할 수 있는 방법은 매우 제한적인 것이 사실이다. 단순히 사업체나 기관의 방문을 허용하는 것이 아니라, 지역사회문제를 해결하기 위해 자신의 전문성을 나누는 과정은 이들에게 교육적 참여의 중요성을 함께 인지하고 교육의 운영 주체로서 만족감을 느낄 수 있는 기회를 제공할 수 있다. 이외에도 지역사회 도서관, 과학관, 박물관을 비롯한 다양한 시설을 교육의 장으로 활용할 수 있다.

PART

06

SSI 교육이 나아갈 방향

Chapter 12 SSI 교육의 활성화를 위한 방안

Chapter 12 SSI 교육의 활성화를 위한 방안

지금까지의 학교과학교육은 독특한 문화를 형성해왔다. 제1장에서 제3장까지 논의했던 바와 같이 학교과학수업에서 다루는 내용과 형식, 그리고 학습의 목표는 다소 제한적이었다. 우리가 길러내고자 하는 학생들의 모습이 급속하게 변화하는 과학기술 사회에서 건강하고 안전하게 살아갈 수 있는 책임감 있는 시민이라면, 이제는 학교과학을 둘러싸고 있는 두꺼운 경계를 조금씩 허물어 나가야 할 시점이다. 이것은 과학자들이 오랫동안 발견하고 형성해온 과학지식의 가치, 자연 현상을 설명하고자 한 그들의 노력에 대한 가치를 폄하하고자 하는 것이 아니다. 현재 학교에서 가르치는 과학의 내용은 배워야 할 가치가 충분히 있으며, 앞으로도 계속 배워나가야 한다. 다만, 사회의 변화에 맞추어 학교과학도 일상생활 속에서의 과학과 서로 넘나들면서 우리가 원하는 진정한 민주시민을 양성하는 방향으로 균형감 있게 나아갈 필요가 있다.

우리나라에 SSI 교육이 소개된 것은 2000년대 중반부터이다. 물론 그 뿌리라고 볼 수 있는 STS 교육은 1990년대부터 과학교육의 주요 흐름으로 자리 잡아 왔다. STS 교육이 국내에 처음 도입되었던 1990년대 중반에는 과학과 기술, 사회가 서로 어떻게 연관되는지를 보여주는 데 주로 초점을 두었었다. 그 당시 과학기술사회학(STS) 분야에서는 과학기술의 본성에 대한 탐색이 진지하게 진행되고 있었지만, STS 교육 분야에서는 과학기술의 본질적 속성과 사회에 미치는 영향에 대한 탐색보다는 과학과 생활을 연결시키는 수업으로 전환할 수 있는 하나의 방안으로 제안되었다. 그래서 초창기 STS 수업은 생활 속에서, 학교에서 배운 과학이 어떻게 적용되는지(예 부엌 속의 과학, 욕실에서의 과학, 교통과 과학, 놀이동산에서의 과학 등)를 학생들에게 보여줌으로써 과학학습에 대한 흥미를 높이는 데 주된 관심이 있었다. 물론 일부 교육학자들은 과학의 윤리적 측면, 과학의 본성에 대해 이야기했었지만 말이다.

과학지식의 응용 측면에만 주로 초점을 맞추어 실행되어 온 STS 교육에 대해 Zeidler나 Jenkins, Hodson과 같은 학자들이 비판적인 목소리를 제기하면서 시작된 교육이 'SSI 교육'이다. 이들은 단순한 응용을 넘어서 과학기술관련 쟁점들에 대해 개인의 책임감 있는 도덕적·윤리적 의사결정과 실천의 필요성을 강조하였다. 제1장에서 논의한 바와 같이 Zeidler와 Sadler 등은 개인의 도덕적·인성적·심리적 발달을 바탕으로 과학기술 시대를 살아갈 시민으로서 역할을 할 수 있도록 하는 과학적 소양(Vision II)을 강조했다. 이들은 삶 속에서 직면하는 SSI에 내재되어 있는 사회·윤리·도덕적 측면에 대해 이해하고, 합리적으로 가치판단할 수 있는가에 초점이 있다. 따라서 다양한 SSI 시나리오를 제공하고, 토의·토론 등의 학습 활동을 통해 시나리오와 관련된 논점을 탐색하게 한 후 개인 혹은 모둠별로 의사결정을 내려 보는 수업을 주로 진행했다. 이에 비해 제2장과 제3장에서 소개한 Hodson, Roth, Bencze, Sjöström 등의 학자들은 보다 실천적·비판적인 과학적 소양의 함양을 목적으로 하는 SSI 교육(Vision III)을 강조하였다. 제3장에서 소개한 PARRISE 프로젝트나 STEPWISE 프로그램에서 소개하는 SSI 교육은 개인의 합리적인 의사결정을 넘어, 사회변화를 위한 책임감 있는 실천을 강조한다. 개인의 안녕에만 초점을 두는 것이 아니라 지역사회와 환경, 나아가 세계의 안녕을 함께 도모하는, 보다 큰 비전을 제시한다. 이 과정에서 개인의 역량이나 인성 함양도 중요하지만, 사회의 문제해결을 위해 집단의 지혜를 모아 합의해가는 과정을 매우 중요하게 여긴다.

과학적 소양의 개념이 시대에 따라 변화해온 것처럼, SSI 교육의 방향과 교수방식도 진화해왔다. 하지만 과학 교실에는 그만큼의 변화가 찾아오지 못했고, 아직까지 많은 교사들에게 SSI 교육은 생소하다. 일부 교사들은 SSI 교육과 STS 교육의 차이가 무엇인지 궁금해 한다. 또 과학에서 왜 도덕적·윤리적 측면을 이야기해야 하는지에 대해 의문을 제기하기도 한다. 지금까지 STS 수업을 해온 교사들이라 할지라도 과학수업에서 시민으로서의 인성과 가치, 도덕성, 실천 등을 이야기하는 것은 충분히 부담이 될 수 있다. 뿐만 아니라, 대학입시라는 큰 장벽, 반드시 따라야 하는 국가 수준의 교육과정, 융통성이 부족한 학교환경, 다양한 학습의 장이 되기에 부족한 학교 시설 등도 교사들이 SSI 교육에 대해 부담감을 느끼게 만드는 충분한 요인이 되고 있다. 이 장에서는 SSI 교육의 활성화를 위해 고려해야 할 이슈들에 대해 논의하고, 앞으로 SSI 교육이 나아가야 할 방향에 대해 제안하고자 한다.

12.1 사회 참여적 SSI 교육으로의 전환을 위한 이슈들

그렇다면, 사회 참여적 SSI 교육을 위해서 우리는 무엇을 준비해야 하고, 어떤 이슈들을 해결해야 하는가? 우선, 과학교육의 목표와 비전을 확대해나가는 논의가 필요하다. 오랜 기간 과학교육의 목표로 제시된 과학적 소양의 함양은 과학교육 내에서의 논의를 뛰어 넘어 보다 넓은 비전을 가지고 접근할 필요가 있다. 또한 SSI와 같이 삶과 연결된 문제에 대한 교육은 학교 교육의 틀에서는 제한될 수밖에 없다. 학교는 지역사회와 긴밀히 연계하면서 리소스를 공유하고, 학교의 학습이 지역사회로의 기여로 이어질 수 있는 기반을 마련해야 한다. 이를 위한 교수학습 방법의 개발 및 지속적인 교사교육도 필요하다. SSI 교육으로의 전환은 교사의 교육에 대한 신념의 변화로부터 시작될 수 있으며, 결실을 맺을 수 있다. 하달식의 교사교육이 아니라 교사들이 진정으로 변화를 필요로 하고, 그것을 실천으로 옮길 수 있도록 지원하는 방안이 마련되어야 한다. 이와 같이 사회 참여적 SSI 교육을 위해 해결해야 할 이슈들에 대해 각각 논의해보고자 한다.

12.1.1 과학교육의 목적과 역할에 대한 비전 확대

이 책의 제1장부터 제3장에서는 시대의 변화에 따라 과학교육의 목적과 역할에 대한 비전이 확대되어야 함을 서술하였다. 과학적 소양의 의미가 무엇이고, 지금 이 시대에 맞는 과학적 소양은 어떠한 요소들을 갖추어야 하는지에 대해서도 설명하였다. 그리고 사회 참여와 실천을 지향하는 SSI 교육 프로그램의 예시들도 제시해 놓았다. 과학교육이 지닌 본래의 목적, 예를 들어 과학지식의 구조를 가르치고 과학의 탐구과정을 경험하도록 하는 것은 매우 중요한 가치이다. 하지만, 그러한 지식의 구조와 탐구과정을 왜 배우고, 어떻게 본인의 삶과 연결되며, 나 자신만 아니라 지역사회와 환경, 세계의 안녕을 고려하는 데 어떻게 활용되어야 하는가에 대한 논의도 함께 진행될 때 교육은 더 의미 있어 진다.

거의 날마다 우리는 '유전자조작 콩으로 만든 두부를 살까, 말까?', '독감 백신을 맞을까, 말까?', '미세먼지 마스크를 쓸까, 말까?', '라면과 같은 인스턴트식품을 먹을까, 말까?'와 같은 소소한 상황들에 직면한다. 이러한 문제 상황들은 과학기술과 관련된 쟁점들이기는 하지만, 많은 사람들이 이것이 학교에서 배운 과학교육과 연결된다는 생각을 하지 못한다. 문제는 문제이고, 학교에서 배운 과학은 과학인 것이다. 그렇다면 "학교과학은 어떠한 역할을 하는 것인가?"라는 본질적인 질문을 할 수밖에 없다. 모든 학생들이 다 이공계 진학을 희망하는 것은 아니기 때문이다.

특히, 최근에 제기되는 과학기술관련 쟁점들은 개인 수준에서 의사결정하는 것으로 해결될 수 있는 범위를 넘어서는 경우가 많다. 기후변화와 빈곤 문제, 새로운 질병의 확산, 환경 파괴, 에너지 문제, 지속되는 전쟁과 테러 등의 문제들은 국경조차 초월하여 전 세계적인 협력과 소통을 요구한다. 이것은 과학자나 공학자와 같은 전문가들의 힘만으로 해결될 수 있는 문제도 아니다. 인권과 사회정의, 지속가능한 발전, 평화 등의 가치를 존중하고 문제해결에 참여할 수 있는 시민의 양성이 중요함을 말해준다. 다시 한 번 과학교육의 목적과 역할에 대해 진지하게 고민해야 할 때이다.

과학교육의 목표와 역할은 학교과학의 틀을 벗어나 확대되어야 한다. SSI 교육은 그 변화를 위한 하나의 시발점이 될 수 있다. SSI 교육은 세계시민교육과 연계하여 생각해볼 수 있다. 최근 국내에서도 세계시민교육에 대한 관심이 높아지고 있으며, 세계시민으로서 갖추어야 할 역량과 인성에 대한 논의도 진행되고 있다. Post 2015 글로벌 교육 의제를 주도하고 있는 UNESCO(2014)는 세계시민교육의 목표를 다음과 같이 제시하고 있다.

- 학습자가 실생활 속의 문제들을 비판적으로 분석하고, 가능한 해결 방안을 창의적이고 혁신적인 방법으로 찾을 수 있게 한다.
- 학습자가 주류 담론의 가설과 세계관, 권력관계를 비판적으로 고찰하고, 체제에서 소외된 개인 또는 집단을 고려하도록 돕는다.
- 바람직한 변화를 이루기 위해서는 개인과 집단의 행동이 반드시 필요하다는 것을 강조한다.
- 학습환경 밖에 있는 이들을 포함해 다양한 이해당사자들을 공동체나 더 큰 사회에 참여시킨다(p. 27).

세계시민교육의 목표를 살펴보면, 우선 학습자의 비판적 문제해결력을 강조함을 알 수 있다. 문제에 내재되어 있는 복잡한 권력관계와 속성을 비판적으로 고찰하고, 주류로부터 소외된 사람들 또는 피해를 당한 사람들을 배려하고, 그들의 목소리를 밖으로 끌어낼 수 있는 교육이 필요하다는 것이다. 또한 함께 머리를 맞대고 문제를 해결하기 위한 방안을 해결할 수 있는 집단적 창의성과 실천력을 요구한다. UNESCO(2014)는 또한 세계시민교육의 지표로 인지적 측면, 사회적 측면, 실천행위적 측면을 제시하였는데, 이 중 실천행위적 측면을 구체적으로 살펴보면 지속가능한 발전을 위해 지역 차원, 국가 차원, 글로벌 차원에서 책무성을 갖고 참여하는 것에 중점을 두고 있음을 알 수 있다. 즉, 실천지향의 과학적 소양과 상통한다.

학교 교육에서 세계시민교육의 구현에 대한 필요성과 중요성이 강조되고 있는 것과 동시에, 일부 학자들은 세계시민교육의 포괄성과 추상성에 대해 비판하기도 한다. 세계시민교육은 보편성과 특수성을 동시에 반영해야 하는 딜레마를 갖고 있어 자칫 탈맥락화된 모호한 적용과 해석이 가능하기 때문이다(김진희, 2017). 세계시민교육의 모호성을 줄이며 과학교과에서 시민교육과 연결시킬 수 있는 구체적 방안 중 하나가 바로 SSI 교육이다. SSI 교육을 통해 과학교육이 세계시민양성이라는 탈맥락화된 막연한 이상을 좇아가는 것이 아니라, 학생들 개인에 대한 성찰과 지역사회 안에서의 지속가능한 참여와 실천을 통해 사회문제에 대한 인식과 가치관 확립, 사회에서 소외된 사람들에 대한 연민과 공감, 사회문제해결에의 책임감과 실천의지 등 세계시민으로 나아가는 기초를 마련할 수 있다. SSI 교육은 개인과 지역사회, 나아가 세계를 이어줄 수 있는 하나의 교육 방안으로서 충분한 잠재성이 있다.

12.1.2 학교과학교육과 지역사회의 선 순환적 연계

한 개인이 지역사회 속 SSI와 어떻게 관계를 맺고 이해하는가는 세계로 뻗어 나가는 시민을 양성하는 데 중요한 기반이 된다. 실천과 참여를 위한 교육은 학교 교육과정과 그들이 살고 있는 지역사회 속 실제 문제와 유기적으로 연결되어 진행될 때 가능하다. 그러나 지금까지의 학교 교육은 그 이상과는 달리 일상생활과 분리되어 진행되어 온 것이 사실이다. 2012년 OECD 국제학업성취도평가(PISA)에서도 한국학생들은 과학 영역의 사회적 상황과 맥락에 초점을 둔 문제해결에 취약함을 드러냈다. 학습은 학교, 가정, 지역사회 등 학생들의 삶의 맥락 속에서 진행될 때 더욱 의미 있는 학습이 될 수 있으며, 전이가 가능하다. 나아가 학생과 지역사회 구성원들 간의 이슈에 대한 개방적인 의사소통은 학생들이 일상생활 속에서 직면하는 과학쟁점들을 더 잘 이해하고 실천으로 옮기는데 필요한 실질적인 지식과 역량을 함양할 수 있는 기초가 될 수 있다.

지역사회와 연계된 학습은 상황학습이론(situated learning theory)으로도 설명될 수 있다.[1)] 이 관점에서 학습은 학습자가 지식을 내면화하는 과정이며, 지역사회의 일원으로서의 정체성을 형성해 나가는 과정이라 볼 수 있다. 즉, 학습은 학습자들을 둘러싸고 있는 구성원들과의 관계 속에서, 그리고 그들이 대부분의 시간을 보내는 공동체 또는 장소 안에서 서로 상호작용하는 가운데 이루어진다. 이 상황 속에서 참여자는 그들이 아는 것이 무엇인지 인지하고 무엇을 할 수 있는지를 알아가게 된다. 학생들이 자신과 친숙한 지역사회문제로부터 학습을 시작하고, 이를 해결하는 과정에서 교실이라는 한정된 공간에서 벗어나 지역사회 리소스를 활용함으로써 스스로가 지역사회의 구성원이라는 소속감을 인식하게 한다. Powers(2004)는 의미 있는 장소 내에서의 직접적인 학습 경험을 통해 학생들은 자신이 속해 있는 장소에 대한 애착이 생기고, 이 애착은 행동으로 이어져 자신의 지역사회문제에 더욱 적극적으로 참여하는 원동력이 된다고 설명하였다. Morgan(2011)도 장소 애착의 형성이 학생들을 더욱 환경적, 사회적으로 책임감 있게 행동하도록 유도한다고 주장하였다. 그는 지역사회로의 참여가 학생들을 실천하는 시민으로 세상과 연결시킴으로써 타인을 위하는 가치를 경험하도록 돕는 동시에, 지역사회 또한 구성원들의 헌신과 공헌으로부터 이익을 얻어 결국 개인과 지역사회 모두에게 기여할 것이라고 설명하였다.

현재 미국과 캐나다를 비롯한 여러 국가에서 학교와 지역사회가 연계된 과학교육 프로그램들이 다수 운영되고 있으며, 긍정적 효과도 보고되고 있다. 지역사회연계 교육의 대표적인 교육방법은 장소기반학습(Place - based education), 봉사학습(Service learning), 시민 참여 학습(Civic learning) 등이다. 이러한 다양한 형태의 지역사회연계 교육은 학생들의 학습에의 흥미와 호기심을 높여 학업성취에도 도움을 주며, 시민의식이나 자존감을 향상시키는 데에도 효과가 있다. 이와 같은 연구를 수행한 대표적인 학자 중 하나는 미국 Michigan State University의 Angela Barton이다. 예를 들어, 저소득층 중학생들을 대상으로 한 연구(Lim & Barton, 2010)에 따르면, 경제적 소외계층 중학생들이 지역사회에 대해 이해를 넓혀감에 따라 긍정적인 애착감이 발

1) 상황학습이론은 Cobb & Bowers(1999), Lave & Wenger(1991), Wenger(1998)에 기초하고 있으며, Catalano et al.(2004), Knapp(2008), Pittman & Fleming(1991)의 논문에 사례들이 제시되어 있음.

달하게 되고, 이는 이들이 책임감 있는 행동을 할 수 있는 가능성을 높인다고 설명하였다. 또 다른 프로그램에서는 그린에너지 기술 이슈를 중심으로 청소년들이 지역사회의 미래 과학전문가로서 조사 및 실습에 참여하는 기회를 제공하였다(Barton & Tan, 2010). 이들은 프로그램에 참여한 학생들이 자신들이 살고 있는 도시환경과 인간의 건강과의 관계에 대해 더욱 관심을 갖고 이해하게 되는 모습을 관찰하였다. Birmingham과 Barton(2014)은 시민으로서의 행동적 실천을 강화하기 위해 학교와 학교 밖에서 교육된 행동실천(educated action) 경험의 중요성을 강조하면서, 지역사회를 위한 그린카니발 활동에 중학생들이 참여할 수 있도록 하였다. 그린카니발을 통해 참여했던 과학실험, 자료조사, 분석 및 해석, 발표회 등의 활동은 학생들이 교실에서 학습한 내용과 지역사회를 연결시켜주는 다리 역할을 수행하였으며, 그 결과 학습이 행동 및 실천으로 이어지게 기여하였다. 이외에도 여러 연구들이 있다. Bouillion과 Gomez(2001)는 초등학교 학생들에게 지역사회 이슈에 관심을 갖고 문제를 찾도록 하는 기회를 제공하였다. 그 결과, 학생들이 시카고강의 오염된 물이 거주 지역으로 넘쳐오는 것에 대해 문제를 제기했고, 나아가 시카고강 관계자와의 협조 하에 그 지역을 탐사하고, 학교로 돌아와 관찰한 것들을 적으며 동료들과 논의하는 모습을 보였다. 이러한 학습의 과정을 반복하면서 이들은 주요 과학 개념들(예 수질, 토양 침식 등)을 학습했을 뿐 아니라, 과학에 대한 흥미가 높아졌다. 그리고 지역사회 맥락 속에서 서로 협력하여 살아있는 지식을 창출해내는 경험을 갖게 되었다.

그러나 아직까지 우리나라에서는 학교 밖 지역사회와의 적극적인 상호작용이 포함된 교육이 많이 진행되지 못하는 실정이다. 과학교육이 학교라는 장소에 국한되어 운영되기 때문에 학교 밖 지역사회와의 상호작용이 매우 제한적이다. 일부 교육청에서 학생들을 대상으로 환경교육프로그램을 개발하여 적용하였으나, 지역사회에서 직면한 문제들을 찾아 행동에까지 옮기는 실천의 기회를 충분히 제공하지 못했다. 그 이유는 여러 가지로 생각해볼 수 있다. 첫째, 교실에서 진행되는 교과 수업과 학교 밖 학습을 연계하기 위해서는 학교 교육과정 운영이 탄력적으로 운영될 수 있어야 한다. 다시 말해서 학생들의 학교 밖 활동을 운영하기 위한 충분한 시간이 배정될 수 있어야 한다. 또한 교과 내용과 연결되는 적절한 시기에 학교 밖 활동을 할 수 있는 운영의 융통성이 허락되어야 한다. 둘째, 지역사회 이슈를 중심으로 수업을 구성할 수 있는 교사의 전문성이 요구된다. 지역사회 이슈들은 SSI와 같이

Part 06

비구조화된 성격을 띠며, 다양한 입장을 내포할 수 있다. 또한 과학교과 외에 경제, 정치, 문화, 기술 등 다양한 학문 영역과 연계된 융합적 성격을 띠기 때문에 프로그램 운영자가 부담감을 느낄 수 있다. 셋째, 지역사회 주체들의 협조가 필요하다. 학교 밖 활동이 기관 방문이나 과학관, 박물관 등을 방문하고 참관하는 형태로만 진행된다면, 학생들이 지역사회의 문제해결에 적극적인 주체자로의 역할을 수행하기 어렵다. 학생들이 속한 지역사회 주체(예 지역사회 주민, 학부모 등)들이 함께 지역사회문제해결의 필요성에 대해 공감하고 이를 지원하고자 하는 의지가 필요하다.

지역사회와의 연계를 위해서는 지역사회의 풍부한 리소스와의 직접적인 상호작용을 통해 실생활 문제를 해결함으로써 책임감 있는 실천과 참여를 증진할 수 있는 교육 프로그램 개발과 운영을 위한 모델이 필요하다. 이를 위해 김가형과 이현주(2017a)는 지역사회에서 접할 수 있는 미세먼지, 유기동물, 재활용 이슈를 중심으로 지역사회와 연계시키는 교육 프로그램 모델을 제시하고, 이를 바탕으로 프로그램을 운영하였다(사례 12.1, 사례 12.2 참조). 이들이 제시한 지역사회와 연계된 SSI 교

그림 12.1 지역사회와 연계된 SSI 교육 모형

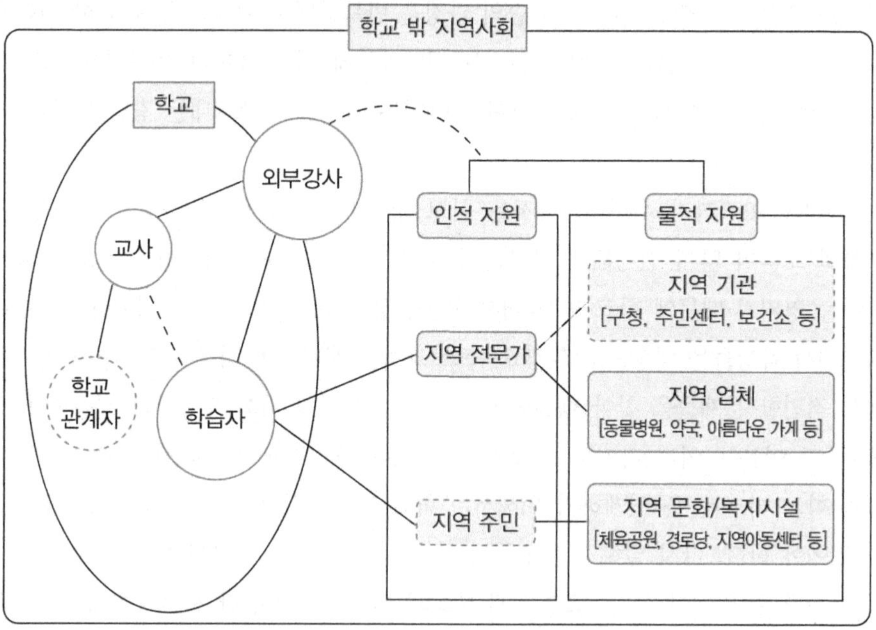

출처: 김가형과 이현주(2017a, p. 457)

육프로그램(SSI education in Community; SSI - COMM)은 [그림 12.1]과 같이 지역사회와 학교를 연계하는 교육을 잘 표현하고 있다.

SSI－COMM을 담당한 학교는 교사와 프로그램을 지원하는 외부 강사, 그리고 학교 관계자의 협조가 있었다. 외부 전문가들은 직접 프로그램을 운영하기도 하고, 프로그램 내 학교 밖 활동을 진행하기 위해 관련 있는 지역 업체나 기관 등을 섭외함으로써 학교와 학교 밖 지역사회를 잇는 연결고리 역할을 하였다. 반면, 학교 교사는 외부 강사와 학교 관계자들의 중간에서 원활한 수업을 위한 행정적 지원(예 학교 밖 활동 허가, 차량 섭외 등)을 담당하였다. 외부 강사보다 참여 학생들의 개별적인 특성을 더 잘 이해하고 있었기 때문에 외부 강사의 수업을 효과적으로 지원할 수 있었다.[2] 지역사회의 구성요소는 지역사회 인적 자원과 물적 자원으로 구분되었다. 지역사회 인적 자원은 지역 전문가와 지역 주민이 해당된다. 물적 자원은 구청, 주민센터, 보건소 등의 지역 기관과 동물병원, 약국, 아름다운 가게 등의 지역 업체와 체육공원, 경로당, 지역아동센터 등의 지역 문화/복지시설이 포함되었다. 지역사회의 구성요소 중에 지역 전문가는 지역에 거주하고 있어 해당 지역에 대한 지리적, 사회적, 문화적 상황을 잘 이해하고 있을 뿐만 아니라, 각 이슈와 관련된 업종에 종사하여 전문적 지식을 갖추고 있었다. 지역 전문가들의 대부분은 동물병원, 아름다운 가게, 약국 등 지역 업체 운영자들이었다. 연구자들은 지역의 주민센터, 해당구청 등 공공기관의 전문가들의 참여가 행정적 절차로 인해 쉽지 않았음을 지적하였다. 그러나 공공기관의 전문가들은 지역 업체 운영자들과 달리 학생들에게 지역사회의 다양한 입장과 기관의 역할을 인지하는 데 도움을 줄 수 있기 때문에, 적극적인 운영자로서 참여할 필요가 있다. 또한 SSI－COMM에서 학생들이 학습한 내용을 지역의 구성원들과 공유하고 실천한다는 측면을 강조한다는 점을 고려할 때, 지역 주민과의 상호작용은 앞으로도 매우 중요한 요소가 될 수 있겠다. SSI－COMM에서 학생들이 프로그램 진행 중에 만나게 되는 지역 주민은 학생들이 직접 제작한 설문을 통해 이슈에 대한 그들의 의견을 다양하게 수렴하고 공유해보는 경험을 제공하는 데 중요한 역할을 담당했다. 그러나 지역 주민들이 SSI－COMM과 같이 지역사회와 연계된 교육 형태에 대해 많이 인지하고 있지 못했기 때문에 설문이나 학생들과의 대화를 거절하는 경우도 적지 않았다.

---

2) SSI－COMM에서 학교 교사가 직접 수업을 운영하고 외부 전문가의 지원을 받는 형태로 운영될 수 있음. 그러나 이 연구에서는 아직까지 SSI 교육에 대해 경험이 적은 교사들을 위해 외부 강사가 수업의 많은 부분을 운영하였음.

앞으로의 학교교육은 지역사회를 단순히 견학을 위한 장소 리소스로만 보는 것이 아니라 지역 구성원들이 학습에 기여할 수 있는 통로의 역할을 할 수 있어야 한다. 또한 학교가 지역사회에 일방적으로 요구하는 형태의 교육이 아닌 학생들도 학교에서 학습한 내용을 지역사회로 환원하기 위해 실천을 행하는 교육이 되어야 한다. Volk와 Cheak(2003)는 환경 교육을 위한 지역사회연계 프로그램을 운영하였는데, 그 결과 학생뿐만 아니라 학부모, 지역 사회 주민들도 모두 만족해하는 결과를 가져왔다. 이 연구의 참여자들은 지역사회와 연계된 프로그램이 "변화에 두려워하는 사람들의 눈을 뜨게 해주었고… 비로소 변화가 필요하다는 것을 깨닫게 되었다"고 응답하였다. Volk와 Cheak은 이러한 변화를 "모든 사람들이 참여하게 만드는 연쇄반응(chain reaction)"과 같다고 표현하였다. SSI-COMM과 같은 작은 변화와 시도를 통해 학습의 맥락을 지역사회로 확장하는 노력은 지속되어야 할 것이다. 학교와 지역사회가 연계된 과학교육은 학생뿐만 아니라 교사, 지역주민 등 참여자 모두를 위한 시민교육의 형태가 될 수 있기 때문이다.

사례 12.1 지역사회연계 SSI 수업에 참여한 운영자들은 무엇을 느꼈을까?[3)]

지역사회연계 과학이슈 프로그램(SSI-COMM)에는 여러 운영 주체들이 포함되어 있다. 이들은 SSI-COMM의 운영에 대해 어떻게 느꼈을까? 이것이 우리가 연구를 시작하게 된 계기이다. 이 프로그램은 서울시와 서울산업진흥원의 2015년 「청소년 생각배움 지원사업」의 지원으로 운영되었으며, 우리는 총 3개의 프로그램을 개발하여 운영하였다. 이 세 프로그램에는 교사, 외부 강사, 지역 전문가(수의사, 기관 교육담당자, 운영매니저) 등이 참여하였다. 이 외에도 여러 지역 주민들이 참여하였으나, 면담 참여에 동의하지 않아 자료수집은 하지 못했다.

참여한 교사들은 대부분 자유학기제 담당 교사로 전공은 도덕, 국어, 과학으로 다양하였다. 외부 강사는 SSI-COMM 개발에 직접 참여하고 실제 학교와 지역사회현장에서 프로그램을 운영하였다. 이들은 과학관, 도서관, 생활과학교실 등 학교 밖 과학교육 현장에서 전문교육강사로 강의경력(5~24년)을 가지고 있기 때문에, 우리가 개발한 프로그램의 운영에 적합할 것으로 생각되었다. 지역 전문가는 각 프로그램의 일환으로 학생들과의 면담을 통해 직접적인 상호작용 활동을 한 전문가로 동물병원 수의사, 반려견 입양센터의 교육 담당자, 아름다운 가게의 운영매니저 등이 포함되었다.

---

3) 김가형과 이현주(2017a) 논문의 일부가 요약 및 발췌되었음.

면담 결과, SSI-COMM을 운영한 교사, 외부 강사 및 지역 전문가들은 공통적으로 학생들의 직접적 실천과 참여 경험의 중요성을 다시 한 번 체감하였다. 우선, 학교 교사들은 학생들이 삶 속에서 직면하는 과학이슈의 해결을 위해 활동에 참여하고 실천에 옮겨보는 경험들이 과학이슈에 대한 이해를 높일 뿐만 아니라, 이슈 해결에 대한 실천의지를 함양하는 데 밑거름이 될 것이라고 평가하였다. G학교 교사는 학생들이 "'쓰지 않는 물건이나 버리는 물건을 재사용하거나 분리수거하여 원재료로 다시 사용한다'는 재활용의 기본적인 정의에 대해서는 잘 알고 있지만, 실제로 그 물건들이 어떤 과정을 거쳐 재활용되는지에 대해서는 학교 교육과정 내에서 다루지 않아 이해하기 어려워한다"고 설명하였다. 이 때문에, 자신도 과학교사로 매년 환경동아리를 운영하면서 환경동아리 학생들을 데리고 매년 지역의 자원순환공원을 방문해왔다. 그래서 자원순환공원이나 아름다운 가게 방문을 통해 자원순환이 지역사회에 기여하는 것을 직접 보고 느껴보는 경험이 큰 의의가 있다고 믿었다. 사실 교사들은 그동안 학생들과 외부 기관 방문을 수차례 해본 경험이 있다. 그러나 SSI-COMM과 같이 학생들이 전문가와 직접적인 상호작용을 하는 것을 본 적은 거의 없었다고 응답했다. 이들은 학생들이 학습의 주체로서 전문가와의 만남에 참여한다는 인상을 받았다고 설명하였다.

> 아이들이 평소에 동물병원의 내부까지 들어가 보지 못하잖아요. 그런데 동물병원을 방문하면서 병원내부 시설이 크기는 작지만 수술대, X선 촬영기, 입원실 등 사람들과 똑같았다는 반응을 보여요. 아이들이 동물들도 아프면 병원에서 치료받는 것들이 사람과 같다는 것을 보면서, 반려동물과 사람을 동일시하기도 하고 동물 생명에 대한 소중함을 느끼는 것으로 보여요. 대부분 아이들이 수술실에 들어갔을 때 반응은 "와~"에요. 그리고 동물병원에 다녀와서 "선생님 동물병원에 가보니까 신기했어요. 그 전에는 몰랐는데 들어 가보니까 입원실도 있어요. 사람이랑 똑같아요."라고 반응하는 아이들이 있었어요.(강사 1)

지역 전문가들도 학생들의 실천과 참여 경험에 대해 높이 평가하였다. 그들은 학생들이 지역 기관을 직접 방문하는 체험이 지역사회문제에 대한 관심을 높이고, 동시에 지역사회 구성원들의 역할을 자연스럽게 알아갈 수 있다고 보았다. 아름다운 가게 매니저는 학생들이 체험을 통해 아름다운 가게에서 일어나는 자원순환과정과 재사용, 업사이클링 과정에 대한 정보를 얻을 뿐만 아니라, 아름다운 가게에서 발생하는 수익금이 지역사회에 환원되는 과정을 인식함으로써 지역사회와 공존해나가는 것의 중요성을 알게 될 것이라고 기대감을 나타냈다. 또한 아름다운 가게에서 활동하고 있는 자원봉사자들을 만나 이들의 역할과 봉사활동을 자연스럽게 인지하는 것이 앞으로 학생들이 자발적으로 봉사활동에 참여하도록 하는 씨앗이 될 것이라고 믿었다.

또한 SSI-COMM에 참여한 수의사를 비롯한 지역 전문가들은 학생들과 교육 상황에서 본인의 전문 영역에 대해 소통해본 경험이 매우 소중했다고 응답하였다. 또한 본 프로그램을 통해 지역사회에 속한 일원으로서 지역사회를 위해 기여할 수 있는 방법에 대해 알게 되고, 지역 전문가들의 교육에 대한 관심과 기여가 절실히 필요함을 인식하게 되었다고 응답하였다. A동물병원은 5~6명의 사람이 들어 갈 수 있는 정도의 공간을 갖고 있는 작은 규모였으며, 수의사 1인, 애견미용사 1인이 근무하고 있었다. 이 지역에서 30년 이상 A동물병원을 운영하고 있는 수의사 1은 가끔 학생들이 동물병원에 들어와서 동물에 관해서 물어보고 간 적은 있었지만, 이 프로그램처럼 학생들이 동물병원을 방문한 적은 없었다고 한다. B동물병원의 수의사 2도 그동안 동물병원에 직업체험을 목적으로 방문했던 대부분의 학생들은 수의사의 직업 자체에 대한 질문을 하였으나, 이번 방문에서는 학생들이 유기동물을 중심으로 문제해결을 위한 질문을 하였다는 점이 새로웠다고 응답하였다.

> 저는 언제든지 환영이에요. 이런 지역사회연계 프로그램에 참여하는 게 저는 아주 좋다고 생각해요. 저도 이렇게 적극적으로 하는 사람은 아니었거든요. 지역사회에 뭘 해야겠다던가 그러지는 않았거든요. 개인적으로는 강아지, 고양이, 유기견을 데려다 키우는 사람들은 개인적으로 도와주고는 있는데 그렇게 적극적으로 찾아가서 하지는 않았어요. 그런데 학생들이 와서 이렇게 하는 것을 보니까 저도 관심을 가져야 하겠구나 하는 생각이 점점 더 들어요.(수의사 1)

> 해마다 학생들이 직업체험형식으로 동물병원을 많이 방문합니다. 대부분 초등학생 5~6학년들, 아니면 중학생들… "어떻게 하면 수의사가 되느냐?", "보람이 있느냐?", 어려운 점 등 천편일률적이죠. 하지만 이번 아이들은 다른 질문들을 하더라구요. 유기동물에 대해서도 물어보고. 시각이 좀 다르다고 해야 하나요? (Q: 어떤 점에서 다른가요?) 수의사의 직업에 대한 궁금한 점이 아니라 유기동물에 대해 어떻게 생각하는지, (이슈해결을 위한) 수의사의 역할 등 새로운 질문들이었고, 이런 질문들이 매우 긍정적이었어요. 저에게는요. 아이들이 유기동물에 대해 생각하는 것도 어른들과는 달라요. 안쓰러워하면서도 어느 정도 책임을 지고 걔네들을 돌봐야 한다는 것들을 알아요.(수의사 2)

지역의 전문가가 교육에 참여하고자 하는 의지를 보였다는 점은 SSI-COMM의 중요한 결실 중 하나라 할 수 있다. 전문가들이 교육의 중요성을 인지하고 교육에 참여하고 싶은 마음이 있다고 하더라도, 실제 그들이 참여할 수 있는 방법은 매우 제한적인 것이 사실이다. 단순히 사업체나 기관의 방문을 허용하는 것이 아니라, 지역사회문제를 해결하기 위해 자신의 전문성을 나누는 과정은 이들에게 교육적 참여의 중요성을 함께 인지하고 교육의 운영 주체로서 만족감을 느낄 수 있게 하였다.

12.1.3 SSI 교수를 위한 지속적인 교사교육과 지원

학교과학교육에 변화를 가져오기 위해서는 결국 과학교사들의 움직임이 가장 중요할 수밖에 없다. 국가 수준의 교육과정을 실행하는 교사가 어떠한 비전을 갖고 교육과정을 해석하고 수업을 구성하여 운영하는가에 따라 그 교육의 효과는 달라지기 때문이다. Zeidler가 언급한 대로, SSI 수업의 효율적인 운영을 위해서는 기존 수업의 '본질적 재구조화'가 필요하기 때문에 교사들이 SSI 교육에 대한 보다 큰 관심을 갖고 수업에 녹여낼 수 있도록 돕는 지원이 필요하다.

지금까지 교사들이 SSI 수업을 할 수 있도록 도움을 주고자 시도했던 연구들이 많이 있었다. 대규모 연수도 실행해보고, 전문가와 교사들이 정기적으로 만나 수업을 변화시키는 실행연구를 수행하기도 하였다. 교사들은 연수나 실행연구 등을 통해 SSI 교육의 필요성과 중요성에 대해 인식하게 되고, SSI 수업을 좋아하는 학생들의 긍정적인 반응을 봤음에도 불구하고, 여전히 여러 면에서 어려움을 토로했다.

우리는 교사들이 SSI 수업을 어려워하는 이유에 대해 본질적으로 생각해볼 수 있다. 관련된 지식의 부족, 교육과정 운영의 비융통성, 자료의 부족 등도 매우 중요한 요인이지만, 그보다 앞서 교사들이 SSI와 SSI 교육에 대해 인식하는 방식도 매우 중요한 요인이다. 우리 사회에는 너무나도 다양한 SSI가 있다. 각각의 SSI는 너무 서로 다른 가치와 집단들이 얽혀져 있어 복잡성을 띤다. 이렇게 복잡한 SSI를 교사가 SSI 수업으로 변환하기까지 [그림 12.2]와 같이 크게 두 단계의 프레이밍 과정을 거친다. 즉, SSI가 지닌 가치나 관점, 본성 등에 대한 인식론적 프레이밍의 과정과 SSI 수업을 통해 지향하는 바가 무엇인지에 대한 교수적 프레이밍이다.

SSI가 지닌 복잡성은 교사의 프레이밍 과정에 의해 복잡성이 감소되고, 이것이 교사의 수업에 반영되게 된다. 사례 9.1, 사례 9.2, 사례 9.3을 보면 SSI를 다루는 교사(Jenna, Jeff, Sarah)의 수업에서 이러한 프레이밍이 어떻게 발현되는지를 볼 수 있다.

SSI에 대한 인식론적 프레이밍 과정은 주어진 SSI를 어떠한 관점에서, 또 그 본성을 어떻게 해석할 것이냐를 의미한다. 어떤 교사는 원자력 발전과 관련된 논쟁을 위험과 효율성의 두 가지 측면에서 대립되는 쟁점으로 정의할 수도 있고, 어떤 교사는 환경과 인간이 지속가능한 발전을 이루기 위해 합의를 필요로 하는 문제로 생각할 수 있다. 그러나 일부 교사들은 SSI 자체에 대한 충분한 해석의 과정을 거치지 않

그림 12.2 교사들의 인식론적 전환

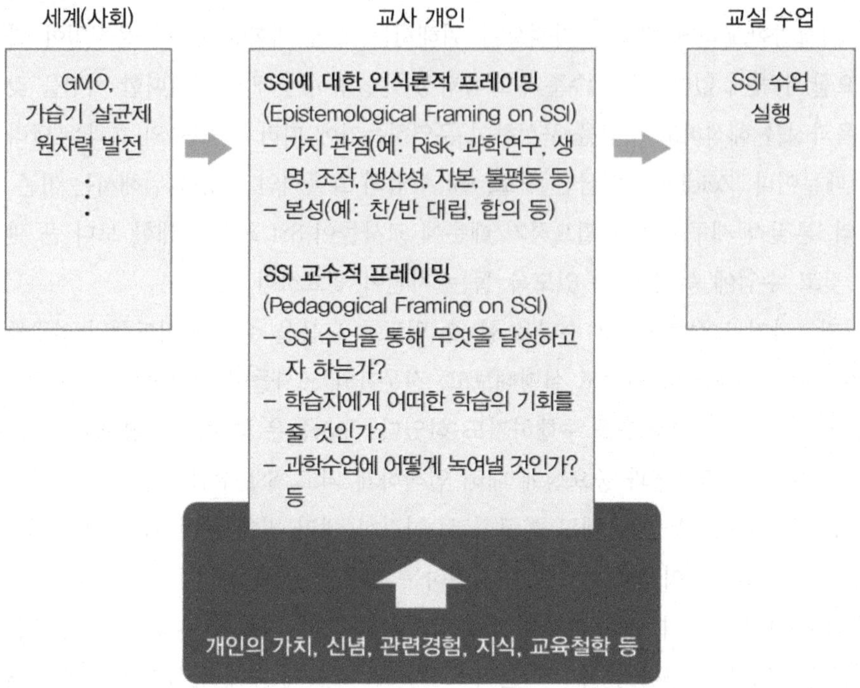

는다. 즉, 원자력 발전과 관련된 논쟁의 본성을 충분히 탐색하지 않고, 중립적으로 관련된 입장을 찾아 나열하는 것에 초점을 맞추는 경향을 보인다. 이것은 SSI 본성에 대한 인식론적 프레이밍보다는 SSI 교수적 프레이밍에만 초점을 둠을 의미한다.

교사가 SSI의 본성을 인식한다는 것은 제1장에서 논의한 과학지식과 과학에 대한 지식 중 과학에 대한 지식을 과학수업의 중요한 요소로 받아들이는 기본이 되기 때문에 SSI 수업에 있어서 중요한 과정이다. SSI를 교수적 도구로 여기고 교수적 측면에서만 해석하게 되면 SSI 수업에 대해 다음과 같은 갈등을 지속적으로 하기 쉽다.

> 이런 문제들(SSI)을 다루다 보면, "내가 과학 선생님이 맞나?", "이게 과학수업이 맞나?"라는 생각이 들어요. 과학지식이 별로 들어가지 않는 경우가 많잖아요. 예를 들어, 존엄사에 대해 이야기한다고 해도 논쟁의 핵심이 과학은 아니잖아요. 누구의 권리가 더 중요한가의 문제잖아요.

저는 과학이 사회에 어떻게 적용되는지 말해주는 것은 참 의미 있다고 생각해요. 학생들도 실제로 과학이 어떻게 적용되는지 보면, 과학에 더 흥미가 생길 것이고, 더 알고 싶어 질 것 같구요. 그렇지만, 과학에서 가치 문제를 다루는 것은... 물론 다룰 수는 있겠지만, "그것을 꼭 과학수업에 해야 되나?"라는 생각도 들구요. 수업시간에 다루어야 할 과학지식도 많잖아요. 시간이 부족할 만큼.

두 가지 응답 모두 교사가 과학지식과 과학에 대한 지식을 별개로 생각하고 있음을 알 수 있다. "내가 과학 선생님이 맞나?", "이게 과학수업이 맞나?", "그것을 꼭 과학수업에 해야 되나?"와 같은 질문은 과학수업에서 과학지식을 다루어야 한다는 믿음에서 생겨난다. 존엄사 논쟁이 포함하고 있는 과학에 대한 지식은 과학수업에서 포함되기에는 부담이 되는 내용이라는 인식을 보여준다. 교사들이 SSI 수업에 있어 어려움을 갖는 근본적 이유 중 하나는 바로 교사 본인이 SSI에 대해 어떻게 인식하는가와 연관되어 있음을 말해준다.

Bencze는 개인이 SSI를 어떠한 방식으로 프레이밍 하는가에 따라 실천에 대한 동기화 수준, 실천의 양상이 달라질 수 있다고 이야기하였다(Bencze & Krstovic, 2017). 즉, 교사의 프레이밍 과정은 교사의 실행을 동기화하며, 어떻게 실행할 것인가에 대한 방향성을 제시한다. 따라서 교사들에게 SSI 교수에 대해 고려할 때 교사들 본인이 SSI에 대해 본질적으로 고려해보는 과정, 그리고 그것을 자신의 교수와 연결 짓는 과정을 포함할 필요가 있다.

두 번째로, 교사들이 SSI가 지닌 간학문적 특성을 이해하고 수업시간에 다루는 것에 대해서 부담을 해결하는 방법 중 하나는 교사 공동체의 활성화이다. 교사들의 교과모임은 현장에서 수업을 진행하는데 겪는 어려움들을 해소시키는 역할을 할 뿐만 아니라 교사로서의 정체성을 형성해나가는 장이 될 수 있다. Wenger의 실천공동체 이론에 따르면 공동체에 내재되어 있는 명시적·암묵적인 지식,[4] 예를 들어 책이나 논문, 구성원들의 특정한 행동방식, 문제점이나 아이디어에 대한 관점, 사고방식, 집단적 행태 등을 공유함으로써 그들의 전문성을 형성해 나간다고 하였다. 또한 공동체의 구성원은 교사모임과 같은 실천공동체에 참여함으로써 다른 구성원들과

4) Wenger(Lave & Wenger, 1991; Wenger & Snyder, 2000)는 공동체에 내재되어 있는 명시적·암묵적인 지식을 실천(practice)라고 정의하였음.

끊임없이 관계를 맺고 과학수업에 대한 의미를 협상해나갈 수 있다. 즉, 과학교사들은 다른 교사들과 과학수업의 새로운 방향에 대해 논의하는 과정을 통해 과학지식을 중시하는 전통적 과학수업의 관점에서 과학에 대한 지식을 받아들이는 확장된 관점을 갖게 될 수 있다.

실제로 SSI 교수에 관한 교사공동체에서 교사들의 SSI-PCK의 발달을 살펴본 연구(정행남, 류선아, 2017)를 보면, 오랫동안 SSI 교사모임에 참여해 오면서 교사들이 자연스럽게 과학과 기술의 본성, 과학이 우리의 삶과 사회, 환경에 미치는 영향 등을 이해하게 되고, 그 중요성을 받아들이게 되는 것을 볼 수 있다. 또한 SSI 교수에 대한 자료집을 발간하고 워크숍도 준비하면서 SSI를 가르칠 수 있는 교수 지식(SSI-PCK)에 대한 이해도 높아지는 것을 볼 수 있다. 전문가와의 실행연구나 멘토링도 효과적인 교사교육 방법이지만, 현실적인 제한점을 고려할 때 교사 공동체는 더 효과적일 수 있다.

12.2 SSI 교육이 나아갈 방향

사회는 급속하게 변화하고 있다. 거의 날마다 과학기술과 관련된 사회문제들이 미디어를 통해 보도된다. SSI는 어쩌다 마주치는, 그래서 무시해도 큰 문제없이 넘어갈 수 있는 그런 수준이 아니다. 우리는 가습기 살균제 같은 화학물질 때문에 불안해하고, 살충제로 오염된 계란을 먹어도 되는 건지, 화학 처리된 생리대를 계속 사용해도 되는 건지 등에 대해 두려워한다. 날씨 좋은 봄날에 뿌연 미세먼지 때문에 마스크 없이는 맘껏 걸어 다닐 수 없는 것에 속상해하며, 미세먼지를 줄일 수 있는 방안은 없는지, 피해를 줄일 수 있는 방안은 없는지 찾아보기도 한다.

그렇다면 과학교육은 이들을 위해 어떠한 역할을 해야 하는가? 삶 속에서 직면하는 쟁점들에 대해서 작은 의사결정이라도 필요하다면 합리적으로 판단할 수 있는 소양을, 문제해결이 필요하다면 문제해결을 위한 과정에 함께 참여할 수 있는 실천적 소양을 길러주어야 한다. SSI는 서로 다른 가치관과 입장들이 첨예하게 대립되는 논쟁적인 상황이기 때문에, 다양한 생각과 가치관, 문화·사회적 배경을 지닌 사람들이 모여 충분히 소통하고 지혜를 모을 때 최선의 해결책을 마련할 수 있다. 이런

한 과정은 문제해결을 위한 실천의 기반이 된다.

SSI 교육은 [그림 12.3]에서와 같이 과학적 소양에 대해 어떠한 비전을 갖고 있는가에 따라 여러 수준으로 진행될 수 있다. 수준 1은 과학 개념과 원리, 과학적 탐구과정의 학습을 중시하는 학교과학에 초점을 두면서 SSI를 도입하는 단계를 의미한다. 즉, Roberts가 제시한 Vision I의 관점에서 SSI를 다루는 것이다. 예를 들어, 교사가 과학수업에서 핵분열에 관해서 가르친 후, "여러분이 오늘 배운 핵분열은 원자력 발전소가 작동되는 가장 기본이 되는 원리에요. 많은 과학자들이 핵분열과 관련된 연구를 하고 있어요. 우리나라는 핵발전을 통해서 우리나라 전체 에너지 소비의 34% 정도를 충당하고 있죠. 잠재적인 위험성은 있지만, 없어서는 안 될 주요 에너지원이에요."와 같이 소개할 수 있다. 교사는 원자력 발전에 대해 소개하고 있지만 주된 초점은 학생들이 핵분열의 원리를 이해하고 이러한 원리에 관심을 갖도록 하는 데 있다.

수준 2는 학교과학에서 일상생활 속에서의 과학으로 넘어가고자 하는 과도기적

그림 12.3 SSI 교육의 단계

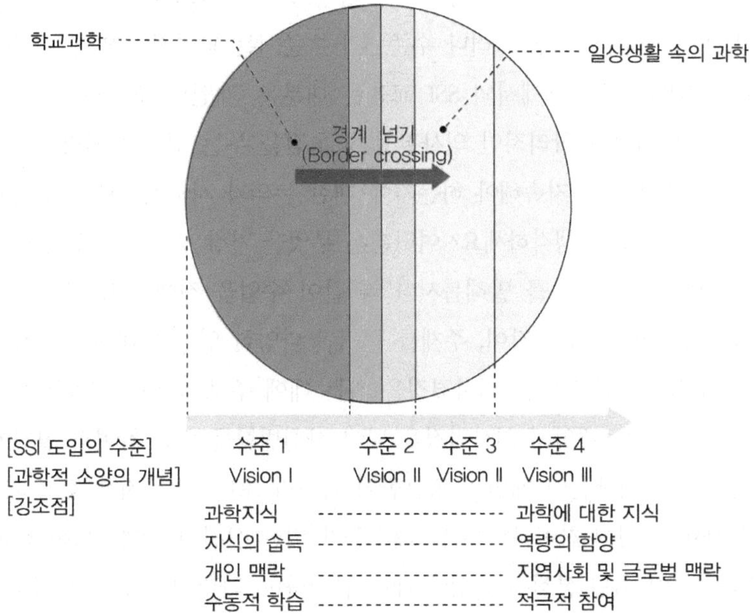

단계라고 볼 수 있다. 이 수준은 STS 교육이 도입되었던 초기의 교수유형과 유사하며, 실제로도 STS 수업과 크게 구별되지 않을 수 있다. 이 수준은 학생들을 잠재적인 과학자나 공학자로 여기기보다는 '모든 이를 위한 과학'과 같이 과학을 실생활에서 적용하고 활용할 수 있는 시민을 양성하는 데 목적이 있기 때문에 Roberts가 제시한 Vision II의 관점을 반영한다. 예를 들어, 핵분열에 대해 학습한 후 교사가 "오늘 배운 핵분열이 우리나라 주요 에너지원인 원자력 발전의 원리와 어떻게 연관되는지 알아봅시다. 원자력 발전의 장점은 무엇일까요? 어떤 사람들은 원자력 발전의 위험성에 대해 우려하는데, 어떠한 위험들이 있을까요?"와 같이 수업을 진행할 수 있다. 학교과학의 내용을 중심으로 일상생활과 연결하고자 한다는 점에서는 수준 1과 유사하지만, 그 방향성이 시민으로서의 소양을 갖추도록 한다는 점에서 차별화된다.

이에 반해 수준 3과 수준 4는 학교과학으로부터 시작하는 것이 아니라 일상생활의 이슈인 SSI로부터 학습이 시작된다. 학교과학이 과학지식(knowledge in science)의 전달과 습득에 초점이 있는 것과 달리, 수준 3과 수준 4에서는 과학에 대한 지식(knowledge about science)도 중요하게 여긴다. 즉, 과학지식의 불확실성에 대해 인식하고 의문을 제기하며, 그것이 어떻게 산출되었고 우리 사회와 어떠한 영향을 주고받는지에 대해 관심을 둔다. 그러나 수준 3과 수준 4는 과학적 소양에 대한 관점에서 차이를 보인다. 수준 3에서의 SSI 교육은 대부분 '개인의 도덕·윤리적 추론'과 '과학적 근거에 기반한 합리적인 의사결정'에 초점을 두는 경우가 많다. 예를 들어, 교사가 "원자력 발전을 지속해야 하는가에 대한 논의가 사회적으로 진행되고 있습니다. 여러분은 어떻게 생각하세요? 여러분은 무엇을 가장 중요하게 생각하나요? 입장을 결정해보고, 그 이유를 말해봅시다"와 같이 수업을 진행한다. 이것은 Zeidler와 Sadler가 강조했던 바와 같이, 주제를 둘러싼 다양한 입장에 대해 이해하고 이를 바탕으로 개인의 책임감 있는 의사결정을 하는 데에 주로 초점이 있음을 의미한다. 이에 반해, 수준 4는 개인의 의사결정을 넘어 사회변화를 위한 참여와 실천에 주된 목적이 있다. 즉, 학생들이 개인의 평안함이 아니라 보다 큰 목적을 갖고 과학관련 이슈들에 대한 논쟁에 참여하고 이를 해결하기 위한 실천에 참여하도록 하는 수준이다. 과학기술이 지닌 본질적 속성에 대해 탐색하며, 과학적 소양의 관점도 Vision III을 지향한다. 예를 들어, 교사가 "원자력 발전을 지속해야 하는가에 대한 논의가 사회적으로 진행되고 있습니다. 이 문제의 본질이 무엇인가요? 관련 정책들이 과학기술자들이나 정책가들에 의해 주로 결정되고 있기 때문에, 원자력 발전소 건설에 대해 우리들이 염려하는 것이 무엇인지에 대한 생각이 충분히 전해지지 않을 수 있습니다. 우리는 이 문제를 비판적으로 생각해볼 필요가 있어요. 우리는 시민으로서 어떤 목소리를 낼 수 있을까요?"와 같이 참여와 실천을 강조하는 수업으로 이끌어 나갈 수 있다. 즉, 개인의 맥락을 넘어 사회적 맥락으로 문제를 확장시켜 과학관련 이슈들에 대한 논쟁에 참여하고 이를 해결하기 위한 실천에 참여하도록 하는 수준이다. 지역사회와의 활발한 연계를 통해 학생들이 지역사회의 문제를 찾아내고, 이를 다른 사람들과 공유하며, 문제해결을 위해 참여하도록 유도할 수도 있다. 이 수준의 SSI 교육이 수행되기 위해서는 과학교육과 시민교육, 윤리교육, 인성교육 등의 통합적 접근이 요구된다.

즉, 동일한 SSI 주제를 다룬다고 해서 동일한 SSI 수업이 되는 것은 아니다. 우리가 과학적 소양에 대해 어떠한 비전을 갖고 있는가, 우리가 어떠한 교육을 지향하는가에 따라 SSI 수업의 수준과 방향도 변화될 수 있다는 것이다. 물론, 수준 4만이 바람직한 SSI 수업이라고 단언할 수는 없다. 교사의 교육목적에 따라, 학교 현장 여건에 따라 적절한 수준의 SSI 수업이 있을 수 있다. 그러나 보다 실천적인 과학적 소양의 비전을 지향한다면, 학생들에게 지식을 전달하거나 단순히 실생활 수준의 문제를 소개하는 데 그치지 않고, 지역사회나 글로벌 맥락에서 SSI에 대한 해결 방안을 찾기 위한 과정에 참여하는 학습의 경험을 강조해야 한다. 학생들을 교사가 전달하는 지식을 습득하는 수동적인 존재로 보는 것이 아니라, 학습 과정의 주체로서 학습을 구성해나가는 적극적 참여자임을 믿고 이들의 역량을 함양하는 방향으로 교육을 해야 한다.

참여와 실천을 강조하는 SSI 교육을 실현하기 위해서는 해결해야 할 이슈들이 많다. 학교과학이라는 문화를 둘러싼 두꺼운 벽을 조금씩 허물어나가는 데에도 시간이 걸리며, 학교환경과 교육 제도, 사회적 분위기도 함께 변해야 가능하다. 일부 교사나 학자들은 학교교육의 벽을 깨고 수준 4로 진행하는 교육의 방향이 올바른지에 대해 근본적인 의문을 제기할 수도 있다. 오랜 시간 중요하게 여겨졌던 과학지식과 탐구 과정에 대한 가치가 폄하되는 것은 아닌지 염려할 수도 있고, 과학교육의 정체성은 무엇인지에 대한 혼란을 느낄 수도 있다. 이러한 의견도 수용하고 귀 기울일 필요가 있다. 현재 시점에서 실천과 참여를 지향하는 SSI 교육이 다소 이상적으로 여겨질 수 있다. 그러나 현실적인 제한점에 갇혀 있기보다는 앞으로 과학교육이 나아가야 할 방향에 대해 함께 논의하고 그것을 달성할 수 있는 방안에 대해 숙고해보는 과정은 충분한 의미가 있을 것이다.

찾아보기

I N D E X

ㄱ

가치와 정보에 기반한 추론 114
감정적 추론 65
개인의 가치관 71
개인의 신념 71, 98
개인적 성향 167
결핍모델 42
경계 넘기 18
경험과 선호도 76
공감적 배려 157
과학 및 기술의 본성 192
과학 및 기술의 본성에 관한 지식 201
과학관련 사회쟁점에 대한 책무성 158
과학교사의 신념 174
과학기술관련 사회쟁점 24, 29
과학기술의 본성 21, 129
과학내용 지식 127
과학만능주의 101
과학 및 기술의 본성 교수지향 195
과학에 대한 지식 20
과학의 본성(NOS) 79
과학적 소양 30, 32, 35, 39
과학지식 77
과학학습 동기 140
과학학습 태도 140
교과교육학지식 200
교사공동체 308
교사연수 프로그램 182
교실 문화 101
교육과정에 관한 지식 209
글로벌 과학소양 57
기능적 과학소양 34
기술의 본성(NOT) 81

ㄴ

논박 클러스터 106
논증활동 104
논증 및 의사결정능력 139

ㄷ

다양한 관점에 대한 포용 157
다양한 관점의 고려 113
담화 클러스터 105
담화 104
담화요소 112
대안 결정 수업모형 254
도덕·윤리적 민감성 116, 157
도덕적 동기화 68
도덕적 민감성 67
도덕적 인격화 68
도덕적 추론 66
도덕적 판단력 67

ㄹ

RiNA 프로젝트 55

ㅁ
모든 이를 위한 과학 33
문화적 요인 100
미래 상황 예측 수업모형 250

ㅂ
발문 283
발산적 모형 249
변칙사례 97
복잡성 63
분산인지 242
불확실성 17, 18
비구조화된 문제 24
Vision I 32
Vision II 32
Vision III 34
비판적 시민교육 48
비형식적 추론 64
Bildung 34, 36

ㅅ
사례 중심 교수법 240
사회 참여적 패러다임 35, 295
사회·도덕적 공감 155
사회적 실천 37, 192, 216
사회적 실천 교수지향 195
사회적 책임감 44, 158
상황인지이론 240
상황학습 127
생태학적 세계관 153
세계시민교육 296
STEPWISE 프로그램 51
시민역량 133, 216
시민역량과 인성 192
시민역량과 인성 교수지향 195
시민교육 47
시스템 차원 88
실생활과의 연결 194
실제 사례 탐색 수업모형 252
실천의지 37, 158, 165
실천적 패러다임 37
실행 차원 87
실행연구 259

ㅇ
아이디어 생성 수업모형 250
아이디어 생성 클러스터 107
SLEP21 56
SSI–PCK 204
SSI 교사연수 228
SSI 교수방법 207
SSI 교수방법에 관한 지식 207
SSI 교수적 프레이밍 305
SSI 교수전략 208
SSI 교수지향 184, 191, 205
SSI 교육 21, 29
SSI 교과교육학지식 204
SSI 교수 효능감 180
SSI 담화 103
SSI 맥락 93
SSI 인식론적 프레이밍 305
SSI 수업 28
SSI 수업구성 269
SSI 수업모형 248
SSI 수업목표 설정 271
SSI 수업설계 263
SSI 수업전략 283
SSI 수업평가 287
SSI 수업활동 274
SSI 수업환경 288
SSI 문제 상황 266
SSI 추론 63
SSI 학습평가에 관한 지식 213
SSIBL 접근 45

SSI－PCK 상호작용 216
STS 교육 21
STSE 교육 52
STSE 실천 52
역량 26
위험사회 14
위험 인식 75
의사결정 모형 254
의사소통능력 137
이성적 추론 65
IRRESISTABLE 프로젝트 49
인간과 자연과의 관계성 153
인간중심적 접근 173
인공물 차원 85
인성과 가치관 151, 160
인성교육 143
인식론 201

ㅈ
쟁점 탐색 수업모형 252
조정 및 합의 클러스터 106
지속가능한 발전 153
지속적인 탐구와 회의적 사고 115
지식 전이를 위한 역치 모델 78
지식 차원 85
지식과 고등사고능력 194
지역사회연계 과학이슈 프로그램(SSI－COMM) 165, 280, 300
지역사회와의 연계 297
직관적 추론 65
집단적 합의 수업모형 254
집단지성 241

ㅊ
첨단과학 기술관련 내용지식 200

ㅌ
탐색 클러스터 106
탐색적 모형 252
TAP 111

ㅍ
PARRISE 프로젝트 45

ㅎ
학교과학 18
학생 중심 활동 193
학생의 SSI 학습에 관한 지식 211
학습환경에 관한 지식 214
핵심역량 134
형식적 추론 64
회의적 사고 63

참고문헌

REFERENCE

고연주(2017). **대학생의 가치지향성에 따른 과학관련 사회쟁점에 대한 논증의 특성과 인성 함양에의 효과 비교.** 이화여자대학교 대학원 박사학위 논문.

고연주, 이현주(2017). 과학관련 사회쟁점을 활용한 대학생 인성교육의 효과–개인–집단중심성향에 따른 비교–. **한국과학교육학회지, 37**(3), 395–405.

고연주, 최윤희, 이현주(2015). 과학관련 사회쟁점(SSI) 맥락에서의 소집단 논증활동 분석틀 개발: 담화클러스터와 담화요소의 분석. **한국과학교육학회지, 35**(3), 509–521.

김가형(2016). **지역사회연계 과학이슈 교육프로그램이 중학생들의 이슈에 대한 이해와 시민으로서의 인성 함양에 미치는 효과.** 이화여자대학교 대학원 박사학위 논문.

김가형, 이현주(2017a). 지역사회연계 과학이슈 교육프로그램 운영의 교육적 함의에 대한 운영 교사 및 강사, 지역 전문가의 인식 탐색. **한국과학교육학회지, 37**(3), 453–464.

김가형, 이현주(2017b). 지역사회연계 미세먼지 교육프로그램이 중학생들의 이슈에 대한 이해와 시민으로서의 인성과 가치관 함양에 미치는 효과. **한국과학교육학회지, 37**(6), 911–920.

김성호, 이현주(2017). 초등학교 과학관련 사회쟁점 수업에서 드러나는 발문 유형 탐색. **학습자중심교과교육연구, 17**(22), 305–324.

김재덕(2017). **과학관련 사회쟁점 수업이 초등학생의 인성과 역량 함양에 미치는 효과.** 이화여자대학교 대학원 박사학위 논문.

김재덕, 고연주, 이현주(2016). 과학관련 사회쟁점 수업이 초등학생의 인성 및 가치관 함양에 미치는 영향. **초등교육연구, 29**(3), 1–25.

김종흠(2015). 개인–집단주의 성향과 도덕적 규범이 친환경 행동의도와 친환경 유기농쌀 구매의도에 미치는 영향. **한국심리학회지: 소비자·광고, 16**(3), 519–539.

김진희(2017). **글로벌시대의 세계시민교육 이론과 실제.** 서울: 박영스토리.

김희백, 박지영(2008). 교양 생물학 강좌의 소집단 논의 활동을 통한 초등 예비 교사들의 과학·기술·사회의 관계에 대한 견해 변화. **교육연구와 실천, 72**, 77–100.

김희백, 이선경(1996). 과학·기술과 관련하여 사회적으로 쟁점화된 주제에 대한 중·고등학생의 태도. **한국과학교육학회지, 16**(4), 461–469.

박세희, 고연주, 이현주(2017). 디지털스토리텔링 활동 기반 과학관련 사회쟁점 수업의 교육적 효과에 대한 인식 탐색. **한국과학교육학회지, 37**(1), 181–192.

박지영, 김희백(2012). 사회 속 과학 쟁점에 대한 소집단 논변 상호작용 분석을 위한 방법론 고찰. **한국과학교육학회지, 32**(4), 604–624.

양미경(2011). 집단지성의 구현을 위한 협력학습의 원리 탐색. **교육방법연구, 23**(2), 457–483.

양정은, 김현정, Lei Gao, 김은진, 김성원, 이현주(2012). 과학과 관련된 사회·윤리적 문제(SSI)의 도입을 통한 창의·인성 교육 가능성에 대한 과학교사들의 인식. **한국과학교육학회지, 32**(1), 113–128.

유정숙, 최성연, 이현주(2011). 과학과 관련된 사회·윤리적 주제 교수에 대한 과학, 사회, 윤리 교사들의 인식. **교과교육학연구, 15**(2), 415–432.

이수정, 이현주(2014). 원자력 발전 관련 사회쟁점에의 비형식적 추론에서 가치 상반된 자료에 대한대학생들의 응답 유형 분석. **학습자중심교과교육연구, 14**(6), 147–168.

이용섭, 김순식(2014). '우주와 지구'분야에서 초등 예비교사들의 SSI 프로그램 수업 적용 효과. **대한지구과학교육학회지, 7**(3), 338–346.

이유나, 이상수(2009). 집단지성의 교육적 적용을 위한 개념모형과 설계 원리. **교육공학연구, 25**(4), 213–239.

이현옥(2015). **기술의 본성에 대한 개념틀 개발 및 과학기술관련 사회쟁점 (SSI) 수업에서 기술의 본성 인식변화 탐색.** 이화여자대학교 대학원 박사학위 논문.

이현옥, 이현주(2015). 과학·기술관련 사회쟁점(SSI)에 대한 학생들의 주요 의사결정 논점의 기술의 본성(NOT)적 해석. **한국과학교육학회지, 35**(1), 169–177.

이현옥, 이현주(2016a). 대학생들의 과학기술관련 사회쟁점(SSI) 논의에서 기술의 본성(NOT)은 어떻게 나타나는가? **한국과학교육학회지, 36**(2), 303–315.

이현옥, 이현주(2016b). 과학기술관련 사회쟁점 수업을 통한 대학생의 기술의 본성에 대한 인식변화 탐색. **학습자중심교과교육연구, 16**(10), 961–985.

이현옥, 이현주(2017). 과학기술관련 사회쟁점에 대한 의사결정에서 나타나는 NOT 이해 수준의 평가를 위한 루브릭 개발 및 적용. **한국과학교육학회지, 37**(2), 323–334.

이현주(2008). 과학과 관련된 사회적 윤리적 문제에 대한 예비 과학교사들의 의사결정유형. **교과교육학연구, 12**(2), 377–396.

이현주(2016). 과학관련 사회쟁점(SSI) 교수 전문성 함양을 위한 PCK 모형 개발 및 PCK 요소간 역동적 상호작용과 변화과정 분석. **한국과학교육학회지, 36**(4), 539–550.

이현주, 장현숙(2011). 과학과 관련된 사회·윤리적 문제(SSI) 교육 프로그램이 예비 과학 교사들의 SSI 교수에 대한 인식에 미치는 영향. **교과교육학연구, 15**(4), 913–932.

이현주, 정가윤(2013). 과학관련 사회쟁점 수업에서 과학교사의 교수활동에 대한 분석: 문화역사적 활동이론의 관점에서. **학습자중심교과교육연구, 13**(5), 413–433.

이현주, 최윤희, 고연주(2014). 집단지성 원리를 적용한 과학관련 사회·윤리적 쟁점 수업 모형의 개발. **한국과학교육학회지, 34**(6), 523–534

이현주, 최윤희, 고연주(2015). 집단지성을 강조한 과학기술 관련 사회쟁점 수업이 중학교 영재학급 학생들의 역량 함양에 미치는 효과. **한국과학교육학회지, 35**(3), 431–442.

정윤숙, 김성원(2015). 과학관련 사회쟁점 학습을 통한 과학의 본성에 대한 이해의 전이. **한국과학교육학회지, 35**(5), 895–905.

정은영, 김영수. 생물교육에서의 가치 탐구 모형 개발. **한국과학교육학회지, 20**(4), 582–298.

정행남, 유선아(2017). 과학 기술 관련 사회쟁점 교육에 대한 과학 교사들의 SSI–PCK 사례연구. **한국과학교육학회지, 37**(4), 679–691.

조성겸, 조은희(2009). 생명과학에 대한 사회적 인식과 지식수준. **생명윤리, 10**(1), 17–32.

주인애, 이현주(2013). 생명공학과 관련된 사회적 쟁점에 대한 중학생들의 가치판단 및 의사결정 과정에서 드러난 가치 적용 방식 유형. **한국과학교육학회지, 33**(1), 79–93.

Aikenhead, G.S. (2006). *Science education for everyday life: Evidence—based practice.* New York: Teachers College Press.

Albe, V. (2008). When scientific knowledge, daily life experience, epistemological and social considerations intersect: Students' argumentation in group discussions on a socio—scientific issues. *Research in Science Education, 38,* 67—90.

American Association for the Advancement of Science[AAAS]. (1989). *Project 2061—Science for all Americans.* Washington, DC: AAAS.

Arnocky, S., Stroink, M., & DeCicco, T. (2007). Self—construal predicts environmental concern, cooperation, and conservation. *Journal of Environmental Psychology, 27(*4), 255—264.

Arons, A. B. (1983). Achieving wider scientific literacy. *Daedalus, 111,* 91—122.

Arthur, W. B. (2009). *The nature of technology: What it is and how it evolves.* New York: Free Press.

Aufschnaiter, C., Erduran, S., Osborne, J., & Simon, S. (2008). Arguing to learn and learning to argue: Case studies of how students' argumentation relates to their scientific knowledge. *Journal of Research in Science Teaching, 45,* 101-131.

Avargil, S., Herscovitz, O., & Dori, Y. J. (2012). Teaching thinking skills in context—based learning: Teachers' challenges and assessment knowledge. *Journal of Science Education and Technology, 21* (2), 207—225.

Barber, M. (2001). *A comparison of NEAB and Salters A—level Chemistry: Students views and achievements.* York, UK: University of York.

Barton, A. C., & Tan, E. (2010). "It changed our lives": Activism, science, and greening the community. *Canadian Journal of Science, Mathematics and Technology Education, 10*(3), 207—222.

Beck, U. (1992). R*isk society: Towards a new modernity.* London: Sage.

Bell, R. L., & Lederman, N. G. (2003). Understandings of the nature of science and decision making on science and technology based issues. *Science Education, 87*(3), 352—377.

Bell, R. L., Matkins, J. J., & Gansneder, B. M. (2011). Impacts of contextual and explicit instruction on preservice elementary teachers' understandings of the nature of science. *Journal of Research in Science Teaching, 48*(4), 414—436.

Bencze, L., & Krostovic, M. (2017). Students' Uses of Actor—Network Theory to Contextualize Socioscientific Actions. In L. Bencze (Ed.), *Science and technology education promoting well being for individuals, societies and environments: STEPWISE* (pp. 167—199). Switzerland: Springer.

Bennett, J., & Lubben, F. (2006). Context-based chemistry: The Salters approach. *International Journal of Science Wducation, 28*(9), 999—1015.

Berkowitz, M. W., & Simmons, P. (2003). Integrating science education and character education. In D. L. Zeidler (Ed.), *The role of moral reasoning on socioscientific issues and discourse in science education* (pp. 117—138). Dordrecht, the Netherlands: Kluwer Academic Publishers.

Berne, B. (2014). Progression in ethical reasoning when addressing socio—scientific issues in biotechnology. *International Journal of Science Education, 36*(17), 2958—2977.

Birmingham, D., & Barton A. C. (2014). Putting on a green carnival: Youth taking educated actio n on socioscientific issues. *Journal of Research in Science Teaching, 51*(3), 286−314.

Bouillion, L. M., & Gomez, L. M. (2001). Connecting school and community with science learnin g: Real world problems and school−community partnerships as contextual scaffolds. *Journal of Research in Science Teaching, 38*(8), 878−898.

Bowers, C. (1999). Changing the dominant cultural perspective in education. In G. A. Smith & D. R. Williams (Eds.), *Ecological education in action: On weaving education, culture, and the environm ent* (pp. 161−178). Albany, NY: State University of New York Press.

Brown, J., & Isaacs, D. (2008). The world cafe: Awakening collective intelligence and committed action, In M. Tovey (Ed.). *Collective intelligence: Creating a prosperous world at peace* (pp. 47−54). Oakton, Virginia: Earth Intelligence Network.

Bryce, T. G. K., & Gray, D. (2004). Tough acts to follow: The challenges to science teachers pres ented by biotechnological progress. *International Journal of Science Education, 26,* 717-733.

Bulte, A. M., Westbroek, H. B., de Jong, O., & Pilot, A. (2006). A research approach to designing che mistry education using authentic practices as contexts. *International Journal of Science Education, 28*(9), 1063−1086.

Carson, R. (1962). Silent spring. Greewitch, CN: Fawcett.

Catalano, R. F., Oesterle, S., Fleming, C. B., & Hawkins, D. (2004). The importance of bonding to school for healthy development: Findings from the social development research group. *Jo urnal of School Health, 74*(7), 252−261.

Chang, H., & Lee, H. (2010). College students' decision−making tendencies in the context of soci oscientific issues (SSI). *Journal of Korean Association in Science Education, 30*(7), 887−900.

Chang, S. N., & Chui, M. H. (2008). Lakatos' scientific research programmes as a framework for analysi ng informal argumentation about socio−scientific issues. *International Journal of Science Educati on, 30*(13), 1753-1773.

Chinn, C. A., & Brewer, W. F. (1993). The role of anomalous data in knowledge acquisition: A theoreti cal framework and implications for science instruction. *Review of Educational Research, 63*(1), 1 −49.

Chinn, C. A., & Brewer, W. F. (1998). An empirical test of a taxonomy of responses to anomalous data in science. *Journal of Research in Science Teaching, 35*(6), 623−654.

Chiou, J. S. (2001). Horizontal and vertical individualism and collectivism among college students in the United States, Taiwan, and Argentina. *The Journal of Social Psychology, 141*(5), 667−678.

Choi, A., Hand, B., & Norton−Meier, L. (2014). Grade 5 students' online argumentation about their in −class inquiry investigations. *Research in Science Education, 44*(2), 267−287.

Choi, K., Lee, H., Shin, N., Kim, S., & Krajcik, J. (2011). Re−conceptualization of scientific literacy in South Korea for the 21st century. *Journal of Research in Science Teaching, 48*(6), 670−697.

Christensen, C. (2009). Risk and school science education. *Studies in Science Education, 45(*2), 20 5-223.

Christenson, N., Rundgren, S. N., & Zeidler, D. L. (2014). The relationship of discipline background to upper secondary students' argumentation on socioscientific issues. *Research in science education, 44*(4), 581−601.

Chung, Y., Yoo, J., Kim, S., Lee, H., & Zeidler, D.L. (2016). Enhancing students' communication skills in the science classroom through socioscientific issues. *International Journal of Science and Mathematics Education, 14*(1), 1−27.

Clark, D. B., & Sampson, V. (2008). Assessing dialogic argumentation in online environments to relate structure, grounds, and conceptual quality. *Journal of Research in Science Teaching, 45(3)*, 293−321.

Clough, M. P. (2013). Teaching about the nature of technology: Issues and pedagogical practices. In M. P. Clough, J. K. Olson, & D. S. Niederhauser (Eds.). *The nature of technology: Implic ations for learning and teaching* (pp. 373−390). Sense Publishers. Netherlands.

Cobb, P., & Bowers, J. (1999). Cognitive and situated learning perspectives in theory and practice. *Edu cational Researcher, 28*(2), 4−15.

Colucci-Gray, L., Camino, E., Barbiero, G., & Gray, D. (2006). From scientific literacy to sustainability literacy: An ecological framework for education. *Science Education, 90*(2), 227−252.

Connell, S., Fien, J., Lee, J., Sykes, H., & Yencken, D. (1999). 'If it doesn't directly affect you, you don' t think about it': A qualitative study of young people's environmental attitudes in two Australian cities. *Environmental Education Research, 5*(1), 96-113.

Cross, R.T., & Price, R.F. (1996). Science teachers' social conscience and the role of controversial issues in the teaching of science. *Journal of Research in Science Teaching, 33*(3), 319-333.

Dass, P. M. (1997). Organizing high school biology experiences around contemporary bioethical issues: An STS approach. *Bulletin of Science, Technology & Society, 17*(5−6), 325−330.

De Vries, M. J. (2005). *Teaching about technology: An introduction to the philosophy of technology for non−philosophers (Vol. 27).* Dordrecht, Netherlands: Springer.

DeBoer, G. E. (2000). Scientific literacy: Another look at its historical and contemporary meanings and its relationship to science education reform. *Journal of Research in Science Teaching, 37* (6), 582-601.

DiGironimo, N. (2011). What is technology? Investigating student conceptions about the nature of tech nology. *International Journal of Science Education, 33(*10), 1337−1352.

Dori, Y. J., Tal, R. T., & Tsaushu, M. (2003). Teaching biotechnology through case studies − Can we improve higher order thinking skills of nonscience majors?. *Science Education, 87*(6), 767−793.

Dreyfus, A., & Roth, Z. (1991). Twelfth−grade biology pupils' opinions on interventions of man in nature: Agreement, indifference and ambivalence. *Journal of Research in Science Teaching, 28*(1), 81−95.

Driver, R., Newton, P., & Osborne, J. (2000). Establishing the norms of scientific argumentation in class rooms. *Science Education, 84*(3), 287−312.

Durant, J. (1993). What is scientific literacy. *Science and Culture in Europe, 129,* 137.

Eastwood, J. L., Sadler, T. D., Zeidler, D. L., Lewis, A., Amiri, L., & Applebaum, S. (2012). Contextualiz ing nature of science instruction in socioscientific issues. *International Journal of Science Education,*

34(15), 2289–2315.

Ekborg, M., Ottander, C., Silfver, E., & Simon, S. (2013). Teachers' experience of working with socio–scientific issues: A large scale and in depth study. *Research in Science Education, 43*, 599–617.

Elmose, S., & Roth, W. M. (2005). Allgemeinbildung: Readiness for living in risk society. *Journal of Curriculum Studies, 37*(1), 11-34.

Erduran, S., Simon, S., & Osborne, J. (2004). Tapping into argumentation: Developments in the applica tion of Toulmin's argument pattern for studying science discourse. *Science Education, 88*(6), 915–933.

Evagorou, M. (2011). Discussing a socioscientific issue in a primary school classroom: The case of usin g a technology–supported environment in formal and nonformal settings. In T. D. Sadler (Ed.), *Socio–scientific issues in the classroom: Teaching, learning, and research* (pp. 133–159). The Netherlands: Springer.

Feinstein, N. (2011). Salvaging science literacy. *Science Education, 95*(1), 168–185.

Fien, J. (1999). Towards a map of commitment: A socially critical approach to geographical education. *International Research in Geographical and Environmental Education, 8*(2), 140–158.

Finucane, M. L., Alhakami, A., Slovic, P., & Johnson, S. M. (2000). The affect heuristic in judgments of risks and benefits. *Journal of Behavioral Decision Making, 13*, 1–17.

Foweler, S. R., Zeidler, D. L., & Sadler, T. D. (2009). Moral sensitivity in the context of socioscientific issues in high school science students. *International Journal of Science Education, 31*(2), 279–296.

Gardner, G. E., & Jones, M. G. (2011). Science instructors' perceptions of the risks of biotechnology: Implications for science education. *Research in Science Education, 41*(5), 711–738.

Gilligan, C. (1982). *In a different voice: Psychological theory and women's development.* Cambridge: Harvard University Press.

Gilligan, C. (1987). Adolescent development reconsidered. *New Directions for Child Development, 37*, 63-92.

Grace, M. M., & Ratcliffe, M. (2002). The science and values that young people draw upon to make decisions about biological conservation issues. *International Journal of Science Education, 24*(11), 1157–1169.

Gray, S. D., & Bryce, T. (2006). Socio–scientific issues in science education: Implications for the profe ssional development of teachers. *Cambridge Journal of Education, 36*(2), 171-192.

Greenall–Gough, A., & Robottom, I. (1993). Towards a socially critical environmental education: Water quality studies in a coastal school. *Journal of Curriculum Studies, 25*(4), 301–316.

Grossman, P. L. (1990). *The making of a teacher: Teacher knowledge and teacher education.* New York: Teachers College Press.

Hanegan, N. L., Price, L., & Peterson, J. (2008). Disconnections between teacher expectations and stud ent confidence in bioethics. *Science & Education, 17*(8–9), 921–940.

Hansen, K.H., & Olson, J. (1996). How teachers construe curriculum integration: The Science, Technol ogy, Society (STS) movement as Bildung. *Journal of Curriculum Studies, 28*(6), 669-682.

Hart, E. P., & Robottom, I.M.(1990). The Science–Technology–Society movement in science edu cation: A critique of the reform process. *Journal of Research in Science Teaching, 27*(6), 575 −588.

Hashweh, M. Z. (2005). Teacher pedagogical constructions: A reconfiguration of pedagogical content knowledge. *Teachers and Teaching, 11*(3), 273-292.

Hodson, D. (1999). Going beyond cultural pluralism: Science education for sociopolitical action. *Science Education, 83*(6), 775-796.

Hodson, D. (2003). Time for action: Science education for an alternative future. *International Jour nal of Science Education, 25*(6), 645−670.

Hofstede, G. (1983). National cultures in four dimensions: A research−based theory of cultural differen ces among nations. *International Studies of Management & Organization, 13*(1−2), 46−74.

Hughes, G. (2000). Marginalization of socioscientific material in science-technology-society science curr icula: Some implications for gender inclusivity and curriculum reform. *Journal of Research in Scie nce Teaching, 37*(5), 426−440.

Hughes, T. P. (2012). The evolution of large technological Systems. In W. E. Bijker, T. P. Hughes, T. Pinch & D. G. Douglas (Eds.), *The social construction of technological systems: New direction s in the sociology and history of technology* (pp. 45−74). MIT Press. Cambridge.

Hui, C. H. (1988). Measurement of individualism−collectivism. *Journal for Research in Personality 2*(2), 17−36.

Hurd, P. D. (1990). Guest editorial: Change and challenge in science education. *Journal of Resear ch in Science Teaching, 27*(5), 413−414.

Hurd, P. D. (1998). Scientific literacy: New minds for a changing world. *Science Education, 82*(3), 407-416.

Hutchins, E. (1995). How a cockpit remembers its speeds. *Cognitive Science, 19,* 265−288.

Ideland, M., Malmberg, C., & Winberg, M. (2011). Culturally equipped for socio−scientific issues? A comparative study on how teachers and students in mono− and multiethnic schools handle wor k with complex issues. *International Journal of Science Education, 33*(13), 1835−1859.

International Technology Education Association (2000). *Standards for technological literacy: Conte nt for the study of technology.* International Technology Education Association. Virginia.

Jenkins, E. W. (2002). Linking school science education with action. In W.−M. Roth & J. Desaute ls (Eds.), *Science education as/for sociopolitical action.* New York: Peter Lang.

Jho, H. (2012). *Factors in decision−making on socio−scientific issues based on the analysis of internet de bate and classroom discussions.* Unpublished doctoral dissertation, Seoul National University, Korea.

Jho, H., Yoon, H. G., & Kim, M. (2014). The relationship of science knowledge, attitude and decision making on socio−scientific issues: The case study of students' debates on a nuclear power plant in Korea. *Science & Education, 23*(5), 1131−1151.

Jimenez−Aleixandre, M. P., & Erduran, S. (2007). Argumentation in science education: An overview. In S. Erduran & M. P. Jimenez−Aleixandre (Eds.), *Argumentation in science education: Perspecti ves from classroom−based research* (pp. 3-27). The Netherlands: Springer.

Khishfe, R. (2012). Nature of science and decision−making. *International Journal of Science Educ ation, 34*(1), 67–100.

Khishfe, R., & Lederman, N. (2006). Teaching nature of science within a controversial topic: Integrated versus nonintegrated. *Journal of Research in Science Teaching, 43*(4), 395–418.

Kim, M. (2006). *Lohas economics: A new lifestyle for sustainable world.* Seoul: Miraebook.

Kim, M., Anthony, R., & Blades, D. (2014). Decision making through dialogue: A case study of analyzing preservice teachers' argumentation on socioscientific issues. *Research in Science Education, 44*(6), 903–926.

Klafki, W. (2000). The significance of classical theories of Bildung for a contemporary concept of Allge meinbildung. In I. Westbury, S. Hopmann, & K. Riquarts (Eds.), *Teaching as a reflective practice: The German Didaktik tradition* (pp. 85-108). Mahwah: Lawrence Erlbaum.

Klosterman, M. L., & Sadler, T. D. (2010). Multi–level assessment of scientific content knowledge gains associated with socioscientific issues–based instruction. *International Journal of Science Educatio n, 32*(8), 1017–1043.

Knapp, C. E. (2008). Place–based curricular and pedagogical models my adventures in teaching through community contexts. In D. A. Gruenewald & G. A. Smith (Eds.), *Place–based educ ation in the global age: Local diversity* (pp. 5–28). New York, NY: Lawrence Erlbaum Asso ciates.

Krebs, D. L., Denton, K., Wark, G., Couch, R., Racine, T., & Krebs, D. L. (2002). Interpersonal moral conflicts between couples: Effects of type of dilemma, role, and partner's judgments on level of moral reasoning and probability of resolution. *Journal of Adult Development, 9*(4), 307–316.

Krebs, D. L., Denton,K., & Wark,G.(1997). The forms and functions of real–life moral decision–maki ng. Journal of Moral Education, 26(2), 131–145.

Kruse, J. W. (2013). Implications of the nature of technology for teaching and teacher education. In M. P. Clough, J. K. Olson, & D. S. Niederhauser (Eds.). *The nature of technology: Implic ations for learning and teaching,* (pp. 345–369). Sense Publishers. Netherlands.

Laugksch, R. C. (2000). Scientific literacy: A conceptual overview. *Science Education, 84*(1), 71-94.

Lave, J., & Wenger, E. (1991). *Situated learning: Legitimate peripheral participation.* Cambridge: Cambri dge University Press.

Layton, D., Davey, A., & Jenkins, E. (1986). Science for specific social purposes (SSSP): Perspectives on adult scientific literacy. *Studies in Science Education, 13*(1), 27–52.

Leadbeater, C. (2008). *We think: Mass innovation, not mass production.* London: Profile Books.

Lederman, N. G. (1992). Students' and teachers' conceptions of the nature of science: A review of the research. *Journal of Research in Science Teaching, 29*(4), 331–359.

Lederman, N. G., Abd–El–Khalick, F., Bell, R. L., & Schwartz, R. S. (2002). Views of nature of science questionnaire: Toward valid and meaningful assessment of learners' conceptions of nature of scien ce. *Journal of Research in Science Teaching, 39*(6), 497–521.

Lee, H. (2006) *Science teachers teaching socioscientific issues (SSI): Four case studies.* Unpublished do ctoral dissertation, University of Illinois at Urbana–Champaign, IL, USA.

Lee, H. (2008). Articulating science teachers' values and convictions for teaching socioscientific iss ues: Based on essentialist methodology. *Journal of the Korean Association for Research in Science Education, 28*(3), 253–268.

Lee, H., & Chang, H. (2010). Exploration of experienced science teachers' personal practical knowledge of teaching Socioscientific issues (SSI). *Journal of Korean Association in Science Education, 30*(3), 353–365.

Lee, H., & Witz, K. (2009). Science teachers' inspiration for teaching socioscientific issues (SSI): Disconnection with reform efforts. *International Journal of Science Education, 31*(7), 931-960.

Lee, H., & Yang, J. (2017). Science teachers taking their first steps toward teaching socioscientific issues through collaborative action research. *Research in Science Education,* Online First.

Lee, H., Abd–El–Khalick, F., & Choi, K. (2006). Korean science teachers' perceptions of the introduction of socioscientific issues into the science curriculum. *Canadian Journal of Science, Mathematics, and Technology Education, 6*(2), 97–117.

Lee, H., Chang, H., Choi, K., Kim, S., & Zeidler, D. L. (2012). Developing character and values for global citizens: Analysis of pre–service science teachers' moral reasoning on socioscientific issues. *International Journal of Science Education, 34*(6), 925–953.

Lee, H., Choi, K., & Chang, H. (2006). Patterns of college students' moral engagement with socioscientific issues. *Journal of the Korean Association for Research in Science Education, 25*(6), 646–659.

Lee, H., Yoo, J., Choi, S., Kim, S., Krajcik, S., Herman, B., & Zeidler, D. (2013). Socioscientific issues as a vehicle for promoting character and values for global citizens. I*nternational Journal of Science Education, 35*(12), 2079-2113.

Lee, Y. C., & Grace, M. (2012). Students' reasoning and decision making about a socioscientific issue: A cross-context comparison. *Science Education, 96*(5), 787–807.

Levy, P. (1994). L'intelligence Collective: Pourune anthropologie de cyberspace. Paris: La Découverte. 권수경 역(2002). **집단지성–사이버 공간의 인류학을 위하여**. 서울, 문학과 지성사.

Lewis, J., & Leach, J. (2006). Discussion of socio–scientific issue: The role of science knowledge. *International Journal of Science Education, 28*(11), 1267–1287.

Lickona, T. (1996). Eleven principles of effective character education. *Journal of Moral Education, 25*(1), 93–100.

Lim M., & Barton, A. C. (2010). Exploring insideness in urban children's sense of place. *Journal of Environmental Psychology, 30*(3), 328–337.

Limòn, M., & Carretero, M. (1997). Conceptual change and anomalous data: A case study in the domain of natural sciences. *European Journal of Psychology of Education, 12*(2), 213–230.

Lin, J. Y. (2007). Responses to anomalous data obtained from repeatable experiments in the laboratory. *Journal of Research in Science Teaching, 44*(3), 506–528.

Linder, C., Östman, L., Roberts, D. A., Wickman, P. O., Ericksen, G., & MacKinnon, A. (Eds.). (2010). *Exploring the landscape of scientific literacy.* London: Routledge.

Loewenstein, G. F., Weber, E. U., Hsee, C. K., & Welch, N. (2001). Risk as Feelings. *Psychological Bulletin, 127,* 267–286.

Loughran, J., Berry, A., & Mulhall, P. (2006). *Understanding and developing science teachers' pedagogical content knowledge.* Rotterdam, The Netherlands: Sense Publishers.

Magnusson, S., Krajcik, J., & Borko, H. (1999). Nature, sources, and development of pedagogical content knowledge for science teaching. In J. Gess-Newsome, & N. G. Lederman (Eds.), *Examining pedagogical content knowledge* (pp. 95-132). The Netherlands: Springer.

Matkins, J. J., & Bell, R. L. (2007). Awakening the scientist inside: Global climate change and the nature of science in an elementary science methods course. *Journal of Science Teacher Education, 18,* 137-163.

Means, M. L., & Voss, J. F. (1996). Who reasons well? Two studies of informal reasoning among children of different grade, ability, and knowledge levels. *Cognition and Instruction, 14*(2), 139-178.

Menzel, S., & Bögeholz, S. (2009). The loss of biodiversity as a challenge for sustainable development: How do pupils in Chile and Germany perceive resource dilemmas?. *Research in Science Education, 39*(4), 429-447.

Michaelson, L. K., Knignt, A. B., & Fink, L. D. (2002). *Team-based learning: A transformative use of small group.* Sterling: Greenwood Publishing Group Inc.

Millar, R., & Osborne, J. (1998). *Beyond 2000: Science education for the future.* King's College London: Fulmar Colour Printing Company Limited.

Miller, J. D. (1998). The measurement of civic scientific literacy. *Public Understanding of Science, 7,* 203-223.

Mitcham, C. (1994). *Thinking through technology: The path between engineering and philosophy.* Chicago: University of Chicago Press.

Morgan, A. (2011). Place-based education versus geography education? In G. Butt (Ed.), *Geography, education and the future* (pp. 84-102). New York: Continuum International Publishing Group.

National Research Council [NRC]. (1996). *National science education standards.* Washington, DC: National Academy Press.

Noddings, N. (1985). In search of the feminine. *Teachers College Record, 87*(2), 195-204.

Nuangchalerm, P. (2009). Development of socioscientific issues-based teaching for preservice science teachers. *Journal of Social Sciences, 5*(3), 239-243.

Nuangchalerm, P. (2010). Engaging Students to Perceive Nature of Science through Socioscientific Issues-Based Instruction. *Online Submission, 13*(1), 34-37.

Nussbaum, E. M., & Edwards, O. V. (2011). Critical questions and argument stratagems: A framework for enhancing and analyzing students' reasoning practices. *Journal of the Learning Sciences, 20*(3), 443-488.

Oulton, C., Dillon, J., & Grace, M. M. (2004). Reconceptualizing the teaching of controversial issues. *International Journal of Science Education, 26*(4), 411-423.

Pacey, A. (1983). The culture of technology. Cambridge, MA: MIT press.

Park, S., & Oliver, S. (2008). Revisiting the conceptualisation of pedagogical content knowledge (PCK): PCK as a conceptual tool to understand teachers as professionals. *Research in Science*

Education, 38(3), 261−284.

Partnership for the 21st Century Skills [P21]. (2009). *A framework for 21st century learning.* Washington, DC: P21.

Patronis, T., Potari, D., & Spiliotopoulou, V. (1999). Students' argumentation in decision−making on a socio−scientific issue: Implications for teaching. *International Journal of Science Education, 21*(7), 745−754.

Paulus, P. B., & Nijstad, B. A. (2003). *Group creativity.* New York: Oxford university press.

Pedretti, E. (1999). Decision making and STS education: Exploring scientific knowledge and social resp onsibility in schools and science centers through an issues−based approach. S*chool Science and Mathematics, 99,* 174−181.

Perkins, D. N., Farady, M., & Bushey, B. (1991). Everyday reasoning and the roots of intelligence. In J. F. Voss, D. N. Perkins, & J. W. Segal (Eds.), *Informal reasoning and education* (pp. 83−105). Hillsdale, NJ: Erlbaum.

Piburn, M., Sawada, D., Falconer, K., Turley, J., Benford, R., & Bloom, I. (2000). *Reformed teaching observation protocol (RTOP)(ACEPT IN−003).* Retrived from http://PhysicsEd. BuffaloState. edu/r top.

Pittman, K. J., & Fleming, W. P. (1991). *A new vision: Promoting youth development.* Center for Youth Development and Policy Research. Washington DC.

Powers, A. L. (2004). An evaluation of four place−based education programs. *Reports & Research, 35*(4), 17−32.

Presley, M. L., Sickel, A. J., Muslu, N., Merle−Johnson, D., Witzig, S. B., Izci, K., & Sadler, T. D. (2013). A framework for socio−scientific issues based education. *Science Educator, 22*(1), 26 −32.

Ramsey, J. (1993). The science education reform movement: Implications for social responsibility. *Science Education, 77*(2), 235−258.

Ratcliffe, M. (1997). Pupil decision-making about socio-scientific issues within the science curriculum. *International Journal of Science Education, 19*(2), 167−182.

Rest, J. R., Bebeau, M. J., & Thoma, S. J. (1999). *Postconventional moral thinking: A neo−Kohlbergian appr oach.* Mahwah, NJ: Erlbaum.

Roberts, D.A. (2007). Scientific literacy/Science literacy. In S.K. Abell & N.G. Lederman (Eds.), *Handbook of research on science education* (pp. 729-280). Mahwah, HJ: Lawrence Erlbaum Associates.

Roth, W. M. & Lee, S. (2004). Science education as/for participation in the community. *Science Educati on, 88*(2), 263−294.

Roth, W. M. (2003). Scientific literacy as an emergent feature of collective human praxis. *Journal of Curriculum Studies, 35*(1), 9-23.

Roy, R. (1984). *S−S/T/S project: Teach science via science, technology, and society material in the pre−college years.* UniversityPark, PA: Pennsylvania State University.

Ruiz, P. O., & Vallejos, R. M. (1999). The role of compassion in moral education. *Journal of Moral Education, 28*(1), 5-17.

Sadler, T. D. (2004). Moral sensitivity and its contribution to the resolution of socioscientific issues. *Journal of Moral Education, 33*(3), 339–357.

Sadler, T. D. (2011). Situating socioscientific issues in classrooms as a means of achieving goals of science education. In T. Sadler (Ed.), *Socio–scientific issues in the classroom: Teaching, learning and research* (pp. 1–9). New York: Springer.

Sadler, T. D., & Donnelly, L. A. (2006). Socioscientific argumentation: The effects of content knowledge and morality. *International Journal of Science Education, 28*(12), 1463-1488.

Sadler, T. D., & Fowler, S. R. (2006). A threshold model of content knowledge transfer for socioscientific argumentation. *Science Education, 90*(6), 986–1004.

Sadler, T. D., & Zeidler, D. L. (2004). The morality of socioscientific issues: Construal and resolution of genetic engineering dilemmas. *Science Education, 88*(1), 4–27.

Sadler, T. D., & Zeidler, D. L. (2005a). Patterns of informal reasoning in the context of socioscientific decision making. *Journal of Research in Science Teaching, 42*(1), 112–138.

Sadler, T. D., & Zeidler, D. L. (2005b). The significance of content knowledge for informal reasoning regarding socioscientific issues: Applying genetics knowledge to genetic engineering issues. *Science Education, 89*, 71–93.

Sadler, T. D., Amirshokoohi, A., Kazempour, M., & Allspaw, K. M. (2006). Socioscience and ethics in science classrooms: Teacher perspectives and strategies. *Journal of Research in Science Teaching, 43*(4), 353–376.

Sadler, T. D., Barab, S. A., & Scott, B. (2007). What do students gain by engaging in socio–scientific inquiry? *Research in Science Education, 37*(4), 371-391.

Sadler, T. D., Chambers, F. W., & Zeidler, D. L. (2004). Student conceptualizations of the nature of science in response to a socioscientific issue. *International Journal of Science Education, 26*(4), 387–409.

Sadler, T. D., Foulk, J. A., & Friedrichsen, P. F. (2017). Evoultion of a model for socio–scientific issue teaching and learning. *International Journal of Eudcation in Mathematics, Science and Technology, 5*(2), 75–87.

Sadler, T. D., Romine, W. L., & Topçu, M. S. (2016). Learning science content through socio–scientific issues–based instruction: A multi–level assessment study. *International Journal of Science Education, 38*(10), 1622–1635.

Salomon, G. (1996). Studying novel learning environments as patterns of change. In S. Vosniadou, E. De Corte, R. Glaser & H. Mandl (Eds.), *International perspectives on the design of technology–supported learning environments* (pp. 363–378). Mahwah, NJ: L. Erlbaum Associates.

Sandoval, W. A., & Millwood, K. A. (2005). The quality of students' use of evidence in written scientific explanations. *Cognition and Instruction, 23*(1), 23–55.

Schalk, K. A. (2012). A socioscientific curriculum facilitating the development of distal and proximal NOS conceptualizations. *International Journal of Science Education, 34*(1), 1–24.

Schumacher, E. (1973). **작은 것이 아름답다**. (이상호 역, 2002). 문예출판사.

Shulman, L. S. (1986). Those who understand: Knowledge growth in teaching. *Educational Researcher,*

15(2), 4–14.

Simon, S., & Amos, R. (2011). Decision making and use of evidence in a socio–scientific problem on air quality. In T. D. Sadler (Ed.), *Socio–scientific issues in the classroom: Teaching, learning, an d research* (pp. 167–192). The Netherlands: Springer.

Singelis, T. M. (1994). The measurement of independent and interdependent self–construals. *Personalit y and Social Psychology Bulletin, 20*(5), 580–591.

Sjöström, J. (2013). Towards Bildung–oriented chemistry education. *Science & Education, 22*, 1873 –1890.

Sjöström, J., & Eilks, I. (2018). Reconsidering different visions of scientific literacy and science edu cation based on the concept of Bildung. In Y. J. Dori, Z. Mevarech, & D. Baker (Eds.), *Cog nition, metacognition, and culture in STEM education.* Dordrecht: Springer.

Sjöström, J., & Talanquer, V. (2014). Humanizing chemistry education: From simple contextualizati on to multifaceted problematization. *Journal of Chemical Education, 91*, 1125-1131.

Smith, G. A., & Williams, D. R. (1999). *Ecological education in action: On weaving education, cul ture, and the environment.* Albany, NY: State University of New York Press.

Solomon, J. (1992). The classroom discussion of science–based social issues presented on television: Knowl edge, attitudes and values. *International Journal of Science Education, 14*(4), 431–444.

Sperling, E., & Bencze, J. L. (2010). "More than particle theory": Citizenship through school scien ce. *Canadian Journal of Science, Mathematics and Technology Education, 10*(3), 255–266.

Stern, P.C., Dietz, T., & Kalof, L. (1993). Value orientations, gender, and environmental concern. *Envir onment & Behavior, 25*, 322-348.

Sternang, L., & Lundholm, C. (2011). Climate change and morality: Students' perspectives on the individual and society. *International Journal of Science Education, 33*(8), 1131-1148.

Surowiecki, J. (2004). *The wisdom of crowds: Why the many are smarter than the few and how collect ive wisdom shapes business, economies, societies and nations.* New York: Doubleday.

Takao, A. Y., & Kelly, G. J. (2003). Assessment of evidence in university students' scientific writing. *Sci ence & Education, 12*(4), 341–363.

Tal, R. T., & Kedmi, Y. (2006). Teaching socioscientific issues: Classroom culture and students'performa nces. *Cultural Studies of Science Education, 1*(4), 615–644.

Tal, R., & Hochberg, N. (2003). Assessing high order thinking of students participating in the "WISE" project in Israel. *Studies in Educational Evaluation, 29*(2), 69–89.

Tamir, P. (1988). Subject matter and related pedagogical knowledge in teacher education. *Teaching an d Teacher Education, 4*, 99-110.

Tapscott, D., & Williams, A.D. (2006). *Wikinomics: How mass collaboration changes everything.* New York: Portfolio.

Thompson, S. C. G., & Barton, M. A. (1994). Ecocentric and anthropocentric attitudes toward the envir onment. *Journal of Environmental Psychology, 14*(2), 149–157.

Topcu, M. S., Sadler, T. D., & Yilmaz-Tuzun, O. (2010). Preservice science teachers' informal reasoning about socioscientific issues: The influence of issue context. *International Journal of Science Educa tion, 32*(18), 2475–2495.

Toulmin, S. E. (1958). *The uses of argument.* Cambridge, England: University Press.

Trachtman, L. E. (1981). The public understanding of science effort: A critique. *Science Technology & Human Values, 6*(36), 10–15.

Treffinger, D., J., Solomon, M., & Woythal, D. (2012). Four decades of creative vision: Insights from an evaluation of the future problem solving program international (FPSPI). *The Journal of Creative Behavior, 46*(3), 209-219.

Triandis, H. C. (1995). *Individualism and collectivism.* Boulder, CO: Westview Press.

United Nations Educational, Scientific and Cultural Organization[UNESCO]. (2014). *Global citizenship education: Preparing learners for the challenges of the twenty–first century.* Paris: UNESCO.

Volk, T., & Cheak, M. (2003). The effects of an environmental education program on students, pa rents, and community. *Journal of Environmental Education, 34*(4), 12–25.

Volti, R. (2013). *Society and technological change.* New York: Worth Publishers.

von Humboldt, W. (1999). Theory of bildung. In I. Westbury, S. Hopmann, & K. Riquarts (Eds.), *Teac hing as a reflective practice: The German didaktik tradition* (pp. 57–61). New York: Routledge.

Waight, N., & Abd–El–Khalick, F. (2012). Nature of technology: Implications for design, develo pment, and enactment of technological tools in school science classrooms. *International Jour nal of Science Education, 34*(18), 2875–2905.

Walker, K. A., & Zeidler, D. L. (2007). Promoting discourse about socioscientific issues through scaffolded inquiry. *International Journal of Science Education, 29*(11), 1387–1410.

Walton, D. (1996). *Argumentation schemes for presumptive reasoning.* Mahwah, NJ: Erlbaum.

Walton, D. (2006). Examination dialogue: An argumentation framework for critically questioning an ex pert opinion. *Journal of Pragmatics, 38*(5), 745–777.

Wenger, E. (1998). *Communities of practice: Learning, meaning, and identity.* Cambridge, UK: Cambrid ge University Press.

Wenger, E., & Snyder, W. (2000). Communities of practice: The organizational frontier. *Harvard Busine ss Review, 78*, 139–145.

Witz, K., & Lee, H. (2009). Science as an ideal: Teachers' orientations to science and science edu cation reform. *Journal of Curriculum Studies, 41*(3), 409-431.

Wong, S. L., Zeidler, D. L., & Klosterman, M. L. (2011). Metalogue: Preconditions and resources for pr oductive socio–scientific issues teaching and learning. In T. D. Sadler (Ed.), *Socio–scientific iss ues in the classroom: Teaching, learning and research* (pp. 271–276). Dordrecht, Netherlands: Springer.

Wu, Y. T., & Tsai, C. C. (2011). High school students' informal reasoning regarding a socio-scientific issue, with relation to scientific epistemological beliefs and cognitive structures. *International Jour nal of Science Education, 33*(3), 371–400.

Yager, S. O., Yager, R. E., & Lim, G. (2006). The advantages of an STS approach over a typical textbo ok dominated approach in middle school science. *School Science and Mathematics, 106*(5), 248 –260.

Yang, F. Y., & Anderson, O. R. (2003). Senior high school students' preference and reasoning modes about nuclear energy use. *International Journal of Science Education, 25*(2), 221−244.

Yoon, S. A. (2008). An evolutionary approach to harnessing complex systems thinking in the science and technology classroom. *International Journal of Science Education, 30*(1), 1−32.

Zandvliet, D. (2004, April). *Developing an ecological framework for environmental education.* Paper presented at the Annual Meeting of the National Association for Research in Science Teaching, Vancouver BC Canada.

Zeidler, D. L. (1997). The central role of fallacious thinking in science education. *Science Education, 81*(4), 483−496.

Zeidler, D. L., Applebaum, S. M., & Sadler, T. D. (2011). Enacting a socioscientific issues classroom: Transformative transformations. In T. D. Sadler (Ed.), *Socioscientific issues in the classroom: Teaching, learning and research* (pp. 277−305). Dordrecht, Netherlands: Springer.

Zeidler, D. L., Herman, B. C., Ruzek, M., Linder, A., & Lin, S. S. (2013). Cross-cultural epistemological orientations to socioscientific issues. *Journal of Research in Science Teaching, 50*(3), 251−283.

Zeidler, D. L., Sadler, T. D., Applebaum, S. & Callahan, B. E. (2009). Advancing reflective judgment through socio−scientific issues. *Journal of Research in Science Teaching, 46*, 74−101.

Zeidler, D. L., Walker, K. A., Ackett, W. A., & Simmons, M. L. (2002). Tangled up in views: Beliefs in the nature of science and responses to socioscientific dilemmas. *Science Education, 86*, 343−367.

Zeidler, D., Sadler, T., Simmons, M., & Howes, E. (2005). Beyond STS: A research−based framework for socioscientific issues education. *Science Education, 89*, 357−377.

Zohar, A., & Nemet, F. (2002). Fostering students' knowledge and argumentation skills through dilemmas in human genetics. *Journal of Research in Science Teaching, 39*(1), 35−62.

저자 약력

이현주(Lee, Hyunju)

이화여자대학교 과학교육과 학사
이화여자대학교 교육대학원 물리교육전공 석사
미국 University of Illinois at Urbana-Champaign의 Curriculum & Instruction 학과 (과학교육전공) 박사
현) 이화여자대학교 과학교육과 교수
전) 서울 숭인중학교 과학교사

SSI 교육을 위한 교수 · 학습 자료 개발, SSI 교사 교육과 관련된 다수의 연구프로젝트 수행
SSI 교육과 관련한 국내외 학술지논문 다수 게재

홈페이지: www.hyunjulee.net

SSI 교육이란 무엇인가 – 과학기술관련 사회쟁점에 대한 사회참여와 실천을 위한 교육

초판발행 2018년 7월 23일
중판발행 2023년 12월 5일

지은이 이현주
펴낸이 노 현

편 집 배근하
기획/마케팅 이영조
표지디자인 조아라
제 작 고철민·조영환

펴낸곳 ㈜ 피와이메이트
서울특별시 금천구 가산디지털2로 53 한라시그마밸리 210호(가산동)
등록 2014. 2. 12. 제2018-000080호
전 화 02)733-6771
f a x 02)736-4818
e-mail pys@pybook.co.kr
homepage www.pybook.co.kr
ISBN 979-11-89005-14-6 93370

정 가 20,000원

박영스토리는 박영사와 함께하는 브랜드입니다.